한국목간학회총서 26

木簡과 文字 연구

26

| 한국목간학회 엮음 |

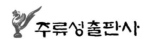주류성출판사

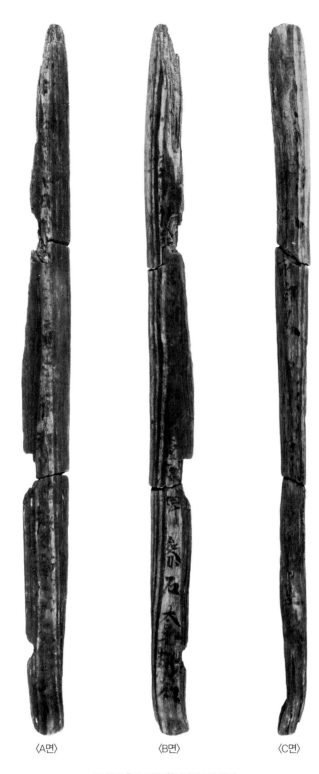

〈A면〉　　　　〈B면〉　　　　〈C면〉

2018년 출토 경주 월성해자 3면 목간

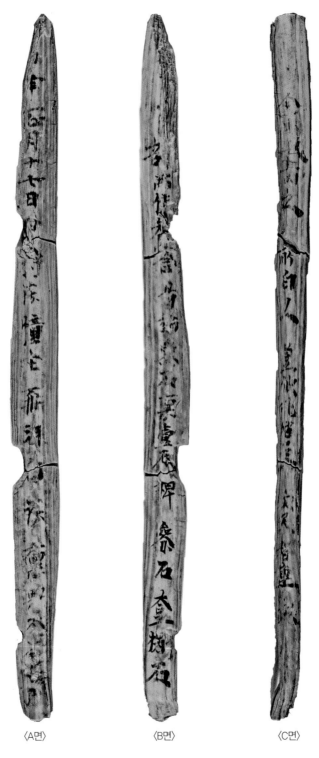

〈A면〉　　　　〈B면〉　　　　〈C면〉

2018년 출토 경주 월성해자 3면 목간 적외선 사진

木簡과 文字

第27號

| 차 례 |

'永樂 7年' 판독에 기반한 〈충주 고구려비〉의 내용 검토와 충주 지역의 接境性

이재환[*]

〈국문초록〉

　본 논문은 2019년 〈忠州 高句麗碑〉의 비문 前面 상단에서 '永樂七年歲在丁酉'라는 年代를 읽어낸 판독안이 〈충주 고구려비〉의 내용 및 정황과 대비할 때 인정 가능한지 확인해 보는 것을 목표로 하였다. 해당 부분은 매우 독특하고 이상한 書寫 方式이나, '永□七年歲在[丁酉]'은 충분히 판독 가능하며 두 번째 글자 또한 '樂'의 가능성이 높음이 인정된다.

　新羅寐錦과 '如兄如弟'하기를 願한다는 비문의 인식이 〈廣開土王陵碑〉의 新羅에 대한 '屬民' 인식과 차이를 보인다는 점에 대해서는, '如兄如弟'를 원한 주체는 現 高麗大王의 祖先王들이었으며, 고려대왕 당시에 비문 다음 부분에 보이는 服屬 儀禮를 통해 '屬民' 인식에 가까운 관계를 구축하였다고 해석이 가능하다. 비문에 등장하는 太子로는 392년 고구려에 質子로 보내졌다가 401년 귀국 후 고구려의 지원 하에 신라 왕이 되는 實聖을 상정할 수 있다. 신라매금은 12월에 충주 지역의 '營'에 도착하는데, 이것이 곧 〈광개토왕릉비〉 영락 10년조에 나오는 신라매금의 '身來論事'에 해당한다고 본다.

　기존에는 新羅土內에 고구려인 幢主가 존재하는 양상이 영락 10년의 신라 구원전 이후에나 가능하다고 여겨 왔다. 그러나 〈광개토왕릉비〉 영락 6년조에 多年間에 걸친 사건들이 몰아서 서술된 것처럼 영락 9년 및 10년조 또한 辛卯年條 이래의 對신라 관계가 일괄적으로 기록된 것으로 볼 수 있다. 광개토왕은 396년

---

*　중앙대학교 역사학과 조교수

에 이미 400년의 대규모 파병이 가능할 만큼 竹嶺路를 확보하였으므로 충주 진출이 가능한 상황이었다.

〈충주 고구려비〉에서 신라매금을 소환한 장소는 城이나 村이 아닌 '營'이었다. 당시 충주를 포함하는 지역들은 고구려·백제·신라 간에 완충 역할을 하는 '接境地帶'로서, 기존의 濊 또는 韓 세력들이 온존된 상태로 존재하였다고 생각된다. 비문에서 '諸夷'를 판독하기도 하였는데, 이늘이 곧 고구려와 신라 간의 접촉에 참여한 '접경지대'의 기존 유력자들로 보인다. 이처럼 397년이라는 시점은 비문 연대 파악의 선택지 중 하나가 되기에 충분하다. 향후 이 선택지를 포함하여 〈충주 고구려비〉에 관한 논의가 더 활발하게 진행되기를 희망한다.

▶ 핵심어: 忠州 高句麗碑, 接境地帶, 廣開土王陵碑, 永樂, 實聖

I. 머리말

1979년 발견된 〈충주 고구려비〉는 이후 오랫동안 논쟁의 대상이 되어 왔다. 그 건립 연대에 대해서만도 5세기 전반의 403년,[1)] 421년,[2)] 중반의 449~450년,[3)] 후반의 475년,[4)] 481년,[5)] 문자왕대의 495년,[6)] 496~497년,[7)] 507년,[8)] 평원왕대[9)] 등 다양한 견해가 나와 팽팽히 대립하였다. 비문의 내용 연대와 건립 연대 간에 혹은 내용 사이에 수십 년의 시차가 존재하는 것으로 파악하는 경우도 많았다.[10)]

---

1) 木村誠, 2000, 「中原高句麗碑의 立碑年에 관해서」, 『高句麗研究』 10(中原高句麗碑研究).

2) 木下礼仁, 1981, 「中原高句麗碑—その建立年次を中心として—」, 『村上四男博士和歌山大学退官記念朝鮮史論文集』, 開明書店.

3) 任昌淳, 1979, 「中原高句麗古碑小考」, 『史學志』 13; 金貞培, 1979, 「中原高句麗碑의 몇 가지 문제점」, 『史學志』 13; 金昌鎬, 1987, 「中原高句麗碑의 再檢討」, 『韓國學報』 47; 鄭雲龍, 1989, 「5世紀 高句麗 勢力圈의 南限」, 『史叢』 35; 林起煥, 2000, 「中原高句麗碑를 통해 본 高句麗와 新羅의 관계」, 『高句麗研究』 10(中原高句麗碑研究); 李道學, 2000, 「中原高句麗碑의 建立 目的」, 『高句麗研究』 10(中原高句麗碑研究); 시노하라 히로카타(篠原啓方), 2000, 「「中原高句麗碑」의 釋讀과 內容의 意義」, 『史叢』 51; 張彰恩, 2005, 「中原高句麗碑의 판독과 해석」, 『新羅史學報』 5; 박찬홍, 2013, 「중원고구려비의 건립 목적과 신라의 위상」, 『한국사학보』 51.

4) 李丙燾, 1979, 「中原高句麗碑에 대하여」, 『史學志』 13.

5) 邊太燮, 1979, 「中原高句麗碑의 內容과 年代에 대한 검토」, 『史學志』 13; 申瀅植, 1979, 「中原高句麗碑에 대한 考察」, 『史學志』 13; 李昊榮, 1979, 「中原高句麗碑 題額의 新讀」, 『史學志』 13; 武田幸男, 1980, 「序說 五~六世紀東アジア史の一視點」, 『東アジア世界における日本古代史講座 4』, 学生社; 朴眞奭, 2000, 「中原高句麗碑 建立年代 考証」, 『高句麗研究』 10(中原高句麗碑研究); 耿鐵華, 2000, 「冉牟墓誌와 中原高句麗碑」, 『高句麗研究』 10(中原高句麗碑研究); 여호규, 2020, 「충주고구려비의 단락구성과 건립시기」, 『한국고대사연구』 98.

6) 南豊鉉, 2000, 「中原高句麗碑의 解讀과 吏讀的 性格」, 『高句麗研究』 10(中原高句麗碑研究); 최장열, 2004, 「중원고구려비, 선돌에서 한반도 유일의 고구려비로」, 『고대로부터의 통신』, 푸른역사.

7) 서지영, 2012, 「5세기 羅·麗 관계변화와 〈中原高句麗碑〉의 建立」, 『한국고대사연구』 68.

8) 박성현, 2011, 「5~6세기 고구려 신라의 경계와 그 양상」, 『역사와 현실』 82.

9) 李殿福, 2000, 「中原郡의 高麗碑를 通해 본 高句麗 國名의 變遷」, 『高句麗研究』 10(中原高句麗碑研究).

10) 李丙燾, 1979, 앞의 논문 ; 金英夏·韓相俊, 1983, 「中原高句麗碑의 建碑 年代」, 『教育研究誌』 25; 김현숙, 2002, 「4~6세기 소백

그런데 지난 2019년 그동안 예상치 못했던 〈충주 고구려비〉의 판독안이 발표되어 많은 연구자들을 놀라게 하였다. 비문 전면 상단에서 '永樂七年歲在丁酉'라는 연대를 읽어낸 것이다.[11] '永樂'은 〈덕흥리고분 묵서명〉과 〈광개토왕릉비〉에서 확인되는 廣開土王의 年號로서, 그 7년은 397년에 해당한다. 그렇다면 '五月中'으로 시작하는 면은 이 비의 첫 번째 면에 해당하며, 그 부분의 내용은 광개토왕 영락 7년(397)의 일이 된다. 이전에도 비의 연대를 광개토왕대로 보아야 한다는 견해가 제기된 바 있지만, 403년 혹은 408년으로 추정한 정도였다.[12] 400년 이전까지 거슬러 올라갈 수 있을 것이라 보았던 경우는 없었다.

하지만 이 새로운 판독안이 많은 연구자들의 공감을 얻지는 못한 것으로 보인다. 2019년 해당 견해와 더불어 '충주 고구려비 발견 40주년 기념 학술회의'에서 발표된 논고들 및 비슷한 시기에 별도로 발표된 연구에서는 비문 정면 상단의 판독안과 무관하게 기존의 논의 흐름에 따라 해석과 의미 부여를 진행하였다.[13] 비문 상단에서 읽어낸 '永樂 7年'이라는 연도는 절대 받아들여질 수 없는 것일까? 해당 시점으로 비문 내용을 파악하는 시도는 불가능할까? 본고는 이에 대해 검토해 보는 것을 목표로 한다.

II. 前面 상단부 橫書의 판독과 年代

〈충주 고구려비〉는 三面碑인지 四面碑인지, 내용이 어느 면에서 시작하는지에 대해서도 논란이 있었다.[14] 후면에서도 글자의 흔적은 확인되므로,[15] 사면비임은 인정된다. 단, 후면의 구체적인 판독은 거의 어려운 상태이다. 그럼에도 종래 읽기 어려운 후면을 시작면으로 보는 견해들이 있었다. 이는 전면의 첫 행이 '五月中'으로 시작하는 것이 어색하다는 판단 하에 후면으로부터 내용이 이어지고 있다고 보았던 것이다.

산맥 이동지역의 영역향방」, 『한국고대사연구』 26; 최장열, 2004, 앞의 글.

11) 고광의, 2019, 「충주 고구려비 판독문 재검토」, 『충주 고구려비 발견 40주년 기념 학술회의』, 동북아역사재단·한국고대사학회. 해당 발표는 고광의, 2020, 「충주 고구려비의 판독문 재검토 -題額과 干支를 중심으로-」, 『한국고대사연구』 98로 공간되었다.

12) 木村誠, 2000, 앞의 논문.

13) 여호규, 2020, 앞의 논문; 임기환, 2020, 「충주고구려비의 高麗 大王과 東夷 寐錦」, 『한국고대사연구』 98; 李成制, 2020, 「〈忠州高句麗碑〉의 건립 목적과 배경」, 『한국고대사연구』 98 및 전덕재, 2019, 「충주고구려비를 통해 본 5세기 중반 고구려와 신라의 관계」, 『高句麗渤海研究』 第65輯.
   현재까지 해당 판독안에 긍정적 입장을 밝힌 연구는 李鎔鉉, 2020, 「忠州 高句麗碑 '믌'·'共'의 재해석」, 『韓國史學報』 제80호, p.11이 유일하다. 단, 이 논문에서 기년 문제는 본격적으로 다루지 않았다.

14) 발견 직후의 논의에서 李丙燾, 1979, 앞의 논문, p.22; 邊太燮, 1979, 앞의 논문, p.41; 申瀅植, 1979, 앞의 논문; 李昊榮, 1979, 앞의 논문 등에서는 三面碑로, 李基白, 1979, 「中原高句麗碑의 몇 가지 문제」, 『史學志』 13, p.33에서는 四面碑로 보는 등 의견이 갈렸다. '1+3면비'로 파악하는 견해도 나왔다(여호규, 2020, 앞의 논문, p.135).

15) 2000년의 高句麗研究會 新釋文(고구려연구회, 2000, 『高句麗研究』 第10輯(中原高句麗碑 研究), p.130)과 2019년 공동 판독안(양인호·고태진 정리, 2020, 「충주 고구려비 공동 판독안(동북아역사재단, 한국고대사학회)」, 『한국고대사연구』 98, p.8)에서 모두 후면 마지막 행에 '巡(?)'으로 추정되는 글자의 존재를 인정하였다. 2019년의 판독에 사용된 이미지 자료와 논의 과정은 동북아역사재단 편, 2021, 『忠州高句麗碑』, 동북아역사재단으로 출간되었다.

하지만 '五月中'이 전면에서 처음 확인되는 글자는 아니다. '五'가 시작되는 열에 맞추어 다른 행들의 서사도 시작되는데, 그것들과 약간의 간격을 두고 비 상단부에 글자가 존재한다. 초창기에 李丙燾가 '建興四年'의 '題額'을 읽으면서 現夢을 언급한 뒤로,[16] 해당 부분의 판독을 터부시되는 분위기가 형성된 듯하나, 글자의 존재에 대한 인식은 꾸준히 이어져 왔다.[17] 2000년 高句麗研究會 新釋文에서도 해당 부분에 글자가 존재함은 인정되었다.[18]

이 부분은 본문으로부터 약간 떨어져서 횡으로 서사되고 있음이 특이하다. 이를 '題額'으로 부르기도 하였으나,[19] 뒤에서 살펴볼 것처럼 그 내용이 標題가 아니라 年代이므로 '題額'이라는 용어에는 걸맞지 않다.[20] 그것을 어떻게 지칭하든, 〈충주 고구려비〉 전면 상단부에 횡으로 글자가 새겨져 있음은 분명하다.

그런데 그 존재를 인정한 2000년 高句麗研究會 新釋文에 기반한 연구에서나, 2019년 공동판독안에 기반한 연구들에서,[21] 마치 이 부분에 글자가 없는 듯 무시하고 논의가 진행되고 있음이 눈길을 끈다.[22] 해당 부분의 서사 방식이 매우 특이하며 다른 사례를 찾아보기 어려움은 분명하다.[23] 그러나 독특하고 이상하다고 해서 존재를 부정해도 괜찮은 것일까? 존재하는 글자임에도 판독이나 해석에서 배제하기 위해서는 오히려 합당한 이유와 근거가 제시되어야 하지 않을까?

이 부분이 단순한 흠집이 아니라 글자들임은 분명하다. '五月中'으로 시작하는 본문과 다른 시기에 다른 의도로 새겨졌다고 보아 해석에서 제외하기 위해서는, 애초에 해당 부분이 왜 비워진 채로 만들어졌으며, 후대에 어떤 의도로 원래 비의 내용과 상관없는 연대를 새겨 넣었는지에 대한 설명이 먼저 제시되어야 할

---

16) 檀國大學校 史學會, 1979, 「中原高句麗碑 學術座談會議錄」, 『史學志』 13, p.114.

17) 李基白, 1979, 앞의 논문; 邊太燮, 1979, 앞의 논문; 李昊榮, 1979, 앞의 논문.

18) 徐吉洙, 2000, 「중원고구려비 신석문 국제워크샵과 국제학술대회」, 『高句麗研究』 第10輯(中原高句麗碑 研究), p.144에서 비의 맨 위쪽에 '해 년(年)'자를 확인함으로써 題額이 있음에 석문위원들의 의견이 일치하였다고 밝혔다. 단, 新釋文에 '年'이 포함되지는 않았다. 아울러 新釋文은 '五月中'으로 시작하는 면을 'Ⅰ:前面'으로 제시한 데 반해, 같은 책 pp.9~99의 '중원고구려비 비면 사진 및 탁본'에서는 "2000년 2월 열린 중원고구려비 신석문 국제워크샵에서는 글자가 없는 면이 1면일 것이라는 의견이 많았"다는 이유로 그 반대쪽 면을 1면으로 제시하고 있다.

19) 題額을 '편액이나 석비의 이수에 표기한 표제기록'으로 정의하고, 석비의 비신 윗부분에 주인공을 표시한 표제는 '頭篆'으로 구분하는 견해도 있다(孫煥一, 2008, 「石碑의 標題樣式과 書體 考察 Ⅰ - 통일신라시대와 고려시대를 중심으로 -」, 『新羅史學報』 13, pp.130-131). 그러나 『표준국어대사전』의 題額에 대한 정의는 '碑身 상단부나 이수에 비의 명칭을 새긴 부분'이라 하여 비신 상단부에 새긴 경우를 포괄하고 있다.

20) '年額'이라는 표현이 적당할지도 모르겠으나, 사례가 없으므로 존재하는 용어가 아니다.

21) 공동판독안에서 해당 부분은 '△? △? 七? 年? △? △? △?'로 제시되었고, "1~2차 판독회 결과 소위 '題額'으로도 불렸던 '前面'의 윗단 부분'에 대해, 글자가 존재할 가능성이 있다는 점까지는 합의함."이라고 밝혔다.

22) 李成制, 2020, 앞의 논문에는 아예 관련된 언급이 없으며, 여호규, 2020, 앞의 논문, p.128에서는 "결론을 내리기 쉽지 않았다"고 하면서 판독문에서 배제하고 순서도 후면이 시작면인 것으로 파악하였다. 전덕재, 2019, 앞의 논문, p.139에서는 "판독에 異見이 있을 수 있기 때문에 추후에 보다 신중한 검토가 필요할 것"이라 하며 해당 부분을 논의에서 제외하였다.

23) 임기환, 2020, 앞의 논문, pp.145~146에서는 "전면에 제액의 존재가 확인되면 전면이 시작면이 될 수 있다"고 하고 육안으로도 '年'이라는 글자가 뚜렷하게 보임을 인정하면서도 해당 부분을 논의 진행에 포함시키지 않았다. 그 이유로 비면의 해당 위치에 제액이 아닌 紀年을 쓰는 사례가 있는지 확인되어야 하며, 전체 비문과 동시에 새겨졌다는 점도 증명되어야 함을 들며, '기년이 제액처럼 부각되는 것'이나 '후면과 우측면이 독립된 내용의 면이 되는 점' 등이 '이례적'임을 강조하였다.

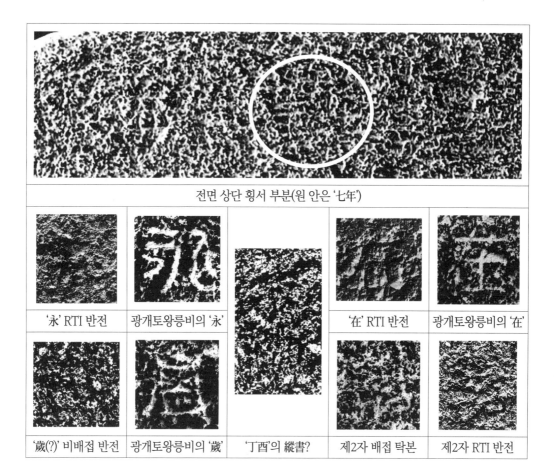

전면 상단 횡서 부분(원 안은 '七年')

'永' RTI 반전	광개토왕릉비의 '永'		'在' RTI 반전	광개토왕릉비의 '在'
'歲(?)' 비배접 반전	광개토왕릉비의 '歲'	'丁酉'의 縱書?	제2자 배접 탁본	제2자 RTI 반전

그림 1. 전면 상단 부분 문자 판독 대비(이미지 출처 : 고광의, 2020, 앞의 논문)

것이다. 글자의 형태나 새긴 방식에 있어서는 아래의 본문과 큰 차이가 느껴지지 않는다.[24] 존재 자체를 부정하기 어렵다면, 그 서사 방식이 이상해 보이더라도 매우 특이하며 이례적인 사례로 받아들이며 해석에 포함시켜야 한다고 생각한다.

　해당 부분의 세 번째와 네 번째 글자인 '七年'은 과거에도 판독된 바 있었고, 충분히 인정 가능한 판독이다. 첫 번째 글자의 '永' 판독도 받아들일 만하다.[25] 여섯 번째 글자 또한 '在'로 판독하는 것이 가능하다.[26] 다섯 번째 글자는 잘 남아있지 않아 확신하기 어려우나 〈광개토왕릉비〉나 천추총 출토 '千秋萬歲永固'銘塼의 '歲'와 유사함이 인정된다.[27] 마지막 글자의 경우 세로로 '丁酉'의 두 글자를 붙여서 쓴 것으로 본 판독

24) 2000년에도 자경이나 서풍에 있어서 아래 부분의 글자와 같은 맥락임이 지적된 바 있다(중원고구려비 신석문 국제워크샵 녹취 중 김양동 발언(고구려연구회, 2000, 앞의 책, p.168)).
25) 고광의, 2020, 앞의 논문, pp.72-73.
26) 위의 논문, pp.79-80.
27) 위의 논문, p.79.

은,[28] 연도를 '題額'처럼 비 상단부에 橫書하면서 그 중에서도 干支만은 縱書한 것이 되어 특이한 사례 중에서도 더욱 특이한 서사 방식이라고 볼 수밖에 없지만, 형태 상 불가능하지 않아 보인다. 단, 두 번째 글자는 특히 상태가 좋지 않아 판독이 어렵다. 비 상단부의 횡서 부분은 '永□七年[歲]在[丁酉]' 정도로 판독안을 정리할 수 있겠다.

당시 고구려에서 年號의 사용이 확인되는 만큼, '七年' 앞에 등장하는 두 글자는 고구려의 연호일 가능성이 높다. '永'을 포함하는 고구려의 연호로 주목되는 것은 역시 〈광개토왕릉비〉에 보이는 광개토왕의 연호 '永樂'이다. 1946년 평양 坪川里 출토 〈영강7년명 금동광배〉에서 '永康七年'이 확인되어 이를 고구려 연호로 보고 있으나,[29] 그 시점을 특정하기 어려우며 뒤에 나오는 干支도 甲 혹은 辛, 午 등으로 견해가 갈린다. 앞서 제시한 판독안에서 '丁酉'를 인정한다면 같은 연도로 보기 어렵다. 한편 안악 3호분의 묵서 중에는 '永和'의 연호가 나오는데, 이는 東晉 穆帝의 연호로 간주하고 있다.[30] 〈충주 고구려비〉 해당 부분의 남은 자형이 확실하지 않으나 '康'이나 '和'보다는 '樂'에 가까워 보이므로, '樂'의 판독을 받아들여 '永[樂]'으로 추정하고자 한다.

이렇게 볼 경우 전면 상단부에는 광개토왕의 영락 7년(397)이라는 연대가 새겨진 것이 된다. 이는 본문의 '五月中'으로 자연스럽게 이어져, 전면의 내용이 해당 연도 시점을 다루고 있음을 보여준다. 그런데 기존의 연대 파악에서는 전면 7행에 보이는 日干支와 좌측면 3행의 '辛酉年'이라는 干支가 중요하게 활용되었다.

그 가운데 좌측면 3행의 '辛酉年'은 2019년 공동 판독안에서 '功二百六十四'으로 수정되어 연도로 볼 수 없게 되었다. 다음 부분에도 숫자들이 확인되며, 2행에도 '功[百]'으로 판독할 만한 부분이 보여 모종의 작업을 수행한 인원수가 나열되고 있는 것으로 판단된다. 단, 좌측면 5행에서 '[辛][酉]'의 판독안이 제기되어, 이를 481년으로 파악한 견해가 나왔다.[31] 하지만 그 다음 글자를 '年'으로 판독할 수 있을지는 의문이 들어, 年干支라고 확신하기 어렵다. 아울러 '辛酉年'을 인정하더라도 그 연대의 비정은 쉽지 않은 상황이다.

한편 전면 7행의 日干支는 종래 '十二月廿三日甲寅'으로 판독하며 비문의 내용 시점 파악에서 핵심적 근거로 활용되어 왔다. 해당 날짜와 간지가 들어맞는 449년과 480년이 유력한 연대로 간주되어 왔다. '三'은 이전에도 '五'로 판독하여 403년으로 비정한 異見이 있었으나,[32] '甲'의 경우 의견이 일치했었다. 그런데 이 '甲'에 대해서도 상부가 떨어져 나간 것이므로 하부만으로 판단해야 하며, '庚'字일 가능성이 있음이 지적되었다.[33] 아울러 '三'이나 '五'로 판독되었던 글자에 대해서 '七'의 가능성을 제시하였다.[34] 397년 12월 27일의 일간지는 바로 '庚寅'에 해당한다.

---

28) 위의 논문, pp.80-82.

29) 도유호, 1964, 「평천리에서 나온 고구려 부처에 대하여」, 『고고민속』 1964-3, p.33.

30) 徐永大, 1992, 「安岳 3號墳 墨書銘」, 『譯註 韓國古代金石文 Ⅰ (고구려·백제·낙랑 편)』, 駕洛國史蹟開發硏究院, p.57.

31) 여호규, 2020, 앞의 논문, p.132.

32) 木村誠, 2000, 앞의 논문.

33) 고광의, 2020, 앞의 논문, pp.86-89.

34) 위의 논문, pp.84-86.

| 3D AO맵 | 3D 심도맵 | 3D RS맵 |

그림 2. 전면 7행 19자(이미지 출처 : 고광의, 2020, 앞의 논문, p.85)

'七'로 새로 판독한 글자는 여전히 '三'으로 판독하는 견해들이 많다.[35] 관건은 세로선의 인정 여부가 되겠다. 과거에 '五'로 보았던 판독도 세로선의 존재를 인정하였던 것이다. 하지만 현재로서는 확신하기가 어렵다. '十二月'의 '二'도 현재 상태로는 '三'처럼 보임을 감안하면 이 글자가 '二'일 가능성도 남아 있다. 이 글자에 대해서는 판독이 어려운 것으로 판단하여, 해당 일자는 '十二月廿□[日]□寅'으로 파악하였다. 아직 확실하지 않은 글자들이 있으므로, 이 부분의 간지로 연대를 특정하기는 힘들다고 하겠다.

단, 12월 부분은 年代가 따로 언급되지 않아, 앞의 五月과 같은 연도로 판단된다. 그렇다면 이 부분 또한 상단 부분의 연대에 연결하여 해석해야 할 것이다. 결국 측면이나 후면의 경우는 알 수 없다고 해도, 전면의 내용은 영락 7년(397)의 시점으로 일괄하여 볼 수 있겠다.

III. 碑 前面의 내용 파악

연도에 이어지는 비문의 내용은 어떻게 이해할 수 있을까? 판독이 가장 많이 이루어진 전면의 내용을 필자가 파악한 바에 따라 단락을 구분하여 제시하면 다음과 같다.[36]

A(상단부 횡방향). 永□七年[歲]在[丁酉]
B-1. 五月中 高麗大王 祖王公□新羅寐錦 世世爲願如兄如弟 上下相知守天 東來之
B-2. 寐錦忌 太子共前部太使者多亏桓奴主簿貴[德][句]□[王]□[聆]□[去]□□ 到至跪營[天]
B-3. 太子共[語]向[壓]上共看 節賜[九][霍]鄒 教食[在]東夷寐錦之衣服建立處 [伊][者]賜之

---

35) 여호규, 2020, 앞의 논문, p.108; 李成制, 2020, 앞의 논문, p.179; 전덕재, 2019, 앞의 논문, p.138.
36) 판독은 2019년 공동 판독안에 기반하여, 필자의 판단에 따라 일부 수정하였다.

B-4. 隨□諸[夷]□奴客人□ 教諸位 賜上下[衣]服

B-5. 教東夷寐錦遝還來

B-6. 節教 賜寐錦土內諸衆[人]□[支]□ [大]王國土大位諸位上下衣服 □受教跪營之

C-1. 十二月廿[日]□寅 東夷寐錦[上]下至于伐城 教來

C-2. 前部大使者多亏桓奴主簿貴[德] □□□□ 募人三百

C-3. 新羅土內幢主 下部拔位使者補奴□[流]奴□[位]□□盖盧 共[其]募人

C-4. 新羅土內衆人 □□□ ……

年月에 이어 '高麗大王'이 주체로서 등장한다. 다음으로 '祖王公'이 이어지는데, '祖王'에 대해서는 太王의 祖에 해당하는 어느 王으로 보는 경우가 많았지만,[37] 현 왕의 祖에 해당하는 과거의 특정 왕을 언급할 경우 諡號를 사용하는 것이 예의에 걸맞고 자연스럽다고 여겨진다. 이는 〈지안 고구려비〉나 〈광개토왕릉비〉에서도 확인되는 바이다.[38] 한편 太王 휘하 별도의 王으로 본 견해도 있으나,[39] 그러한 존재를 상정할 근거가 보이지 않으며, 비문의 다른 곳에는 나오지 않아 굳이 高麗大王과 함께 언급되었어야 할 이유를 찾기 어렵다.

〈광개토왕릉비〉에서 '祖王先王'과 '祖先王'이 같은 맥락에서 등장하고 있음을 볼 때, 역시 과거의 특정 왕을 지칭한다기보다는 大王의 祖先王을 일컫는 것으로 보는 것이 자연스럽다.[40] 다음 글자는 기존에 '令'으로도 판독되다가 2019년 공동 판독안에서 '公'으로 확정되었는데, 그 다음의 글자가 판독되지 않아서 뒷부분과 이어져 의미를 갖는 것인지 '祖王公'으로서 祖先인 王公들로 해석해야 할지 판단하기 어렵다.

B-1 마지막의 '東來之'를 '동쪽에서 왔다'로 해석하여, 新羅寐錦을 주어로 파악한 견해도 나왔으나,[41] 〈광개토왕릉비〉 영락 5년(395)조에서 王이 양평도를 지나 동쪽으로 여러 성들로 왔다는 것을 '東來'로 표현하고 있음을 볼 때, '동쪽으로 왔다'로 해석하는 편이 자연스럽다. 이어지는 내용에서 '祖王(公)'은 더 이상 확인되지 않으므로, '동쪽으로 온' 행동의 주체는 高麗大王으로 여겨진다. 그렇다면 祖王(公)은 왜 등장했을까? 사이에 위치한 '□新羅寐錦 世世爲願如兄如弟 上下相知守天'의 주어를 祖王(公)으로 볼 수 있겠다. 高麗大王은 조상들의 그러한 뜻을 받들어 新羅寐錦을 만나러 동쪽으로 온 것이 된다.

---

37) 李丙燾, 1979, 앞의 논문, p.28; 南豊鉉, 2000, 앞의 논문; 김현숙, 2002, 앞의 논문; 박성현, 2010, 앞의 논문; 서지영, 2012, 앞의 논문.

38) 〈지안 고구려비〉 IV행의 '國罡上太王'를 故國原王으로 파악하고 광개토왕대에 건립하였다고 보는 견해에 따르면(여호규, 2013, 「신발견 〈集安高句麗碑〉의 구성과 내용 고찰」, 『한국고대사연구』 70, pp.80-83; 趙宇然, 2013, 「集安 高句麗碑에 나타난 왕릉제사와 조상인식」, 『한국고대사연구』 70, pp.147-149; 이성제, 2013, 「〈集安 高句麗碑〉로 본 '守墓制'」, 『한국고대사연구』 70, pp.190-191), 광개토왕의 祖에 해당하는 王을 諡號로 표기한 것이 된다. 〈광개토왕릉비〉에서도 광개토왕이 '父王'으로 지칭되지 않았다. '國岡上廣開土境平安好太王'의 諡號나 '永樂大王'으로 표기되었을 뿐이다.

39) 林起煥, 2000, 앞의 논문, p.420.

40) 李鎔賢, 2020, 앞의 논문, pp.32-34.

41) 위의 논문, pp.36-37.

B-2에는 寐錦이 다시 등장한다. '忌'는 寐錦의 이름으로 보아,[42] 訥祗麻立干의 '祗'와 연결시키기도 한다.[43] 하지만 B-1에 '新羅寐錦'이 처음 등장하고, B-6과 C-1 등에 반복적으로 '寐錦'이 나오는데, 중간인 이 부분에서만 이름이 표기되었다고 보기는 어색하다.[44] 〈광개토왕릉비〉에도 '新羅寐錦'의 이름은 따로 표시하지 않았음이 참조된다.[45] '忌'는 주어 '寐錦'에 붙는 서술어로 판단하는 것이 적당하다고 생각된다.[46] 그 의미 중 '공경하다'를 택하여 '공손히 응했다'는 의미로 해석한 경우도 있으나,[47] 해당 글자는 꺼려서 기피한다는 의미가 기본으로서 응했다는 의미로 사용되었다고 보기는 어렵다. 따라서 매금이 '기피하여' 오지 않았다고 해석하는 것이 자연스럽다.[48] 高麗大王이 祖先의 뜻에 따라 함께 '守天'할 의도 하에 동쪽으로 왔음에도 新羅寐錦은 바로 합류하지 않았던 것이다.

대신 太子의 존재가 나타난다. B-2와 B-3의 '太子' 다음에 나오는 '共'은 太子의 이름으로서,[49] 좌측면에 등장하는 '古鄒加 共'과 동일인으로 파악하기도 하나,[50] 같은 사람이 太子에서 古鄒加의 다른 직위로 표기되었을지 의문이 제기되어 있다. 나아가 어린 시절에는 太子라고 불리다가 宗族의 長이 되면서 古鄒加의 호칭을 갖게 되었다는 주장의 경우, 왕조 국가의 차기 왕위계승자임을 보여주는 '太子'라는 칭호보다 '古鄒加'의 호칭이 더 높았던 것이 되므로 받아들이기 어렵다. 이를 '함께'의 의미로 해석한 견해를 따른다.[51] 太子가 前部 大使者 多亏桓奴 및 주부 귀덕 등과 함께 어느 장소에 도착한 것으로 이해된다. '跪營'이 곧 그 장소의 명칭였다고 보는 경우가 많은데, 軍營 혹은 行營에 따로 이름을 붙였을지는 의문이다. 〈광개토왕릉비〉의 영락 6년(396)조의 '跪王'이 '왕에게 무릎꿇었다'는 의미로 해석됨을 감안할 때, 이 또한 '營에 와서 무릎꿇었다'고 해석해야 할 것이다.[52]

B-2의 마지막 글자는 2019년 공동 판독안에서 '[大]'로 판독하였다. B-3의 太子에 붙여 '大太子'로 볼 경

---

42) 申瀅植, 1987, 앞의 논문, p.408; 金昌鎬, 2000, 「中原高句麗碑의 建立 年代」, 『高句麗硏究』 10(中原高句麗碑硏究), p.10; 朴眞奭, 2000, 앞의 논문, pp.317-3218; 林起煥, 2000, 앞의 논문, p.420; 시노하라 히로카타(篠原啓方), 2000, 앞의 논문, p.10; 張彰恩, 2005, 앞의 논문, p.278; 전덕재, 2019, 앞의 논문; 여호규, 2020, 앞의 논문; 李成制, 2020, 앞의 논문.

43) 金昌鎬, 1987, 앞의 논문, pp.140-141.
하지만 〈포항 냉수리 신라비〉의 '乃智王'은 『三國遺事』 王歷에 보이는 訥祗麻立干의 異稱 '乃只'와 동일하게 파악하는 것이 일반적으로, '乃智王'이라는 표기를 볼 때 '乃'가 이름의 주요 요소로 여겨진다. '智'와 '忌'의 同音 여부도 검토가 필요하다.

44) 이용현, 2020, 앞의 논문, pp.27-30.

45) 위의 논문, p.29.

46) 李丙燾, 1979, 앞의 논문; 邊太燮, 1979, 앞의 논문; 南豊鉉, 2000, 앞의 논문; 박성현, 2010, 앞의 논문; 이용현, 2020, 앞의 논문.

47) 李丙燾, 1979, 앞의 논문, p.23.

48) 邊太燮, 1979, 앞의 논문, p.45; 박성현, 2010, 앞의 논문, p.219; 이용현, 2020, 앞의 논문, pp.29-30.

49) 李丙燾, 1979, 앞의 논문; 邊太燮, 1979, 앞의 논문; 申瀅植, 1979, 앞의 논문; 南豊鉉, 2000, 앞의 논문; 林起煥, 2000, 앞의 논문; 시노하라 히로카타(篠原啓方), 2000 앞의 논문; 張彰恩, 2005, 앞의 논문; 박성현, 2010, 앞의 논문; 전덕재, 2019, 앞의 논문; 여호규, 2020, 앞의 논문; 임기환, 2020, 앞의 논문, p.153; 李成制, 2020, 앞의 논문. p.182.

50) 金英夏·韓相俊, 1983, 앞의 논문, p.41. 이후 널리 받아들여지고 있다.

51) 이용현, 2020, 앞의 논문.
단, 좌측면 6행의 '[古][鄒][加]'에 이어 나오는 '共' 혹은 '共軍'은 인명일 가능성이 남아 있다고 본다.

52) 시노하라 히로카타(篠原啓方), 2000, 앞의 논문; 전덕재, 2910, 앞의 논문, p.144; 李成制, 2020, 앞의 논문, p.182.

우, 앞에서는 그냥 '太子'로 나온 것과 상충한다. 이를 '夭太子'로 판독한 경우도 있지만,[53] '어린'의 의미가 있다고 하더라도 보통 '夭折'로 해석되는 글자를 굳이 太子의 수식에 사용하였다고 보기는 어렵다. 그렇다면 이 글자는 太子와 연결시킬 것이 아니라 앞 문장의 마지막 부분에 붙여서 해석해야 할 것이다. '矣'나 '之' 등 종결사로 보는 견해가 여전히 존재한다.[54] '夭'일 가능성도 배제할 수 없다고 본다. '夭' 판독이 인정될 경우, 앞에서 등장하는 '守夭'과 동일한 의미의 압축적 표현일 수 있겠다.

B-3에서는 太子가 '墼上'을 향해 말하고 바라보는 등의 행동을 하고, 이에 '九(?)霍(?)雛'를 사여받는다. '九(?)霍(?)雛'의 정체는 알 수 없지만, 東夷寐錦의 衣服建立處에서 먹게 하는 敎가 이어지므로 음식물일 가능성이 상정된다. '伊(?)者(?)'는 해당 식사의 사여를 주관하게 한 책임자로 보인다.

B-5는 東夷 寐錦에게 내려진 敎로서 '돌아올' 것을 명령하고 있다. 이에 대해서 신라 매금이 와서 복속 의례를 하고 신라로 돌아갔다가 다시 돌아오게 되었다고 파악하기도 하나, 왕이 그 영역을 벗어나는 것이 흔한 일이 아님을 감안할 때 두 차례나 왔다 갔다고 보기는 어색하다. 고구려 입장에서 고구려 왕에게 오는 것을 '돌아오다'로 표현했다고 이해해야 할 것이다.

B-6에서 '寐錦土內諸眾[人]'에게 무언가를 '賜'하였는데, 준 것이 무엇인지 불확실하다. 반대로 다음에 나오는 '[大]王國土大位諸位上下衣服'는 흔히 '[大]王國土大位諸位上下'에게 의복을 사여한 것으로 해석해 왔지만 서술어가 없다. 그렇다면 둘을 결합하여 '寐錦土內諸眾[人]'에게 '[大]王國土大位諸位上下'의 '衣服'을 사여하도록 敎하였다고 해석하는 것이 적당하다고 판단할 수 있다. 衣服의 사여가 복속 의례의 성격을 가진다고 할 때, '大王國土' 內의 '大位諸位上下'는 이미 고려대왕의 신하로서 그에 걸맞는 복식을 착용하고 있었을 것이다.

5월에 해당하는 B의 내용은 여기서 끝나고 C에서는 12월의 상황이 이어진다. 5월 이후 高麗大王은 귀환한 듯하다. 12월까지 新羅寐錦을 기다리며 軍營에서 장기체류했을 것으로는 여겨지지 않기 때문이다. 太子의 역할도 여기서 끝난 듯, C에는 등장하지 않는다. 前部 大使者 多亐桓奴·主簿 貴德 등이 敎를 받아 新羅寐錦을 맞이하게 된 것으로 보인다.

12월에는 東夷寐錦 上下가 于伐城에 도착한다. 于伐城까지는 아직 신라 영역 內였다고 볼 수 있겠다. C-2의 전부 대사자 등은 C-1 마지막 부분의 '敎'를 받는 대상으로 보기도 하지만, '敎'의 대상이 언급될 경우에는 '敎' 바로 다음에 위치하는 것이 일반적이다. 따라서 '敎來'는 '오라고 敎하다' 혹은 '敎하여 오게 하다'의 의미로 완결되며, 前部 大使者 多亐桓奴 등은 새로운 문장의 주어로 파악할 수 있다. 오게 한 대상은 바로 우벌성에 도착한 東夷寐錦 上下라고 판단된다. 마침내 寐錦이 자신의 영역을 벗어나 해당 營에 도착하게 된 것이다. 뒤에는 前部 大使者 多亐桓奴 등과 新羅土內幢主 하부 발위사자 보노 등의 '募人'과 '功' 및 숫자들이 이어진다. 지금까지 해석한 내용을 정리하면 다음과 같다.

A(상단부 횡방향). 永樂(?) 7年 歲在丁酉

---

53) 이용현, 2020, 앞의 논문.
54) 전덕재, 2019, 앞의 논문에서는 '[矣]'로, 이성제, 2020, 앞의 논문에서는 '[之]'로 판독하였다.

B-1. 5월에 高麗大王은 祖王이 新羅寐錦과 대대로 형제처럼 위아래가 서로 알고 守天하기를
　　　원하였음을 (받들어) 동쪽으로 왔다.
B-2. 寐錦이 기피하니, 太子가 前部 大使者 多亏桓奴, 主簿 貴德과 함께 ... 도착하여 營에 무
　　　릎꿇고 (守)天하였다.
B-3. 太子가 함께 말하고 壁(?)上을 향하여 함께 보자, 곧 九(?)霍(?)鄒를 하사하여 東夷寐錦
　　　의 衣服 建立處에서 먹게 하니, 伊(?)者가 그것을 내려주었다.
B-4. 따라 온 여러 夷(?) ... 奴客人 ... 諸位에 敎하여 위아래의 의복을 내려주게 하였다.
B-5. 東夷寐錦에 돌아올 것을 敎하였다.
B-6. 또 敎하여 寐錦土內 諸衆人 ... 에게 大王國土 大位·諸位上下의 衣服을 내려주며 敎를 받
　　　아 營에 무릎꿇게 하였다.
C-1. 12월 2□일 □寅에 東夷寐錦 上下가 于伐城에 도착하니 오도록 敎하였다.
C-2. 前部 大使者 多于桓奴, 主簿 貴德 .... 300명을 募人하였다.
C-3. 新羅土內幢主 下部 拔位使者 補奴 ... 盖盧가 그 募人을 함께 하였다.
C-4. 新羅土內衆人 □□□ ......

IV. 정황적 검토와 太子의 문제

　　그간 〈충주 고구려비〉의 연대와 내용 파악에 있어서 그러한 사건이 벌어질 수 있는 정황적 맥락이 중요
하게 작용되어 왔다. 그러나 '정황'은 사료에 대한 해석을 통해 구성된 것이므로, 적절히 이루어진 판독이라
면 정황보다 우선시되어야 한다. 새로운 판독은 기존의 정황 판단을 수정할 수 있게 하는 바탕이 된다. 새
롭게 읽어낸 비면 상단의 연대가 '永樂 7年'이 분명하다면, 이후의 내용은 해당 연대를 기준으로 재해석되
어야 할 것이다. 단, 앞서 살핀 바와 같이 비면 상단의 두 번째 글자는 '樂'일 가능성이 인정되더라도 그 자
체로 확정적이라고 말할 수는 없다. 결국 영락 7년(397)과 비문 내용의 결합이 가능한지 '정황'을 살필 필요
성은 여전히 남게 된다.

　　397년의 시점을 불가능하게 만드는 '정황'이 비문 內에 있을까? 年月에 이어지는 비문 내용의 시작 부분
에 '高麗大王'이 나오는데, 高句麗가 國號를 高麗로 改稱한 시점을 463년에서 479년 사이로 보고 이를 〈충주
고구려비〉의 건립 시기를 판단할 근거로 활용한 연구가 있었다.[55] 하지만 『魏書』 帝紀에서는 398년 시점부
터 '高麗'가 지속적으로 확인되므로,[56] 그와 가까운 397년의 '高麗' 표기는 문제가 되지 않는다. 신라를 '東

---

55) 朴眞奭, 2000, 앞의 논문, pp.325-331.
56) 『魏書』 卷2, 太祖紀2 天興元年(398) 春正月, "辛酉, 車駕發自中山, 至于望都堯山. 徙山東六州民吏及徒何·高麗雜夷三十六萬, 百工
　　伎巧十萬餘口, 以充京師."

夷'로 간주하는 인식은 '領護東夷中郞將' 등의 爵號를 받는 435년 이후에나 가능할 것이라는 지적도 있었다.[57] 하지만 이는 爵號를 수여받은 시점일 뿐, '東夷' 인식이 고구려에 들어온 시점으로 볼 수 없다. '南蠻'과 관련된 爵號를 수여받은 바 없었던 百濟의 경우에도 '南蠻' 인식을 확인할 수 있음이 참고된다.[58]

한편 B-1에 보이는 "世世爲願如兄如弟"의 관념에 주목하여, 〈광개토왕릉비〉에 나타난 '屬民'의 인식으로부터 관계의 변화가 나타났음을 보여준다는 견해들도 나왔다.[59] 그렇다면 〈광개토왕릉비〉에 묘사된 상황과 〈충주 고구려비〉의 내용 시점 사이에 '朝貢을 바치는 屬民'과 '형제 관계'의 차이가 나타날 만큼의 시간차를 상정해야 하는 것이 된다. 이러한 관계의 변화에는 고구려가 屬民으로 취급하던 신라를 형제로 대우하게 만든 수세적 상황이 상정된다. 하지만 이후의 비문 내용에서 고구려측이 신라를 특별히 우대한다거나, 고구려가 '수세'에 놓여 있다고 느껴질 만한 양상이 확인되지 않는다. 新羅寐錦을 營으로 소환하고, 寐錦을 포함한 신라인들에게 의복을 사여하는 '복속의례'와 같은 상황이 이어지며, 新羅寐錦은 '東夷'로 표현되고 있다. 이 비에 묘사된 고구려의 신라에 대한 인식을 '屬民'에서 '兄弟'로의 格上이라고 보아도 좋을까?

그와 관련하여 '如兄如弟'의 언급은 복속의례로 간주되는 B-2 이후의 상황보다 앞서 '祖先'을 주어로 하는 부분에 등장함이 주목된다. 新羅寐錦과 兄弟 같은 관계를 대대로 원했던 것은 과거의 祖先王(公)들이었던 것이다. 신라와의 관계 구축은 이러한 조상들의 바람을 이어받아 진행하였지만, 현 大王에 의해 한 걸음 더 나아가 복속에 가까운 관계로 정립되었다는 해석이 가능하다.[60] 祖先王의 뜻을 먼저 서술하고, 자신의 진전된 조치를 언급하는 서술 방식은 〈광개토왕릉비〉의 수묘인 관련 부분에서도 확인된다.

그런데 비문 전면의 내용을 397년 시점으로 볼 경우, B에 등장하는 '太子'의 존재가 문제시될 수 있다. 太子는 前部 大使者 多亐桓奴 등 고구려인들과 함께 움직이고 있어, 보통 고구려의 太子로 파악해 왔다. 하지만 長壽王이 太子로 冊立되는 것은 광개토왕 18년(409)의 일로서, 397년 시점에는 고구려에 太子가 존재하지 않는다. 太子 冊立 이전, 王子였던 장수왕이 太子로 표기되었을 가능성을 상정한다고 해도, 너무 어려서 〈충주 고구려비〉에 묘사된 활동의 주체로 인정하기 어렵다.[61]

단, 고구려 太子의 부재 문제는 내용 연대를 507년으로 파악하는 견해를 제외하면,[62] 449~450년이나 481년으로 연대를 파악했던 기존의 유력 견해들에게도 똑같이 적용되는 것이다. 장수왕대에는 太孫의 존재만 확인되고, 太子 冊立이 보이지 않기 때문이다.[63] 결국 장수왕의 아들 助多가 사료에 나오지는 않지만 太子로 冊立되었다고 보거나, 王子임에도 太子로 표기되었다고 해석하거나, 太孫이 太子로 표기되었다고

57) 李基白, 1979, 앞의 논문, pp.37-38; 張彰恩, 2006, 「中原高句麗碑의 연구동향과 주요 쟁점」, 『歷史學報』 第189輯, p.310.
58) 『日本書紀』 卷9, 神功 49년 春3月條, "西廻至古奚津 屠南蠻忱彌多禮 以賜百濟"
59) 鄭雲龍, 1989, 앞의 논문, p.6; 박성현, 2010, 앞의 논문, pp.218-219.
60) 국가간 '兄弟' 관계의 구축이 '君臣' 관계에 선행할 수 있음은 李道學, 2000, 앞의 논문, p.275에서 지적된 바 있다.
61) 장수왕은 491년에 98세로 사망하므로, 397년에는 4~5세의 어린 나이이다.
62) 박성현, 2010, 앞의 논문.
63) 文咨王 7년(497) 정월에 王子 興安의 太子 冊立이 기록되어 있다(『三國史記』 卷19, 高句麗本紀7 文咨王 7年, "立王子興安爲太子").
   木村誠, 2000, 앞의 논문.

보는 등 사료에 직접적으로 나타나지 않는 정황을 추가적으로 상정해야 했다.

　사료상 太子였음이 확인되지는 않지만 그와 유사한 존재였을 것으로 보이는 인물을 찾는다면, 397년 시점에는 불가능할까? 비문에 나오는 太子의 경우 맥락 상 고구려의 太子나 신라의 太子로 모두 해석될 수 있음은 지적된 바 있다.[64] 그럼에도 결국에는 고구려 太子로 간주하게 된 데는 신라 왕을 '寐錦'으로 격하시켜 표현하면서 그 계승예정자만 '太子'로 높여서 표현했다고는 보기 어렵다는 점이 작용하였다. 그러나 '寐錦'은 〈울진 봉평리 신라비〉의 '牟卽智寐錦王'에서 확인되듯 신라에서 자체적으로 사용하던 호칭이다. 〈충주 고구려비〉의 맥락 속에서 '大王' 혹은 '太王'으로 표기된 고구려 왕에 대비되어 '東夷' 지배자의 호칭으로 사용되면서 상대적으로 낮은 격을 보이게 되었지만, 호칭 자체는 일부러 격하시킨 것이라기보다 신라에서 사용하던 것을 받아들여 적었다고 보아야 할 것이다.[65] 따라서 비문의 太子가 신라의 왕위계승예정자를 가리킨다는 해석도 충분히 가능하다.[66]

　그런데 397년 시점에는 신라에서도 문헌기록상 太子 冊立이 확인되지 않는다.[67] 다만 차기 왕위계승 후보자 중 하나로서, 고구려인과 함께 움직일 만한 인물은 찾아진다. 바로 392년에 質子로서 고구려에 보내진 實聖이 그에 해당한다.[68] 그는 고구려의 신라 구원전 이듬해인 401년 7월 신라에 돌아와, 402년 2월에 奈勿王의 뒤를 이어 왕위에 오른다. 그의 즉위는 '國人의 추대'에 의한 것으로 기록되었지만,[69] 고구려의 의도가 개입하였다고 보는 것이 일반적이다. 그는 王姪로서 質子가 되었다고 하는데, 당시 왕이었던 奈勿과 마찬가지로 前王 味鄒尼師今의 사위로서 차기 왕위 계승 후보군에 포함되는 존재였다.[70] 특히 고구려가 그의 차기 왕위 계승을 의도하고 있었다면, '太子'라고 불러줄 만한 당위가 충분하다고 생각된다.

　〈충주 고구려비〉에서 太子는 寐錦이 高麗大王과의 만남을 기피하자 바로 등장한다. 新羅寐錦을 대신하여 營으로 소환되는데, 이 때 고구려인들과 함께 움직였던 것도 質子인 신라 왕자의 정황과 배치되지 않는다. 그의 역할은 新羅寐錦을 대신하여 고구려 왕이 기획한 의례에 참여하고, 新羅寐錦이 高麗大王의 소환에 응하도록 중재하는 것이었다고 생각된다. 이 때 기획된 新羅寐錦과의 論事가 복속 의례와 더불어 군사적 공조 관계를 맺는 것이었다면, 質子로서 實聖의 중요한 역할은 자연스러운 모습이라고 하겠다. 현재 판독이 가능한 부분 중에는 太子가 5월조에서만 확인되므로, 高麗大王과 의식을 함께하고 新羅寐錦을 소환하는 역할을

---

64) 任昌淳, 1979, 앞의 논문; 木村誠, 2000, 앞의 논문.
　신라의 태자로 해석한 견해도 있다(손영종, 1985, 「중원고구려비에 대하여」, 『력사과학』 85-2, 과학백과사전출판사, p.30).
65) 〈광개토왕릉비〉에서 백제 왕을 '殘主'로 표현한 것과 대비된다.
66) 〈광개토왕릉비〉에는 유류왕을 '고명세자'로 언급하고 있어, 태자와 세자의 격 구분이 엄격하게 인식되지 않았을 수 있다. 고려의 경우 耽羅國에서 來朝한 '太子'를 그대로 언급하였음이 확인된다("冬十二月 耽羅國太子末老來朝 賜星主王子爵"(『高麗史』 卷2, 世家2 太祖 21年(938) 12月). 탐라국 '太子'에게 사여된 爵號는 '王子'였다.
67) 『三國遺事』 卷1, 紀異1 第十八實聖王에는 訥祗가 '前王太子'로 나오지만, 그 시점은 이미 실성왕 즉위 이후로서 奈勿王代에 실제로 太子로 冊立되었다고 보기는 어렵다.
68) 『三國史記』 卷3, 新羅本紀3 奈勿尼師今 37年(392) 春正月, "高句麗遣使 王以高句麗強盛 送伊湌大西知子實聖爲質"
　　『三國史記』 卷18, 高句麗本紀6 故國壤王 9年(392) 春, "遣使新羅修好 新羅王遣姪實聖爲質"
69) 『三國史記』 卷3, 新羅本紀3 實聖尼師今 卽位條, "奈勿薨 其子幼少 國人立實聖繼位"
70) 이재환, 2017, 「新羅 眞骨의 '家系 分枝化'에 대한 재검토 - 사위의 왕위계승권을 중심으로 -」, 『大丘史學』 第127輯, p.19.

다한 뒤 함께 돌아갔다고 볼 수 있다.

　新羅寐錦 上下는 12月이 되어서야 于伐城에 도착한다. 于伐城은 지금의 경북 영주 순흥 지역에 비정되는 伊伐支縣으로 추정한 견해가 유력하다.[71] 당시 신라와 고구려 사이가 죽령로를 통해서 연결되었다고 볼 때, 죽령로 가운데 신라 영역의 거의 끝에 해당한다고 하겠다. 거기서 다시 '來'하라는 '敎'를 받고 결국 新羅寐錦은 신라 영역을 벗어나 충주 지역의 營에 이르렀던 것으로 보인다. 신라 왕이 자신의 영토를 벗어나 고구려의 營에 찾아가는 일이 흔하게 일어났다고는 보기 어렵다. 〈광개토왕릉비〉의 영락 10년(400)조 말미에는 '昔新羅寐錦未有身來論事'라고 하여 이전에 그와 같은 일이 없었음을 밝혔다. 광개토왕 대에 처음으로 신라 매금이 직접 와서 조공하였다는 것이다.

　〈충주 고구려비〉에 묘사된 상황은 바로 新羅寐錦이 '身來'하여 '論事'하는 모습이다. 〈충주 고구려비〉 이전이나 이후에 그와 같은 드문 일이 또 있었다고 가정하는 것보다, 〈광개토왕릉비〉의 언급과 〈충주 고구려비〉의 내용이 동일한 사건을 가리키고 있다고 해석하는 편이 간단하다. 〈광개토왕릉비〉에서 영락 10년(400)조 마지막 부분에 기록한 것은 뒤에서 살필 것처럼 〈광개토왕릉비〉가 맥락에 따라 여러 해에 있었던 일들을 특정 연도에 일괄 서술하는 방식을 택하였기 때문일 것이다. 〈광개토왕릉비〉가 설정한 이야기 구조상 해당 위치에 배치하는 것이 적당했거나, 군사 원조의 원인과 결과에 대한 기술로서 추가적으로 언급된 것으로 해석할 수 있다.

V. '接境地帶'로서의 충주 지역

　『三國史記』나 『日本書紀』 등 문헌 기록에 따르면 5세기 중반 이후, 신라 내에 주둔하던 고구려군이 축출되고 고구려와 신라의 관계는 적대적으로 변화하여 무력 충돌이 이어진다. 따라서 고려대왕이 신라매금을 불러 의복을 하사하는 일과 '新羅土內幢主'로서 下部 소속에 拔位使者의 官等을 가진 고구려인이 등장하는 상황은 5세기 중반 이전으로 보는 것이 자연스럽다. 이후로 파악하는 해석의 경우 사료에 보이는 일관된 적대 관계 속에서 보이지 않는 관계 개선을 상정해야 한다는 난점이 있다.

　한편 신라 영토 내에 고구려인 幢主가 존재하게 된 배경으로는 영락 10년(400)이 주목되었다. 〈광개토왕릉비〉에 따르면, 영락 9년(399) 新羅寐錦이 사신을 보내 "倭人이 國境에 가득하여 奴客을 民으로 삼으려 하고 있다"며 도움을 요청하자, 광개토왕은 이듬해 步騎 5萬을 보내 신라를 구원하였다. 이때 男居城으로부터 新羅城에 이르렀으며, 도망치는 倭를 쫓아 任那加羅從拔城까지 점령한다. 고구려군이 신라의 구원을 표방하며 한반도 남쪽 깊숙이 들어와 활동하였던 것이다. 이 과정을 통해 신라 영역 내에 고구려군 주둔이 시작되었다고 보는 것이 일반적이었다.

　그런데 영락 7년(397)은 그보다도 3년이나 앞서는 시점이다. 397년 5월에 광개토왕이 〈충주 고구려비〉

---

71) 손영종, 1985, 앞의 논문, p.30.

의 건립지 근처로 '東來'하고, 12월에는 신라 영역 내에 고구려인 幢主가 존재하는 것이 가능했을까? 광개토왕의 신라 원군 파병이 399년에 갑자기 기획되어 400년에 전격적으로 진행되었다고 가정한다면 이러한 정황 파악이 어렵겠지만, 〈광개토왕릉비〉의 기록 방식은 다른 가능성을 보여준다.

〈광개토왕릉비〉에서 특정 시점에 벌어졌던 사건을 해당 연도에 그대로 기술한 것이 아니라, 여러 해에 걸쳐서 진행된 사건들을 모아서 특정 연도에 한꺼번에 기록하였음은 이미 지적된 바 있다.[72] 關彌城은 『三國史記』에 따르면 광개토왕 元年(391) 10월에 고구려가 점령하였다고 하는데, 〈광개토왕비문〉에는 영락 6년(396)에 공취하였다는 58城 700村 중 閣彌城으로 등장한다. 여러 시기의 백제 공격 사실이 영락 6년조에 일괄 기재된 것이다.[73]

〈광개토왕릉비〉 辛卯年(391)條에는 百濟와 더불어 新羅도 倭에 넘어간 것처럼 서술되어 있으나, 그에 대응하는 훈적으로 여겨지는 영락 6년(396)조에는 신라 지역에 관련한 활동이 기록되어 있지 않다. 마치 영락 9년(399)에 신라 왕의 구원 요청을 받고, 영락 10년(400)에 군대를 보내 구원해준 것이 전부인 것처럼 보이지만, 倭의 신라 공격은 399년 이전부터 문헌 기록에 나타난다. 『三國史記』에 따르면 奈勿尼師今 38년(393), 倭人이 신라의 수도 金城을 5일간 포위했다고 한다. 당시에는 신라 자체적으로 방어가 가능하였던 것으로 언급되었으나, 倭의 침략이 지속되던 상황임은 인정된다. 영락 6년조와 마찬가지로 영락 9년 및 영락 10년의 신라 구원 출병 관련 기록도 이전부터 진행된 일련의 사건들이 일괄 기록되었을 가능성이 크다고 하겠다.[74]

앞서 언급한 바와 같이 신라는 392년 고구려와 접촉한 직후 실성을 인질로 파견하였다. 단순히 고구려의 강함을 인식한 것을 넘어, 倭 혹은 倭·百濟·加耶 연합군과의 군사적 긴장 관계 속에서 고구려의 도움을 필요로 하였을 수 있다. 〈충주 고구려비〉에 묘사된 영락 7년(397)의 상황은 그러한 흐름의 중간에 위치하여, 영락 10년의 대규모 군사 파견을 가능케 한 계기가 되었다고 하겠다.

〈충주 고구려비〉 전면의 시점보다 1년 앞선 영락 6년(396), 광개토왕은 백제를 親征하였다. 백제 王城을 포위하여 백제 왕의 항복과 영원히 奴客이 되겠다는 맹세를 받고, 58城 700村을 획득하여 돌아갔다. 400년에 한반도 남부 지역으로 군대를 보낼 수 있었던 루트는 기본적으로 이 때 확보하였다고 보아야 할 것이다. 영락 6년조에 보이는 58城 700村을 한강 이북에만 비정한 경우도 있었으나,[75] 적어도 북한강 상류 지역은 포함될 것이며 남한강 상류 지역까지 이르렀을 가능성 또한 크다.[76] 〈충주 고구려비〉에 보이는 古牟婁城이

72) 武田幸男, 1978, 「廣開土王碑文辛卯年條의 再吟味」, 『古代史論叢 上』; 武田幸男, 1979, 「高句麗廣開土王紀의 對外關係記事」, 『三上次男博士頌壽記念東洋史考古學論叢』.

73) 李道學, 1988, 「永樂 6年 廣開土王의 南征과 國原城」, 『孫寶基博士停年紀念韓國史學論叢』, 지식산업사(2006, 『고구려 광개토왕릉 비문 연구 - 광개토왕릉비문을 통한 고구려사』, 서경에 재수록).

74) 〈광개토왕릉비〉에서는 영락 9년(399)에 百殘이 맹세를 어기고 倭와 화통하였다고 하였는데, 『三國史記』 百濟本紀에는 太子腆支를 質子로 보내고 倭와 結好한 것은 397년의 일로 되어 있다.

75) 李丙燾, 1976, 『韓國古代史研究』, 博英社, p.382.

58城에 포함되어 있다는 점은 주목되는 바이다.

영락 10년(400)에 광개토왕이 파견한 步騎 5만이 남하한 루트는 竹嶺路로 파악하는 것이 일반적이다. 동해안로도 함께 이용되었을 수 있으나,[77] 주력군의 이동은 역시 죽령로로 파악하는 것이 자연스럽다.[78] 그렇다면 고구려는 400년 이전에 적어도 원주·단양·제천에 이르는 지역을 대규모 원정에 사용할 수 있을 정도로 확보하고 있었다고 보아야 한다. 원주·단양·제천까지 도달하였다면 충주에 이르는 것 또한 어렵지 않다.

그런데 이때 고구려가 남한강 유역에서 충주까지는 도달하지 못했다고 보는 견해도 있다. 한성에서 최단거리로 충주 지역까지 올 때 경유하게 되는 이천 설봉산성과 설성산성에서 백제 토기가 다수 출토되었음이 그 근거 중 하나로 제기되었다.[79] 그러나 설봉산성과 설성산성의 경우 충주·원주·양평 방면으로부터의 침입을 견제하는 입지임이 지적되어 있다.[80] 고구려가 영서에서 죽령로의 루트를 확보하였음을 인정한다면, 이천 지역에 백제 城이 유지되었다고 해서 충주에 이를 수 없었다고 볼 수는 없다.

한편 원주 법천리고분에서 5세기 전반으로 편년되는 백제 중앙양식의 토기가 출토됨을 근거로 해당 지역이 백제에 의해 장악되어 있었다고 보고, 5세기 중반 이전까지는 고구려가 남한강 수로의 주요 요지인 원주 법천리지역을 넘어 충주 지역까지 진출하지 못했을 것으로 파악한 견해도 나왔다.[81] 그런데 해당 견해에서는 〈충주 고구려비〉의 연대를 449년으로 보면서, 5세기 전·중반에 조영된 것으로 판단하고 있는 법천리 1호와 3호 횡혈식석실분의 편년에 재검토를 요청하고, 백제 횡혈식석실분가 유지되고 백제 중앙양식 토기가 사용되었더라도 정치적으로는 고구려의 통제를 받았을 가능성도 제시하고 있다.[82] 같은 논리라면 법천리고분의 존재를 통해 광개토왕대의 충주 도달을 부정하는 것도 불가능해진다. 물론 충주에 이르기 위해 반드시 법천리 지역을 통과해야 하는 것 또한 아니다.

아울러 〈충주 고구려비〉와 가까운 장미산성에서 고구려 유물은 발견되지 않고 4~5세기 백제 토기가 다수 출토되어, 4세기 후반에서 5세기 전반 사이 백제에 의해 축조된 것으로 보임이 지적되었다.[83] 그런데 인근의 탑평리 유적에서는 백제 주거지 상부에 고구려 구들시설이 조성되었음이 확인되며, 5세기 중엽의 고구려 유물들이 출토되었다고 한다.[84] 아울러 충주 두정리고분군과 단월동고분군에서는 5세기 중반~후반으로 편년되는 고구려 토기가 출토되었다.[85]

---

76) 李道學, 1988, 앞의 논문; 徐榮一, 2000, 「中原高句麗碑에 나타난 高句麗 城과 關防體系 -于伐城과 古牟婁城을 중심으로-」, 『高句麗研究』 10(中原高句麗碑研究); 梁起錫, 2002, 「高句麗의 忠州地域 進出과 經營」, 『中原文化論叢』 6輯.

77) 김현숙, 2002, 앞의 논문, p.90.

78) 徐榮一, 2000, 앞의 논문, pp.496-497.

79) 박성현, 2010, 앞의 논문, p.213.

80) 徐榮一, 2003, 「漢城 百濟의 南漢江水路 開拓과 經營」, 『文化史學』 20號, pp.36-37.

81) 전덕재, 2019, 앞의 논문, pp.150-151.

82) 위의 논문, p.152.

83) 박성현, 2010, 앞의 논문, pp.212~213; 전덕재, 2019, 앞의 논문, pp.149-150.

84) 국립중원문화재연구소, 2017, 『충주 탑평리유적(중원경추정지) 발굴조사보고서』.

사실 고구려 城이 확인되지 않는 문제는 충주 지역에 국한된 것이 아니다. 고구려가 확보하였다고 인정받고 있는 영서 지역이나 제천·단양 등 죽령로의 주요 지역들에서도 고구려 성의 흔적은 거의 찾지 못하고 있다. 때문에 고구려의 유물·유적을 통해 이 지역으로의 '진출' 시점을 추정하는 것이 아니라, 백제 유물·유적이 나타나는가에 따라서 역으로 고구려의 '진출' 가능성을 판단하는 경우가 많았다.

하지만 백제 계통 유적이 발견된다고 해서 특정 시기 해당 지역이 백제에 의해 '장악'되었다고 볼 수 있을지는 의문이다.[86] 원주 법천리에서 발견된 동진제 양형청자와 청동초두는 백제 중앙에서 사여한 위세품으로 보고 있는데, 이는 오히려 상당히 독립적인 세력임을 보여준다고 해석되기도 한다.[87] 이들이 백제와 밀접한 관계를 맺으며 남한강 수로 이용에 있어 '파트너 역할'을 했다고 하지만 직접적인 영역 지배가 관철되었다고까지 보지는 않는다.

이는 고구려의 경우도 마찬가지였을 것으로 생각된다. 396년을 계기로 하여 죽령로를 중심으로 대군의 파견이 가능할 만한 영향력을 확보하였음은 인정하더라도, 영역화가 완료되어 직접 지배가 이루어졌던 것으로는 보이지 않는다. 교통로 상의 일부 거점은 적극적인 확보가 이루어졌을 수 있겠지만, 대부분은 기존 세력이 온존된 상태에서 어느 정도의 영향력만 행사되었을 가능성이 크다. 명확히 그어진 국경선을 기준으로 고구려, 백제, 신라 영역을 나누기보다, 영역 구분이 확실하지 않으면서 동시에 어느 정도의 독립성도 유지되는 '중간지대'의 존재가 상정된다.

기존에도 '중간지대'의 설정이 필요함이 지적된 바 있다.[88] '국경선'이 아닌 '接境'이라는 용어 사용의 필요성 또한 이미 제기되었다.[89] 한강 이남 지역을 고구려·백제 간 '완충지대' 혹은 '接境地帶'로 간주한 것이다. 〈충주 고구려비〉가 세워질 당시의 충주 지역 또한 그러한 '접경지대'였다고 볼 수 있다. 이 지역은 원래 濊 또는 韓의 땅이었다. 그들은 백제와 고구려, 그리고 뒤에는 신라와의 관계 속에서 시기와 상황에 따라 그 영향력 하에 들어가면서도 완전히 영역화까지는 이르지 않는 상태를 일정 기간 유지하였다고 하겠다.

한편 397년은 396년 백제 왕성 공격에 성공하여 백제 왕의 항복과 복종 맹세를 받은 직후이다. 해당 시점에는 일시적으로 한강을 통한 최단 거리 이동으로 충주에 이르는 것 또한 가능했을 수 있다. 특히 396년 백제 공격은 광개토왕이 직접 움직인 親征으로 나타난다. 광개토왕이 그에 이어서 남한강 상류 지역까지 내려와 해당 지역의 세력들과 접촉하고, 신라매금과의 관계 구축을 시도했을 가능성은 충분하다고 하겠다.

기존에는 충주에서 고려대왕과 신라매금의 만남이 고구려에 의한 충주 지역의 완전한 장악 이후에야 가능했을 것으로 전제해 왔다. 그러나 〈충주 고구려비〉에 보이는 회합의 장소는 城이 아니라 營이었다. 영락 6년(396)의 백제 왕성 공격 때도 고구려가 한성을 점령하여 영역화한 것은 아니므로, 백제왕이 '跪王'하여

---

85) 김정인, 2011, 「충주지역 고구려계 고분과 그 성격 -두정리, 단월동 고분군을 중심으로」, 『중원문화재연구』 5; 최종택, 2016, 「호서지역 고구려유적의 조사현황과 역사적 성격」, 『백제연구』 63.

86) 전덕재, 2019, 앞의 논문, p.152에서도 이를 지적한 바 있다.

87) 徐榮一, 2003, 앞의 논문.

88) 박성현, 2011, 「5~6세기 고구려 신라의 경계와 그 양상」, 『역사와 현실』 82.

89) 박현숙, 2010, 「5~6세기 삼국의 접경에 대한 역사지리적 접근」, 『한국고대사연구』 58.

복속을 맹세한 곳은 고구려 영역 內가 아니라 광개토왕의 軍營이었다고 보아야 한다.

〈충주 고구려비〉는 고구려 왕에 의해 건립된 碑임에도 '高麗大王'이라고 하여 '高麗'라는 自國名을 명시하고 있는 점이 인상적이다.[90] 〈지안 고구려비〉나 〈광개토왕릉비〉에는 自國의 國號가 전혀 나타나지 않는다. 자국민들을 대상으로 한 碑에서는 굳이 '高麗'의 大王이라고 표기할 필요가 없었던 것이다. 그렇다면 〈충주 고구려비〉는 자국민이 아닌 이들 또한 碑文을 읽을 대상으로 감안하고 있었다고 볼 수 있다. 이는 '접경지대'에 세워진 碑로서의 면모를 보여주는 것으로 해석된다. 고구려인들뿐 아니라 신라인, 나아가 이 지역에 원래 거주하고 있는 濊 혹은 韓人들도 碑文의 讀者로 예상되었던 것이다.

이와 관련하여 전면 본문 5행의 여덟 번째 글자를 '[夷]'로 판독한 견해가 주목된다.[91] 이를 받아들인다면 B-4는 "隨□諸[夷]□奴客人□ 教諸位 賜上下[衣]服"로 판독하고, "따라서 온 ... 諸夷 ... 奴客人 ... 諸位에 教하여 上下의 衣服을 내려주었다."라고 해석할 수 있다. '東夷'로 표현된 新羅寐錦과 그 신하들 외에 '諸夷'로 불리는 존재들이 그 자리에 함께하며 의복도 같이 하사받았던 것이 된다. 이들은 신라나 백제처럼 '奴客'으로 지칭되기도 하였다. '東夷'로 지칭된 신라와는 구분하여 '諸夷'로 표현된 이들의 실체는 충주 지역을 비롯한 '접경지대'에 존재하던 기존 濊 혹은 韓의 유력자들로 추정해 볼 수 있다.

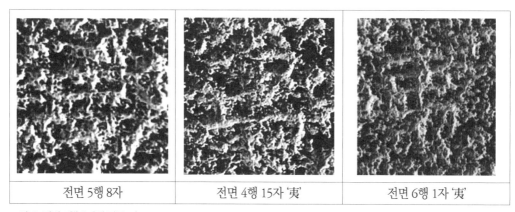

| 전면 5행 8자 | 전면 4행 15자 '夷' | 전면 6행 1자 '夷' |

그림 3. 전면 5행 8자의 판독 비교

VI. 맺음말

지금까지 살펴본 바와 같이, 비문 전면 상단의 '영락 7년'이라는 연도를 인정하더라도 비문 자체의 내용

---

90) 李鎔賢, 2000, 「中原高句麗碑와 新羅의 諸碑」, 『高句麗研究』 10(中原高句麗碑研究), p.457 및 김병곤, 2015, 「「충주고구려비」에 표현된 신라 폄하 용어의 사실성」, 『지역과 역사』 36, p.10.

91) 여호규, 2020, 앞의 논문, p.103

이나 다른 자료를 통해 구성한 시대적 '정황' 사이에 양립 불가능한 모순이 발생하는 것은 아니다. 추가적인 상황 설정의 필요성이 전혀 없는 것은 아니지만, 이는 기존의 해석들에서도 마찬가지로 나타나는 문제일 뿐이다.

그렇다면 해당 부분의 새로운 판독에 기반한 해석 또한 다른 다양한 해석들과 더불어 존재 가능한 하나의 해석으로 인정할 만하다고 생각한다. 물론 근본적인 판독부터 동의하지 못하는 경우도 있을 것이다. 그러나 단순히 무시하고 기존의 판독에 따라 해석을 진행하기보다는, 부정하는 입장에서의 검토 또한 제대로 이루어져야 〈충주 고구려비〉에 대한 이해가 더 깊어질 수 있으리라 여겨진다. 향후 본격적인 논의가 활발히 진행되기를 기대해 본다.

투고일: 2021.11.16   심사개시일: 2021.11.17   심사완료일: 2021.11.30

고구려연구회 편, 2000, 『중원고구려비 연구』, 학연문화사.

동북아역사재단 편, 2021, 『忠州高句麗碑』, 동북아역사재단.

이도학, 2006, 『고구려 광개토왕릉 비문 연구 - 광개토왕릉비문을 통한 고구려사』, 서경.

李丙燾, 1976, 『韓國古代史硏究』, 博英社.

고광의, 2020, 「충주 고구려비의 판독문 재검토 -題額과 干支를 중심으로-」, 『한국고대사연구』 98.

김병곤, 2015, 「「충주고구려비」에 표현된 신라 폄하 용어의 사실성」, 『지역과 역사』 36.

金英夏·韓相俊, 1983, 「中原高句麗碑의 建碑 年代」, 『敎育硏究誌』 25.

金貞培, 1979, 「中原高句麗碑의 몇 가지 문제점」, 『史學志』 13.

김정배, 1988, 「고구려와 신라의 영역문제」, 『한국사연구』 61·62.

金昌鎬, 1987, 「中原高句麗碑의 再檢討」, 『韓國學報』 47.

金昌鎬, 2000, 「中原高句麗碑의 建立 年代」, 『高句麗硏究』 10(中原高句麗碑硏究).

김현숙, 2002, 「4~6세기 소백산맥 이동지역의 영역향방」, 『한국고대사연구』 26.

南豊鉉, 2000, 「中原高句麗碑의 解讀과 吏讀的 性格」, 『高句麗硏究』 10(中原高句麗碑硏究).

박성현, 2011, 「5~6세기 고구려 신라의 경계와 그 양상」, 『역사와 현실』 82.

朴眞奭, 2000, 「中原高句麗碑 建立年代 考証」, 『高句麗硏究』 10(中原高句麗碑硏究).

박찬흥, 2013, 「중원고구려비의 건립 목적과 신라의 위상」, 『한국사학보』 51.

박현숙, 2010, 「5~6세기 삼국의 접경에 대한 역사지리적 접근」, 『한국고대사연구』 58.

邊太燮, 1979, 「中原高句麗碑의 內容과 年代에 대한 검토」, 『史學志』 13.

서지영, 2012, 「5세기 羅·麗 관계변화와 〈中原高句麗碑〉의 建立」, 『한국고대사연구』 68.

徐永大, 1992, 「中原高句麗碑」, 『譯註 韓國古代金石文 Ⅰ (고구려·백제·낙랑 편)』, 韓國古代社會硏究所 編, 駕洛國史蹟開發硏究院.

徐永大, 1992, 「安岳 3號墳 墨書銘」, 『譯註 韓國古代金石文 Ⅰ (고구려·백제·낙랑 편)』, 韓國古代社會硏究所 編, 駕洛國史蹟開發硏究院.

서영일, 1991, 「5~6세기의 고구려 동남경 고찰」, 『사학지』 24.

徐榮一, 2000, 「中原高句麗碑에 나타난 高句麗 城과 關防體系 -于伐城과 古牟婁城을 중심으로-」, 『高句麗硏究』 10(中原高句麗碑硏究).

徐榮一, 2003, 「漢城 百濟의 南漢江水路 開拓과 經營」, 『文化史學』 20號.

손영종, 1985, 「중원고구려비에 대하여」, 『력사과학』 85-2, 과학백과사전출판사.

孫煥一, 2008, 「石碑의 標題樣式과 書體 考察 Ⅰ - 통일신라시대와 고려시대를 중심으로 -」, 『新羅史學報』 13.

申瀅植, 1979, 「中原高句麗碑에 대한 考察」, 『史學志』 13.

梁起錫, 2002, 「高句麗의 忠州地域 進出과 經營」, 『中原文化論叢』 6輯.

여호규, 2013, 「신발견 〈集安高句麗碑〉의 구성과 내용 고찰」, 『한국고대사연구』 70.

여호규, 2020, 「충주고구려비의 단락구성과 건립시기」, 『한국고대사연구』 98.

李基白, 1979, 「中原高句麗碑의 몇 가지 문제」, 『史學志』 13.

李道學, 1988, 「永樂 6年 廣開土王의 南征과 國原城」, 『孫寶基博士停年紀念韓國史學論叢』, 지식산업사..

이도학, 1988, 「고구려의 낙동강유역 진출과 신라·가야 경영」, 『국학연구』 2.

李道學, 2000, 「中原高句麗碑의 建立 目的」, 『高句麗研究』 10(中原高句麗碑研究).

李丙燾, 1979, 「中原高句麗碑에 대하여」, 『史學志』 13.

이성제, 2013, 「〈集安 高句麗碑〉로 본 守墓制」, 『한국고대사연구』 70.

李成制, 2020, 「〈忠州高句麗碑〉의 건립 목적과 배경」, 『한국고대사연구』 98.

李鎔鉉, 2000, 「中原高句麗碑와 新羅의 碑와의 比較」, 『高句麗研究』 10(中原高句麗碑研究).

李鎔鉉, 2020, 「忠州 高句麗碑 '㤙'·'共'의 재해석」, 『韓國史學報』 제80호.

李昊榮, 1979, 「中原高句麗碑 題額의 新讀」, 『史學志』 13.

林起煥, 2000, 「中原高句麗碑를 통해 본 高句麗와 新羅의 관계」, 『高句麗研究』 10(中原高句麗碑研究).

임기환, 2020, 「충주고구려비의 高麗 大王과 東夷 寐錦」, 『한국고대사연구』 98.

任昌淳, 1979, 「中原高句麗古碑小考」, 『史學志』 13.

전덕재, 2019, 「충주고구려비를 통해 본 5세기 중반 고구려와 신라의 관계」, 『高句麗渤海研究』 第65輯.

張彰恩, 2005, 「中原高句麗碑의 판독과 해석」, 『新羅史學報』 5.

張彰恩, 2006, 「中原高句麗碑의 연구동향과 주요 쟁점」, 『歷史學報』 第189輯.

장창은, 2012, 「4~5세기 고구려의 남방진출과 대신라 관계」, 『고구려발해연구』 44.

鄭雲龍, 1989, 「5世紀 高句麗 勢力圈의 南限」, 『史叢』 35.

정운용, 1994, 「5~6세기 신라·고구려 관계의 추이 -유적·유물의 해석과 관련하여-」, 『신라의 대외관계사 연구 15』, 신라문화선양회.

趙宇然, 2013, 「集安 高句麗碑에 나타난 왕릉제사와 조상인식」, 『한국고대사연구』 70.

최장열, 2004, 「중원고구려비, 선돌에서 한반도 유일의 고구려비로」, 『고대로부터의 통신』, 푸른역사.

최종택, 2016, 「호서지역 고구려유적의 조사현황과 역사적 성격」, 『백제연구』 63.

耿鐵華, 2000, 「冉牟墓誌와 中原高句麗碑」, 『高句麗研究』 10(中原高句麗碑研究).

李殿福, 2000, 「中原郡의 高麗碑를 通해 본 高句麗 國名의 變遷」, 『高句麗研究』 10(中原高句麗碑研究).

木村誠, 2000, 「中原高句麗碑의 立碑年에 관해서」, 『高句麗研究』 10(中原高句麗碑研究).

木下礼仁, 1981, 「中原高句麗碑—その建立年次を中心として—」, 『村上四男博士和歌山大学退官記念朝鮮史論文集』, 開明書店.

武田幸男, 1978, 「廣開土王碑文辛卯年條の再吟味」, 『古代史論叢 上』.

武田幸男, 1979, 「高句麗廣開土王紀の對外關係記事」, 『三上次男博士頌壽記念東洋史考古學論叢』.

武田幸男, 1980, 「序說 五~六世紀東アジア史の一視點」, 『東アジア世界における日本古代史講座 4』, 学生社.

田中俊明, 1981, 「高句麗の金石文」, 『朝鮮史研究論文集』 18.

시노하라 히로카타(篠原啓方), 2000, 「「中原高句麗碑」의 釋讀과 內容의 意義」, 『史叢』 51.

〈Abstarct〉

A Reinterpretation of the Goguryeo Monument at Chungju Based on the Reading of 'the 7th Year of Yeongrak' and Chungju as a Contact Zone

Lee, Jae—hwan

This article aims to check whether 2019's new reading of 'the 7th year of Yeongrak(永樂)'(397 CE) from the Goguryeo Monument at Chungju is compatible with the content of the monument and circumstance. It is very unique and strange to carve the year horizontally on the top of the front of the monument. However, '永□七年歲在[丁酉]' can be read enough and the second letter is likely to be '樂'.

It has been pointed out that the content of wanting to be like brothers with Silla's 寐錦 is different from King Gwanggaeto—wang's Tombstone which recognize Silla as '屬民', but it can be interpreted that the person who wanted to be like brothers with Silla was the ancestor of the present king of Goguryeo. The present king established the relationship of '屬民' with Silla through the subordination ritual shown in the monument. As for '太子' of the monument, it can be assumed Silseong(實聖) who was sent to Goguryeo as a hostage in 392 CE and then became king of Silla with the support of Goguryeo after returning to Silla in 401 CE. Silla's 寐錦 arrived at camp(營) in Chungju in December, which is correspond to 'come and discuss in person' of Silla's 寐錦 recorded in the 10th year of Yeongrak(400 CE) of King Gwanggaeto—wang's Tombstone.

Previously, it was thought that the existence of Goguryeo military commander in the territory of Silla was possible only after 400 CE when Goguryeo sent a large army to save Silla. However, as King Gwanggaeto—wang's Tombstone recorded the events spanning multiple years in the 6th year of Yeongrak, the events recorded at the 9th and 10th years of Yeongrak may have also occurred in the past. In 396 CE, King Gwanggaeto—wang had already secured the Jukryeong route enough to send a large army in 400 CE, so it was possible to advance to Chungju.

According to the monument, the place where Silla's 寐錦 was summoned was not a castle or a village, but the camp. At that time, the regions including Chungju was the contact zone between Goguryeo, Baekje and Silla. In their balance of power, the existing societies called Ye or Han were still maintained. '諸夷' in the monument can be seen as the leaders of the contact zone who participated in the contact between Goguryeo and Silla. Thus the time of 397 CE is enough to be one of the options for dating the monument. I hope that the discussion on the Goguryeo Monument at Chungju will be further activated including this option.

▶ Key words: the Goguryeo Monument at Chungju, Contact Zone, King Gwanggaeto-wang's Tombstone, Yeongrak, Silseong

新疆 출토 카로슈티 문서에서 본 鄯善國 승려의 세속적 생활 연구[*]

李博[**]

이근화 譯[***]

I. 머리말
II. 카로슈티 문서에서 본 선선 왕국 승려의 세속 생활
III. 선선 왕국 승려의 생활 세속화된 이유
IV. 선선 승려의 세속생활에 반영된 선선 불교 발전 상황
V. 맺음말

〈국문초록〉

신장에서 출토된 카로슈티 문서에 보이는 승려는 세속적인 사회생활을 하였으며, 3~5세기 鄯善 왕국의 두드러진 사회현상 중의 하나였다. 승려들이 폭넓게 사회 사무적인 활동에 관여하는 것도 이 시기 승려 집단의 뚜렷한 특징 중의 하나였다. 승려들의 삶이 세속화되는 이유는 여러 측면에서 나타나고 있다. 승려의 세속적 생활에 관해, 불교가 선선 왕국에 전래된 이후부터 세속화 추세가 나타나기 시작했고, 선선 왕국 상층 지배층의 비교적 느슨한 불교 관리로 인해 불교의 세속화 발전과 왕권정치 사이에 선순환적인 상호작용이 이루어졌다. 이와 같은 양자 간의 상호작용은 사회를 발전시켰다.

▶ 핵심어: 카로슈티 문서, 승려, 세속적 생활

I. 머리말

20세기 초 이래, 중국 신장 지역에서 잇달아 출토된 카로슈티 문서는 고대 선선 왕국의 역사[1)]와 그 사회

---

* 본문은 (중국)國家社科基金項目 "新疆出土佉盧文收養子文書整理與研究"(21XTQ009)의 중간연구성과이다.

** 중국 陝西中医药大学马克思主义学院 讲师

*** 경북대학교 인문대학 사학과 강사

발전 상황을 연구하는 데 중요한 자료를 제공했다. 해당 문서에서 주목할 만한 점은 승려의 세속생활이 이 시기 선선 왕국의 사회생활에서 두드러진 사회현상으로 표현된 것이다. 왜 이런 일이 생겼을까? 고대 선선 왕국의 사회상을 좀 더 깊이 이해하기 위해서는 이 문제를 검토할 필요가 있다. 고대 선선 왕국 승려의 세속생활에 대해 학계에서는 유익한 연구가 있었지만,[2] 승려의 세속생활 전모를 반영하기에는 많이 부족하기 때문에 좀 더 깊이 연구할 여지가 있다. 본문은 3~5세기[3] 선선 왕국 승려들의 세속화 생활집단의 특징을 탐색하는 것을 바탕으로 하여 선선 왕국 승려들의 생활 세속화의 원인과 불교의 발전 양상을 분석한 후에 고대 선선 왕국의 사회발전양상과 사회특징을 고찰함으로써 오늘날 신장의 사회관리에 참고를 제공하고자 한다.

II. 카로슈티 문서에서 본 선선 왕국 승려의 세속 생활

신장에서 출토된 카로슈티 문서는 승려가 각종 사회적 업무 활동을 폭넓게 참여하는 것이 3~5세기 선선 왕국에 있어서 비교적 보편적인 사회현상임을 반영하고 있다. 이것은 해당 시기 선선 왕국의 승려 집단의 뚜렷한 특징 중 하나다. 해당 시기에 선선 왕국 승려의 세속적인 생활은 주로 다음과 같은 몇 가지 측면으로 표현된다.

1. 戶主가 되어 戶主의 권리와 직책을 행사함

이와 같은 카로슈티 문서 중 147호 문서는 일종의 籍帳 문서이다.[4] 이 문서에는 "9월 5일에만 모든 호주는 한 몫씩을 받는다(唯9月5日, 是時凡戶主人均一份)"[5]라고 명시되어 있어, 호주의 신분을 가진 사람은 모두 한 몫을 받을 수 있다. 그러나 "太侯 루트라야(Rutraya)가 승려 지바미트라(Jivamitra)에게 병가를 고했다"[6]라는 이유로 호주인 승려 지바미트라는 일단 자신이 받을 몫을 받지 못했다. 여기서 거론되는 승려 지바미트라가 호주신분을 가진 것은 주목할 만한 현상이다. 호주는 곧 戶籍 상에 한 가족의 주인이며, '가장(家長: 一家之長)'이라도 칭한다. '戶主'라는 것은 분명히 세속사회 중에 한 가족의 책임자를 가리키는 일종

1) 馬雍, 1990, 『西域史地文物叢考』, (北京)文物出版社, p.160.
2) 夏雷鳴, 2005, 「從佉盧文文書看鄯善國僧人的社會生活——兼談晚唐至宋敦煌世俗佛教的發端」, 『絲綢之路民族古文字與文化學術討論會會議論文集』; 許娜, 2006, 「佉盧文書所見鄯善國佛教僧侶的生活」, 『甘肅民族研究』 2006 第4期; (印)阿格華爾, 2006, 「佉盧文書所見鄯善國佛教僧侶的生活」, 楊富學·許娜 譯, 『甘肅民族研究』 2006 第4期; 楊富學, 2008, 「論鄯善國出家人的居家生活」, 『敦煌學』 第27輯, 南華大學敦煌學研究中心編印, (臺北)樂學書局有限公司.
3) 苗普生·田衛疆, 2004, 『新疆史綱』, (烏魯木齊)新疆人民出版社, p.136.
4) 林梅村, 1988, 『中國所出佉盧文書初集——沙海古卷』, (北京)文物出版社, p.155.
5) 위의 책, p.187.
6) 위의 책, p.188.

의 호칭이다. 그렇지만 출가자가 된 승려는 응당히 원생적 가족관계에서 이탈하고 승적에 등록해야 하며 승가의 일괄적인 관리를 받아야 한다. 그러나 147호 문서에서 반영된 상황으로 볼 때, 승려 지바미트라는 여전히 세속적인 가정의 삶을 하고 있었다.

2. 아내를 맞이하고 자녀를 낳아(혹은 자녀를 입양하여), 가정을 꾸림

418호 카로슈티 문서에는 "법사 사리푸트라(Śariputra)가 데누가 암토(Denuga Amto)의 딸 쉬르샤테야에(Śirsateyae)를 양딸로 데려갔다. 법사 사리푸트라가 이 딸을 정식으로 법사 부다바르마(Budha-varma)와 결혼시켰고 그의 처가 되었다"라고 밝혔다.[7] 적어도 우리가 이 문서를 통해 알 수 있는 것은 첫째, 사리푸트라는 승려 데누가 암토의 딸을 입양했을 뿐 아니라, 이 양녀가 어른이 되면 직접 정식으로 타인의 아내로 혼인을 시켜 양녀의 권익을 보호하고 둘째는 부다바르마라는 승려가 법사 사리푸트라의 양딸을 아내로 맞이하여 가정을 꾸렸다는 것이다. 425호 카로슈티 문서에서 "앞으로 지바미트라(Jivamitra)의 자녀는 추가파(Cuġapa)에 대해 요구할 권리가 없다"[8]라는 대목에서도 지바미트라(Jivamitra)라는 승려가 자녀를 두고 있음을 반영하는 것이다. 474호 카로슈티 문서에도 승려 상가팔라(Saṃgapala)가 처를 맞이하는 상황을 기록하였고, "야베(Yave, 지명)현 領地 叶波怙(Yapġu, 직책명)의 子姉妹가 晢蒂女神(Catisa Devi)현 領地의 승려 상가팔라의 처가 되었다."[9] 553호 문서에는 "당신은 현재 이미 부다미트라(Bud-hamitra)의 아들인 파트라야(Patraya)를 양자로 받아들였다"라고 나와 있다.[10] 이것은 승려 부다미트라가 결혼하였으며 '파트라야'라는 아들이 있다는 것을 반영할 수 있다. 621호 문서에는 역시 승려 순다라가 딸을 양육하는 상황이 묘사되고 있으며, "이 차토(Cato)는 승려 순다라의 딸 수프리야를 처로 맞이했다"[11]라는 내용이었다. 655호 문서는 간접적으로 승려 붓다시라(Buddhaśira)가 자녀 양육하였다는 것을 표현한 것으로 아들 이름은 부도사(Budhosa)였다. "승려 붓다시라와 그 아들 부도사(Budhosa)가 미지(misi)의 땅을 승려 kutajadaga 붓다파르마 (菩達鉢訶摩, Budhapharma)에게 팔려고 한다"라고 하였다.[12]

이외에, 문서 358호 중의 "시하다르마(Sihadharma, 獅法)의 아들은 당신이 직접 빨리 보내서 사미가 되어야 한다(수정의견)"[13]라는 메시지와 문서에 기록된 전체적인 상황을 결합해보면 '시하다르마'도 승려일 가능성이 있으며 아들을 양육했음을 간접적으로 반영한 것이다. 시하다르마는 승려 신분으로 인해 그의 아들도 사미로 보내 불사의 세례를 받아야 했다. 이는 승려 신분의 계승 방식이자 불교에 대한 집안의 존경을 보여준 것이다.

---

7) T·巴羅, 1965, 『新疆出土佉盧文殘卷譯文集』, 王廣智 譯, (烏魯木齊)中國科學院新疆分院民族所印, p.109.

8) 위의 책, p.113.

9) 林梅村, 1988, 앞의 책, p.119.

10) 위의 책, p.136.

11) 위의 책, p.141.

12) T·巴羅, 1965, 앞의 책, p.144.

13) 林梅村, 1988, 앞의 책, p.100.

상술한 상황들을 통해 알 수 있는 것은 승려도 어느 정도 가정을 꾸리고 처자와 아들을 둔 세속적인 살림살이를 할 수 있음을 보여주고 있다. 특히 418·621호 문서에 반영되어 있듯이, 승려가 자신의 딸을 다른 사람의 아내로 시집보낸다는 것은 승려 가정이 일반 속가와 다를 바 없고, 시집가는 딸의 가정적 지위와 권리를 진실로 적극 보장하고 지켜낸다는 것을 말하고 있다.

3. 각종 교역 활동에 종사하며 일정한 개인 재산을 가지고 있음

일상생활에서 선선 승려는 비교적 활발히 활동하며 각종 경제 거래 활동으로 분주하였다.

1) 인신매매

437호 문서는 "당신 등 다른 사람과 같이 키 5디스티(diṣṭis, 길이 단위)의 여자아이 한 명을 승려 부다세나와 마슈디게(Maṣdhiġe)에게 팔았다"[14]라고 기록되었다. 비록 문서에서 이 여자아이를 매입한 후에 노예로 삼았는지 혹은 양녀로 삼았는지를 명확하게 언급하지 않았지만, 문서에 기록된 "지금부터 이 여자아이에 관해서는, 마슈디게는 여자아이에 관한 모든 일을 마음대로 할 권리가 있다"[15]라는 것을 통해 이 여자아이가 노비로 되었다는 것을 알 수 있다. 590호·592호 노비 매매문서 중에도 유사한 상황의 기록이 있다. "앞으로 司書 람소차는 그 부인에 대한 소유권을 가지기 때문에 부인을 때리거나 묶을 수 있고(필자의 주, T·Burrow의 원문 중에 'bind her'[16]), 매매할 수 있으며, 선물로 타인에게 증여할 수 있고, 교환·저당 등도 람소차의 마음대로 할 수 있다."[17] "앞으로 라이프에는 이 사람에 대한 소유권을 가진 것으로 이 사람을 매매·담보·교환·선물 증여용으로 하고 싶은 대로 할 수 있다."[18] 그러나 331호·569호 입양문서에 기록된 상황은 "가케나가 이 처녀를 매매할 수 없고, 이 처녀를 담보로 쓸 수 없고, 집에서 쫓아낼 수도 없다. 또한, 집에서 이 처녀를 학대하면 안 된다. 마치 친딸처럼 대접해야 한다."[19] "세모몰네예는 구니도의 소유로 당신의 자식으로 삼는다. ……입양된 사마몰네로는 노예로 삼을 수 없고, 팔지 못하며 저당 잡히지도 못한다. 응당히 자식처럼 대접해야 한다." 이로써 알 수 있는 것은 노비매매문서와 입양문서의 정보를 비교한 결과에 의하면 437호 문서에서 매매된 여자아이의 신원 문제를 직접 설명할 수 있다는 것이다.

공교롭게도 564호 문서에도 "지금 쿠니타가 상주하여 1남을 입양해 쉬르파마가 귀인 샤라스파사(Śaraspaṣa)에게 팔았다"라는 승려 쉬르파마(Śṛṛpaṃma)가 쿠니타(Kuñita)의 양자를 팔아넘긴 사실이 반영되어 있다.[20] 그러나 여기서 쉬르파마가 쿠니타의 양자를 팔아넘기는 것은 불법이다. 왜냐하면, "타인의

---

14) T·巴羅, 1965, 앞의 책, pp.116-117.

15) 위의 책, p.117.

16) T·Burrow, 1940, *A Translation of the Kharosthī Documents from Chinese Turkestan*, The Royal Asiatic Society, London, p.126.

17) T·巴羅, 1965, 앞의 책, p.162.

18) 위의 책, p.163.

19) 위의 책, p.81.

양자를 매매하는 행위는 모두 불법이다(出賣別人養子者, 殊不合法)"라는 규정이 있었기 때문이다.[21] 비록 승려 쉬르파마의 행위는 불법행위였으나 승려의 인신매매 현상이 존재한다는 것을 간접적으로 보여주고 있다. 승려가 합법적인 인신매매를 할 수 있었던 이유 중의 하나는 자신의 노예, 즉 노예를 완전히 소유하고 자기 마음대로 처분(행동)할 수 있었기 때문이다. 예를 들면, 카로슈티 문서 589·590호 두 건의 계약서에서 람소차(Ramṣotsa)는 사들인 어린 여자, 부인(婦人)에게 제멋대로 행동할 권리를 갖고 있으며, "그래서, 지금 람소차는 어린 여자 스미차에(Smitsae)에 대해 마음대로 행동할 권리가 있다",[22] "앞으로 司書 람소차는 그 부인에 대한 소유권을 가지기 때문에 부인을 때리거나 묶을 수 있고, 매매할 수 있고, 선물로 타인에게 증여할 수 있고, 교환·저당 등도 람소차의 마음대로 할 수 있다."[23] 이 시기만 해도 승려가 노예를 소유한 경우는 사회적으로 흔한 상황이었다. 예를 들면, 345호 카로슈티 문서에 따르면, 승려 아난다세나(Anaṃdasena)는 한 명 부다고샤(Budhagoṣa)라는 노예를 소유한 것으로 알려져 있다. "승려 아난다세나의 노예인 부다고샤는 또다시 추고파(Cugopa)의 방에서 견사(pata) 12 마신장(length)·urnavarande 3개·밧줄(rasamna) 2개·펠트옷(nasamna) 3벌·면양 4마리·aresa 1개를 훔쳤고 총값(sarvapimda-gam-naanena)은 100 물리(穆立, muli, 화폐단위로 추정됨)이다."[24] 506호 문서의 내용을 보면 "승려 타티가(Tatiga)는 승려인 샴차(Sāṃca)로부터 승려 바트라(Bhatra)를 수령한 적이 있었다. 타티가(Tatiga)가 승려 바트라와 함께 도성에 도착하였다. 승려 바트라 때문에 타티가는 승려 샴차(Sāṃca)에게 노예 슈라스다(Śraṣdha)를 보내 일을 시켰다. 쌍방은 다음과 같이 합의하였다. 즉, 노예 슈라스다는 가옥 내에 체류할 수 없다. 노예 슈라스다는 샴차의 거처에서 타티가와 바트라가 돌아올 때까지 일해야 한다. 타티가와 바트라 두 승려는 지금까지도 도성에서 돌아오지 않았다. 노예 슈라스다는 타티가가 소유한 또 다른 노예 샤남마(Śanamma)를 샴차에게 보내고 자신을 대신하여 일하게 하였다. 노예 슈라스다는 승려 샴차의 노예를 통해 케마(Khema)로 도망쳤다."[25] 해당 문서를 통해 다음과 같이 알 수 있다. 첫째, 타티가는 두 명의 노예를 소유하며, 한 명은 '슈라스다'라고 하고 다른 한 명은 '샤남마'라고 한다. 둘째, 승려 샴차도 자신이 소유한 노예가 있었다. 셋째, 승려 바트라는 완전한 신체 자유가 없으며 승려 샴차에 예속되어 있다.

노예를 소유한 것도 3~5세기 선선 왕국의 승려가 일정한 사재를 소유한 표현 중의 하나였다. 그러나 이 시기에 506호 문서의 승려 바트라처럼 타인에게 종속되거나 타인의 노예로 전락한 일도 예외가 아니었다.

---

20) 林梅村, 1988, 앞의 책, p.138.

21) 위의 책, pp.138-139.

22) T·巴羅, 1965, 앞의 책, p.161.

23) 위의 책, p.162.

24) 위의 책, p.85. T·巴羅는 영어 번역본 중에서 "In addition the slave of this monk Anaṃdasena, Budhagoṣa by name, he stole from the house of me(and) Cuṣopa 12 lengths of silk (pata) and also 3 urnavarande, 2 ropes (rasamna), 3 felt garments(namati),4 sheep,1 aresa amounting in all(sarvapimda-gamnaanena)to the valu of 100 muli."(T·Burrow, 1940, 앞의 책, p.65 참고)라고 서술하였다. 그중의 urnavarande·aresa 이 두 단어는 서로 다른 사물을 가리킨 것이 분명하지만, 그 구체적인 의미에 대해 아직 파악된 바가 없다.

25) T·巴羅, 1965, 앞의 책, p.128.

358호 문서도 이를 반영하듯, '승려는 남의 노예이어야 한다'라고 했다.[26] 필자는 그 원인을 승려 자신의 경영 부실과 관련이 깊을 것으로 추정한다. 예를 들면, 카로슈티 345호 문서에 나타난 바와 같이 승려 아난다세나(Anaṃdasena, 阿難陀犀那)는 노예를 거느리고 일정한 사재를 점유하고 있음에도 타인으로부터 곡물과 술을 빌린다고 한다. "라르수(Larsu)의 말에 의해 승려 아난다세나(Anamdasena)는 차도타(Caḍ'ota)에 있는 추고파(注瞿钵, Cugopa)로부터 곡물 30 밀리마(milima)를 빌렸다. 그 후에 다시 술 15 키(希, khi)를 빌렸다."[27] 곡물과 술은 사람들이 기본생활을 유지하는 필수품으로서 일상생활 중의 중요한 구성 부분 중의 하나이다. 142호 문서에서 기록된 내용을 통해 알 수 있는 것은 타인으로부터 식량을 빌린 경우에 2배를 상환해야 하는 규정이 있었다. "라이프에(萊比耶)는 1밀리마 1키의 식량을 빌려준 적이 있다. 해당 식량은 기존의 규정에 의해 1:2의 비율로 śothaṃgha 라이프에게 상환해야 한다."[28] 승려 아난다세나가 여러 차례 남의 물건을 빌렸다는 정황은 승려 아난다세나가 경제적인 문제가 있었다는 것을 반영하고 일시적인 차용으로 생계를 유지할 수밖에 없는 상황을 설명한 것이다. 3~5세기 선선 왕국의 승려들은 승려 신분이였던 것 외에는 일반인과 다를 바 없는데, 특히 스스로 살길을 모색하는 상황에서 자신의 경제 사정이 좋지 않아 타인의 노예로 전락될 수도 있으며 혼자 있는 경우가 더욱 그러하다.

2) 토지매매

승려가 땅을 사는 사례: 카로슈티 549호 문서에 따르면, "이 두 형제는 1 밀리마의 마 10키의 씨를 뿌려 농사를 지을 수 있는 땅을 승려 상가부디(Saṃghabudhi)에 팔게 된다."[29] 매입한 토지는 전적으로 승려가 소유하며 "이 토지에 관해 승려 상가부디는 파종, 경작 혹은 타인에 양도한 권리는 가지고 있다."[30]

승려가 땅을 파는 사례: 카로슈티 582호문서에 따르면 "한 승려가 있는데 이름은 이피야(Yipiya)이고 차도타(Caḍ'ota)에 살고 있다. 람소차(Ramṣotsa)에게 25kuthala(쿠탈라, 일정한 땅)의 miṣi(경작지로 추정)를 팔았다."[31] 카로슈티 652호 문서도 이러한 상황을 반영할 수 있다. 승려 달마라다(Dharmaladha)가 司書 리팟가(Lýipatǵa)에게 토지를 양도하였다. "한 승려가 있는데 이름은 달마라다이다. 이는 1밀리마의 리마 씨를 심을 수 있는 땅을 사서 리팟가에 팔아넘겼다. 이 승려는 술 10키와 agiṣḍha (담요, 카페트 따위로 추정) 3을 땅값으로 받았다. 이 사업은 이미 결정됐다. 앞으로 리팟가는 이 땅에 대한 전적인 소유권을 가지고 있다."[32]

---

26) 林梅村, 1988, 앞의 책, p.100.

27) T·巴羅, 1965, 앞의 책, p.85. T·巴羅는 영어 번역본에서 "It is a fact that in Caḍ'ota the monk Anaṃdasena received 30 milima of corn on loan from Cuṣopa.Further he received 15 khi of wine on loan."라고 서술하였다(T·Burrow. 1940, 앞의 책, p.65).

28) T·巴羅, 1965, 앞의 책, p.33.

29) 위의 책, p.141.

30) 위의 책, p.141.

31) 위의 책, p.155.

32) 위의 책, p.173.

카로슈티 655호문서는 승려 붓다시라(Buddhaśira, 菩達屍羅)가 땅을 팔고, 승려 쿠타다가(kutajiadaga)가 부다파르마(Budhapharma, 菩達缽訶摩)가 땅을 사들인 것을 반영해, "승려 붓다시라와 그 아들 부도사(Budhosa)는 misi(경작지로 추정)땅의 한 구역을 승려 kutajiadaga 부다파르마에게 팔고 싶다. 이 땅의 파종량은 1밀리마 5키이다."[33]

경제 거래 활동 중에 승려가 토지를 사고팔 수 있었으면 토지를 저당 잡히는 것도 당연히 그들의 경제활동 중 한 구성요소가 될 수 있다. 그러나, 현재 방증할 수 있는 직접적인 자료는 아직 찾지 못한 채 일부 문서로만 관련 정보를 찾아을 수밖에 없다. 예를 들면, 카로슈티 473호 문서는 "지금 버㤠(Yapgu)가 상주하여 승려 상가시라(Saṃgaśira)의 포도밭 중 한 채와 경작지 한 필을 다른 사람에게 저당 잡힌다. 당신은 응당히 직접 이 사안을 심사해 포도밭과 농경지가 담보로 잡혔는지 확인해야 한다. 그 포도밭과 농경지는 버㤠의 사유재산이라 포기할 수 없다. 이 포도밭과 농경지는 사유재산으로 반환해야 한다"라고 말했다.[34]

3) 기타 거래(교역)

425호 문서는 비록 결함이 있지만 지바미트라(Jivamitra)라는 승려가 카라 추가파(Cuġapa)와 거래한 것으로 보인다. "한 승려가 있는데 이름은 지바미트라이며 카라 추가파와 거래하여 [......] (의무)를 해지."[35] 거래가 끝난 후 두 사람의 권리와 의무에 대해서도 명확하게 설명하고, 승려 지바미트라의 자녀는 거래처에 간섭할 권리가 없다고 강조하면서 "이 두 사람에 대해 승려 지바미트라와 추가파는 앞으로 서로 상환하지 않고 점유하지 않는다. 앞으로 지바미트라의 자녀들은 추가파에 대해 요구할 권리가 없다"라고 말했다.[36]

4) 세금 납부

세금은 국가의 전반적인 발전과 관련되며, 세금이 보장되어야 국가 기능도 정상적으로 운영할 수 있고, 이로써 국내 안정과 국가발전을 유지할 수 있을 것이다. 승려는 호주가 될 수 있는 이상 일정한 세금도 부담하고 국가에 세금도 내야 한다. 이는 일반 서민과 다를 바 없다. 3~5세기 선선 왕국의 부세 종류는 비교적 다양하다. 예를 들면, 164호 문서에서 밝힌 대로 승려로서 전문적인 사미세까지[37] 내면서 "그들이 물어본 다른 세금 沙彌稅·tsaṃghina세 그리고 kvemaṃdhina의 여러 세금은 반드시 속히 징수하여 상납한

---

33) 위의 책, p.174.
34) 林梅村, 1988, 앞의 책, p.118.
35) T·巴羅, 1965, 앞의 책, p.113.
36) 위의 책, p.113.
37) 沙彌稅의 문제에 대해 T·巴羅의 영어 번역본에서 "Also as regards the other tax from that province which they are asking me about the *samarena, tsaṃghina* and *kvemaṃdhina* tax,without fail it is to be quickly collected and sent here."라고 서술되었다(T·Burrow, 1940, 앞의 책, p.31 참고). 林梅村은 'samarena'를 征稅吏료 해석하였다(林梅村, 1988, 『沙海古卷』, 文物出版社, p.639). tsaṃghina와 kvemaṃdhina 이 두 단어에 관한 설명은 없다.

다”라고 했다.[38] 385호 문서는 승려가 낸 세금에 대해 명확히 규정한 바가 있다. "남은 지방 백성들에게 (세금을) 받아야 한다. 승려 상가라타(Saṃgaratha)는 arnavaji(옷으로 추정) 한 벌을 납부하고, 수야마(Suyama)는 펠트 한 벌, 探長 지모야(Jimoya)는 펠트 한 벌, 司帳 쿠비녜야(Kuviñeya)는 펠트 한 벌을 납부했다."[39]

5) 기타 사회 사무의 처리에 참여함

(1) 다른 사람을 위해 증언

문서 209호에는 "증인은 승려 프리요사(Priyosa), 파나가라(Panagara)(?),(크비냐가(Kviñaga)이다"[40]라고 기록하였다. 419호에는 "승려 부다바르마(Budhavarma)와 승려 바트라(Bhatra)는 증인으로 채택했다"라고 기재되었다.[41] 592호 문서에는 "증인은 cozbo 캄치야(Kaṃciya), vasu 아추니야(Acuñiya), so-thaṃgha 쿠바야(Kuv´aya), 사리바라(Sarivara), 쿠삼타(Kuṣaṃta), 리모(Lýimo), ageta 차토(Cato), vasu 바피카(Vapika), 승려 다밀라(Dhamila) 및 실라프라바(Śilaprava), ageta 옵게야(Opǵeya) 등이 있다"라고 기록되어 있다.[42] 604호에는 "증인은 승려 림수(Lýimsu)와 승려 세바세나(Sevaṣena)이다"라고 기록되어 있다.[43]

(2) 문서 작성, 사서 직책 담당

예를 들면, 575호 문서에는 "이 문서는 국가 사서(rajadivira), 승려 달마프리야(Dharmapriya)가 작성한 것이다"[44]라고 기재되었다. 문서 677호에는 "이 증명서는 왕실 사서, 승려 [***]가 [***]의 명을 받들어 여인 코세나야(Kosenaya)의 요청에 따라 작성되었다"라고 기록되었다.[45]

(3) 일정한 직권을 가지며 국가를 위해 봉사함

위약 과태료를 수취할 수 있는 권한. 348호 문서에는 승가(Saṃgha)가 위약 벌금을 받는 경우를 명시된

---

38) 林梅村, 1988, 앞의 책, p.283.

39) 위의 책, p.301.

40) T·巴羅, 1965, 앞의 책, p.50.

41) 위의 책, p.110.

42) 위의 책, p.164. 주의해야 할 것은 여기의 vasu, ageta 등 단어가 T·巴羅의 영어 번역본에서 각각 ṣasu·aǵeta로 되어 있다. 林梅村은 aǵeta·aṣita·aghita를 '稅吏'로, vasu·ṣasu·asu를 '司土'로, śothaṃga·śothaṃgha·śothaga를 '稅監'으로 해석하였다(林梅村, 1988, 앞의 책, p.638·p.639).

43) T·巴羅, 1965, 앞의 책, p.165.

44) 위의 책, p.151.

45) 위의 책, p.178.

바와 같이 "앞으로는 누구든지 이 협약을 어길 시에 벌금 천 12 馬身長(length)을 부과해 전부 승가 (Saṃgha)에게 일임한다"라고 돼 있다.[46]

세금을 수취할 수 있는 권한. 예를 들면, 252호 문서에는 승려 (śramaṇa) 상가프리야(Saṃghapriya)가 파루가(Paruǵa)로부터 곡물을 받은 상황을 기록하였다. "곡물은 승려 상가프리야(Saṃghapriya)가 파루가(Paruǵa)로부터 받아낸다."[47] 703호 문서에는 "이 곡물은 반드시 5밀리마(milima) 2키(khi)의 삼예나 (ṣamiyena)를 징수해 삼고사(Saṃgoṣa)에 교부해야 한다"라고 기록되었다.[48]

타인을 체포할 수 있는 권한. 706호 문서에서 밝힌 대로 승려 아난다(Anaṃda)는 御牧 물데야(Muldeya)와 함께 여성 한 명을 체포할 권리가 있으며, "御牧 물데야(Muldeya)와 승려 아난다에게 諭令을 내린다", "당신들이 이 楔形 泥封 목독을 받는 즉시 캅게야(Kapǵeya)의 장원에서 이 여성을 체포해 칼라슈다 (Kalaṣdha)의 형제 아칠라(Acila)에게 돌려보내야 한다"라고 기재되었다.[49]

상술한 권한을 종합해보면, 승려는 일정한 행정직무를 수행할 수 있고 사회적 지위가 비교적 높으며, 어느 정도 국가(또는 정부)의 대표로서 행정기능을 수행하고 있음을 보여주고 있다.

상술한 내용을 통해 3~5세기 선선 왕국의 승려들이 일상적인 사회생활에서 활발히 활동했다는 인상을 우리에게 줄 수 있다. 승려들의 이런 세속적 생활상은 3~5세기 선선 왕국의 풍부한 사회생활을 더욱 생생하게 보여주는 것으로, 이 시기 선선 왕국의 독특한 사회상을 나타내고 있다.

III. 선선 왕국 승려의 생활 세속화된 이유

1. 자연생태환경의 열악함으로 인해 사원은 승려 집단의 급식문제를 해결하기 힘들었음

『漢書』에는 선선 왕국에 대해 '지방에는 간수가 많고 밭이 적어서 인근 국가에서 농사를 짓고 식량을 구매한다'라고 기록되었다.[50] 『佛國記』에 말하기를 '其地崎嶇薄瘠'라고 했다.[51] 『魏書』에는 선선 왕국이 '땅은 모래가 많고, 수초가 적으며, 북쪽은 바로 백룡퇴의 길이다"라고 기록되어 있다.[52] '모래가 4방으로 흘러내리고 바람에 따라서 쌓였다가 흩어지곤 하여 사람들이 지나간 흔적이 사라져 결국에는 대부분 길을 잃고 만다. 4방으로 멀리 바라보아도 망망한 모래뿐이어서 어느 곳으로 가야 할지 알 수 없다. 이런 까닭에 오가는 사람들은 쌓인 유해를 표식으로 삼고 한다. 물과 풀이 부족하고 뜨거운 바람이 많이 일어나는데 바람이

---

46) 위의 책, p.87.

47) 위의 책, p.54.

48) 林梅村, 1988, 앞의 책, p.315.

49) 위의 책, p.147.

50) (東漢)班固, 『漢書』卷96上, 西域傳(1962, (北京)中華書局, pp.3875-3876), "地沙鹵, 少田, 寄田仰穀旁國."

51) (東晉)法顯, 『佛國記』(章巽 校注, 2016, (北京)商務印書館, p.40).

52) (北齊)魏收, 『魏書』卷102補, 列傳(1974, (北京)中華書局, p.2261), "地沙鹵, 少水草, 北即白龍堆路."

불면 사람과 동물이 혼미해지고 이로 말미암아 병이 생기기도 한다.[53] 선선 왕국은 자연생태 조건이 열악하고 가뭄과 비가 적게 오는 기후와 토지의 사막화, 척박함으로 농업생산에 적합하지 않아 생존환경이 열악하다는 것을 알 수 있다. '地沙鹵, 少田, 寄田仰穀旁國'은 국내에서 경작할 수 있는 토지가 부족하고 식량 공급이 제한되어 있어 자국의 수요를 효과적으로 충족시키지 못한다는 것을 보여준다. 그러나 이 경우에도 일정한 식량을 야강(婼羌)에게 공급해야 하는데, 이것은 婼羌이 '鄯善과 且末로부터 곡식을 받기(仰鄯善、且末穀)' 때문이다.[54] 이런 어려운 생존 상황에서 국내 인구 수요를 감당하기에는 식량 공급에 대한 심각한 도전과 상당한 압박이 따랐다.

이와 같은 상황에서 인구의 식사(끼니) 문제를 해결하는 것은 인간이 생존하기 위한 가장 중요한 필수 조건이다. 마르크스·엥겔스는 "모든 인류가 생존하기 위한 첫 번째 전제, 즉 모든 역사의 첫 번째 전제를 먼저 확인해야 한다면서 이 전제는 사람들이 역사를 만들기 위해서 반드시 살 수 있어야 한다는 것이다. 하지만 살기 위해서는 우선 먹고 마시고 입는 것 및 기타 모든 것이 필요하다. 그러므로 첫 번째 역사 활동은 바로 이런 필요를 충족시키는 자료를 생산하는 것이며, 즉 물질적 삶 자체를 생산하는 것이고, 또 이것은 인간이 수천 년 전부터 오늘에 이르기까지 단지 생활을 유지하기 위해서 매일 每時에 역사 활동을 해야 하며, 이것은 모든 역사의 기본적인 조건이다."[55] 이에 의해, 물질 생산활동은 사회의 기본 구조와 성격과 모습을 결정짓고 인간의 경제생활·정치생활·정신생활 등 사회생활 전반을 제약하고 있음을 알 수 있다. 3~5세기 선선 왕국의 실제 상황으로 보면, 선선 왕국의 열악한 자연환경의 영향으로 울퉁불퉁하고 척박한 땅, 사막화, 경작지 부족, 수자원의 부족과 같은 현실에서 불교사원이 집단거주 승려들의 끼니를 해결하기는 쉽지 않아 승려집단들의 식량 문제를 해결할 충분한 식량을 제공하기는 쉽지 않다.[56] 따라서 승려들은 스스로 살길을 모색해야 하고, 사회 사무적 활동에 폭넓게 참여해 살길을 찾으며, 개인의 끼니를 스스로 해결하는 것이 필연적인 선택이 될 수밖에 없다.

鄯善왕국의 열악한 자연생태환경은 해당 시기에 승려 생활이 세속화로 된 객관적인 원인 중의 하나였다. 이와 같은 생존환경은 승려의 세속화 생활에 영향을 미친 것일 뿐만 아니라 후기에 선선 왕국의 발전에도 영향을 미쳤다. 심지어 일부 학자들이 鄯善 왕국의 멸망은 열악한 자연환경과 밀접한 관계가 있고 하천의 물길이 바뀌고 환경의 변화도 큰 영향을 미친 것이다.[57]

---

53) (唐)玄奘·辯機, 『大唐西域記』(董志翹 譯, 2014, (北京)中華書局, p.470), "沙則流漫, 聚散隨風, 人行無跡, 遂多迷路. 四遠茫茫, 莫知所指, 是以往來者聚遺骸以記之. 乏水草, 多熱風. 風起則人畜惛迷, 因以成病."

54) (東漢)班固, 『漢書』 卷96上, 西域傳(1962, (北京)中華書局, p.3875).

55) 中共中央馬克思恩格斯列寧斯大林著作編譯局 編譯, 2012, 『馬克思恩格斯選集(第一卷)』, (北京)人民出版社, p.158.

56) 사원에서 승려의 급식을 제공하지 않다는 상황에 관해 郝春文, 1998, 『唐後期五代宋初敦煌僧尼的社會生活』, (北京)中國社會科學出版社 참조.

57) 韓春鮮·肖愛玲, 2010, 「塔裏木河下遊政區與交通變化所反映的曆史環境變遷」, 『中國沙漠』 2010 第3期.

2. 호주로서 가족을 부양해야 할 책임을 지고, 생계를 도모함으로써 기본적인 생존문제를 해결함

상술한 내용처럼 승려는 호주의 신분을 가질 수 있고 한 가정의 가장이 될 수 있으면, 처를 맞아 아이를 낳고(자녀를 입양하거나) 가정을 꾸리고 세속적인 가정생활을 하는 것도 정상적인 일이었다. 가족을 부양하고 기본적인 생계를 유지하기 위해 호주인 승려들도 일반 백성들과 마찬가지로 세속적인 활동을 함으로써 생계를 유지해야 한다. 그래서 승려들은 반드시 세속적인 사회생활에 동참해야 한다. 또한, 승려는 국가에 세금을 내야 하는 의무도 있다. 따라서 승려가 일정한 사유재산을 소유하는 것은 놀랄 만한 일이 아니다. 일상의 기본적인 생활 문제 및 세금 문제를 해결하는 것은 승려 자신의 노고와 경영의 노력에 의존하기 때문에 승려들은 토지매입(549·655호 문서)[58]·토지매각(582호 문서)[59]·농경지와 포도원의 저당(473호 문서)[60] 및 인신매매(437[61]·564호 문서[62]) 등 세속적 경제활동에 적극적으로 참여한 것이다. 그렇지 않으면 사회적으로 발붙일 수 없고, 358호 문서[63]에 나오는 승려가 남의 종으로 전락한 경우가 이를 말해 주고 있다.

이처럼 어려운 생존환경, 자신 또는 가족의 기본생활을 위해서는 호주 신분인 승려가 적극적으로 살길을 모색해야 하고, 각종 경제무역 교류에 참여하는 것이 세속적 사회생활의 대표적인 특징 중의 하나이다. 현실 환경의 압박에 따른 불가피한 선택이었다.

이 시기에 선선 승려의 세속 居家 생활방식은 훗날 불교 승려의 생활에 큰 영향을 미쳤고, 심지어 당나라 말기 5대까지 敦煌 승려도 어느 정도 이러한 영향을 받아 居家 수행 생활을 하였다.[64] 많은 돈황 문헌에는 "8~10세기 돈황의 승려가 집에서 살았을 뿐 아니라 대부분 스스로 노동을 하며 생활했다는 승려의 세속화된 생활상이 담겨 있다."[65] 돈황 문헌에는 사원 외의 집에서 먹고 사는 승려를 '散衆'이라고 부르는 상황은 승려의 세속화 생활을 다른 측면에서 보여주고 있다. 이로 인해, 3~5세기 선선 승려의 세속생활을 이해하기 어렵지 않기도 한다.

3. 선선은 실크로드 연선의 길목에 위치하여 경제무역 활동 왕래가 빈번함

'선선 왕국의 원래 국명은 樓蘭이었다(鄯善國, 本名樓蘭).'[66] 한나라 초기에 누란은 실크로드의 길목에서 중요한 오아시스 도시국가였다. 敦煌을 떠나 서역으로 들어가는 첫 번째 입구이자 실크로드의 첫 번째 역

---

58) T·巴羅, 1965, 앞의 책, p.141·p.174.

59) 위의 책, p.155.

60) 林梅村, 1988, 앞의 책, p.118.

61) T·巴羅, 1965, 앞의 책, pp.116-117.

62) 林梅村, 1988, 앞의 책, p.138.

63) 위의 책, p.100.

64) 郝春文, 2010, 「唐後期五代宋初敦煌僧尼的生活方式」, 『郝春文敦煌學論集』, (上海)上海古籍出版社, pp.21-72.

65) 石小英, 2016, 「淺析8至10世紀敦煌尼僧居家生活」, 『宗教學研究』 2016 第2期, p.98.

66) (東漢)班固, 『漢書』 卷96上, 西域傳(1962, (北京)中華書局, p.3875).

이자 이곳을 통해 중앙아시아로 확장되는 관문이며, 동시에 서역과 중원지역을 연결하는 중요한 교통 중심지였다. 스타인은 '루란 동쪽의 시작점은 보루가 있는 邊城인데, 고대 중국 사서에는 이곳을 玉門關이라고 불렀다. 옥문이라는 이름은 于闐의 美玉에서 시작되었으며, 和闐의 옥은 예로부터 오늘날까지 타림 분지에서 중국으로 수출된 중요한 상품이다'라고 말하였다.[67] 선선은 중원에서 톈산 남쪽 길로 가는 두 길 중에 남도 연도의 중요한 역 중의 하나로, 『漢書』에 이와 같은 기록이 있었다. 玉門과 陽關에서 西域으로 나가는 두 길이 있다. 선선에서 남산 북면을 따라 타림(塔里木)강을 따라 西行하여 莎車까지는 南道이다. 남도에서 서쪽으로 蔥嶺을 넘어 大月氏와 安息까지 도착할 수 있다. 차전왕정에서 북산 남면을 따라 타림강을 따라 西行에서 疏勒까지 가는 길은 北道이다. 북도에서 서쪽으로 蔥嶺을 넘어 大宛·康居·奄蔡까지 이르는 길이였다'라고 말했다.[68]

선선은 교통의 요충지에 위치하며, '루란 선선에서 북상하거나 서행하면 서아시아, 중앙아시아, 및 남아시아 지역으로 통할 수 있다',[69] 이것은 옛 실크로드의 중요한 역참이자 지나가는 상인들이 무역하는 집산지였다. '고대 루란-선선 왕국은 고대 실크로드의 필수 통과지점에 있었고, 실크로드를 오가는 동서양의 사자와 상단, 승려들이 모두 이곳을 지나야 했다. 옛 실크로드의 길은 멀고 수천 킬로미터에 달하기 때문에 이 실크로드를 오가는 여객들은 연도에 있는 각국으로부터 구간마다 길 안내, 낙타, 물과 식량, 심지어 수위 인원까지 받아야 했다'라고 말했다.[70] 이와 같은 상황으로 알 수 있는 것은 옛 실크로드에 있는 선선 왕국이 매우 중요한 교통의 지리 위치를 차지고 있으며 왕래하는 사람 및 경제무역 교류 활동은 활발했음을 알 수 있다. 이러한 사회 환경의 영향으로 인해 복잡한 세속생활의 분위기 속에 처한 승려들이 세속생활 중에의 빈번한 경제무역의 왕래가 미친 영향을 피할 수 없었던 것도 이해할 수 있는 일이다.

4. 통치 계층은 국가발전을 도모하고자 거시적 관리라는 측면에서 사회현실에 대한 타협과 조정을 추구하였음

승려의 세속화된 생활이 형성된 데에는 국가 지배층이 선선 왕국의 현실적 상황을 고려한 것인데, 거시적인 관리 차원에서 현실사회에 대한 타협과 조화로써 국가발전을 도모하려고 했기 때문이다.

1) 정부 재정 수입을 늘리기 위한 세수 공급원의 확대

서한 시기에 선선 왕국의 "가구 수는 1,570호, 인구수는 14,100명이였다."[71] 442년에 이르러 "선선의 왕 比龍이 4,000여 호를 인솔해 이동하는 것은 선선이 점령되기 때문이다."[72] 또한, "比龍이 인솔한 4,000여 호

---

67) (英)斯坦因, 向達 譯, 1987, 『斯坦因西域考古記』, (北京)中華書局, p.118.
68) (東漢)班固, 『漢書』 卷96上, 西域傳(1962, (北京)中華書局, p.3872), "自玉門, 陽關出西域有兩道. 從鄯善傍南山北, 波河西行至莎車, 爲南道; 南道西俞蔥嶺, 則出大月氏, 安息. 自車師前王庭隨北山波河西行至疏勒, 爲北道; 北道西俞蔥嶺則出大宛, 康居, 奄蔡焉."
69) 李菁, 2005, 『古樓蘭鄯善藝術綜論』, (北京)中華書局, p.41.
70) 穆舜英, 1987, 『神祕的古城樓蘭』, (烏魯木齊)新疆人民出版社, p.119.
71) (東漢)班固, 『漢書』 卷96上, 西域傳(1962, (北京)中華書局, p.3875).

는 선선 왕국 인구의 절반이기 때문에, 당시 선선 왕국에 약 8,000여 호의 가구가 있었다는 것을 추정할 수 있다."[73] 비록 이 시기의 인구는 증가했지만 총 인구수는 여전히 제한적이였다. 법현이 인도에 가서 불경을 구하는 길에 선선 왕국을 거쳐 지나갈 때 선선에는 '4천여 명의 승려가 있으며, 모두 소승학에 속한다'라고 하였는데,[74] 이는 선선에는 '평균적으로 두 집마다 한 승려가 있고, 현지 인구의 10%를 차지한다'라는 것을 의미한다.[75] 이러한 추세는 상당히 충격적이다. '중국 승려계의 실제 수(진정한 出家를 직업으로 삼아 생활하는 인원을 포함해 모든 사람)는 지금까지 중국 인구의 극히 일부에 불과했고, 그 수가 (현저하지 않은 변화까지 포함해) 늘 1%에도 미치지 못한다.'[76] 이것은 선선 승려가 전체 인구 중의 큰 비율을 차지하고 있음을 보여준다. 이러한 상황은 국가의 재정 수입에 심각한 영향을 미치며, 이대로 가면 국가 전체의 발전에 도움이 되지 않는다. 따라서 국가 차원에서 승려가 아내를 맞이하여 아이를 낳아 세속적인 가정생활을 할 수 있도록 하고 세원을 넓혀 안정적인 세금수입을 유지하도록 허용하였다. 양푸쉐(楊富學) 선생은 "선선 왕국 승려가 장가들어 아이를 낳을 수 있는 것은 국가의 지지와 장려를 받은 것으로 인구를 늘리는 동시에 승려 자체가 납세자가 되어 정부의 세원을 넓히는 역할을 했을 가능성이 크다"라고 지적한 바 있다.[77] 이와 같은 선선 왕국 지배계층의 조치는 일거양득으로서 국가의 안정적 발전을 효과적으로 유지했다.

2) 기본 인구수를 유지하고, 전쟁 준비를 위해 충분한 병력을 확보함

서한 시기에 선선은 인구는 '14,100명'인데, 그중에 '군사가 2,912명'이였다.[78] 선선의 인구에서 군인이 차지하는 비중이 높다는 것은 선선 왕국이 군사력을 중시하고 있음을 보여준다. 이는 선선 외부 환경으로부터의 심각한 위협과 밀접한 관련이 있다. 카로슈티 272호문서는 "짐이 국사를 처리할 때 당신은 반드시 밤낮으로 국사를 돌보고, 목숨을 아끼지 않고 경계해야 한다. 만약 拘彌, 于闐에서 무슨 소식이 오면, 당신은 짐, 위대한 임금 폐하께 아뢰어야 하며, 당신의 보고는 督軍 북토(Vukto, 伏陀)에게 보내 짐에게 전달하게 한다. 짐, 위대한 임금은 보고에서 모든 것을 파악할 수 있다. 지난해 수피(Supi, 蘇毗)의 심각한 위협으로 인해 국경 안에 있던 백성들을 모두 성안으로 대피시켰고, 수피인(蘇毗人)은 지금 이미 철수했기 때문에 백성들이 옛날에 살았던 곳으로 돌아가야 한다. 각 州의 형세는 이미 완화되었고, 현재 각 州는 이미 안정화되어, 于闐의 침공으로부터 자유로워졌다. 현재 라웃가임치(lautgaimci, 勞特伽) 지방의 사람에 대해 등록을 해야 하고, 이 성은 여전히 방어해야 한다."[79] 그만큼 선선은 주변의 다른 세력으로부터 습격을 많이 받

---

72) (梁)沈約, 『宋書』 卷98, 氏胡傳(1974, (北京)中華書局, p.2417).

73) 夏雷鳴, 2007, 「從佉盧文文書看鄯善國僧人的社會生活——兼談晚唐至宋敦煌世俗佛教的發端」, 『絲綢之路民族古文字與文化學術討論會文集』, (西安)三秦出版社, p.101.

74) (東晉)法顯, 『佛國記』(章巽 校注, 2016, (北京)商務印書館, p.41).

75) 夏雷鳴, 2007, 앞의 논문, p.101.

76) (法)謝和耐, 2004, 『中國5—10世紀的寺院經濟』, 耿昇 譯, (上海)上海古籍出版社, p.18.

77) 楊富學, 2008, 「論鄯善國出家人的居家生活」, 『敦煌學』 第27輯, (台北)南華大學敦煌學研究中心, p.221.

78) (東漢)班固, 『漢書』 卷96上, 西域傳(1962, (北京)中華書局, p.3875).

79) 林梅村, 1988, 앞의 책, pp.81-82.

앉으며, 특히 蘇毗人의 위협이 비교적 심각했다는 것을 보여준다. 국가의 안전을 수호하기 위해서 선선은 반드시 국가의 군사력을 강화하고 일정한 병력 수량을 확보하여 전쟁의 수요에 대비해야 한다.

선선 왕국 불교의 영향으로 더 많은 남자가 출가하여 승려가 되며 일정한 수준에 병력 인원의 수에 영향을 미쳐 자국의 국방 군대의 역량이 약화 되었다. 따라서 선선의 기본 국정에 입각하여 국가발전의 전반을 고려하여 선선의 지배층은 승려의 관리 방식부터 착수하여 일반 백성들과 똑같이 아내를 맞이하여 아이를 낳거나(혹은 자녀를 입양하여) 가업을 이루며 세속적인 가정생활을 할 수 있도록 하고, 사회경제적 활동에 적극적으로 나서도록 하였다. 이는 자국의 기본적인 인구 확보와 군사력의 부족을 해소하는 데 효과적이며 국방을 공고히 하고 국가안보를 지키는 데 긍정적인 역할을 하였다.

이처럼 선선 승려의 세속적 생활화의 원인을 분석한 결과를 통해 다음과 같은 논리적 관계가 존재했음을 알 수 있다. 즉, 지역 자연생태환경 조건의 영향과 제약으로 인해 선선 지역에서 농업의 발전이 일정 부분 제한되는 논리적 관계가 내재되어 있다. 선선 왕국의 승려는 생존의 길을 해결하고 기본적인 생활을 유지하기 위해 入世의 자세로 세속 사회생활에 적극적으로 참여하였다. 세속사회에서 승려들은 자신과 그 가족의 발전을 위해 각종 경제무역 활동에 광범위하게 참여하고 있었다. 반면, 지배계층은 국가의 현실적 국정 상황에 대한 우려에 따라 국가의 발전 욕구를 지키고 국가의 안정적 발전을 보장한다는 전반적인 정세에서 착안하여 거시적 관리 측면에서 느슨하고 효율적인 조치를 통해 승려가 세속적 생활을 할 수 있도록 허용한 것이다. 이에 따라 국가 세입원 확대와 기초인구 증가를 일정 부분에서 유지함으로써 인적·물적 측면에서 안정적 국가발전과 국가 기관의 정상가동을 효과적으로 보장받을 수 있게 된 것이다. 이와 같은 조치를 통해 사회의 안정적 발전과 국가의 장기적 발전을 서로 촉진하여 일종의 선순환적인 상호작용을 형성하였고 끊임없이 사회를 발전시켰다.

IV. 선선 승려의 세속생활에 반영된 선선 불교 발전 상황

승려들의 일련의 세속생활에서 보듯이 승려들은 불교도라는 신분을 제외하고는 일반 대중과 큰 차이가 없는 듯 입세(入世)의 자세로 세속적 사안에 적극적으로 녹아들었다. 이는 3~5세기 선선 왕국의 승려 사회생활을 객관적으로 보여주는 것이며 이 시기 승려 집단이 가진 전형적인 특징 중의 하나이다. 이 시기 선선 왕국 불교의 발전 양상을 어느 정도 보여주는 대목이라고 할 수 있다.

1. 불교의 세속화된 발전

선선 불교는 결코 본토 문화에서 비롯된 것이 아니다. '쿠샨(Kushan, 貴霜)왕조의 이민자들이 로프노르(Lop Nor) 지역으로 내려올 때 본래 불교와 불교 예술을 함께 가져왔다'라는 것이다.[80] 불교는 처음 서역으

---

80) 王嶸, 2009, 『塔里木河傳』, (保定)河北大學出版社, p.75.

로 전입될 때 '처음부터 불교의 근원적인 서양적 색채를 띠고 있었다.'[81] 그러나 불교는 외래문화로서 선선 왕국으로 처음 전파될 때 진심으로 선선이라는 땅에 뿌리를 내리고 발전하려는 목적으로 현지 문화 시스템에 적응해야 했고, "불교 세속화는 처음부터 있었던 것이며, 중국에 들어온 후 새로 출현한 특징적인 현상이 아니다."[82] 이러한 불교는 전파와 발전하는 과정에서 끊임없이 변화하고 조절하여 그 지역의 문화적 욕구와 지방에 적극적으로 녹아들도록 했다. 따라서 현지의 사회 발전 특징과 융합하는 세속화 경향을 보일 수밖에 없다. 夏雷鳴 선생의 의견에 따라, '불교가 서역에 뿌리를 내리고 세속사회 환경에 놓인 지리적 여건, 풍속관습, 정치 주장, 인문사상, 도덕 관념 등에 영합할 수밖에 없는 만큼 불교 세속화의 전체적인 흐름은 막을 수 없었다.'[83]

불교는 그 전파 과정에서 세속사회의 구조와 상호작용의 원리를 비교적 잘 이해하고, 사찰조직의 각종 불사를 통해 소통하고, 사찰과 세속사회의 상호작용을 조절함으로써 다양한 지역의 실정에 적응하여 본토에 정착하도록 대중 신앙을 얻을 수 있는 토대를 마련하였다. 선선 '浴佛' 활동 방식의 변화는 선선 지역에서 불교의 세속적 발전 특징을 잘 보여준다. 카로슈티 511호 문서에는 이와 같은 정황을 상세하게 기록하였다.[84] 夏雷鳴 선생은 이에 대해 "욕불방법은 '形'이고, 욕불의 목적은 '神'이면, 선선 왕국 浴佛法會則의 '形'은 변하고, '神'이 변하지 않으며, 선선의 지역적 특성에 맞는 '형신구비'가 형성된 것이다'라고 지적하였다.[85] 또한, 511호 문서는 '욕불' 시에 종교이념에 대한 느낌과 체험, 정신적 승화 경계에 깊이 몰입하는 수요를 바로 현실 세계의 수요로 교체해, 즉, 凶陀羅에게 빗물의 증가와 피부 질환을 앓지 않은 요구를 하였다'라고 기록하였다.[86] 이는 선선에서 불교가 선선 왕국에의 세속화 발전 상황은 현실적 수요를 충족시키는 데 직접적인 목적을 두고 있음을 알 수 있다.

선선 불교는 전파 발전 과정에서 선선의 사회 현실과 밀접하게 결합해 선명한 세속화 특징을 지니게 되며 훗날 중국 불교의 발전에 중요 영향을 미치며, '돈황의 불교 세속화는 선선 세속불교가 동점한 결과이다.'[87] 따라서 선선 불교의 세속화는 불교가 중국에서 발전하는 데에 있어서 세속화하는 총체적인 흐름을 만들어주었고, 이것은 불교가 성장할 수 있었던 뿌리가 됐다고 할 수 있다.

2. 불교 관리상의 느슨함

불교는 발전 과정에서 필연적으로 교인의 행위를 단속하기 위한 법규와 계율이 형성될 것이다. 그러나 선선 승려의 일련의 세속생활은 선선 왕국의 느슨한 불교 관리 양상을 보여주고 있다.

---

81) 위의 책, p.75.

82) 夏雷鳴, 2007, 앞의 논문, p.102.

83) 楊富學, 2008, 앞의 논문, p.220.

84) T·巴羅, 1965, 앞의 책, pp.130-131.

85) 夏雷鳴, 2000, 「從"浴佛"看印度佛教在鄯善國的嬗變」, 『西域研究』 2000 第2期, p.48.

86) 위의 논문, p.50.

87) 夏雷鳴, 2007, 앞의 논문, p.103.

우선, 불교의 계율체제가 정착되지 않았다. 불교가 선선에 전입되는 기간이 비교적 짧아서 어떻게 짧은 기간에 널리 퍼질 수 있는지, 신도의 기반을 넓히고 선선에 뿌리를 내릴 수 있는지는 급히 해결해야 할 숙제였다. 그리고 그 전파의 발전 과정에는 신도를 확보하는 것이 정착하는 데에 있어서 최우선적인 조건이 되었다. 이에 불교 계율의 구축 혹은 완비되는 것이 그다음의 문제이다. 따라서 선선 불교를 발전시키는 과정에서 많은 규범의 제한과 구속받지 않고 승려에 대한 관리가 느슨하며 선선 불교의 대중적 기반을 다졌다. 선선 왕국이 직면한 현실을 보면 불교의 계율 신조를 지키느냐 마느냐도 현실의 생존환경에서 크게 중요하지 않았다. 이것은 이 시기 선선 불교의 계율이 형성되기 어려운 요인이 되기도 했다. 楊富學 선생은 선선 왕국이 5세기 중엽에 멸망했을 때 불교의 계율체제가 갖춰지지 않았고 적어도 완비되지 못한 상태였다고 지적하였다.[88]

둘째, 불교 계율의 추진은 불교의 전파 및 그 발전보다 이후의 일이다. 모든(각종) 사상의 전파는 항상 제도체계의 정립과 보완보다 앞서는데 불교의 전파도 마찬가지다. 불교는 외래문화로서 선선 지역에 전파될 때 관련된 모든 요소가 한꺼번에 들어오는 것은 아니다. 이와 관련된 경전 교율 계조 등이 서서히 스며드는 데 시간이 걸리고, 이는 시간적 과정이 필요하며 "불교 계율의 추진은 항상 불교의 유행보다 늦어지는 사례가 많다."[89] 이는 불교 전파 과정에서 이 지역에 먼저 뿌리를 내려야 하는 전파의 특성과 밀접한 관련이 있다. 관련 규제의 형성 과정 중에 반드시 여건이 부족으로 인해 혼란을 겪게 마련이다. 사실은 그렇다. 오늘날 세계에서 어떤 문화의 유행처럼 주류 문화 추세가 형성된 후에 그에 맞는 각종 규제 등이 점차 형성될 수 있는 것이다.

유의해야 하는 것은 선선 왕국 승려의 세속화 생활은 동시에 불교 '세속성'의 발전 특성과 관리상의 이완 등 측면의 영향을 받았고, 불교가 선선 왕국에서 전파 발전되는 특성과 밀접한 관련이 있다는 데 있다.

3. 불교와 왕권정치의 상호작용 발전

법현이 서쪽으로 法經을 구하러 가는데 도중에 선선을 거쳐 선선의 불교 신앙에 대해서 다음과 같이 기록하였다. '그 임금은 법을 받들며, 4천여 명의 승려가 있고, 小乘學이다'라고 적었다.[90] 이 내용으로 알 수 있는 것은 선선 왕국에서 불교가 크게 유행하였고 승려가 많았음을 알 수 있다. 국왕은 최고 통치자로서 불교를 믿으며 불교의 전파와 발전에 선도적인 역할을 하였다. 또한, 국왕은 직접 중대 법회에 참석하여 불교를 이용하여 민중을 교화하였다. 511호 문서에는 "가나스(Ganas)의 최고 임금, 장로 및 중소 승려가 도착하지 않았을 때는 봉급을 받는 자에게 응당한 사례금을 받게 하고, 그들이 도착했을 때는 영생과 교화를 얻게 한다"라는 내용이 있다.[91] 이것으로 불교는 선선 왕국의 상부구조의 중요한 구성 부분이 된 것이 분명하

---

88) 楊富學, 2008, 앞의 논문, p.221.
89) 楊富學·徐燁, 2013, 「佉盧文書所見鄯善佛教研究」, 『五台山研究』 2013 第3期, p.6.
90) 章巽 校注, 1985, 『法顯傳校注』, (上海)上海古籍出版社, pp.7-8.
91) T·巴羅, 1965, 앞의 책, p.130.

며, 그 교화 작용은 국가통제를 강화하고 국가 정권을 공고히 하는 중요한 수단이 되었음을 알 수 있다.

상당수의 승려들은 실제로도 국가의 관리직으로서 일정한 중요한 직책을 맡아 사회적인 일을 처리할 권리가 있다. 이것은 일부 승려가 정치적 지위가 높고 사회적 신망이 높다는 사실을 반영할 수 있다. 이들은 한편으로는 승려의 역할을 맡으면서도 다른 한편으로는 정부와 긴밀한 연계를 맺고 국가 경영진의 중요한 요원으로서 인간이 불교에 대한 신앙을 의지해 세속적 사무의 관리와 처리를 강화하고, 정신적으로 왕권에 봉사하고 있다.

선선 승려는 겉으로는 '믿음이 있고 계율이 없는 것'처럼 보이지만 실제로는 그렇지 않다. 승려도 일정한 직책을 맡아 권력을 행사한다는 측면에서 일정부분 국가 '공무원'에 속하지만, 승려에 대한 국가의 관리에 어느 정도의 하한선이 없는 것이 아니다. 승려들도 승려의 규정을 시켜야 하고 정기적으로 집회에 참석하고 일정 행사에 가사를 착용함으로써 중요 소속감을 최대로 표현하지 않으면 벌을 받도록 하며, '승려가 승계의 각종 행사에 참여하지 않으면 벌금으로 견사 한 필을 내야 한다. 승려가 포살(布薩, posadha) 의식에 참여하지 않으면 견사 한 필을 교부한다. 포살 의식에 초대된 승려는 속복을 입고 오면 견사 한 필의 벌금을 내야 한다.'[92] 승려에게 가사는 신분의 상징이다. 승려의 가사를 훼손하는 행위에 대해서는 606호 문서에서 '지금 승려 아일라(Ayila, 阿夷羅)가 상주하고 있는데, 이름은 차디사에(Cadiṣaae, 左迪)라는 여성이 저쪽의 黃裂裟를 불태웠다. 이 楔形 泥封 木牘을 받았을 때 즉시 이를 상세히 심사하고 법대로 판결해야 한다'[93]라고 기록되었다. 이 내용을 통해 알 수 있는 것은 불교 규정을 어긋나거나 승려의 이미지를 훼손하는 모든 불량 행위가 처벌받아야 하며, 또한 선선 왕국의 상층 통치자들이 불교에 대한 존중과 승려의 권익을 중시했음을 반영한다. 이러한 요인에 의해 선선불교와 왕권정치 사이에 선순환적 상호작용이 이루어졌다.

V. 맺음말

3~5세기 선선 왕국 승인의 세속생활은 이 시기 선선 왕국 사회의 발전 양상을 독특하게 보여주고 있다. 선선 승려 생활의 세속화는 여러 측면의 요인으로부터 영향을 받았는데, 객관적 현실 요소의 제약이 있었고 주관적 인위 요소의 개입도 있었지만, 모든 요인은 모두 3~5세기 선선 왕국의 사회 발전과 그 국가의 통치 특징을 나타내고 있다. 지배계층의 사회 통치는 선선 불교의 광범위한 전파와 발전에 의존하여 끊임없이 백성을 교화함으로써 정신적인 영역에서 백성의 사상을 제약하는 것을 강화하면서 지배계층을 위해 봉사하고 민심을 안정시켰다. 지배계층은 승려를 느슨하게 관리하는 방식을 통해 일부 승려를 일정한 직책에 앉혀 사회적인 업무를 처리할 수 있도록 하였으며, 어느새 불교의 영향력이 확대되어 불교 신앙의 대중적 기반이 다져지게 되었다. 이것은 이후 불교 자체의 세속화 발전과 지배계층의 국가 지배에 중대한 영향을

---

92) T·巴羅, 1965, 앞의 책, p.124.
93) 林梅村, 1988, 앞의 책, p.141.

미치고, 양자의 상호작용으로 사회를 발전시켜 나갔다. 이것은 훗날 둔황불교의 세속화 발전의 원천이 되었고, 중국 불교의 세속화 전반에 걸쳐 전파와 발전에 막대한 막대한 영향을 끼쳤다.

투고일: 2021.11.22   심사개시일: 2021.11.22   심사완료일: 2021.12.13

班固, 『漢書』(1962, (北京)中華書局).

法顯, 『佛國記』(章巽 校注, 2016, (北京)商務印書館).

玄奘·辯機, 『大唐西域記』(董志翹 譯, 2014, (北京)中華書局).

魏收, 『魏書』(1974, (北京)中華書局).

斯坦因, 1987, 『斯坦因西域考古記』, 向達 譯, (北京)中華書局.

沈約, 『宋書』(1974, (北京)中華書局).

謝和耐, 2004, 『中國5—10世紀的寺院經濟』, 耿昇 譯, (上海)上海古籍出版社.

馬雍, 1990, 『西域史地文物叢考』, (北京)文物出版社.

(印)阿格華爾, 2006, 『佉盧文書所見鄯善國佛教僧侶的生活』, 楊富學·許娜譯, 『甘肅民族研究』, 2006 第4期.

苗普生·田衛疆, 2004, 『新疆史綱』, (烏魯木齊)新疆人民出版社.

林梅村, 1988, 『中國所出佉盧文書初集——沙海古卷』, (北京)文物出版社.

林梅村, 1988, 『沙海古卷』, (北京)文物出版社.

T·巴羅, 1965, 『新疆出土佉盧文殘卷譯文集』, 王廣智 譯, (烏魯木齊)中國科學院新疆分院民族所印.

郝春文, 1998, 『唐後期五代宋初敦煌僧尼的社會生活』, (北京) 中國社會科學出版社

李菁, 2005, 『古樓蘭鄯善藝術綜論』, (北京)中華書局.

穆舜英, 1987, 『神祕的古城樓蘭』, (烏魯木齊)新疆人民出版社.

王嶸, 2009, 『塔里木河傳』, (保定)河北大學出版社.

章巽 校注, 1985, 『法顯傳校注』, (上海)上海古籍出版社.

雷鳴, 2005, 「從佉盧文文書看鄯善國僧人的社會生活——兼談晚唐至宋敦煌世俗佛教的發端」, 『絲綢之路民族
　　古文字與文化學術討論會會議論文集』.

許娜, 2006, 「佉盧文書所見鄯善國佛教僧侶的生活」, 『甘肅民族研究』 2006 第4期.

楊富學, 2008, 「論鄯善國出家人的居家生活」, 『敦煌學』(第27輯), 南華大學敦煌學研究中心編印, (臺北)樂學書局
　　有限公司.

郝春文, 2010, 「唐後期五代宋初敦煌僧尼的生活方式」, 『郝春文敦煌學論集』, (上海)上海古籍出版社.

石小英, 2016, 「淺析8至10世紀敦煌尼僧居家生活」, 『宗教學研究』 2016 第2期.

夏雷鳴, 2007, 「從佉盧文文書看鄯善國僧人的社會生活——兼談晚唐至宋敦煌世俗佛教的發端」, 『絲綢之路民
　　族古文字與文化學術討論會文集』, (西安)三秦出版社.

楊富學, 2008, 「論鄯善國出家人的居家生活」, 『敦煌學』 第27輯, (台北)南華大學敦煌學研究中心.

楊富學·徐燁, 2013, 「佉盧文書所見鄯善佛教研究」, 『五台山研究』 2013 第3期.

夏雷鳴, 2000, 「從"浴佛"看印度佛教在鄯善國的嬗變」, 『西域硏究』 2000 第2期.

韓春鮮·肖愛玲, 2010, 「塔裏木河下遊政區與交通變化所反映的歷史環境變遷」, 『中國沙漠』 2010 第3期.

T·Burrow, 1940, *A Translation of the Kharosthī Documents from Chinese Turkestan*, The Royal Asiatic Society, London

〈Abstract〉

Researching the secular life of monks of the Kharosthī Documents unearthed in Xinjiang

Li, Bo

　　The Kharosthī documents unearthed in Xinjiang show monks living a secular social life, which is one of the prominent social phenomena in Shanshan kingdom from the third to the fifth century. Monks' extensive participation in social affairs is also one of the distinctive characteristics of the monks in this period. There are many reasons for the secularization of monk's life. The secular life of monks shows that Buddhism has shown a trend of secularization since it was introduced into Shanshan kingdom. The relatively loose management of Buddhism by the upper ruling strata in Shanshan kingdom has formed a benign interaction between the secularization development of Buddhism and royal power politics. The two interact and jointly promote the development of society.

▶ Key words: the Kharosthī documents, the monks, the secular life

동아시아 세계 속 베트남 목간 연구 서설 (1)
경계를 넘나드는 '봉함목간', '목협', '협판'

Pham Le Huy[*]

김현경 譯[**]

〈국문초록〉

일본에서 출토된 목간 중에는 '봉함목간(封緘木簡)'이라는 특수한 목간의 카테고리가 있다. 일부 봉함목간은 행정문서 자체를 직접 끼워서 봉함하기 위해 사용된 것으로 추정되고 있는데, 그러한 추정은 어디까지나 실물의 관찰에서 도출된 것으로, 문헌사료로는 충분히 뒷받침되지 못하였다. 그렇기 때문에 본고에서는 베트남 관련 문헌사료에 대한 분석을 바탕으로 9세기부터 18세기에 걸친 중국과의 외교문서를 봉하기 위한 '목협(木夾)'과 '협판(夾板)'의 존재를 지적하고, 봉함목간의 용도를 문헌사료를 통해 확인하며, 또한 동아시아의 봉함목간에 대한 이해를 심화하고자 한다.

▶ 핵심어: 봉함목간(封緘木簡), 목협(木夾), 협판(夾板)

* 베트남국가대학 하노이교 인문사회과학대학 동양학부 일본연구학과 강사

** 서울대학교 인문대학 동양사학과 강사

I. 머리말

동아시아 목간 연구에서는 그동안 의도적이지는 않았지만, 베트남에 대한 연구가 제외되어 왔다. 그 이면에는 현대 국제정치 사회에서 베트남이 동아시아가 아니라 동남아시아의 한 나라로 인정되고 있다는 사실이 있다. 또 하나의 원인은 베트남에서 중국의 누란(樓蘭) 진간(晉簡), 일본의 헤이조큐(平城宮) 목간, 한국 경상남도의 함안 성산산성 목간 같은 한데 모인 목간군이 발견되지 않았기 때문이다.

그런데 베트남 인근에 있는 중국 광저우(廣州)에서는 일찍이 베트남 북부, 북중부지역을 지배한 남월국의 목간군이 2000년대에 발견되었다. 이를 보면 베트남에서 다량의 목간이 발견되는 일이 20년 뒤가 되든 40년 뒤가 되든 이제는 시간 문제에 지나지 않는다고 여겨진다. 한국, 중국, 일본에서의 목간 연구의 경위와 경험을 참고하자면, 목간이 발견될 때까지 그사이에 문헌 사료에 보이는 사례 및 개별 출토 사례를 정리한 다음 고고학자를 비롯하여 관계자들의 주의를 환기해두어야 할 것이다.

그런 입장에 있는 필자는 이제부터 '목협', '목패'에 관한 사료를 소개하고, 베트남의 목간 연구서설을 나름대로 정리해 두고자 한다. 또한 베트남의 사례를 제시함으로써 동아시아 목간에 관한 이해를 심화시킬 수 있기를 기대한다.

II. '봉함목간'에 해당하는 '목협'과 '봉함목간'의 연구 과제

지금까지의 목간 연구의 분류를 보면 '봉함목간'이라는 특수한 카테고리가 있다. 필자는 베트남 관계 사료를 통람(通覽)하면서 베트남에서 봉함목간에 해당하는 '목협(木夾)', '협판(夾板)'이라는 목간이 8세기부터 18세기까지 사용되어왔음을 알 수 있었다.

'목협'을 소개하기에 앞서 먼저 봉함목간에 관한 선행연구와 그 과제를 필자 나름대로 정리해 두고자 한다. 필자가 보건대 '봉함용 목간'의 존재에 대하여 처음으로 언급한 것은 히라카와 미나미(平川南)의 「지방의 목간」이지만,[1] 일본의 각 지방에서 발견된 사례를 망라하여 검토한 다음 '봉함목간'이라는 연구용어를 정착시키고, 그 특징과 기능을 논한 것은 사토 마코토(佐藤信)의 「봉함목간고」이다.[2]

사토는 일본에서 발견되는 봉함목간의 특징으로, 그림 1에서 제시하듯이, (1) 하나의 소재의 형태를 다듬고 그것을 두 장으로 잘라 자른 면을 조정하지 않고 두 장을 한 세트로 사용한 점, (2) 몸체 부분에는 끈을 걸기 위해 홈을 파는 경우

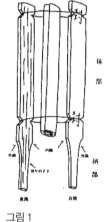

그림 1

---

1) 平川南, 1993, 「地方の木簡」, 川崎市民ミュージアム編, 『古代東國と木簡』, 雄山閣.

2) 佐藤信, 1995, 「封緘木簡考」, 『木簡研究』 第17号, 木簡學會(1997, 『日本古代の宮都と木簡』, 吉川弘文館 재수록).

목간자료 1

가 많은 점, (3) 위에 오는 목간(표간)의 바깥쪽에 '봉(封)'이라는 글자나 받는 곳, 보내는 곳 등을 먹으로 쓰는 점을 지적하였다(그림 1).

또한, 봉함목간의 기능에 대해서 사토는 (1) 종이를 넣는 문서함, (2) 어떠한 물건, (3) 행정문서 자체를 직접 끼워서 봉함하는 세 가지 용도를 상정하였다.

첫 번째 용도에 대하여 사토는 우선 문헌 사료로서, 칙부(勅符) 등의 문서를 담은 상자를 실로 묶고 송지(松脂)로 봉한 다음, '모 국에 하사하다[賜某國]', '비역(飛驛)', '월 일 시각' 등의 문자를 쓰고, 또 상자를 싸는 가죽 주머니의 한쪽 끝에 다는 단적(목간)에 '모 국에 하사하는 비역 상자[賜某國飛驛函]', '연 월 일 시각', 상자 왼쪽에도 '관부 약간 통을 첨부한다[副官符若干通]'고 주기(注記)한다는 『의식(儀式)』의 기술을 참고하여, 일부 봉함목간과 같은 용도로 사용되었다고 추정하였다.[3] 다음 목간은 헤이조쿄(平城京) 나가야왕(長屋王) 저택에서 발견되었고, 같은 유적에서 출토된 문서 상자의 치수(길이 31~36㎝, 폭 4~8㎝)에 들어맞기 때문에, 첫 번째 용도의 봉함목간과 비슷한 목간으로 추정되고 있다(목간자료 1).

【목간자료 1】 (나라문화재연구소 『목간고』에서 전재)
유적명: 헤이조쿄 좌경 3조 2방 1, 2, 7, 8평 나가야왕 저택
유구번호: SD4750   치수(㎜): 300×27×3
본문: 「封」北宮進上○津稅使

목간자료 3

두 번째 용도, 이른바 '무언가 작고 얇은 물품 등을 봉함하는' 목간은 소형 031 형식으로 분류되고 있으며, 그와 비슷한 실제 사례는 다음 목간이다(목간자료 2).

【목간자료 2】 (나라문화재연구소 『목간고』에서 전재)
유적명: 헤이조쿄 좌경 2조 2방 5평 2조대로 호상 유구(북쪽)
유구번호: SD5300   치수(㎜): (91)×22×4
본문:

목간자료 2

세번째 용도에 해당하는 04계 형식의 목간은 목간의 폭 등 규모가 종이 문서에 대응되며, 표에 '봉' 이외에 받는 곳과 보내는 곳을 기재하나 물품명을 적지 않는다는 점에

---

3) 『儀式』飛驛, "於函上頭, 記賜某國字, 押緘之処書封字, 其緘下右注飛驛字, 左注月日·時刻, 令內記一人, 於革囊短籍, 記賜某國飛驛函字及年月日時刻, 又函左注副官符若干通字(官符副在函外, 同納囊中)"

서 종이 문서를 직접 끼워서 봉함하는 기능을 가진 것으로 추정된다. 이와 유사한 목간의 실제 사례는 다음과 같다(목간자료 3).

【목간자료 3】 (나라문화재연구소 『목간고』에서 전재)
유적명: 헤이조쿄 좌경 2조 2방 5평 2조대로 호상 유구(북쪽)
유구번호: SD5300
본문: ·封·印

덧붙이자면 봉함목간과 관계가 있는 후세의 사례로서 사토는 '직사각형 목재의 양 끝에 홈을 판 형태의 목간 모양 얇은 목판 두 장에 접은 종이 문서를 직접 끼워서 철하고 한쪽 판자에 겉면의 주소 등을 쓰는 사례가 있다'고 언급하였지만, 구체적인 사례를 들지 않았다.

이후 요시카와 사토시(吉川聰)는 고후쿠지(興福寺) 소장 전적문서를 조사할 당시 제89함 65호 문서인 간분(寬文) 10년(1670) 10월 10일자 '고후쿠지 벳토(別當) 보임 구선안(口宣案)'에 주목하여, 그림 2에서 보이듯이 두 장의 목판 사이에 문서가 끼워져 있어, (a) 두 장의 판자를 꼰 종이 끈으로 묶고, (b) 종이 끈을 풀면 판자 사이로부터 가케가미(懸紙, 문서를 싸는 종이)로 싼 문서가 나타난다는 특징을 지적하고, 이는 사토가 언급한 봉함목간의 후대 사례라고 보았다.[4]

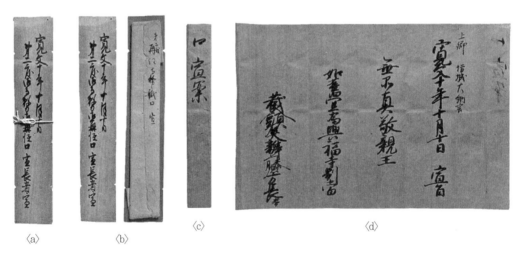

〈a〉 　　〈b〉 　　〈c〉 　　〈d〉

그림 2. 고후쿠지 소장 간분 10년(1670) 10월 10일자 고후쿠지 벳토 보임 구선안(출처: 吉川聰, 2008에서 전재)

이상, 필자 나름대로 봉함목간에 관한 선행연구를 용도를 중심으로 개괄하였는데, 다음 과제가 남아있다.

---

4) 吉川聰, 2008, 「文書の挾み板」, 『奈良文化財研究所紀要』 44-45.

첫째, 종이 문서 자체를 끼워서 봉함하는 봉함목간의 세 번째 용도는 지금까지 어디까지나 물건의 관찰을 통하여 상정된 것이며, 그것을 뒷받침할 문헌 사료는 제시되지 않았다.

둘째, 동아시아의 시점에 입각해 보면, 일본에서 발견된 봉함목간과 유사한 것은 중국 한대의 '검(檢)'이라고 여겨져 왔지만,[5] 사토가 인정한 것처럼 '검'의 경우 문서 목간 위에 같은 크기의 목간(검)을 한 장 더 겹쳐, 끈으로 묶고 받는 곳을 위에 적는다는 점에서 약간의 차이가 있다. 또한 '검'이 이용되던 한나라 때와 일본에서 발견된 봉함목간의 주요 연대인 8세기와의 사이에 시대 차이가 너무 많이 나는 것도 문제이다.

셋째, 봉함목간의 후대 사례로서 요시카와 사토시는 고후쿠지 문서를 소개하면서 '다만 한 가지 사례로는 도저히 중세 이후 봉함목간의 계보를 추적할 수 없으며, 앞으로의 과제로 삼지 않을 수 없다'는 것을 인정하였다.

이러한 과제를 염두에 두면서 본고에서는 베트남을 동아시아 세계의 일원으로서, 문서 자체를 끼운다는 점에서 봉함목간에 해당하는 '목협'이라는 목간의 사용 예를 소개한 다음, 그 후대 사례로서 목협의 계보를 잇는 '협판'도 추가로 검토하여 봉함목간에 대한 이해를 심화하고자 한다.

III. 안남도호부와 남조국의 '목협'

잘 알려져 있듯이, 베트남의 북부, 북중부 지역은 602년에 수나라에게 침략당하고, 당나라가 618년에 성립된 뒤에는 당나라의 판도 안으로 들어갔으며, 679년 이후 '안남도호부'라는 행정기구의 소관이 되었다. 본고에서 다루는 '목협'은 9세기 중엽 안남도호부의 공방전을 기점으로 한 운남의 남조와 당나라 사이에 오고 간 외교문서 속에서 등장한 것이다.

남조는 8세기 중엽부터 운남 지역에서 발흥한 티벳-버마 어족 왕국이다. 8세기 후반부터 남조는 운남에서 발원한 홍강을 따라 남쪽으로 영향력을 키워나갔고, 마침내 홍강 삼각주를 거점으로 한 당의 안남도호부와 충돌하게 되었다. 함통(咸通) 4년(863), 남조는 안남도호부의 부치(府治)를 함락시키고 장관 채습(蔡襲)을 살해하였으며 10만 명 안팎의 당나라 사람들을 포로로 삼았다. 그런데 당군은 발해 출신의 명장 고변(高騈)이 안남도호에 임명되면서 점차 세력을 되찾았고, 함통 7년(866)에는 마침내 안남도호부 탈환에 성공하였다. 안남에서의 실패를 겪은 남조는 함통 10년(869) 이후 사천 방면에서 계속해서 당군과 전투를 벌였다.

이러한 상황 속에서 함통 12년(871) 4월, 당의 재상 노암(路巖)은 검남서천절도사(劍南西川節度使)로 좌천되어[6] 남조와의 교섭을 맡았다. 북송 선화(宣和) 2년(1120)에 송나라 휘종의 명으로 편찬된 서법서(書法書) 『선화서보(宣和書譜)』에는 당시 교섭의 모습을 보여주는 다음과 같은 기술이 보인다.

---

5) 平川南, 1993, 앞의 논문; 佐藤信, 1995, 앞의 논문.

6) 『舊唐書』 卷19上, 懿宗, 咸通12年(870) "四月, 以左僕射, 門下侍郞, 同平章事 路巖檢校司徒, 兼成都尹, 劍南西川節度等使."

【사료 1】『宣和書譜』卷18, 章孝規

章孝規, 不知何許人, 嘗爲路魯瞻, 書雲南木夾. 詳考其始末, 則魯瞻者, 唐邊臣方面之官. 雲南者, 蠻夷之地, 古有大雲南, 小雲南是也. 木夾, 則彼方所謂木契. 蠻夷之俗, 古禮未廢, 故其往復移文, 猶馳木夾. 魯瞻之書, 當是復雲南之移文.

『선화서보』에 따르면 운남 지역에서는 원래 '목협'을 사용하는 옛 풍속이 있어, 남조는 '목협'을 사용해 검남서천절도사 노첨(魯瞻=노암)에게 '이문(移文)'을 보냈다는 것이다. '운남목협'에 대하여 노암은 당시 서예의 명인이었던 장효규(章孝規)에게 답장을 쓰게 하였다고 한다.

여기서 '목협'이라는 것을 사용하는 행위가 원래 운남 지역에 있었던 옛 풍속이었고, 남조에 의해 당나라와의 외교에 적용되었던 것을 우선 확인할 수 있을 것이다. 다음으로 고변과 남조와의 문서 교환에 관한 일련의 사료를 통해서 '목협'의 정체를 밝혀보기로 하자.

건부(乾符) 원년(874) 4월에 고변은 검남서천절도사대사, 지절도사에 임명되었고,[7] 같은 해에 중절도사로 승격되어 남조와의 교섭 담당자가 되었다. 원래 안남도호부 함락전에서 남조에게 포로가 된 당나라 사람들 중에 영남경략판관 두양(杜驤)과 그 아내 이요(李瑤) 두 사람이 있었고, 이요는 당나라 종실의 먼 친족 출신이었다. 그러므로 고변은 화의를 진행하는 조건으로 두 사람의 반환을 남조에 제안하였다. 이 교섭은 『자치통감』에 다음과 같이 기술되었다.

【사료 2】『資治通鑑』卷252, 乾符3年(876) 3月條

南詔遣使者詣高駢求和, 而盜邊不息. 駢斬其使者, 蠻之陷交趾也. (事見二百五十卷懿宗咸通六年), 虜安南經畧判官杜驤妻李瑤. 瑤宗室之疎屬也. 蠻遣瑤還, 遞木夾以遺駢. (遞牒, 以木夾之, 故云木夾. 范成大桂海虞衡志曰, 紹興元年安南與廣西帥司及邕通信問, 用兩漆板夾繫文書, 刻字其上, 謂之木夾. 按宋白續通典, 諸道州府巡院傳遞敕書, 皆有木夾, 是中國亦用木夾也. 遺唯季翻) 稱督爽牒西川節度使, 辭極驕慢, 駢送瑤京師.

위의 사료에 따르면, 건부 3년(876) 3월, 남조는 고변에게 '목협'을 송부하여 이요를 돌려보냈다. 『자치통감』의 주석을 단 원나라 때 사람 호삼성(胡三省)은 '遞牒, 以木夾之, 故云木夾'이라고 하였듯이 '목협(木夾)'이란 나무[木]에 끼운[夾] 체첩(遞牒)이라고 보았다. 또한 호삼성은 '목협'이란 '두 개의 옻칠한 판자 사이에 문서를 끼워서 연결하고 글자를 그 위에 새긴다'는 송대 범성대(范成大)가 지은 『계해우형지(桂海虞衡志)』의 문장도 인용하여 '목협'에 대해 더욱 상세히 해설하였다.

그렇다면 두 개의 옻칠한 나무판으로 된 '목협'은 어떻게 연결(繫)되었던 것일까? 남송대에 성립한 『성도

---

7) 『舊唐書』 卷19下, 僖宗, 乾符元年(874), "以天平軍節度使, 檢校尚書右僕射, 兼鄆州刺史高駢 檢校司空, 兼成都尹, 充劍南西川節度副大使, 知度事."

문류(成都文類)』 권48에 기록된 고변의 부하 호증(胡曾)의 「대고변회운남첩(代高騈回雲南牒)」을 보면, '前件 木夾, 萬里離南, 一朝至北, 開緘捧讀'이라고 되어 있듯이 '목협'의 옻칠한 목판 두 장이 원래 '함(緘)', 즉 끈으로 묶여 있어, 읽을 때 '개함(開緘)', 즉 끈을 푸는 방식이었음을 파악할 수 있다.

이러한 남조의 '목협'을 받아든 고변은 '첩'으로 답서를 보냈는데, 그 답서는 『성도문류』에 다음과 같이 남겨져 있다.

【사료 3】『成都文類』 卷47
詔國前後俘獲約十萬人, 今獨送杜驤妻, 言是沒落. 杜驤守職, 本在安南. 城陷驅行, 故非沒落. 星霜半代, 桎梏幾年. 李氏偸生, 空令返國. 杜驤早歿, 不得還鄉. 今則訓練蕃兵, 指揮漢將. 鐵衣十萬, 甲馬五千. 邕交合從, 黔蜀齊進. 昔時漢相, 有七擒七縱之功. 今日唐臣, 蘊百戰百勝之術. 勳名須立, 國史永書. 且杜驤官銜, 李瑤門地, 不是親近, 但王室疏宗, 天枝遠派而已. <u>李氏並詔國木夾, 並差人押領進送朝廷</u>. 是故牒.

고변의 첩에 따르면, 두양과 아내 이요 두 사람의 반환에 관한 고변의 제안에 대하여, 남조는 두양이 이미 '몰락(沒落)'했음을 이유로 이요만을 보냈다. 이에 대하여 고변은 여전히 '관함(官銜, 관직)'을 가진 두양의 반환에 집착하여 납득하지 않았지만, '李氏並詔國木夾, 並差人押領進送朝廷'이라고 한 것처럼 종족인 '이씨(이요)'와 '(남)조국의 목협'을 조정에 보내고, 또 그 대응을 남조에게 통지하였던 것이다.

위의 사료를 통해 고변에게 보내진 '목협' 이외에 남조에서 당나라 조정 앞으로 또 하나의 '목협'이 보내진 것을 알 수 있다. 이와 같은 문서 교환은 3년 뒤에도 이루어지고 있다.

【사료 4】『資治通鑑』 卷253, 乾符6年(879) 2月丙寅條
驃信待雲虔甚厚, 雲虔留善闡十七日而還, 驃信以<u>木夾二</u>授雲虔, (<u>其一上中書門下</u>, 上時掌翻), 其<u>一牒嶺南西道</u>, 然猶未肯奉表稱貢.

고변의 뒤를 이어 남조와의 교섭을 담당한 사람은 영남서도절도사 신당(辛讜)이었다. 조정은 남조에 사자를 두어 차례 파견하였지만, 사자가 도중에 연이어 사망하였기 때문에 신당은 건부 6년(879)에 그 부하인 순관(巡官) 서운건(徐雲虔)을 남조로 파견하였다. 같은해 2월, 선천성(善闡城, 지금의 윈난성 쿤밍)에 도착한 서운건은 남조에게 당나라에 복속하고 신하로서 조공사를 파견할 것을 역설하였다. 그런데 남조는 이전에 사자를 파견하여 당나라 황제와 형제 또는 구생(舅甥)의 관계를 맺었기 때문에 신하된 입장에서 '표(表)'를 상신하거나 조공을 해서는 안된다는 입장을 굽히지 않았다. 교섭이 난항을 겪는 가운데 남조의 표신왕(驃信王)은 사자 서운건을 후하게 대우한 뒤 서운건에게 두 통의 '목협'을 부탁하였다. '其一上中書門下, 其一牒嶺南西道'라고 한 것처럼, 한 통은 당나라 중서문하 앞으로 보낸 '상(上)'이며, 다른 한 통은 영남서도(신당) 앞으로 보낸 '첩'이었다.

이상의 사례로 보아 '목협'은 당시 직접 교섭을 담당했던 절도사와 조정에게 동시에 보내지는것임을 알 수 있다. 동시에 여러 곳으로 보내지기 때문에 고변의 사례에서는 '첩서천절도사(牒西川節度使)', 신당의 사례에서는 '其一上中書門下, 其一牒嶺南西道'라고 하듯이 '목협'의 옻칠한 나무판 위에 받는 곳을 새기는 방식을 궁리한 것으로 추정된다.

이상으로 안남도호부 관련 사료를 검토함으로써, 당나라 시대에 남조국은 당 왕조에게 외교문서를 보낼 때 두 개의 옻칠한 목판 사이에 문서를 끼우고 끈으로 묶은 다음, 목판 위에 받는 곳을 새기는 '목협'을 활용하였음이 밝혀졌다. 이러한 사료들은 사토 마코토가 상정한 봉함목간의 세 번째 용도를 뒷받침하는 사료라고 규정할 수 있을 것이다.

'목협'의 사용법을 보다 상세하게 검토해 보면, '목협'은 일단 '이(移)', '첩', '체첩' 같은 율령제에서 규정된 상하관계가 없는 기관과 기관 사이에 주고받는 문서형식에서 사용되었음을 알 수 있다. 직접적 상하관계가 없는 남조와 검남서천절도사 노암, 서천절도사 고변, 영남서도절도사 신당과의 사이에서 '이'와 '첩'이 사용되는 것은 당연한 일이지만, 남조는 당나라 조정과의 문서 교환에서도 '목협'을 이용하고 있는 점에 주목할 필요가 있다. '但不肯奉表稱貢'이라고 하였듯이 남조는 처음부터 끝까지 당나라의 신하가 아니라는 입장을 주장하며, 자신의 외교문서를 '표'가 아닌 당나라 '중서문하' 앞으로 보낸 '상'으로 한 것이다.

통상적으로 '표함'에 들어가는 '표'와 달리, 남조가 당나라 '중서문하' 앞으로 보낸 '상'은 '목협'으로 봉해졌다. 바꿔 말하자면 '목협'은 '표함'보다 봉하는 방식으로는 한 단계 아래라고 이해할 수 있다. 그러한 인식은 『자치통감』의 다음 기사에서도 다시 확인할 수 있다.

【사료 5】 『資治通鑑』 卷261, 昭宗, 乾寧4年(894) 是歲條
是歲, 南詔驃信舜化有上皇帝書函, 及督爽牒中書木夾, 年號中興. 朝廷欲以詔書報之. 王建上言,
「南詔小夷, 不足辱詔書, 臣在西南, 彼必不敢犯塞.」從之.

이 기사에 따르면, 건녕(乾寧) 4년(894), 남조 표신왕은 당나라 소종(昭宗) 및 당조 중서성에 문서를 송부하였다. 소종에게 보내는 문서는 '上皇帝書函'이라고 하여 여전히 '표'가 아닌 '상(서)'의 형식이 채용되었지만, 황제를 받는 이로 하였기 때문에 표에 준하여 '함'에 넣었다. 그에 반해 중서성에 보내는 문서는 '督爽牒中書木夾'이라고 하여 '중서(성)'을 받는 곳으로 한 '첩'이었으며 '목협'으로 봉해졌다.[8)]

그렇다면 왜 중서 앞으로 보낸 '첩'은 '목협'으로 봉해야 했던 것일까? 소개한 사례를 통해 알 수 있듯이

---

8) 당시 동아시아에서는 외국의 외교문서가 '함'에 넣어져 송부되면, 변경의 관리는 함을 개봉하여 확인할 수 있었다. 예를 들면, 『유취삼대격(類聚三代格)』 권18의 덴초(天長) 5년(828) 1월 2일자 격(格)을 보면, '右蕃客來朝之日, 所着宰吏, 先開封函, 細勘其由. 若違故實, 隨即還却'이라 하여 덴초 3년까지는 번객(蕃客)이 일본으로 문서함을 가지고 오면 지방 관리는 그것을 개봉하여 확인하는 것이 허락되었다고 한다. 또한 조와(承和) 3년(836) 일본 태정관 앞으로 보내진 집사성첩(執事省牒)에도 보이는 것처럼, 신라 집사성 앞으로 보내진 태정관첩도 상자에 넣어진 것을 확인할 수 있다. 그런 점으로 보아 남조의 '목협'은 매우 특수한 사례임을 알 수 있다.

남조는 당의 중앙 기관에 문서를 보내려면 아무래도 절도사들을 경유하여 보내지 않으면 안 되었다. 바꿔 말하면 절도사들은 남조에서 온 문서를 받는 쪽에 속하면서도 중서 앞으로 보내진 문서를 체송시키는 담당자이기도 하다. 목협은 절도사를 비롯한 체송 담당자에게 정보가 누출되지 않도록 궁리된 보안장치이다. 이 점은 후술하는 '협판'에서도 자주 보인다. 또한 서천절도사 고변과 영남서도절도사 신당의 경우 둘 다 강경한 자세로 남조와의 교섭에 임하였기 때문에 남조는 절도사들과는 별도로 당나라 조정과의 직접적인 교섭 루트를 모색해야 했다. 조정과의 교섭에 관한 정보가 절도사에게 새어나가면 방해받을 가능성도 있었기 때문에 목협은 비밀 유지상 더욱 중요했다.

IV. 11~14세기의 '목협'

'목협'은 11세기부터 14세기에 걸쳐 운남의 여러 세력뿐만 아니라 베트남의 리(李) 왕조와 중국의 송나라에서도 활용되었다.

먼저 운남 지역에서는, 남조국이 멸망한 뒤인 937년에 수립되어 1253년까지 존속한 대리(大理)에서 '목협'은 계속 외교문서에 사용되었다. 다소 후대의 사료이기는 하지만, 명나라 대에 성립한 『전략(滇略)』에는 다음과 같은 기록이 보인다.

> 【사료 6】『滇略』 卷4, 俗略
> 唐西南夷多用木夾. 徐雲虔使南詔, 南詔待之甚厚, 授以木夾遣還. <u>宋宣和間, 高泰運貽木夾書於</u>
> <u>邊將以求貢. 其製用兩漆板, 夾文書而刻字其上, 以爲信.</u> 五嶺邕管之間皆然, 今夷人交易尙用木
> 刻, 多在神前呪誓, 故不敢叛也.

위의 사료에 따르면, 북송 선화(宣和) 연간(1119~1125), 대리국의 제2대 중국공(中國公)인 고태운(高泰運)은 '목협의 서(書)를 변장(邊將)에게 주어 공물을 요구하고', '그 만듦새는 두 개의 옻칠한 목판을 사용하여 문서를 끼워 그 위에 글자를 새김으로써 신(信)으로 삼는다'고 하였듯이 문서를 옻칠한 판자 사이에 끼우고 그 위에 글자를 새겨 송나라 변경의 장군에게 보내 조공을 요구했다.

베트남 지역에서는 홍강 삼각주를 거점으로 하여 1009년에 건국되고, 1225년까지 존속한 베트남 리 왕조(대월국)도 '목협'을 활용하여 중국의 변경 관청과 외교문서를 주고받았다. 사료 2에 보이듯이 호삼성은 『자치통감』에서 송나라 소흥(紹興) 원년(1131), 안남(리 왕조 대월국)은 광서수사(廣西帥司) 및 옹주(邕州, 난닝)와 서신을 주고받을 때 '두 개의 옻칠한 판자에 문서를 끼우고 묶어서 글자를 그 위에 새기'는 '목협'을 이용했다고 하는 『계해우형지』의 일문(逸文)을 소개하였다. 『계해우형지』의 찬자(撰者)인 범성대(1126~1193)는 원래 광서경략사(廣西經略使)를 역임하였고 직접 리 왕조와의 외교관계를 관장했던 인물이기 때문에 위의 기록은 매우 신빙성이 높은 사료라고 할 수 있다.

그러면 리 왕조의 '목협'에는 어떠한 양식의 문서가 끼워져 있었을까? 먼저 남송의 주거비(周去非, 1135~1189)가 지은 『영외대답(嶺外代答)』 권5에 '其邊永安州移牒于欽, 謂之小綱, 其國遣使來欽, 因以博易, 謂之大綱'이라 한 것으로 보아 리 왕조의 변주(邊州)인 영안주(永安州)는 송나라 흠주(欽州)에게 '이첩'으로 연락하고 있는 것을 알 수 있다.

『영외대답』에 '其文移至邊, 有判「安南都護府」者. 亦外職也'라고 적혀 있듯이, 리 왕조의 조정도 '안남도호부' 명의로 중국의 변경 관청에 '이'로 문서를 송부했다. 11세기 후반이 되면 1075~1077년 전쟁으로 상징 되듯이 송-월 관계가 악화되는 가운데 리 왕조는 '안남도호부'가 아닌 '남월국(南越國)'으로서 '이'의 형태로 문서를 송부하게 되었다. 그러한 상황의 일면을 보여주는 것이 다음 사료이다.

【사료 7】『文獻通考』 卷330 所引 『桂海虞衡志』
凡與廣西帥司及邕州通訊問, 用二黑漆板夾繫文書, 刻字於板上, 謂之木夾文書. 稱安南都護府, 天祚不列銜而列其將佐數人, 皆僭官稱. 有云金紫光祿大夫, 守中書侍郎, 同判都護府者, 其意似 以都護府如州郡簽廳也. 帥司邊州報其文書, 亦用木夾. 桂林掌故, 有元祐熙寧間所藏舊案交人行 移, 與今正同. 印文曰, 「南越國印」. 近年乃更用「中書門下」之印. 中國之治略, 荒遠邊吏, 又憚生 事例置不問, 由來非一日矣.

위의 사료를 보면, 12세기에는 계림(桂林)의 관청에는 희령(熙寧, 1068~1077), 원우(元祐, 1086~1094) 연간의 외교문서 구안(舊案)이 남아있었으므로, 범성대가 그것을 조사한 바 11세기 후반의 '交人行移', 즉 리 왕조의 '이'에는 '남월국인(南越國印)' 도장이 찍혀 있었음이 판명되었다. 또한, '근년', 즉 범성대가 『계해 우형지』를 저술한 12세기 후반이 되면, 리 왕조의 '이'에 '중서문하' 도장이 찍혀 있었다는 것이다. '남월국' 과 '중서문하'는 둘 다 송나라에게 책봉되지 않은 것으로 송나라 입장에서 봤을 때는 참칭이지만, 국경 문제 의 긴장이 고조되는 가운데 리 왕조와의 군사 충돌을 피하기 위해 중국의 변경 관리는 그것을 간과하고 조 정에 보고하지 않았다.

이 밖에 『영외대답』 권2에 '其國入貢, 自昔由邕或欽入境. 蓋先遣使議定, 移文經略司, 轉以上聞'이라고 되어 있듯이, 리 왕조는 조공사(朝貢使)를 파견할 때마다 사전에 사자를 옹주나 흠주에 파견하여 의정(議定)한 다 음에 '이문'으로 경략사에게 정식으로 연락하고, 또 송나라 조정에 보고하게 하였던 것이다.

이상의 사료들을 통해 11세기부터 13세기에 걸쳐 리 왕조 조정 및 영안주 등의 변주는 광서(廣西), 옹주, 흠주 등 송나라의 변경 관청에 대하여 '이'라는 문서 양식으로 외교문서를 작성하고, 흑칠 판자에 그것을 끼 워서 끈으로 묶고 '목협'의 형태로 연락했음을 알 수 있다.

이러한 방식은 리 왕조의 뒤를 이은 쩐(陳) 왕조(1225~1400)가 계승한 것으로 보인다(사료 8).

【사료 8】『大越史記全書』 本紀卷5, 壬寅天應政平11年·宋淳祐2年(1242)條
夏四月, 命親衛將軍陳閏擊將兵, 鎭守北邊, 攻略憑祥路地方. 初, 自元太宗崩後, 關再往往不通,

如有使命, 惟正副二員, 從人二輩而己. 進貢方物, 其數若干, 緘封送至界首, 本處土官守管領遞送
使人至京, 但上具本東奏貢物, 無全至者. 至是, 命將守禦攻略, 始得與宋通好.

사료 8에 따르면, 쩐 왕조는 남송에 조공할 때 '進貢方物, 其數若干, 緘封送至界首'라고 하여 조공 품목과
수량을 문서에 기록한 다음 '함봉(緘封)'하여, 물건과 문서 양쪽을 남송 변주의 토관(土官)에게 체송해 달라
고 부탁해야 했다. 그런데 사자가 수도에 도착했을 때는 실물과 문서 품목이 일치하지 않는 경우도 있어,
변경의 토관들에게 일부를 탈취당하는 실태가 발생하고 있었다. 그 때문에 쩐 왕조는 남송의 빙상로(憑祥
路)에 침입하여 이곳을 점령하고 조공로를 확보하였다. 명료한 기술이 아니기는 하나, '함봉'이라는 표현으
로 보아 리 왕조의 전통을 이어받아 '함봉' 목협이 이용되었으리라 추측할 수 있을 것이다.
　　이상의 사료들로 보아 베트남의 리, 쩐 왕조는 11세기부터 14세기 말까지 중국의 송나라, 그리고 그 뒤
를 이은 원나라의 변경 관청에 대하여 '이'를 끼운 '목협'을 송부하고 있었음이 확인된다.
　　또 주목해야 할 것은 중국 측의 변주도 그 방식을 본떠 '목협'으로 리, 쩐 왕조 측에게 답장을 보냈다는 점
이다. 사료 7에 '帥司邊州, 報其文書, 亦用木夾'이라고 하므로, 광서수사와 송나라의 변주는 리 왕조가 보낸
문서에 '목협'을 사용하여 답신 문서를 보낸 것을 알 수 있다. 그 실태는 다음과 같은 『계해우형지』의 일문
에서도 거듭 확인할 수 있다.

【사료 9】『文獻通考』 卷330 所引 『桂海虞衡志』
乾道八年春, 上言願朝賀聖主登極, 詔廣西經略司, 「貢使來者, 免至廷方物受什一」. 其秋復有詔
下經略司, 買馴象十以備郊祀鹵簿. 經略李德遠浩用木夾事移交趾買之. 蠻報不願賣願以備貢.

건도(乾道) 8년(1172) 가을, 남송 조정은 남교제사(南郊祭祀), 즉 '교사(郊祀)'의 개최를 계획하였다. '교사'
에서는 교지(交趾, 대월)의 길들인 코끼리 행렬이 북송 시대부터 중요시되었기 때문에, 송 효종은 광남경략
사에게 조(詔)를 내려 교지의 길들인 코끼리를 구입할 것을 명하였다. 조를 받은 광남경략사 이덕원(李德遠)
은 '목협'을 이용하여 리 왕조에게 '이'를 보내 구입을 타진했다고 한다.
　　목협 문화는 이렇게 해서 원래 운남 지역의 옛 풍속에서 비롯되어, 당나라 시대 전반에 걸쳐 남조에 의
해 당나라 조정 및 절도사에게 보내진 외교문서에 응용되었고, 제국의 변경 지역에 침투하여 중국의 변경
관청에서도 이용되기 시작했다.
　　또한 중국 내지(內地)에서도 '목협'과 같은 것이 다양한 장면에서 활용되었다. 예를 들면 『속자치통감장
편』 권5에 의하면, 개보(開寶) 5년(972), 송나라는 여러 주에서의 관리의 결원이 발생했거나 조정에 해문(解
文)을 보내는 경우 '以木夾重封題號'라고 하듯이 '나무에 끼워서 겹쳐 봉하고 제호를 달' 것을 명하였다.[9]
　　나아가 사료 2에 보이는 것처럼 『자치통감』에 주석을 달 때 호삼성은 '按宋白續通典, 諸道州府巡院傳遞敕

---

9) 『續資治通鑑長編』 卷5, 開寶5年(972), "諸州員闕並仰申闕解條樣以木夾重封題號. 逐季入遞送格式, 其百司技術官闕解, 亦準此"

書, 皆有木夾, 是中國亦用木夾也'이라고 하여 송백(宋白, 936~1012)이 지은 『속통전』의 일문을 인용하며 송나라에서 여러 도, 주, 부, 순원(巡院)이 칙서를 전달할 때 '목협'을 이용하였던 사례를 지적하여 이를 중국의 '목협'으로 보았다.

V. 14세기 이후의 '목협' — '협판공문'

앞서 언급하였듯이 이미 10세기부터 송나라는 여러 주에서 발생한 결원에 대한 해문을 비롯하여, 일부 해문을 제외하고는 '以木夾重封題號'라 하듯이 '나무에 끼워서 겹쳐 봉할' 것을 요구하였다. 겹쳐서 봉한다는 '중봉(重封)'이라는 표현으로 보아 이 해문들은 아마도 상자에 넣어져 일단 봉해진 다음에 또 나무에 끼워서 다시 봉해졌던 것으로 보인다.

그러한 이중 봉함은 늦어도 명나라 초기(14세기 후반)가 되면 아래에서 위로 올리는 표문의 전달에 응용되었고, '협판'으로 제도화되었다. 『명회전(明會典)』에 기록된 홍무 14년(1381) 예제(禮制)에는 '表用黃紙箋, 用紅紙爲函, 外用夾板夾護'라고 하여 황지전(黃紙箋) 표문은 홍지(紅紙)로 만든 상자에 넣은 다음 상자 바깥을 또 '협판(夾板)' 사이에 끼우는 규정이 있었다. 이러한 '중봉'은 요시카와 사토시가 제시한 「고후쿠지 벳토보임 구선안」과 마찬가지이다.

【사료 10】『明會典』卷74, 禮部33, 表箋
洪武禮制
一凡表箋, 止作散文, 不許循習四六舊體. 務要言詞典雅, 不犯應合迴避凶惡字樣. 仍用硃筆圈點句讀. 表用黃紙箋, 用紅紙爲函, 外用夾板夾護, 拜進幷依見行儀式.

한편, 앞서 서술하였듯이 중-월 국경에서는 11세기부터 14세기까지 중국과 베트남 양쪽이 '목협'으로 외교문서를 주고받았는데, 그 전통은 17세기까지 '협판공문(夾板公文)'의 형태로 계승되었음을 다음 사료를 통해 알 수 있다.

【사료 11】『奧西詩載』卷30, 誅陸佑韋達禮
達禮從其計, 因假稱內附, 誣交南耆目逆篡, 冀絶貢道, 以圖擧事. 督府聞之, 大駭, 以其事聞責鄭松, 令擒達禮, 周佑, 責黃應雷令擒陸佑等. 調江州等州官兵, 壓思明境上以待. 鄭松得檄, 即遣其子鄭壯, 統兵衆疾馳入祿州, 擒達禮. 達禮聞之, 先期逸去, 止獲佑保等, 以夾板公文, 從便道, 獻官兵, 旣入思明境. 至風門嶺, 應雷亦獲黃尙, 出獻陸佑, 阻兵抗, 命遂逐應雷而奪其印, 率衆與官兵拒戰.

명대 만력(萬曆) 29년(1601)에 안남 녹주토사(祿州土司)인 위달례(韋達禮)는 광주의 사명주두목(思明州頭目) 주우(周佑)와 손을 잡고 명나라의 사릉주(思陵州)에 침입하여, 그곳의 토관(土官) 위소증(韋紹曾)을 공격해 인신(印信)을 빼앗고, 또한 안남의 공도(貢道)를 끊으려고 하였다. 명나라의 우군도독부(독부)는 안남의 찐 주(鄭主) 찐 뚱(鄭松)에게 위달례를 체포하게 하고, 또 광주지부(廣州知府) 황응뢰(黃應雷)에게 달례의 여당인 주우, 육우(陸佑)를 붙잡도록 명하였다. 찐 뚱의 명령을 받은 그의 아들 찐 짱(鄭壯)은 안남군을 이끌고 녹주에 들어가 위달례를 잡으려 하였지만, 위달례는 사전에 이를 알아채고 '以夾板公文, 從便道, 獻官兵, 旣入思明境', 즉 '협판공문'을 명나라 측에 보내고 항복하였다.

이 사건을 통해 1600년대 전후에 베트남(대월국)의 변경 토관은 리 왕조와 찐 왕조 시기의 변주와 마찬가지로 '협판공문'을 사용해 중국측의 변경 관청과 연락하였음이 판명되었다.

또한 리, 찐 두 왕조가 조공사를 파견할 때 '목협'을 송, 원의 변경 관청에 송부하고, 조공 준비를 진행한 것은 앞서 서술한 대로인데, 같은 상황이 베트남 레 왕조의 청나라에 대한 조공에서도 확인된다. 그 제도는 먼저 『광서통지(廣西通志)』에 강희 14년(1675)의 사례로서 다음과 같이 기록되었다.

【사료 12】『廣西通志』卷96, 諸蠻安南附紀
朝貢方物(康熙十四年例)
欽貢之年, 分巡道預詳督撫, 檄傳該國王, 取入關限期. 國王乃遣使幷通事領齎夾板公文, 投遞本道. 屆期, 使臣將貢物運至坡壘驛, 龍憑關守備探實, 具報本道, 卽移駐太平府料理, 委驗貢官帶銀匠馳徃將貢物, 細驗秤明, 造冊呈道, 發示啟關, 而新太參將先領官兵, 至關上擺列及把守各隘口本道於啟關三日前由太平府, 率南太兩府官同至思明土府駐劄, 次日, 至受降城, 又次日至幕府營, 由幕府營至關十里, 是夜四更, 後發號鼓三通, 各土司兵馬齊集, 先行護衛 (후략)

해당 사료에 따르면, 조공할 연도가 되면 광서 분순도(分巡道)는 레 왕조 국왕에게 연락하여 관문에 들어오는 '限期', 즉 기일을 정하였다. 레 왕조의 국왕은 사전에 사신과 통사(통역)에게 '협판공문'을 들려서 국경으로 가게 했고, 광서에 이를 '投遞', 즉 넘겨주어 상부 기관에 체송하게 하였다. 기일이 되자 사신은 공상물(貢上物)을 파루역(坡壘驛)에 휴행(携行)하고 용빙관(龍憑關)의 수비관에게 심사를 받았다.

위의 강희 14년 사례가 18세기 후반까지 실시되었던 실태는 베트남에 현존하는 레 꾸이 돈(黎貴惇)이 지은 『북사통록(北使通錄)』의 기록에서 살펴볼 수 있다. 레 꾸이 돈(1726~1784)은 베트남 레 왕조 중흥기의 대표적 학자로, 1760년부터 1762년까지 조공사로서 청나라에 파견되었다. 사절로 파견된 레 꾸이 돈은 북경에서 조선 사신과 시문을 주고받기도 하였고, 한반도와 인연이 깊은 인물이기도 했다. 『북사통록』 권1에는 조공 준비에 착수했던 무인년(1758) 10월부터 레 꾸이 돈이 청나라로 들어간 기묘년(1759) 12월까지의 일들과 레 왕조와 청나라 사이에서 오간 외교문서가 기록되었다.

본고에서는 우선 까인흥(景興) 20년(1759) 7월 3일 문서에 주목하고자 한다.

【사료 13】『北使通錄』28b-29a

五府府僚等官

計,

一, 奉傳諒山處督鎮官香嶺侯枚世準, 督同阮宗珵等, 係茲期有公文弍套, 投遞兩廣總督與左江道
官, 言附奏告哀事, 請與貢部並進, 等因, 應如見送到, 即刻付與守隘, 謹將夾板公文作急交與內地
龍憑守隘益接領, 馳遞, 以濟公務, 慎毋牽緩, 茲奉傳.

景興二十年七月初三日

위의 문서는 오부부료(五府府僚)라는 레 왕조의 중앙 기관이 국경에 있는 양산처(諒山處)의 독진관(督鎮
官) 매세준(枚世準) 등의 관리들을 받는 이로 한 '전(傳)' 문서이다.

당시 레 왕조는 '세공(歲貢)'에 맞추어 경진년(1760)에 조공사, 즉 공부(貢部)를 파견하기 위해 기묘년
(1759) 2월 24일자 문서로 청의 좌강도(左江道)에 연락하였고, 일단 합의를 보았다.[10] 그런데 같은 해 윤6
월 8일에 상황(上皇) 레 이 똥(黎懿宗)이 붕어하는 사태가 발생했다. 조공사와 고애사(告哀使)를 따로따로 파
견하는 것이 매우 불편했기 때문에 레 왕조는 하나의 사절로 통합하려고 하였으나, 외교 절차상 청나라 조
정으로부터 허가를 얻어야 할 필요가 있었다. 그렇기 때문에 레 왕조는 청의 '양광총독' 및 '좌강도(관)'에게
'공문 2투(套)'를 각각 송부하였고, 청 조정에 보고하도록 의뢰하였다. 사료 13은 오부부료가 국경에 있는
양산처 독진관에게 '협판공문'의 형태로 된 '공문 2투'를 청의 '용빙수애(龍憑守隘, 용빙 요새의 수비관)'에게
건네도록 지시한 것이다.

'협판공문'인 '공문 2투'란『북사통록』26b~28a에 기록된 건륭 24년(1759) 윤6월 27일자의 (1) '안남국
왕'이 '병부상서총독양광부당(兵部尙書總督兩廣部堂)'에게 보낸 '자(咨)'와 (2) '안남국왕'이 '광서좌강병비도
관할남태진사사부부한토주현동사등처지방(廣西左江兵備道管轄南太鎮泗四府府漢土州縣峒司等處地方)', 즉
좌강도관 앞으로 보낸 '자'를 말한다.[11] 이처럼 안남국왕 레 히엔 똥(黎顯宗)가 양광총독과 좌강도관에게
'자'라는 문서양식을 가지고 '협판공문'의 형태로 연락하였던 실태를 우선 확인할 수 있다.

안남국왕의 '협판공문'을 받은 양광총독은 청나라 조정에 상주하였는데, 고애사 건에 관해서는 좀처럼
허가가 내려오지 않았다. 그래서 양광총독은 같은 해 8월 8일자 문서로 좌강도관에게 연락하여 안남에게
진척 상황을 전달할 것을 명하였다. 양광총독의 명령을 9월 5일에 받은 좌강도관은 9월 17일자 문서로 레
왕조에게 통지하였다.[12]

이처럼 청나라 내부의 절차가 매우 늦어지는 가운데 사자의 출발 예정 기일이 닥쳐왔다. 초조해하던 레
왕조는 청나라 조정의 답장을 기다리지 않고 강희 14년의 예를 따라 통사들을 국경에 파견하여 관련 절차

---

10)『北使通錄』18a-19b.

11) 이 '자(咨)'들은『北使通錄』26a-28b에 기록되어 있다.

12)『北使通錄』68a-69b.

를 마치려고 하였다.

사료 14와 사료 15에 따르면, 통사들은 9월 초순에 '협판공문'과 '관물(官物)'을 받아서 수도를 떠나 경북처(京北處)를 경유하여 국경인 양산처에 도착할 예정이었다. 통사들을 체송하기 위해 오부부료는 길목에 있는 각 진(鎭)에 '전'을 내려, 병사를 동원하여 통사를 호송하도록 명하였다. 사료 15는 8월 29일자 양산처로 보내진 '전'이며, 사료 16은 9월 3일자 경북처로 보내진 '전'이다.

【사료 14】『北使通錄』41b
五府府僚等官
計,
一, 奉傳諒山處督鎭官香嶺侯枚世準, 督同官阮宗理等, 係茲期前路通事奉將夾板公文, 并官物往關上, 以九月上旬起程等因, 應量差兵整備器械等項, 并督押驛夫依期就本處界首夾京北地頭, 照據京北鎭兵交付領取, 送就開上, 其所差當防守愼密, 以濟公務, 有公法在, 茲奉傳.
景興二十年八月二十九日

【사료 15】『北使通錄』42b-43a
五府府僚等官
計,
一, 奉傳京北處鎭守官造基侯范吳俅, 督同官謝廷煥等, 係茲期奉差前路通事奉將夾板公文, 并官物往關上, 以本月上旬起程, 等因, 應星速量差屬員一名, 并兵二千人, 整備器械等項, 迅就愛慕河津護送, 就諒山界首, 交付伊處接遞到關, 奉行公務, 其所差當防守愼密, 免庶疎虞, 茲奉傳.
景興二十年九月初三日

사료 16에 따르면, 통사 응우옌 꾸옥 하인(阮國珩), 응우옌 딘(阮廷) 두 사람과 탐아(探兒) 응우옌 테 띡(阮勢錫), 응우옌 딘 뜨(阮廷斯), 꽉 당 다오(郭登瑤) 세 명으로 구성된 '전로통사(前路通事)'들은 '奉表, 奉本稿共陸冊', '公文弐拾壹套', '侯命官柬文壹套'라는 공문을 국경으로 지참하고 갔다. 통사들은 국경에서 청나라 측의 용빙수애에게 그 공문들을 건네준 뒤 그대로 국경에서 대기하였고 청나라 측에서 수정된 원고가 돌아오면 이를 받은 다음 레 왕조에게 보고하는 임무를 부여받았다.

【사료 16】『北使通錄』43a-43b
五府府僚等官
計,
一, 奉傳前路通事阮國珩, 阮廷【王輦】, 探兒阮勢錫, 阮廷斯, 郭登瑤等, 係茲期應領奉表, 奉本稿共陸冊, 并公文弐拾壹套, 與侯命官柬文壹套, 往就關上, 同守隘快岩伯韋福洪, 琨忠侯阮廷璿等,

通報與龍憑守隘開關, 接領公文, 投遞納內地官列位, 待得有正稿激回, 即接領遞納, 以濟公務, 若

奉行不虔, 有公法在, 茲奉傳.

景興二十年九月初三日

　　'奉表, 奉本稿共陸冊'이란 건륭 24년(1759) 9월 3일자 '세공'에 관한 4책과 '고애'에 관한 2책, 총 6책으로
구성된 표문의 원고이다. '公文弍拾壹套'란 청나라 21개 관청에 보내는 공문이다.
　　아래 표는 『북사통록』(51b~53a)에 기록된 21개 관청을 정리한 것이다.

표 1. 『북사통록』에 기록된 21개 관청

번호	받는 곳	문서양식
1	兵部尙書兼都察院右都御史總督廣東廣西等處地方軍務兼理糧餉李	咨
2	兵部侍郎兼都察院右副都御史巡撫廣西等處地方提督軍務郭	咨
3	提督廣西全省水陸軍務統轄各路漢土官兵加三級史	咨
4	鎭守廣西左江地方統轄漢土守禦官兵總鎭都督府加三級段	咨
5	欽命廣西等處承宣布政使司加三級葉	咨
6	欽命廣西等處提刑按察使司加三級申	咨
7	欽命分巡左江兵備道加三級張	咨
8	叶鎭廣西新太等處地方兼轄漢土官兵副總兵官歐陽	咨
9	廣西太平府正堂紀錄十二次査	咨
10	廣西龍憑守營都閫府加一級馬	咨
11	署理廣西太平糧捕分府加三級李	咨
12	廣西寧明州正堂加三級王	移
13	廣西崇善縣正堂加一級李	移
14	廣西南寧府正堂加三級管	移
15	廣西宣化府正堂加一級陳	移
16	廣西馗矗營都閫府加一級張	移
17	廣西龍憑總部陳	移
18	憑祥府正堂李	移
19	上龍司正堂趙	移
20	太平府下石州正堂陰	移
21	廣西新寧州正堂	移

　　위의 표로 보아 레 왕조 황제(레 히엔 똥)는 '자'와 '이'라는 문서 양식으로 청조의 변경 관청에 연락하였
음이 확인 가능한데, 이 문서들은 '협판공문'의 형태로 송부되었음을 다음 사료를 통해 알 수 있다.

【사료 17】『北使通錄』80b

是月初六日, 左江道官送來咨文, 及總督公文, 內言繳回歲貢表稿四道, 其告哀表二道, 存候部覆, 別行知照,

天朝署理廣西巡左江兵備道管轄南太鎭泗四府府漢土州縣峝司等處地方加三級紀錄五次鍾爲投報公文事.

乾隆二十四年十一月初十日

奉　兵部尙書總督兩廣部堂李, 憲牌內開乾隆二十四年十月十四日, 據該道呈稱, 「乾隆二十四年九月二十九日, 據崇善縣申, 準龍憑營都閫府勇移送安南國王夾板公文, 傳繳至道, 當將公文折閱, 內府開安南國王嗣黎爲咨文事.

(후략)

11월 6일에 양광총독의 공문과 좌강도관의 자문이 레 왕조에 도착했는데, 위의 사료는 양광총독 공문의 내용을 적은 것이다. 이를 읽어보면 레 왕조의 공문은 용빙영도곤부(龍憑營都閫府)→숭선현(崇善縣)→좌강도→총독양광이라는 순서로 올라간 것을 알 수 있다.

용빙영도곤부, 숭선현, 좌강도, 총독양광이 표의 10번, 13번, 7번, 4번, 1번에 해당하는 점은 주목할 만하다. 요컨대 레 왕조는 이 기관들에게 문서를 보내고, 상황을 설명함과 더불어 상부 기관으로 하여금 문서를 보내주게 하는 절차가 확인 가능하다. 구체적으로 레 왕조의 '전로통사'들로부터 21통의 문서를 받은 용빙영도곤부는 10번 문서를 열어서 읽은 다음 다른 문서를 숭선현에게 체송하였다. 이를 받은 숭선현은 자신의 앞으로 온 13번 문서를 읽고, 좌강도에 다른 문서를 체송하였다. 좌강도도 역시 자신 앞으로 온 7번과 4번 문서를 수령하고, 양광총독 관련 문서를 체송하였다. 이른바 '체송', '전체(傳遞)'라는 방식이다. 또한 '準龍憑營都閫府勇移送安南國王夾板公文'이라는 표현으로부터 21개의 '자'와 '이'는 모두 '협판공문'의 형태로 송부되었음을 엿볼 수 있다.

요컨대 용빙관과 숭선현, 좌강도는 각각 문서를 받는 쪽에 속하면서, 상부 관청에 문서를 체송하는 책임자이기도 했다. 복수의 문서가 동시에 체송되면 도중에 체송하는 사람이 내용을 빠뜨리지 않도록 '협판'이 '공문'을 봉하는 방법으로 채택되었다.

한편, 레 왕조의 '歲貢表稿四道'와 '告哀表二道'로 구성된 표문 6책으로 눈길을 돌리면, 사료 17에 '是月初六日, 左江道官送來咨文, 及總督公文, 內言繳回歲貢表稿四道, 其告哀表二道, 存候部覆, 別行知照'라고 하여 '세공' 건이 이미 조정으로부터 재가를 받았기 때문에 양광총독은 '歲貢表稿四道'를 확인한 다음 원고를 레 왕조에게 돌려주었다. 그에 반해 '고애'가 조정의 재가를 얻지 못하였기 때문에 양광총독은 이를 보류하고 재가되고 나서 나중에 연락하겠다고 레 왕조에 통지하였다.

이렇게 해서 청나라 황제에게 바친 표문의 원고는 '협판공문'이 되지 않고 청나라 변경 관청에서 체크를 받아, 문제가 생기면 수정되는 것이었다. 이러한 방식은 일본 고대국가의 외교문서 취급 방식을 연상케 한다.

【사료 18】『類聚三代格』卷18 夷俘幷外蕃人事

一應寫取進上啓牒事

右蕃客來朝之日, 所着宰吏先開封函, 細勘其由. 若違故實, 隨卽還却, 不勞言上, 而承前之例, 待朝使到, 乃開啓函, 理不可然, 宜國司開見寫取進之, 以前中納言兼左近衛大將從三位行民部卿淸原眞人夏野宣, 如右.

天長五年正月二日

위의 사료에 따르면, 신라를 포함한 외국 사절(번객)이 일본열도에 도착하면 도착지의 관리는 문서함을 개봉하고 내용을 체크한 다음 만약 내용에 문제가 있다면 이를 바로 돌려보낼 권한을 부여받았다. 이는 천황의 체면을 지키기 위해 실례가 되는 문구가 들어간 문서를 천황에게 보이지 않기 위한 사전 방지 장치였다.

양광총독과 레 왕조 간에 표문의 최종판이 합의되자, 『명회전』(사료 10)의 홍무 예제와 마찬가지로 레 왕조는 표를 '협판'으로 끼우고 '표함(表函)'을 넣어 조공사에게 북경까지 들고 가게 했다. 『북사통록』 65a~65b에는 공물로서 '表函一口'와 '夾板一副'가 열거되었는데, 이 '夾板一副'는 표문 그 자체 또는 표함을

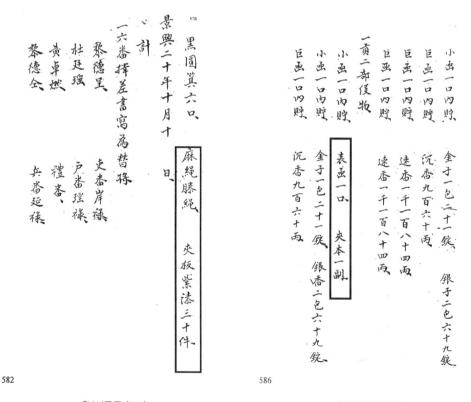

582

586

『북사통록』(67b)

『북사통록』(65b)

끼우기 위한 협판으로 추정된다. 한편, 『북사통록』 67b에 사자의 짐으로 '夾板紫漆三十件'이라는 항목도 보이며, 이 '紫漆夾板'은 사자가 중국 내지에 들어간 뒤 중국의 각 기관과 문서를 주고받기 위해 준비된 것으로 추정 가능하다. 또한, '삼끈[麻繩]', '등나무 끈[藤繩]'도 보여서 '협판'을 묶는 끈으로 사용되었을 가능성이 크다.

VI. 맺음말

본고는 베트남 관련 사료를 검토함으로써, 이미 9세기 중엽부터 운남 지역의 남조국과 당 제국의 변경 관청과의 문서 교환에서는 옻칠한 판자를 가지고 '이', '첩', '체첩' 등의 문서를 끼워 끈으로 묶고, 목판 위에 받는 곳을 기재하는 '목협'이 활용되었음을 확인할 수 있었다. '목협'의 이러한 사용 방식은 일본에서 발견된 봉함목간의 세 번째 용도와 유사하며, '목협'에 관한 문헌사료는 그동안 추정되기만 했던 봉함목간의 세 번째 용도를 뒷받침하는 강력한 문헌사료로 볼 수 있을 것이다.[13]

'목협'의 이용은 10세기 이후 운남 지역에서 남조를 이은 대리에 계승되었다. 또한 베트남 지역에서는 안남도호부의 전통을 이은 리 왕조도 조공을 포함하여 송나라 변경 관청에 연락할 때마다 '목협'으로 '이'를 봉한 다음 문서를 송부하였다. 송나라 측의 광서수사나 옹주의 송나라 변경 관청도 이를 모방하여 '목협'을 사용해 리 왕조에 답장을 보냈다. 송대의 중국 내지에서는 지방 관리의 결원을 '해'로 보고할 때나 여러 도, 주, 부, 순원이 칙서를 '전체'할 때에도 '목협'과 같은 방식의 봉함이 도입되었던 것을 사료에서 확인할 수 있는데, 사료의 한계 때문에 상세히 규명하는 일은 앞으로 과제이다.

리 왕조의 '목협'은 그대로 쩐 왕조와 남송, 원나라 사이의 문서 교환으로 계승된 것으로 보이며, 15세기에 성립된 레 왕조가 되면 명나라 홍무 14년(1381)의 예제, 나아가 청나라 강희 14년(1675)의 사례 등에서 '협판공문'으로 제도화하였다. 그 실태는 18세기 후반의 『북사통록』 기록에서 자세히 확인할 수 있다.

전근대의 정보 전달에서는 '전체'나 '체첩' 같은 단어에서 드러나듯이 복수의 문서가 아래에서위로, 또는 위에서 아래로 동시에 체송되는 경우가 있다. 그때, 도중에 있는 관청은 문서를 받는 쪽이면서 다음 장소로 남은 문서를 체송하는 책임자이기도 하다. 체송하는 도중에 체송자에게 정보가 유출되지 않도록 '목협'과 '협판'은 문서를 봉함하는 방식으로 활용되었던 것이다.

그런데 천황이나 황제에게 보내지는 외교문서인 '표'에는 '목협'이나 '협판'은 별로 사용되지 않았다. 이는 국가의 정점에 있는 천황이나 황제의 체면과 깊이 연관되어 있으며, 천황이나 황제의 눈에 실례가 되는 문서가 올라가지 않도록 표문은 거꾸로 관계자의 체크를 받기 위해 공개되기에 이르렀다.

---

13) 송나라 때 사료에 따르면 '목협'은 원래 운남 지역에 있었던 고속(古俗)으로, 당나라 때에 외교문서에 적용되었다고 한다. 그 기원을 추구하는 것은 앞으로의 과제로 삼고 싶지만, 감히 가설을 세워보자면, 운남 지역의 '목협'이나 일본의 '봉함목간'을 쓰는 방식은 서아시아로부터 전해져 온, 이른바 '범협(梵夾)'이라는 접이책 불전(佛典)의 영향을 받았을 가능성이 있다고 여겨진다.

이상으로 일국사의 경계를 넘어서 베트남 사료를 활용하여 '목협', '협판'을 검토함으로써 전근대 정보 전달에서의 문서 봉함 방법, 경계를 넘나드는 문서에서의 목간 활용에 관한 이해를 보다 심화할 수 있었다. 베트남은 이 밖에도 '목패(木牌)'라는 목간도 존재하였는데, 지면 관계상 다른 기회에 소개하고자 한다.

투고일: 2021.11.22   심사개시일: 2021.11.22   심사완료일: 2021.12.05

참고문헌

平川南, 1993,「地方の木簡」, 川崎市民ミュージアム編,『古代東國と木簡』, 雄山閣.

佐藤信, 1995,「封緘木簡考」,『木簡研究』第17号, 木簡學會(1997,『日本古代の宮都と木簡』, 吉川弘文館 재수록).

吉川聰, 2008,「文書の挾み板」,『奈良文化財研究所紀要』44-45.

⟨Abstract⟩

Introduction to Vietnamese Mokkan Research in the East Asian World (1)
Cross−border "sealed wooden tablets"

Pham Le Huy

Among the wooden tablets excavated in Japan, there is a special category of wooden tablets called fukan mokkan, which means "sealed wooden tablet(s)". It is thought that one of the usages of fukan mokkan is to sandwich and seal the administrative documents, but that presumption was raised just from the observation of the wooden tablets themselves, not fully supported by historical documents. Therefore, in this paper, in order to clarify the usage and deepen the understanding of sealed wooden tablets in the East Asia World, through analyzing the historical documents related to Vietnam, I would like to point out the existence of sealed wooden tablets in Vietnam, which was used to seal the diplomatic documents sending to China from the 9th century to the 18th century.

▶ Key words: sealed wooden tablets, fukan mokkan, Vietnamese Mokkan

베트남 한자 쯔놈의 연구와 학습 자료

呂明恒*
방국화 譯**

〈국문초록〉

한자 문화권에 위치한 베트남은 중국 문화의 영향을 다방면으로 받고 있다. 베트남 사람들은 한자와 한문을 사용할 기회가 많았다. 외교나 행정 협의, 과거 시험, 시문 창작 등 여러 분야에 있어서 한자를 사용했던 것이다. 또한 베트남 사람들은 한자나 한자의 부수(部首)를 빌려서 쯔놈(喃字)을 창작하였으며 현재 많은 쯔놈 자료가 남아 있다.

한놈(漢喃) 서적은 현재 베트남 국내외의 도서관과 장서관(藏書館)에 보관되어 있다. 베트남 문화나 전통 지식은 모두 한자 또는 쯔놈으로 기록되어 있기 때문에 선인들의 지식을 이해하려면 한놈(漢喃) 서적에 기록된 내용을 반드시 이해해야 한다. 본고에서는 주로 세 가지 문제, 즉 첫째, 한자·쯔놈 및 그 서적의 개념과 분류, 둘째, 한놈(漢喃) 서적 대관(大觀), 셋째, 한자·쯔놈을 학습하는 교재 등 문제에 대해 논술하였다.

▶ 핵심어: 漢字, 喃字, 漢字書籍, 喃字書籍, 越南漢喃

* 베트남 한놈연구소 베트남사회과학원 副教授
** 경북대학교 인문학술원 HK연구교수

I. 머리말

베트남 한적(漢籍)은 행정문서, 의학, 군사, 교재와 시험문제, 시문 등 다양한 분야에 사용되고 있다. 그러나 인명과 지명의 기록, 민족 시가(詩歌) 창작에는 베트남인이 한자와 그 부수를 빌려 만든 쯔놈이 사용되었다. 14세기부터 베트남에서는 두 가지 문자를 병용하였다. 한자는 국가의 정통 문자로, 쯔놈은 민간 문자 (가보(家譜), 향보(鄕譜), 계약 등 기록에만 사용)로 사용되었다.

17세기부터 서양 선교사들은 베트남에서 선교활동을 할 때에 성경, 성전을 한자와 쯔놈으로 기록하였다. 이때에 현대 꾸옥응우문자도 형성되었다. 하여 베트남에서는 세가지 문자를 사용하게 되었던 것이다.

> (-) 한자 사용 과정 (14세기 이전부터 현재까지)
> ------14세기 --------17세기 ------19세기 ------현재까지----->
> (-) 쯔놈 사용 과정(14세기부터 현재까지)
> ------14세기 -------17세기 --------19세기 ------현재까지----->
> (-) 꾸옥응우문자 사용과정 (17세기 이전부터 현재까지)
> ------14세기 -------17세기 -------19세기 ----- 현재까지----->

본고에서는 한자와 쯔놈 자료에 주목하여 한자와 쯔놈 교재에 대해 소개하고 한자·쯔놈 자료의 수량과 가치에 대해 분석하고 지적하고자 한다.

II. 한자 · 쯔놈에 관한 개념

1. 한자 문화권의 네모난 문자

베트남어를 기록하기 위해 베트남 사람들은 민족 문자(예를 들어 쯔놈(喃字))를 만들어 냈다. 다른 나라 문자의 차용·변경을 통해 자국 문자를 만든 사례는 베트남에만 있었던 특유의 사례가 아니다. 한자 문화권에 속하는 다른 나라와 지역도 한자 또는 한자 부수나 조자법(造字法)을 이용하여 자기 나라의 문자를 만들었다. 예를 들어 아래와 같은 사례가 있다.

> 일본 문자(和字) : 裃 かみしも "裙子váy"
> 雫 しずく "水滴giọt nước"
> 장족 문자(壯字) : 주로 초본(抄本)이 남아 있다.
> 출현 시기는 12세기이다(최초 자료: 大誦碑. 862년. 당나라 시기).

베트남 소수민족의 대자(岱字) : Bươn珊 "月"(班+月)

Tênh卡 "上"(上+下)

주의: 위에서 소개한 문자는 모두 한자 차용법으로 작성되었다. 예를 들어 장족(壯族) 문자 중 "底"는 "V: dáy, C: daej"로 밑(底)이란 뜻이 있다(한월음(漢越音): dể, 한(漢): di3). 또한 "絲"는 베트남에서는 "tơ"로, 북경(北京)에서는 "sei"로 읽으며 실(系)이란 뜻이다 (한월음(漢越音): ti, 한(漢): si1).

한자나 한자 부수를 빌려서 만든 쯔놈은 한자 차용과 자제(自製)의 두 종류가 있다. 쯔놈 자제(自製)를 자창(自創)이라고도 한다. 주지하다시피 같은 한자문화권에 속하는 한국에서도 "畓", "迲" 등 글자가 사용되었다. 하지만 이러한 글자에 대해 한국에서는 한자의 일종으로 간주하고 있다. 필자는 "한자의 일종"은 한자의 이체(異體)로 봐야 된다고 생각하고 있다. 베트남의 한문 서적에도 "한자의 일종"으로 볼 수 있는 사례가 있다. 예를 들어 "丷"는 "金" 또는 "食"의 이체인데 이로부터 "饒"를 이체자 "燒"로도 쓰게 되었다. 베트남에서는 이러한 한자의 이체자를 쯔놈(예: 咩)과 분별하고 있다.

2. 한자와 쯔놈의 차이점

쯔놈 서적에는 한자 형태를 빌려서 작성한 것과 잘 사용되지 않는 한자가 보인다. 따라서 한자와 쯔놈을 분별해야 한다. 주지하다시피 쯔놈은 한자 차용과 자제(自製)의 두 종류가 있다. 아래의 "才"와 "命"은 모두 쯔놈이다.

㝵軿嗰埃㝵𠊛嗟

𡨸才𡨸命靠羅怙饒 (翹傳)

쯔놈으로 인정하는 근거는 아래 세 가지가 있다. 첫째는 문자 내부 구조의 유무이고 둘째는 베트남어 어법의 준수 유무이고 셋째는 베트남어로 된 시구나 속어 등에 기록되어 있는지 하는 것이 판단 재료로 된다. 따라서 위의 "才", "命"은 한자 차용 사례로 되는 쯔놈이다.

III. 한놈(漢喃) 서적 대관(大觀)

1. 도서관, 장서관과 한놈 서적 총량

1) 도서관과 장서관

한놈(漢喃) 서적은 많이 남아 있으며 지금은 각 장서관(藏書館)에 소장되어 있다.

대량의 한놈(漢喃) 서적을 소장하고 있는 기관으로는 한놈(漢喃)연구소, 베트남 국가도서관, 사회과학통신소, 국가보류센터(특히 제4고 국가보류센터에 많은 한놈 자료가 보관되어 있다. 그중 상당수는 응우옌 왕조(阮朝) 황제가 쓴 것이다), 문학소, 역사소가 있다. 해외는 프랑스, 영국, 미국, 일본, 중국 등 나라에 한놈(漢喃) 자료가 보관되어 있다.

소량의 한놈(漢喃) 서적을 소장하고 있는 곳으로는 국내 각 대학교 도서관(예를 들어 인문사회과학대학 역사학과 도서관, 화성사범대학), 각 성(省)의 도서관과 박물관(예를 들어 해양(海陽)성 종합 도서관, 허시(河西)성 종합 도서관(지금은 하노이시에 속함) 등이 있다. 호찌민(胡志明)시 가톨릭연구센터에는 천주교에 관한 한놈(漢喃) 자료가 많이 남아 있다.

이외에 현지, 각 족당(族堂)에도 아직 한놈(漢喃) 서적이 남아있다.

2) 한놈 서적 총량

앞서 언급한 장서관(藏書館) 중 소장 양이 가장 많고 가장 잘 보관되어 있는 곳은 한놈(漢喃)연구소이다. 『베트남 한놈 유산: 수목제요』[1](이하 『유산제요』라고 함)에 따르면 한놈 서적은 총 5,038건(이외에 30,000 건의 마이크로필름 자료도 있다[2])에 달한다. 이 자료의 대부분은 한놈연구소에서 관리하고 있으며 나머지는 프랑스에 소장되어 있다. 진의(陳義)와 Francois Gros 교수는 "이 수량은 전체 한놈자료의 80%에 불과하다(1993: 12)", "이상의 자료 외에도 각 지방에서 갓 수집한 자료도 729건 있다(1993: 23, 이 자료는 아직 미등록)"라고 지적하고 있다.

『베트남 한놈 유산: 수목제요 보유(補遺)1』[3](이하 『유산보유』로 생략)에는 2,280권의 한놈 서적이 보충되었다. 보충된 내용은 신칙(神敕. 신황(神皇)에게 제사를 지낼 때 사용하는 황제가 각 사원에 분배한 판본), 신적(神跡. 신황의 사적), 속례(俗例. 사촌향(社村鄉) 법), 지박(地薄. 토지 기록본), 고지(古旨. 공문서, 영지(領旨), 계(啟), 주(奏), 정박(丁薄), 전박(田薄) 등이 포함됨)와 사지(社誌. 사촌(社村) 지지(地誌))가 포함되어 있다. 따라서 한놈 서적의 총 수량은 5038[4]+2280=7318건이 된다.[5]

---

1) 불어 명칭은 "*Catalogue Des Livres En Han Nom*"이다. 중국어로 번역하면 『越南漢喃遺産-書目提要』로 된다. 이 서책에는 한놈연구소에 보관되어 있는 자료 통계가 실려 있다.

2) 陳義(Tran Nghia)·Francois Gros, 1993, 「Di san Han Nom Viet Nam-Thu muc de yeu; Catalogue Des Livres En Han Nom(數目提要)」, 『Éditions Sciences Sociales』 1993년 제1집·제2집·제3집, p.24에 의하면 30,000건의 자료는 한놈연구소에 소장되어 있는 것이며 마이크로필름 자료와 비문(碑文) 부본 자료가 있다.

3) 陳義(Tran Nghia) 主編, 2002, 『越南漢喃遺産-數目提要 補遺1(Di san Han Nom Viet Nam-Thu muc de yeu - Bo di 1)』, Hanoi, Nxb Khoa học xa hoi(社會科學出版社).

4) 『遺産提要』(1993년)에 언급된 (아직 통계되지 않은) 729건의 자료에 관해서는 이 『遺産補遺』(2002년)에 포함되어 있을 가능성이 크다. 이 숫자는 두 서책에 기록된 서목(書目)이 통계된 서적만 포함한다.

5) 하나의 자료에 여러 판본이 있을 가능성이 있으나 여기서는 자료 수량만 계산하였다.

2. 한놈 서적의 분류와 분고(分庫)

1) 한놈 서적의 분류

한놈(漢喃) 서적에는 많은 내용이 포함된다. 陳義 및 Francois Gros 교수는 『유산제요』에 기재된 5,038 건의 자료에 대해 상세하게 분류하였다.[6] 문학(2,500건), 역사(1,000건), 종교(600건), 문화교육(450건), 정치사회(350건), 의약학-위생(300건), 지리(300건), 법제(250건), 예술(80건), 경제(70건), 언어 문자(60건), 수학-물리학(50건), 군사 국방(40건) 외에 건축, 농업, 소공업 등 내용으로 분류됐다. 또한 일부 서적은 종합성을 가지고 있어 여러 방면의 내용이 담겨 있기에 자료 하나가 하나 또는 두 개의 작은 분류에 속하는 경우도 있다.

陳義 교수의 통계에 따르면,[7] 『유산보유』에는 신칙(神敕. 411권), 신적(神跡. 568권), 속례(俗例. 647권), 지박(地薄. 526권), 고지(古旨. 21권), 사지(社誌. 107권) 등과 같이 많은 서적이 보충되었다.

2) 한놈 서적의 분고(分庫)

＊쯔놈 서적의 현황을 검토하는 근거

『유산제요』 및 『유산보유』에 의하면 전놈적(全喃籍. 전체가 쯔놈으로 기재된 서적)과 잡서 놈적(雜寫喃籍. 한자와 쯔놈이 섞인 판본)이 있다.

서고(書庫) 번호에 관해 소개하자면 한놈연구소 서고는 서적에 따라 번호가 다른데 쯔놈 서적 즉 놈적(喃籍)의 서고 번호에는 AN/AB/AC/VNb 혹은 VNv가 포함되어 있고 한문 서적 즉 한적(漢籍) 서고의 번호에는 A/VHv, VHb가 있다.

한놈 서고에 관한 현황 검토 결과는 다음과 같다. 기본적으로 놈적(喃籍)은 놈적 서고에 보관되어 있다. 하지만 이 규칙을 따르지 않는 서적도 있다. 예를 들어 『화전윤정(花箋潤正)』은 번호가 VHb72인 육팔체의 놈전(喃傳)이고 『좌유진전유서(左幼真傳遺書)』는 칠언 놈시(喃詩)인데 번호는 VHv782(VHb와 VHv는 모두 한적(漢籍) 서고의 번호)이다.[8] 이 외에 한월사전(漢越詞典)에 관해서도 일관성이 보이지 않는다. 일부는 한적(漢籍) 서고에 있고 일부는 놈적(喃籍) 서고에 있다. 예를 들어 『남방명물비고(南方名物備考)』는 번호 A155이고 『지남비류(指南備類)』는 번호 A1239(A는 한적(漢籍) 서고의 번호)이다. 반대로 『사덕성제해의가(嗣德聖制解義歌)』는 번호 AB5(AB는 놈적(喃籍) 서고의 번호)로 되어 있다. 이와 같이 분고의 표준(서적의 출처에 따르는지 아니면 사용된 문자에 따르는지)이 아직 확실하지 않다. 하지만 이러한 오류는 개별적인 것이다.

---

6) 陳義(Tran Nghia)·Francois Gros, 1993, 앞의 논문, p.24.

7) 陳義(Tran Nghia) 主編, 2002, 앞의 책, pp.3-4.

8) 판본에 사용된 문자에 의하지 않음.

본고에서 수집한 자료에는 전체가 쯔놈으로 쓰인 서적, 즉 전놈(全喃) 서적과 한놈(漢喃) 병용(倂用) 서적이 있다. 한놈 병용 서적은 아래와 같이 두 종류로 나눌 수 있다. 첫째 종류로는 한자 문장 중에 전후를 하나의 언어로만 기록한 것이 아니라 중국어 문법에 의한 구절에 때로는 쯔놈이나 베트남어 문법으로 된 구절이 삽입되는 경우가 있고 두번째 종류로는 한자 시집에 1, 2편의 쯔놈 시(喃詩)가 섞인 경우가 있다(예를 들어 비문에 관한 판본은 첫째 종류에 속하고 시문 또는 생활경험, 의학 등 내용에 관한 판본은 두번째 종류에 속한다).

＊ 고찰 결과

『유산제요』에는 한놈연구소와 프랑스 원동박고학원(遠東博古學院)의 서적이 수록되어 있다. 여기서는 한놈연구소 서고의 것만 검토하도록 하겠다. 쯔놈 서적의 분포 상황은 아래와 같다(표 1 참조).

표 1. 한놈연구소의 놈적(喃籍) 분포 상황

문자	한놈연구소의 서고 번호													
	A	AB	AC	AD	AE	AF	AG	AH	AJ	AN	VHb	VHv	VNb	VNv
全喃	-	+	+	0	0	-	0	3	0	+	-	-	+	+
漢喃 병용	+	0	0	-	-	-	-	-	0	0	+	+	0	0
漢	+	0	0	+	+	+	+	+	+	0	+	+	0	0

＊ 주: "+"는 수량이 많다는 것을 나타낸다. "-"는 수량이 적다는 것을 나타낸다. AH의 "3"은 세 소수민족의 쯔놈 서적을 의미한다.

3. 쯔놈 서적에 대한 간략 소개

베트남에서의 한자와 한자 문화와의 접촉 과정은 3단계로 나눌 수 있다. 즉 수용→변경→창조이다. 쯔놈 또는 쯔놈 판본을 보면 쯔놈 창제는 한자 접촉의 제2단계에 속한다. 베트남 사람들은 한자만을 사용하여 무언가를 기록하고 시가 창작(한시의 시율에 따라)에도 한자를 사용했는데(즉 수용 단계), 이어서 한자나 한자 부수를 빌려서 쯔놈을 만들게 되었다(즉 변경 단계). 최종적으로는 쯔놈으로 시문을 창작하게 되었고 노동 생산의 경험과 기술과학 등 지식을 기록하는 데에도 쯔놈을 사용하여(창조 단계) 풍부한 쯔놈 서적을 남기게 되었다.

기존연구에 있어서는 아직 정확한 놈적(喃籍) 수량에 대해 언급한 연구가 없다. 심지어 한놈연구소에 남아 있는 놈적의 정확한 수량에 대해서도 아직 통계된 숫자가 제시되지 않고 있다. 다만 橋秋獲 교수가 "연구자의 초보적인 집계에 따르면 현존 놈적은 약 1500건에 달한다"라고 하는데 呂明恆의 연구에 따르면 한놈연구소가 소장한 놈적은 1932건으로 26.4%를 차지한다.[9]

---

9) 呂明恆(La Minh Hang), 2015, 「20세기 전에 있어서의 베트남 한자 교학에 관한 고찰(Teaching Chinese Character in Vietnam before 20 century)」, 『한자한문교육』 제37집, pp.120-135.

〈표 2〉를 보면 쯔놈 자료는 1932건이며 한놈연구소 소장 서적의 26.4%를 차지한다. 판본 수량은 자료 수량보다 많다(한 자료에 여러 개의 판본이 존재하기 때문이다). 이 표의 통계로부터 놈적 총 수량은 이미 기존에 지적되었던 1500건을 훨씬 뛰어넘었다는 것을 알 수 있다.

표 2. 한놈연구소에 보관되어 있는 놈적(喃籍) 총 수량

사용된 문자	조사자료		총 수량(건)
	유산제요	유산보유	
全喃	1125	8	1133
漢喃 병용	605	194	799
총 수량			1932

呂明恆의 연구에 의하면 쯔놈 서적은 1932건 된다. 그중 전놈(全喃) 자료가 1133건, 한놈 병용 자료가 799건이다.[10]

다만 1932건이란 숫자는 종이에 쓰인 자료(인쇄와 필사)만 계산한 것이며 단단한 물체에 새겨진 것은 포함되지 않는다. 동이나 돌, 또는 나무 등 단단한 물체에 새겨진 자료는 현재 많이 남아있다. 한놈연구소에서는 이러한 자료의 부본을 다른 서고에 보존하고 있다. 杜氏碧選(2013:26)은 비문 부본이 저장된 서고에 대해 검토하고 쯔놈 비문의 부본 1500건 중 105건이 전놈(全喃) 비문이라고 지적하고 있다.

IV. 쯔놈 서적 분류

1. 쯔놈 서적의 정형화된 분류

쯔놈은 국가의 공식 문자가 된 적은 없지만 베트남 문화 중의 하나임은 틀림없다. 그 사용은 철학, 종교, 정치, 군사, 경제, 율법, 역사, 교육, 의학, 외교, 예술, 문학 등 사회생활 속 여러 분야에 이르렀다.

쯔놈은 종이와 나무판자에 쓰인 것이 있으며 종이는 사본과 인쇄판이 있다.

쯔놈이 새겨져 있는 견경(堅硬) 물체로는 돌(비석, 산맥), 금속(동서(銅書), 동종(銅鍾), 동경(銅磬)), 나무(대자(大字), 대련(對聯), 가보(家譜), 목판) 등이 있다. 지금은 사찰, 정자, 묘우(廟宇), 족당(族堂) 등이나 명승고적(산

그림 1. 白雲

그림 2. 大南國史演歌

---

10) 呂明恆(La Minh Hang), 2015, 앞의 논문. 실제로 쯔놈 서적 중 단단한 물체에 새겨져 있는 판본은 집계에 넣지 않았다. 이러한 동이나 돌, 또는 나무에 새겨진 자료는 현재 많이 남아있다. 한놈연구소에서는 이러한 탁본을 다른 서고에 보존하고 있다. 杜氏壁選(Đo Thi Bich Tuyen, 2014, p.26)은 비문의 탁본이 저장된 서고에 대해 검토하고 쯔놈 비문의 탁본 1500건 중 105건이 전남(全喃) 비문의 탁본이라고 지적하고 있다.

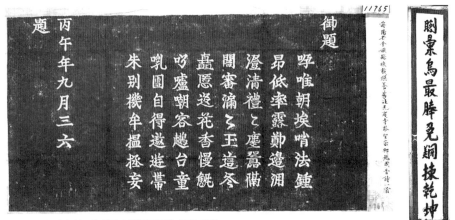

그림 3. 비문(碑文), 레 성종 시(黎聖宗詩). 돌에 새김.
그림 4 · 5. 운호사(雲湖寺) 대련(對聯). 기와에 새김.

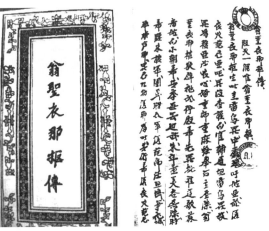

그림 6 · 7. 옹성의나추전(翁聖衣那樞傳). 필사본. 철필(鐵筆)로 종이에 썼음.

그림 8 · 9 · 10. 도자기에 쓰여 있음.

맥, 구덩이, 굴 등)에 남아 있다.

2. 쯔놈 서적의 시대적 분류

쯔놈 서적의 시대별 양상에 관해서는 언어 발전사, 특히는 쯔놈 문학 발전사에 의해 분류할 수 있다. 쯔놈 서적의 발전사에 의하면 아래와 같이 분류할 수 있다.

1) 리 왕조(李朝, 1010年-1225年)

제일 이른 시기의 서적으로는 『호성산욕취산녕평성비문(戶成山欲翠山寧平省的碑文)』인데 이 서적에는 쯔놈이 20자[11] 확인되나 지금은 실전되었다.

현존하는 자료 중 시기가 제일 이른 사례로는 『운본사종(雲本寺鍾)』의 "翁何"자이다.[12] 이 외에 탑묘사비(塔廟寺碑. 빈푹성(永福省) 안랑현(安浪縣). 연대: 1210년)에는 쯔놈이 24자(인명, 지명)[13] 보인다. 이는 현존 자료 중 최초의 쯔놈 자료이다.

2) 쩐 왕조(陳代, 1225年-1400年)

이 시기는 쯔놈 사용 초기에 속한다. 주로 불교에 관한 서적에 사용되었다.

한전(寒詮)의 『비사집(飛沙集)』, 막정지시가(莫挺枝詩歌), 주문안(周文安)의 『초은국어시(樵隱國語詩)』가 있으나 모두 유실되었다.

쩐 왕조(陳朝)의 자료 중 현존하는 놈적(喃籍)으로는 『선종본행(禪宗本行)』이 있는데 이는 1745년에 각인된 판본으로 연화사(蓮花寺. 지금의 蓮派寺. 하노이시에 있음)에 보존되어 있으며 『안자산죽림진조선종본행(安子山竹林陳朝禪宗本行)』, 『안자산제일조죽림두타정혜각황조어주불거진악도부(安子山第一祖竹林頭拖淨慧覺皇調禦主佛居塵樂道賦)』, 『득취림천성도가(得趣林泉成道歌)』, 『안자산죽림제일조현광존자영화안부(安子山竹林第一祖玄光尊者詠花安賦)』 등 시가 4수 실려 있다.[14]

이외에 『선종과허어록(禪宗課虛語錄)』은 쩐 태종(陳太宗)에 의해 1258~1277년에 편찬된 것이며 내용은 선종(禪宗) 안자(安子) 죽림파(竹林派)의 수련, 염불 의식에 관한 것이다. 하지만 이것은 복제판이다.

---

11) H.Maspero에 의함. 이 자료는 이미 실전되었다.

12) 雲本寺鍾(海防市, 圖山縣), 연대: 1076年. 李仁宗 시기.

13) 그중 대부분은 차자류에 속한다. 15자(A1), 1자(A2), 2자(C2). 형성(形聲)에 속하는 것은 6자 된다. 예를 들어 "紵", "𥯖", "喃"(인명) 등이 있다(쯔놈 구조에 속함). 李朝 高宗 시기.

14) 『安子山竹林陳朝禪宗本行』는 육팔체 시구로 되어 있으며 총 760구이다. 내용은 禪宗의 사적에 관한 것이며 陳太宗-陳仁宗의 수업(修業)에 대해서도 언급하고 있다. 『安子山第一祖竹林頭拖淨慧覺皇調禦主佛居塵樂道賦』는 160개의 대구(對句)로 되어 있으며 내용은 수선(修禪)을 찬양한 것이다. 『得趣林泉成道歌』는 84개의 대구(對句)로 되어 있으며 내용은 은거(隱居)의 취미를 돋우는 데에 관한 것이다. 『安子山竹林第一祖玄光尊者詠花安賦』는 98개의 대구(對句)로 되어 있으며 팔운부체(八韻賦體)이고 내용은 꽃 경치에 대해 묘사한 것이다.

3) 레 왕조(黎朝, 15세기)

시나 변우(騈偶)문체, 이중 언어 서적이 있다. 『국음시집(國音詩集)』은 시가 254수 수록되어 있는 시집인데 이 서적은 완채(阮廌, 1380~1442)에 의해 서사된 것이며 15세기 후반에 진극검(陳克儉)이 이를 수집하였고 1868년에 양백궁(陽伯弓)에 의해 정리된 후 인쇄되었다.

레 성종(黎聖宗)『홍덕국음시집(洪德國音詩集)』에는 시가 328수 수록되어 있다.

변우(騈偶)문체로 된『십계고혼국어문(十戒孤魂國語文)』은 총 400구로 되어 있다. 레 성종에 의해 사

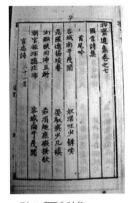

그림 11. 『國音詩集』　　　그림 12. 『指南玉音解義』

회에는 10종의 사람이 있으며 10종의 고혼(孤魂)을 권계한다는 내용이 적혀 있다.

이중 언어 서적 중 대표적인 것으로는 『불설대보은중경(佛說大報恩重經)』, 『지남옥음해의(指南玉音解義)』)[15]가 있다.

4) 16세기

육팔체 시구나 칠칠·육팔체 시구, 부(賦), 불교 한놈(漢喃) 대역 서적, 천주교 한한(漢漢) 자료 등이 있다.

완병겸(阮秉謙)의 『백운시집(白雲詩集)』, 『백운암시문집(白雲庵詩文集)』, 『정국공백운시집(程國公白雲詩集)』은 후세 사람의 선정, 수집에 의해 작성된 것이다.

육팔체나 칠칠·육팔체 시구는 여득모(黎德毛)의 『대의팔갑상도문(大擬八甲賞桃文)』이 최고(最古)로 된다. 쯔놈으로 쓰인 부, 즉 놈부(喃賦)로는 완간청(阮簡清)의 『봉성춘색부(奉城春色賦)』, 배영(裵詠)의 『궁중보훈부(宮中保訓賦)』, 완행(阮行)의 『정거녕체부(淨居寧體賦)』, 『대동풍경부(大同風景賦)』, 황사계(黃士啟)의 『사시곡(四時曲)』이 있다.

그림 13. 『詩經解音』　　　그림 14. 『古珠佛版行』

천주교의 한한(漢漢) 자료는 308집이 있는데 이는 한놈연구소의 25집, 국가도서관의 10집을 제외한 것이다.

완세의(阮世宜)의 『신편전기만록증보해음집주((新編傳奇漫錄增補解音集註)』(완서(阮嶼)의 한문으로 된 『전기만록(傳奇漫錄)』의 번역본)은 총 20편으로 되어 있다.

---

15) 최초의 한월 이중 사전.

5) 17세기 말

이 시기의 자료로는 주로 육팔체 시구가 남아 있는데 『천남명감(天南明鑒)』에는 936수의 육팔체 시구가 있고 『천남어록외기(天南語錄外紀)』에는 8136수의 육팔체 시구가 있다.

6) 18~19세기

이 시기의 자료로는 칠언팔구의 시, 시가(詩歌), 놈전(喃傳), 음곡(吟曲), 육팔체 시구, 이중 언어 사전, 민요, 속어, 산문, 연가(演歌), 연음(演音) 등이 있다. 많은 서적이 남아 있고 내용도 풍부하다.

칠언팔구의 시로는 여정(黎鄭)의 시[16] 『흠정승평백영집(欽定昇平百詠集)』,[17] 『건원어제시집(乾元禦制詩集)』, 『여조어제국음시(黎朝禦制國音詩)』가 있다.

18세기 말에서 19세기 초의 시가로는 호춘향(胡春香)의 『춘향시집(春香詩集)』, 진고창(陳高昌)이 편찬한 『위성가구집편(渭城佳句集編)』 총 78수 등이 있다.

음곡류(吟曲類)[18]로는 『정부음곡(征婦吟曲)』, 『궁원음곡(宮怨吟曲)』이 있고 문학 작품 중 전형적인 것으로는 『애사만(哀思挽)』, 『빈녀탄(貧女嘆)』, 『추야여회음(秋夜旅懷吟)』, 『자정곡(自情曲)』이 있다.

놈전(喃傳)[19]으로는 『쌍정불야(雙晶不夜)』, 『주요고전(主鬧古傳)』, 『금운교전(金雲翹傳)』, 『二度梅傳(이도매전)』, 『옥교리신전(玉嬌梨新傳)』이 있다.

이외에 『방화신전(芳花新傳)』, 『반진전(潘陳傳)』, 범채(範彩) 편 『소경신장(梳鏡新妝)』, 『운선고적신전(雲仙古跡新傳)』, 배고미(裴高美) 편 『벽구기우(碧溝奇遇)』, 『정서전(貞鼠傳)』, 『옹녕고전(翁寧古傳)』 등이 있다.

대남국사연가(大南國史演歌)는 응우옌 왕조(阮朝) 역사 연가(演歌)의 대표로 여오길(黎吳吉), 범정쇄(範庭碎)에 의해 편찬된 것이다.

이중 언어 사전[20](지남옥음해의(指南玉音解義, 15세기) 제외)로는 『일용상담 (日用常談)』, 『대남국어(大南國語)』, 『오천자해역국어(五千字解譯國語)』, 『삼천자해음(三千字解音)』, 『사덕성제자학해의가(嗣德聖制自學解義歌)』, 『南方名物備考(남방명물비고)』, 『자류연의(字類演義)』, 『지남비류(指南備類)』, 『난자해음(難字解

---

16) 『欽定昇平百詠集』은 鄭根에 의해 편찬된 것이고 총 90수이며 내용은 명승고적에 관한 것이다. 『乾元禦制詩集』은 鄭橿 作, 潘黎藩 編이고 景興31년(1770)의 각판본이며 총 265수이다. 『黎朝禦制國音詩』는 鄭剛 作이며 쯔놈 노래가 40수, 쯔놈 시가 46수 수록되어 있다.

17) 『禦題天和贏百詠』이라고도 한다.

18) 『征婦吟曲』은 鄧陳琨에 의해 작성된 것이며 段氏點(1705-1746)에 의해 쯔놈으로 번역되었다. 『宮怨吟曲』는 阮嘉韶 作이며 칠칠·육팔체이다. 『哀思挽』도 칠칠·육팔체이며 총 164구로 되는데 내용은 공주 玉欣이 남편인 光中을 애도한 것이다. 『貧女嘆』도 칠칠·육팔체이다. 丁日慎 作『秋夜旅懷吟』도 칠칠·육팔체이고 한자 뒤에 쯔놈이 쓰여 있으며 총 140구로 되어 있고 내용은 집을 그리는 마음을 담은 것이다. 1902년 각판본이다. 『自情曲』는 高伯牙 作이고 마찬가지로 칠칠·육팔체이며 총 680구로 되어 있다.

19) 『雙晶不夜』는 阮有豪에 의해 1700년에 작성된 남방(南方)의 대표적인 작품이다. 『主鬧古傳』은 육팔체로 된 喃傳이다. 『金雲翹傳』는 靑心才人에 의해 편찬된 20회로 되는 서적이다. 『二度梅傳』는 鄧春榜에 의해 번역된 중국 二度梅傳의 번역본이며 문체는 육팔체로 되어 있다. 『玉嬌梨新傳』은 李文馥에 의해 편찬된 육팔체의 쯔놈 문자로 작성된 서적이며 내용은 남녀의 사랑에 관한 것이다.

音)』 등이 있다.

민요, 속어로는 『안남풍토화』(安南風土話), 『남풍해조(南風解嘲)』, 『국풍시집합채(國風詩集合采)』, 『국음가요집(國音歌謠集)』, 『국음연시(國音演詩)』, 『리항가요(里巷歌謠)』, 『대남국수(大南國粹)』가 있다.

연음(演音)으로는 『시경연음(詩經演音)』, 『당시적역(唐詩摘譯)』, 『비파행연음(琵琶行演音)』 등이 있다.

쯔놈으로 번역된 산문체 불경은 많다. 예를 들어 『불설정교혈분경(佛說正教血盆經)』, 『호법론(護法論)』 등이 있으며 내용은 불교의 인과나 윤회에 관한 것이다. 불교 외에 유교경전도 있다.

이상과 같은 서적 외에 또한 대량의 부(賦), 제문(祭文), 격(檄), 대련(對聯) 등에 관한 한자나 쯔놈 서적이 있는데 이러한 서적은 모두 한놈연구소에 소장되어 있다.

내용으로 보았을 때 향약(鄉約), 행정문서, 가보(家譜), 교과서, 신적(神迹) 등 서적이 있다. 呂明恆의 연구에 따르면 놈적(喃籍) 165건, 쯔놈 시전(詩傳) 173건, 유교경전 53건이다.

이상의 서적은 사회과학, 언어문학 방면의 쯔놈 서적으로 다른 분야의 서적에 관해서는 언급하지 못했다. 쯔놈 서적은 대량으로 남아 있고 그 내용은 사회과학의 여러 분야에 미친다.

V. 한자 · 쯔놈 학습 교재

한자 한문화의 영향으로 베트남 사람들은 한자와 쯔놈으로 내용이 풍부한 작품을 많이 쓰게 되었다. 특히 19세기부터 한학(漢學)이 절정기를 이루게 되었는데 이때에 한학 교재와 한어·베트남어 서적이 연이어서 출판되었다.

1. 한학 교재 분류: 학교에 다닐 때의 교재와 다니지 않을 때의 교재

한학(漢學) 교재에는 독학 전용으로 사용되는 것과 교과서가 있다. 베트남에서는 2세기에 이미 최초의 한자 강당(講堂=학교)이 세워졌다. 국자감(國子監)이 성립된 후[21] 국가(國家), 성(省), 현(縣)에 정식으로 한학 강당이 생기게 되었다. 그후 7~11세기 초까지 다양한 한학 강당이 생겼다. 이 강당에는 교사가 가르치는 대소반(大小班)[22]과 자습 형태의 반이 있었으며 한학 교재에도 교학(教學) 자료와 자습 자료가 있다. 구체적인 내용은 아래와 같다(표 3 참조).

그림 15. 유학 한문반

---

20) 『日用常談』은 範廷琥(1768~1839)에 의해 편찬된 것이며 32부문, 2560개 단어로 구성된다. 『大南國語』는 海珠子에 의해 편찬된 것이며 50부문으로 나뉘어진다. 『五千字解譯國語』는 38부문으로 나뉘어지며 5000개 한자가 수록되어 있다. 阮秉이 국어로 번역했다. 『三千字解音』은 吳時任에 의해 18세기 말에 편찬된 것이며 부문 분류는 없다. 『嗣德聖制自學解義歌』는 7부문으로 나뉘어진다. 『南方名物備考』의 편자는 鄧春榜이다. 『字類演義』는 32부문으로 나뉘어진다. 『指南備類』는 宿醫院의 注가 있으며 부문 분류가 있다. 『難字解音』는 1066개의 한자에 대해 해석을 하고 있다.

21) 11세기 초에 국자감(國子監)이 성립되었다. 1075년에 베트남에서는 처음으로 과거 시험이 치러졌다.

표 3. 한학(漢學) 자료의 분류

순서	서명	사용 목적	내용 분류
1	『九章算法』	교학용	수학 교과서
2	『幼學漢字新書』	교학용	한자 교과서
3	『漢字自學』[23]	자습용	한자를 가르치는 교과서. 날씨, 지역, 인사(人事), 역서 등 10부문으로 나누어진다.
4	『啟童說約』	교학용	사회과학지식, 생물학, 법칙 등을 가르친다.
5	『詩韻集要』	교학용	운(韻) 부분을 검색하는 음운(音韻) 사전
6	『字學求精歌』	교학용	한자 서사 방식에 대한 교과서
7	『字學訓蒙』	교학용	한어학 수첩
8	『字典節錄』	자습용	『康熙字典』에 의하여 보기 드문 한자를 수집하였다.
9	『大南國語』	자습용	이중 언어 사전의 대표

2. 소학(小學) 한문 교과서

베트남 중대기(中代期: 10~19세기)의 한학 교육은 소학(小學), 중학(中學)과 대학(大學) 교육으로 나누어진다. 소학 교육("초학"(初學) 또는 "유학"(幼學,[24] 그림 15 참조[25]))이라고도 한다)은 한문 입문 학생을 대상으로 한다. 초학과 개심학(開心學)은 공부 개시(초기)라는 뜻으로 모두 소학 급에 속한다(그림 16 참조[26]).

『삼자경(三字經)』은 중국에서 베트남으로 전래된 최초의 유학 한문 교과서로 그 영향은 아주 크다.[27] 그러나 『삼자경』은 베트남에 전해진 후 그대로 사용된 것이 아니라 변용된 부분도 많다. 따라서 『삼자경』에는 여러 판본이 생기게 되었다. 또한 『삼자경』의 문체나 내용을 본떠 새로운 소학 한문 교과서를 잇따라 편집하게 되었다. 예를 들어 문체 영향을 받은 서책으로는 『성교삼자경(聖教三字經)』, 『여훈삼자경(女訓三字經)』, 『몽학월사삼자교과(蒙學越史三字教科)』, 『한학입문삼자문(漢學入門三字文)』 등이 있고 내용의 영향을 받은 서책으로는 『유학문식(幼學文式)』과 『유학한자신서(幼學漢字新書)』[28] 등이 있다. 베트

그림 16. 어린이의 글자 연습

---

22) 반(班) 하나에 학생이 1명인 경우도 있었다.

23) 『漢字自學』은 한자를 해석한 것이다. 내용은 날씨, 지역, 인사(人事), 역사 등 10가지로 분류된다. 이중 언어 사전과 구성이 같다.

24) 阮俊強(Nguyen Tuan Cuong), 2015, 「Giao duc Han van bac tieu hoc tai Viet Nam thoi xua qua truong hop sach Tam tu kinh(옛날의 베트남 소학 한문 교육-『삼자경』(三字經)을 중심으로-)」, 하노이, 한놈연구소.

25) Henri Oger의 목각(木刻) 그림.

26) Henri Oger의 목각(木刻) 그림. 그림 16에는 쯔놈이 4자 쓰여 있는데 이는 "어린이의 글자 연습"이란 뜻이다.

27) 阮俊強의 연구에 의하면 『삼자경』(三字經)이 전해진 시기는 1820~1830년 사이 또는 1836년이다(阮俊強(Nguyen Tuan Cuong), 2015, 「Luoc khao sach Tam tu kinh tai Trung Quoc va viec luu truyen ra nuoc ngoai(국외의 『삼자경』 유입과 변경)」, 『사전학과 백과서 잡지』 2015년 5호, 하노이, pp.19-27 참조).

남에는 지금도 소학(小學) 한문 자료가 많이 남아있다. 呂明恒의 연구에 의하면 『유산제요(遺産提要)』[29] 베트남어 A운(韻)[30]에는 소학 한문 교과서가 8종류 있는데 이는 A운 총수의 14.54%에 달한다.

표 4. 『유산제요』 A운(韻)에 있는 소학 급 한학 교과서

순서	서명	내용	주
1	幼學故事尋源(유학 고사 순원)	어린이의 수업. 내용: 천문, 연월, 관직, 친족, 신체, 의복, 음식, 문장, 과거(科擧), 인사(人事), 궁실.	VHv.2936, 필사본:1942年, 151쪽, 28×15,5.
2	幼學對聯集(유학 대련집)	아동 강의 : 대련(對聯), 시, 문장 등의 창조 방법을 가르친다.	A.2241. MF1985. 필사본:1879年, 30쪽, 28×15.
3	幼學漢字新書(유학 한자 신서)	유학 교과서: 제1권 개심(開心) 교과서, 제2권 수신(修身) 교과서, 제3권 베트남 정치 지리 교과서, 제4권 베트남 역사 교과서	VHv.1485:인쇄본1908年, 546쪽, 印15×21; VHv.1507 : 72쪽, 印16×22; VHv.2394, 240쪽, 印15×22; VHv.345, 80쪽, 寫15×22; VHv.346, 127쪽, 寫; VHv.469, 151쪽,寫, 16×27.
4	幼學五言詩(유학 오언사)	일반 교양(인류 자연)을 가르치는 어린이 강의용 교과서. 본문: 쯔놈으로 해석, 1구5자	3인쇄본, 36쪽, AB.230, F.1928, VNb.62
5	幼學普通說約(유학 보통 설약)	도덕, 위생, 수학, 물리, 천문과 지리 등에 관한 어린이 수업 교과서	VHv.64: 인쇄본1908年, 100쪽, 24×15; VHv.2937: 인쇄본1908年,100쪽, 27×15. A.892: 인쇄본1908年, 100쪽, 28×15. VHv.468: 필사본1920年, 130쪽, 27×16.
6	幼學說(유학설)	각 성(省)은 학교 상황을 보고하는 회의를 열고 화성사범학교(華省師範學校)를 건립.	VHv.617필사본(불어원본)1909年,42쪽, 30×18.
7	幼學文式(유학 문식)	책은 2 부분으로 나누어진다. 1. 초학(初學) 입문(6쪽) 2. 상용어(18쪽). 아동 한학 교과서. 초학 입문에는 문답, 글자 연습, 구절 연습 등 여러 형식의 문제가 있다.	A.1144. 1인쇄본1915年, 26쪽[31], 23×13, 1.
8	幼學越史四字[32](유학 월사 사자)	베트남 역사에 관한 아동 강의, 1구4자, 운(韻)이 있음.	VHv.31인쇄본1907年, 38쪽, 23×15.

---

28) 阮俊強(Nguyen Tuan Cuong), 2015, 「『삼자경』의 고대 베트남 한문 교재에 대한 영향」, 『漢字研究』 제14집, pp.53-71.

29) 陳義(Tran Nghia)·Francois Gros, 1993, 앞의 논문, 제1집, p.924; 제2집, p.748; 제3집, p.1254.

30) 다른 운(韻)에서도 유학(幼學) 한서(漢書)를 찾아볼 수 있다. 예를 들어 『계동설약』(啓童說約), 『자학훈몽』(字學訓蒙) 등이 있다. 서목의 전체에 대해 필자는 아직 통계를 하지 않았다.

31) 『유산제요』 오류: "책에는 p.36?"

32) 한놈연구소 소장 『소학서(小學書)』, 번호 VHv.1259, p.61부터.

92 _ 한국목간학회 『목간과 문자』 27호(2021. 12.)

표 4에 의하면 『유산제요(遺産提要)』A운에는 소학(小學) 급 한학 교과서가 총 8가지(19개의 판본) 있는데, 이 8가지는 1. 개심(開心) 교과서(開心書는 한학 입문자에게 사용됨)와 2. 유학(幼學) 교과서(한학 입

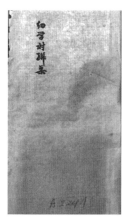

그림 17. 『幼學對聯集』 표지

그림 18. 『幼學對聯集』, p.91

그림 19. 『幼學對聯集』, p.65

문을 마친 사람에게 사용됨)로 나눌 수 있다. 『유학한자신서(幼學漢字新書)』는 개심(開心) 교과서이며 『유학일반설약(幼學普通說約)』은 유학 교과서에 속한다.

『유학 한자 신서(幼學漢字新書)』 강의 내용 :

　　a/단어와 제일 짧은 구절을 강의

　　예 1: "天地日月, 天上地下, 日晝月夜"라고 기재되어 있다.

　　→ 해석: 제1과(第1課)는 천지일월(天地日月)을 가르치는데 그 중 상(上)과 하(下)는 방위를 이르는 단어로 하늘과 땅의 위치를 가리킨다.

　　예 2: "星雲風雨, 星見雲飛, 風吹雨降"이라고 기재되어 있다.

　　→ 해석: 제2과(第2課)는 성운풍우(星雲風雨)를 가르치는데 見(보다), 飛(날다), 吹(불다), 降(내리다)는 모두 동사이다.

　　b/구절 강의

　　예 3: 제36과(第36課)에는 "家則有族, 伯叔父母, 從母之親, 為我姨舅"라고 적혀 있다.

　　이 수업은 1어4자(1語4字)의 구절 4개로 구성되었는데 허사(虛詞) "則"(칙)을 넣어서 전체 문장이 완성된다.

　　c/허사(虛詞) 강의

　　예 4: "梅必酸, 桂必辛, 糖必甘, 桃則紅, 柳則綠, 菊則黃"이라고 기재되어 있다.

　　→사물과 그 성질에 대해 3글자로 간단하게 표현하고 있는데 그중 "必"(필)과 "則"(즉)은 허사로 연결하는 역할을 한다.

3. 이중 언어 사전에 의한 한자와 쯔놈 학습 및 강의

한자나 쯔놈 및 이에 관한 지식을 배우기 위한 자료로는 『무변잡록(撫邊雜錄)』, 『운대류어(雲薹類語)』와

"여지"(輿地), "기"(記), "지"(志) 유서, 이중 언어 사전이 있다. 강의와 수업 과정에 있어서 이러한 한자 참고서는 없어서는 안 되는 것이다. 특히 이중 언어 사전은 소위 **공구서(工具書)로서의 기본 성격**(즉 주밀성, 간단성, 객관성, 연속성이 있음)을 갖고 있어 **베트남 사람들은** 흔히 이중 언어 사전을 한자·쯔놈 강의에 사용하였다. 이중 언어 사전에 관해서는 呂明恆(2015년)에 의하면 아래와 같은 것이 있다.

1) 운부(韻部)를 찾는 음운(音韻) 사전

운부(韻部)를 찾는 음운(音韻) 사전으로는 『시운집요(詩韻集要)』와 『흠정집운제요(欽定輯韻摘要)』가 있다. 예를 들어 『시운집요』는 평성(平声)·상성(上聲)·거성(去聲)·입성(入聲) 순서로 배열되어 있어 시문 또는 변문(騈文)을 쓸 때 필요한 참고서이다(모든 어휘에 해설문이 있다).[33]

2) 한자·한어를 찾는 자전·사전

사용 목적에 따라 아래와 같이 분류된다.

a. 한자 서사 방법 교과서. 예를 들어 『자학구정가(字學求精歌)』는 한자 서사 방법과 의미를 설명하고 동음이형자(同音異形字)를 분별하는 사전이다. 음조(韻調)가 맞춰져 있고 매 음(韻)마다 4자로 되어 있는데 어휘를 찾을 색인이나 표시가 되어 있지 않다(그림 16).[34]

b. 한자학 수첩. 『자학훈몽(字學訓蒙)』, 『자학사언시(字學四言詩)』[35]. 『자학훈몽』의 특징은 일운사구(一韻四句), 일구사자(一句四字)이며 『자학사언시』를 수정하여 만든 책이다. 이 책은 전고(典故)를 가해서 어휘를 해석하였고 형체가 비슷한 글자도 분별할 수 있게 되어 있다(특히 형태가 비슷한 1과 丿의 차이를 알 수 있게 하여 읽기 쉽고 이해하기 쉽게 되어 있다).

그림 20. 『字學求精歌』, p.1

太昊六書義稽夬決有意有聲或反或切 ◀──────── 어휘 명칭

書字上從聿，下從曰，意謂人言為信止戈為武之類，聲謂江河，以工可為聲為之類，反音翻，一音展轉相呼之謂，反以子呼母，以母呼子，如楚 平聲則為初，闔上聲則為杜， 是也，一韻相摩 以為切，如苦得切則為刻，胡弓切則為雄，是也。 } 해석 내용

자세한 것은 아래의 『자학훈몽』 2a의 어휘 해설 예문 참조.

---

33) 呂明恆(La Minh Hang), 2015, 앞의 논문.

34) 陳文甲(Tran Van Giap), 1990, 『한놈 서고에 대한 목시(目視) 고찰』, 社會科學出版社와 陳義(Tran Nghia), 1993, 앞의 논문에 소개되어 있다.

35) 이 서책에는 사언(四言) 시 59수, 합계 236구(句)가 실려있는데 매 구(句)마다 독음과 글자 서사 방식이 기재되어 있다. 한놈연구소 소장본은 현재 이실된 상황이다.

c.『강희자전(康熙字典)』에 따라 간략하게 만들어진 자전. 예를 들어『자전절록(字典節錄)』이 이에 속한다. 이 책은『강희자전』에 기재된 일상 생활에 필요한 글자 및 보기 드문 난자(難字)를 5000개 수록하였고 36) 음과 의미에 대해서 상세하게 기록하고 있다. 또한『강희자전』과 같이 부수에 따라 글자 순서를 배열하였다. 상, 하 두 권으로 나누어져 있다. 권2 마지막 부분에는 2, 3, 4자를 합쳐서 만든 합자(合字)가 수록되어 있고 비슷한 형태의 두 글자도 함께 기록되어 있다. 아래의『자전절록』영인본을 참조하기 바란다.

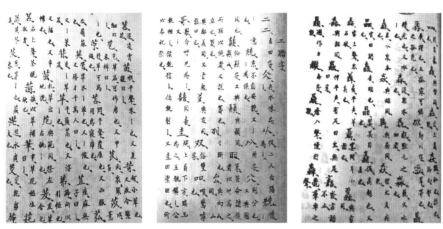

그림 21.『자전절록』卷二, 그림 22.『자전절록』2자 합자, 그림 23.『자전절록』3자 합자

d. 부류에 따라 배열된 이중 언어 자전·사전이 있다.[37] 예를 들어『지남옥음해의(指南玉音解義)』,『일용상담(日用常談)』,『남방명물비고(南方名物備考)』,『대남국어(大南國語)』,『사덕성제자학해의가(嗣德聖制自學解義歌)』와『삼천자찬요(三千字纂要)』등 자전·사전이 있다. 분류는 1. 어휘를 수록 대상으로 하는 것, 2. 門(또는 部)에 따라 배열한 것, 3. 사용된 시대를 대상으로 한 것 3종류로 나누어진다. 세번째 분류에 속하는 자전·사전은 모두 베트남 응우옌 왕조(阮朝. 19세기)에 작성된 것으로『일용(日用)』과『남방(南方)』,『대남(大南)』등이 있다.[38]

한월(漢越) 이중 언어 사전 중『지남(指南)』이 최초의 사전이다.[39]『사덕(嗣德)』은 사덕황제(嗣德皇帝, 1848~1883, 응우옌 왕조(阮朝))에 의해 편집된 것이다.『사덕』에 수록된 어휘는 다른 사전보다 많다(『康熙

---

36) 陳義(Tran Nghia), 1993, 앞의 논문의 통계에 따른다.

37) 이중 언어 자전·사전에는『南藥國語賦』도 있는데 이는 쯔놈으로 한자를 해석한 것이다. 하지만 이 책은 구성이 약간 다르다. 즉 큰 분류는 보이지 않고 부체(賦體)로 되어 있다.

38)『일용』의 저자는 Phạm Đình Hổ(範庭虎)이고 1827년에 완성되었다.『남방』의 저자는 Đặng Xuân Bảng(鄧春榜)이고 1876년에 완성되었다.『대남』의 저자는 Nguyễn Văn San(阮文珊)이고 1880년에 완성되었다.

39)『指南』의 저자를 鄭氏玉竹(18세기)로 보는 견해가 많으나 Ngo Đuc Tho(吳德壽) 교수는 사용된 휘자를 근거로 15세기(胡朝)의 판본으로 보고 있다(Ngo Đuc Tho, 2006年, p.299 참조).

字典』에 기재된 이자(異字)와 상용되지 않는 한자를 수록). 이런 대형 사전의 편집은 많은 의미가 부여된다. 즉 한자 교육을 촉진시키며 쯔놈 위상을 긍정적으로 하는 역할을 한다(이로 인해 쯔놈이 정식으로 왕조의 관심을 받게 되었고 사용하게 되었다).

표 5. 한월 이중 언어 사전의 구성

순서	사전	쪽수	분류(분류법/수량)			주
			門	類	部	
1	指南	164	40			門의 내부 분류+보유(補遺)
2	日用	104	32			
3	南方	158	32			
4	大南	170	47		3	門 분류의 아래단위가 있다.
5	嗣德	602		7		

그림 24

그림 25

그림 26

그림 27

VI. 맺음말

본고에서는 대량으로 남아있는 베트남 중대기(中代期)의 한놈(漢喃) 서적에 대해 소개하였다. 그리고 한자와 쯔놈의 개념과 분류에 대해서도 소개하였다.

현재 한놈 서적을 보존하고 있는 도서관에 관해서는 한놈연구소에 소장되어 있는 자료의 분고(分庫)와 분류에 대해 소개하였고 한놈 서적의 장서소(藏書所)에 대해서는 대량의 한놈 서적을 보관하고 있는 한놈연구소의 도서관에 대해 소개하였다.

그리고 대량의 한놈 서적에 대해서도 종합적으로 소개하였고 쯔놈 서적의 변천에 대해서도 상세하게 소개하였다. 또한 한자, 쯔놈의 강의 교재에 대해서도 소개하였다.

한놈 서적에 대한 연구를 통해 베트남 역사에 있어서의 한자·쯔놈의 사용, 강의 내용, 연구 실천 등 문제를 알 수 있다. 국어자(國語字)가 보편적인 현재이긴 하지만 한자·쯔놈 강의, 연구가 계속되고 있고 한자·쯔놈 판본의 제조도 아직 이어가고 있다. 한자·쯔놈 연구는 베트남 문화의 전통을 터득하는 데 있어서 많은 도움이 된다. 이후에도 이러한 방향으로 연구를 해나갈 것이다.

투고일: 2021.11.22   심사개시일: 2021.11.22   심사완료일: 2021.12.06

阮俊强(Nguyen Tuan Cuong), 2015, 「Giao duc Han van bac tieu hoc tai Viet Nam thoi xua qua truong hop sach Tam tu kinh(옛날의 베트남 소학 한문 교육-『삼자경』(三字經)을 중심으로-)」, 하노이, 한놈연구소.

阮俊强(Nguyen Tuan Cuong), 2015, 「Luoc khao sach Tam tu kinh tai Trung Quoc va viec luu truyen ra nuoc ngoai(국외의 『삼자경』 유입과 변경)」, 『사전학과 백과서 잡지』 2015년 5호, 하노이, pp.19-27.

阮俊强(Nguyen Tuan Cuong), 2015, 「『삼자경』의 고대 베트남 한문 교재에 대한 영향」, 『漢字研究』 제14집.

陳文甲(Tran Van Giap), 1990, 『한놈 서고에 대한 목시(目視) 고찰』, 社會科學出版社.

呂明恆(La Minh Hang), 2015, 「20세기 전에 있어서의 베트남 한자 교학에 관한 고찰(Teaching Chinese Character in Vietnam before 20 century)」, 『한자한문교육』 제37집, pp.120-135.

Henri Oger의 목각(木刻) 그림 에 관해서는 https://vi.wikipedia.org. wiki. Henri_Oger 참조.

陳義(Tran Nghia)·Francois Gros, 1993, 「Di san Han Nom Viet Nam-Thu muc đe yeu; Catalogue Des Livres En Han Nom(베트남 한놈 유산-수목제요(數目提要))」, 『Éditions Sciences Sociales』 1993년 제1집, p.924; 제2집, p.748; 제3집, p.1254.

陳義(Tran Nghia) 主編, 2002, 『越南漢喃遺産-數目提要 補遺1(Di san Han Nom Viet Nam-Thu muc đe yeu - Bo di 1)』, Hanoi, Nxb Khoa học xa hoi(社會科學出版社).

〈Abstract〉

A BRIEF SURVEY OF SINO—NOM RESEARCH AND LEARNING MATERIALS IN VIETNAM

La Minh Hang

Located in the Han cultural belt, like Korea and Japan, Vietnam has deeply absorbed Han culture. Vietnamese people have used Chinese characters and literature in all social interactions. In particular, the Vietnamese also used Chinese characters and sets of Chinese radicals to create their own writing system, thereby forming a large number of materials written in Nom script. In Medieval Vietnam, Sino—Nom writings were used in all areas of social life: in diplomatic and administrative documents, in civil exams, and a lot in poetic composition. Currently, Sino—Nom writings are stored in libraries and archives in Vietnam and abroad.

Because the cultural knowledge of traditional Vietnam is recorded in Chinese and Nom characters, to research the knowledge left by the ancestors, one must understand the contents recorded in the Sino—Nom writings. This article will focus on introducing four contents: 1/ Indicate the difference between types of square scripts in the region, between Chinese and Nom characters. On that basis, giving the criteria for identifying Nom characters; 2/ An overview of the bibliography of Chinese and Nom characters. Here, I will describe the issues on the collection, general description, and classification; 3/ Classification of Nom bibliography. Nom materials are classified according to two criteria: a/ according to the method of shaping the text and b/according to the chronological calendar and 4/ A brief overview of learning materials for Chinese and Nom characters.

▶ Key words: Chinese script, Nom script, Chinese bibliography, Nom bibliography, Vietnamese Sino-Nom

논문

평양 출토 竹簡 『論語』의 계통과 성격[*]

尹龍九[**]

〈국문초록〉

전한대 『논어』의 실물 册書로는 3종류의 출토 자료가 있다. 1973년 河北省 定州市 中山懷王 劉修의 무덤에서 출토된 定州簡 『논어』(620여 매, 7,576자), 1990년 北韓 平壤市 樂浪區域 貞柏洞 364호 목곽묘에서 나온 平壤簡(120매 내외, 확인 44매 756자), 2011년 江西省 南昌市 海昏侯 劉賀의 무덤에서 발견된 海昏簡 『논어』(500여 매)가 그것이다.

정주간과 해혼간은 현재 통용되는 『논어』의 각각 절반과 1/3 정도의 분량이다. 초사된 시기는 묘주의 사망 연도를 기준으로 전한 宣帝 연간인 기원전 55년과 59년경으로 보고 있다. 평양간은 『논어』 선진편과 안연편에 한정되는 소량이지만, 완전한 상태의 죽간 39매가 존재한다. 초사 시기는 함께 출토된 初元 4년(기원전 45)을 기년으로 하는 戶口簿 木牘의 존재로 미루어 정주간·해혼간과 거의 동 시기로 볼 수 있다.

이들 자료는 이른 바 『논어』 三論(「古論」, 「魯論」, 「齊論」)이 融合되어 傳世本의 祖本(張禹 『張侯論』 등)이 結集되던 전한 成·元帝期 『논어』의 실제 사례일 가능성 때문에 높은 관심과 연구가 진행되어 왔다. 1997년 공개된 定州簡 『논어』를 두고 진행되어 온 텍스트(文本)의 형태와 계통에 대한 논쟁이 대표적이다. 하지만 일치된 견해는 찾기 어려운 실정이다.

* 이 논문은 2019년 대한민국 교육부와 한국연구재단의 지원을 받아 수행된 연구임(NRF-2019S1A6A3A01055801). 또한 본고는 2020년 11월 27일 계양산성박물관·한국목간학회·경북대학교 인문학술원이 공동 주최한 '東아시아 論語의 전파와 桂陽山城'이라는 국제학술회의에서 발표한 내용을 수정·보완한 것이다. 약정 토론을 맡아주신 권인한 선생님께 감사드린다.
** 경북대학교 인문학술원 HK교수

2009년 평양간에 이어 2016년 해혼간이 출토된 이후 전한 후기 『논어』의 텍스트와 결집과정에 대한 논의가 다양하게 전개되고 있다. 『漢書』 藝文志 등을 시작으로 後漢代와 그 이후에 정리된 이른바 『논어』 三論이라는 系統論을 일률적으로 적용하기 어려우며, 출토자료에 대한 분식에 의거하여 해명할 수 있다는 설명이다. 이런 입장에서 平壤簡 『論語』 죽간의 형상과 書寫樣態, 異文表記 등의 기초적 사항을 定州簡·海昏簡과 비교·검토하였다.

▶ 핵심어: 平壤簡, 定州簡, 海昏簡, 『論語』 三論, 『張侯論』

I. 머리말

1990년 7월 발굴 조사된 平壤市 樂浪區域 貞柏洞 364號墳에서 『論語』 竹簡(이하 平壤簡 『論語』로 略)이 출토된 사실은 근 20년이 지난 2009년에야 확인되었다.[1] 조사된 평양간 『논어』는 傳世本(今本)의 卷 11~12(先進·顏淵)에 해당하는 내용(全文)이 적힌[2] 120枚 내외의 죽간이 편철된 형태(冊書)로 출토되었다. 현재 내용을 알 수 있는 것은 完簡 39枚와 殘簡 5枚를 합친 44枚(756字, 先進 33枚, 589字; 顏淵 11枚, 167字)로 출토된 죽간의 1/3이 조금 넘는 정도이다.

평양간 『논어』는 전한 武帝代 儒家의 官學化와 五經博士가 설치된 이래, 宣帝·元帝시기 儒家의 서적과 사상이 樂浪郡과 같은 변경지역으로도 예상보다 일찍부터 전파되었음을 입증하는 한편, 東아시아 사회에서의 漢字文化와 그에 수반된 思想의 전파과정을 이해할 수 있는 중요한 단서로 평가되고 있다.[3]

평양간(120매 내외) 외에 전한대 출토 『논어』로는 1973년 河北省 定州市 中山懷王 劉修의 무덤에서 출토된 定州簡 『논어』(620여 매, 7,576자)와 2011년 江西省 南昌市 海昏侯 劉賀의 무덤에서 나온 海昏簡 『논어』(500여 매)가 있다. 정주간은 무덤의 조성 시기(宣帝 五鳳 3년, BC.55)와 해혼간 묘주의 사망 연도(宣帝 神爵 3년, BC.59)로 미루어 抄寫된 것은 각각의 시기보다 앞서는 것으로 보고 있다.[4] 기원전 45년 元帝 初元 4年이 적힌 標題가 달린 戶口簿 木牘이 나온 평양간 『논어』의 경우도 거의 동시기에 제작된 것이라 하겠다. 이 때문에 정주간·해혼간과 평양간 『논어』에 있어 주목할 점은, 이른 바 『논어』 三論(「古論」, 「魯論」, 「齊論」)이 融合되어 傳世本의 祖本(張禹 『張侯論』 등)이 結集되던 전한 成·元帝期 『논어』의 실제 사례일 가능성이다.

1) 李成市·尹龍九·金慶浩, 2009, 「平壤 貞柏洞364號墳출토 竹簡《論語》에 대하여」, 『木簡과 文字』 4, 韓國木簡學會, pp.130-133.
2) 류병홍, 1992, 「고고학 분야에서 이룩된 성과」, 『조선고고연구』 1992-2, p.2.
3) 李成市·尹龍九·金慶浩, 2009, 앞의 논문, pp.155-161; 尹在碩, 2011, 「한국·중국·일본 출토 論語木簡의 비교연구」, 『東洋史學研究』 114, 東洋史學會; 湯淺邦弘, 2012, 「漢代における論語の伝播」, 『国語教育論叢』 21, 鳥根大学教育学部国文学会, pp.137-143; 李成市, 2015, 「平壤樂浪地區出土《論語》竹簡의 歷史的性格」, 『國立歷史民俗博物館研究報告』 194, pp.201-218.
4) 陳東, 2003a, 「關于定州漢墓竹簡論語的幾个問題」, 『孔子研究』 2003-2; 陳侃理, 2020, 「海昏竹書《論語》初論」, 『海昏簡牘初論』, 北京大學出版社.

정주간의 『논어』 판본상의 계통에 대해서는 齊論·魯論 혹은 諸本의 融合本으로 보는 등 논란이 있었지만[5] 분장과 내용의 측면에서 鄭玄 『論語注』, 何晏 『論語集解』에 근접한 魯論系로 볼 수 있다고 이해되고 있다.[6] 평양간 『논어』의 텍스트 상의 위치에 대해서는 아직 충분하게 논의된 바는 없었다. 그러나 尹在碩은 죽간의 형태와 기재방식, 三道編聯(繩), 서체 등에 있어서 정주간과의 유사성을 제기하며, 한대 內地에서 생산되어 낙랑으로 유통된 것으로 보았다.[7] 이후 필자는 평양간의 형태와 기재방식의 속성(體積, 재질, 계구와 編繩, 字數와 分章, 符號), 그리고 簡文의 異文을 추출하여 定州簡 및 宋代이래의 傳世本(今本)과 비교하였다. 그 결과 평양간은 정주간과 大同小異한 것으로 보이지만, 자료의 계통을 동일한 것으로 보기 어려운 차이도 드러냈으며, 그 이유로 전한 말 宣帝~元帝期는 諸家의 『논어』가 공존하던 시기였음을 지적하였다.[8]

최근 海昏侯 劉賀(기원전 92~59)의 묘로부터는 『論語』를 비롯하여 『詩』·『禮』·『春秋』·『孝經』에 이르기까지 유교 경전이 대량으로 발견되었다.[9] 그 동안 문헌상으로 전해지는 『齊論』 知道篇이 확인되어 학계의 비상한 관심을 끌기도 하였다.[10] 해혼후 유하의 사망이 기원전 59년이기 때문에 이에서 나온 『논어』 죽간은 정주간·평양간과 거의 같은 시기에 생산된 유통된 자료가 된다. 특히 해혼간 『논어』에서도 先進篇의 죽간이 발견되었는데,[11] 이미 해당 章句가 알려진 정주간·평양간과의 비교를 통해 이 시기 논어의 제작과 텍스트에 대한 진전된 이해가 가능할 전망이다.

해혼간 등 출토 자료의 이해에 있어서 『漢書』 藝文志 등을 시작으로 後漢代와 그 이후에 정리된 이른바 『논어』 三論(「古論」, 「魯論」, 「齊論」) 系統論을 일률적으로 적용하기 어렵다는 견해가 나왔다.[12] 요컨대 후대의 문헌 기록이 아닌 동 시기 출토자료에 대한 분석에 의거하여 해명할 수 있다는 설명이다. 평양간과 뒤이은 해혼간의 발견에 따라 前漢 중·후기 『논어』의 결집과정에 대한 연구는 새로운 단계에 들어섰다고 하겠다. 본고에서 平壤簡 『論語』 죽간의 형상과 書寫樣態, 異文表記 등의 기초적 사항을 定州簡·海昏簡과 비교·검토하는 이유이기도 하다.

5) 高橋均, 2001, 「定州漢墓竹簡《論語》試探(三)」, 『中国文化:研究と教育』 59, 中国文化学会; 葉峻榮, 2004, 「定州漢墓簡本《論語》與傳世《論語》異文研究」, 『中國出土資料研究』 8, 中國出土資料學會.

6) 渡邊義浩, 2014, 「定州《論語》と《齊論》」, 『東方學』 128, 東方學會, pp.57-70.

7) 尹在碩, 2011, 앞의 논문, pp.41-51.

8) 윤용구, 2012, 「평양 출토《논어》죽간의 기재방식과 異文表記」, 『地下의 논어, 紙上의 논어』, 성균관대학교출판부, pp.169-203.

9) 江西省文物考古研究院·北京大学出土文献研究所·荆州文物保护中心, 2018, 「江西南昌西汉海昏侯刘贺墓出土简牍」, 『文物』 2018-11.

10) 杨军·王楚宁·徐长青, 「西汉海昏侯刘贺墓出《论语·知道》简初探」, 『文物』 2016-12; 王楚宁·张予正·张楚蒙, 2017, 「肩水金关汉简《齐论语》研究」, 『文化遗产与公众考古』 4, 北京联合大学应用文理学院; 김경호, 2017 「전한 海昏侯 劉賀의 묘와 《論語》竹簡」, 『史林』 60, 수선사학회; 김경호, 2018, 「전한시기 논어의 전파와 그 내용」, 『역사와 현실』 107, 한국역사연구회.

11) 江西省文物考古研究院·北京大学出土文献研究所·荆州文物保护中心, 2018, 「江西南昌西汉海昏侯刘贺墓出土简牍」, 『文物』 2018-11, p.92. 평양간에서 나온 顔淵篇의 경우 定州簡은 간문을 알 수 있는 내용이 거의 없으며, 海昏簡에서는 그 존재 여부가 아직 불분명한 실정이다.

12) 陳侃理, 2020, 앞의 논문, p.155; 2021, 「海昏漢簡《論語》初讀-전한 중기 論語學의 고찰을 겸하여」, 『木簡과 文字』 26, 한국목간학회, p.57.

II. 平壤簡『論語』의 형태와 記載方式

1. 竹簡의 현상

平壤簡『論語』의 무덤 내 부장위치나 출토상태는 알려진 것이 없다. 다만 발굴 현장에서 간단한 수습(아마도 完簡과 殘簡의 구분) 후에 촬영한[13] 黑白寫眞 2枚가 공개된 것의 전부이다. 곧 〈사진 1〉은 完簡 39枚

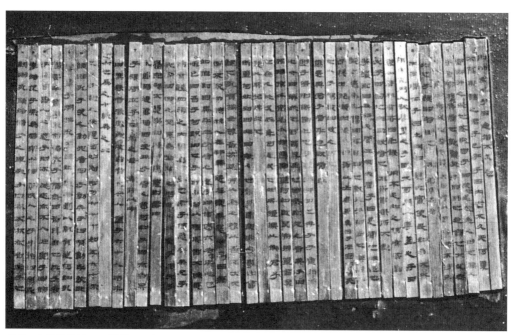

사진 1. 平壤簡『論語』39枚(鶴間和幸 보관 '樂浪遺物 寫眞帖', 右側부터 簡1~簡39)

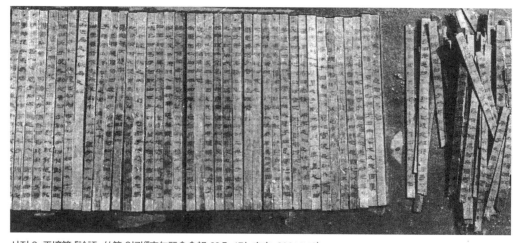

사진 2. 平壤簡『論語』竹簡 일괄(『高句麗會會報』63호 4면, 東京, 2001.11.10)

(사진 右側부터 簡1~簡39)를 모아 배열한 것이며, 〈사진 2〉는 貞柏洞 364號墳에서 출토된 『論語』竹簡 전체이며, 傳世本 『論語』의 先進·顔淵 兩篇이 기재된 竹簡 120枚를 촬영한 사진이다.[14]

〈사진 2〉의 좌측에 가지런히 늘어놓은 竹簡 39매는 〈사진 1〉과 동일한 것이며, 사진 우측에 무질서하게 쌓여있는 竹簡은 殘簡이다. 殘簡 더미는 상부에 簡文이 드러난 13枚(左側부터 殘簡1~殘簡13, 그림 1 참조)와 그 밑에 깔린 것이 보이는 28枚 정도를 포함하여 80枚 정도의 竹簡이 重疊된 것으로 추정된다.[15] 그런데 殘簡 더미에는 길이가 짧은 簡片이 보이지 않는다. 이는 殘簡이라도 어느 정도의 길이를 갖춘 것만 촬영한 것으로 보인다.

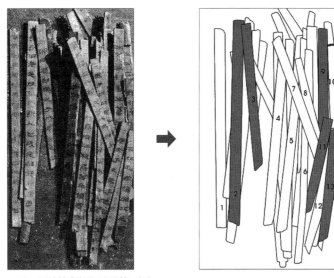

그림 1. 平壤簡 『論語』의 殘簡 더미

이처럼 〈사진 1〉의 完簡 39매는 평양간 『논어』의 形制와 서체와 字數, 편장구성과 用字 등 簡文의 기재방식을 살펴보는데 있어서 중요한 가치를 가지고 있다. 이를 토대로 평양 출토 『논어』 죽간의 형태적 특징에 대하여 좀 더 검토해 본다.

1) 「크기와 契口」

평양간 『論語』와 같은 編綴(册書)簡은 형태가 다양한 單獨簡과 달리 길이와 폭이 일정하고, 특히 儒敎經典의 규격은 서적마다 정해져 있었다.[16] 王充의 『論衡』과 『儀禮注疏』에 인용된 鄭玄의 기록에 따르면, 『논어』는 漢代 8寸(周尺으로는 1尺)으로 만들었다 한다. 실제 정주간 『논어』의 길이 16.2㎝는 대략 漢代 7寸으로, 8寸에 미치지 못하나, 문헌의 기록과 합치되는 것으로 여겨지고 있다.

평양간의 크기(體積 길이·폭·두께)는 〈사진 1·2〉만으로는 알기 어렵지만, 형태와 서체는 물론이고, 滿簡

---

13) 2枚의 竹簡寫眞은 발굴 직후 현장에서 간단한 수습 후에 촬영한 것이라는 사실이 최근 확인되었다(李成市, 2011, 「卷頭言: 平壤出土《論語》竹簡の消息」, 『史滴』 33, 早稻田大學文學部, p.1).

14) 출토된 論語 竹簡이 '先進·顔淵의 全文'이라는 근거는 발굴조사 당시 長老의 古典硏究者에 의해 확인되었다고 한다(위의 논문).

15) 李成市·尹龍九·金慶浩, 2009, 앞의 논문, pp.134-135.

16) 伊藤瞳, 2009, 「長さから見た簡牘の規格の基礎的考察」, 『千里山文學論集』 82, 關西大學大學院文學硏究科, pp.2-6.

기준으로 20자 내외의 기본 字數, 三道編綴한 製册 방법에서 정주간과 거의 차이가 없어 크기도 동일한 것으로 추정되고 있다.[17] 〈사진 1〉의 죽간을 漢代 8寸(18.4㎝)의 크기로 맞추어 보면 그 폭은 0.8㎝가 나오기 때문이다. 죽간의 폭이 0.8㎝라면 居延漢簡의 사례로 보면[18] 두께는 대략 0.2~0.3㎝ 로 산정된다.

한편 〈사진 1〉의 竹簡을 篇章別로 분리하여 簡尾를 기준으로 세운 〈사진 3〉을 통하여 平壤簡이 같은 규격의 죽간으로 만들어졌음을 볼 수 있다.[19] 특히 하나의 章句(『論語集注』의 先進 第25章)로 簡文을 연결한 先進-Ⓐ의 경우가 이를 잘 보여 준다.

그런데 先進-Ⓐ와 顏淵의 竹簡은 최대 簡文 1字 내외의 길이만큼 出入이 있다. 規格이 다른 죽간이 섞였다고 보기는 어렵지만, 〈사진 4〉에서 보는 대로 선진편과 안연편은 중간(中腰) 계구를 중심으로 각기 새겨넣은 글자 수가 다르다. 이에 따라 죽간의 아래와 위, 그리고 중간의 編聯을 위한 여백에도 차이가 보인다. 이러한 차이는 선진편과 안연편을 각기 편철하였음을 추정케 한다. 최근 발견된 해혼간 『논어』의 경우도 每篇을 별도로 편철(成卷)하였음이 확인된 바 있다.[20]

契口는 평양간 『論語』의 형태 가운데 가장 주목되는 부분이다. 곧 잘 다듬은 죽간의 兩端에 일정한 여백(天頭·地脚)을 두고, 죽간의 오른쪽 모서리(簡側)에는 天頭와 地脚 그리고 그 중간 空格(中腰) 등 3곳에 編綴의 끈(紐·絲)을 걸기 쉽도록 契口를 따냈다. 契口의 수로 보아 이른바 '三道編聯'하였음을 알 수 있다.

〈사진 1〉을 통하여 竹簡 契口의 위치를 좀 더 자세히 살펴보자. 예외 없이 우측 모서리 세 곳에 ◁ 형태의

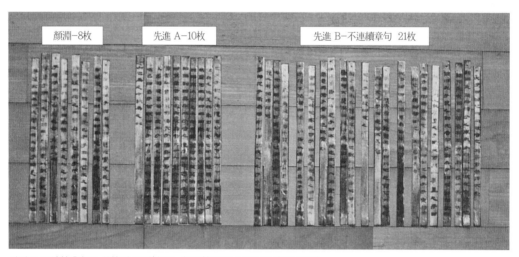

사진 3. 平壤簡 『論語』 竹簡의 크기(先進 · 顏淵篇 전체 120매 중 完簡 39枚)

---

17) 尹在碩, 2011, 앞의 논문, pp.42-43.

18) 邢義田, 2007, 「漢代簡牘的體積,重量和使用」, 『古今論衡』 17, 附表2.

19) 〈사진 3〉은 윤용구, 2012, 앞의 논문, p.180 〈사진 4〉를 전재한 것이다. 이 사진은 본문의 〈사진 1〉에 보이는 完簡 39매를 프린트하고 간별로 절취해서 簡文의 내용에 따라 선진·안연편을 구분하여 필자가 촬영한 것이다. 〈사진 4〉는 절취된 간문의 안연편과 선진편 제25장의 연속 장구를 모아 촬영한 사진이다.

20) 江西省文物考古研究院·北京大学出土文献研究所·荆州文物保护中心, 2018, 앞의 보고, p.92.

顔淵篇	先進篇

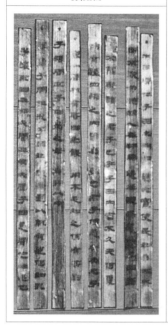
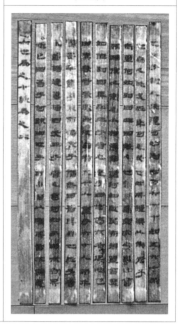

▶竹簡의 형태와 표기

•簡長: 8寸(추정)
•字數: 先進篇 상하 각10字
　　　 顔淵篇 상하 각9字

•編綴: 三道編聯, 先寫後編
•契口: 天頭·中腰·地脚

•章號: 天頭 중 黑圓點(●)
•書體: 漢隷
•重文: 符號 없음

사진 4. 平壤簡 『論語』의 형태와 표기(안연편 8매, 선진편 10매)

契口가 만들어져 있음을 볼 수 있다. 契口는 위쪽, 그리고 안쪽으로 가면서 조금 더 깊게 파여 있다. 簡10과 簡37의 契口가 본래 모습을 잘 갖추고 있지만, 簡5·簡7과 같이 契口의 잔존 형태는 제 각각이다. 이는 編聯 끈이 張力에 의하여 契口部가 닳아 홈이 넓어지거나, 댓 쪽이 부서져 나가면서 변형된 것이라 하겠다.[21]

　이와 같은 契口의 다양한 모습은 墓主가 『논어』를 실제 사용하였고, 그 기간이 짧지 않았음을 의미한다고 생각된다. 요컨대 평양간 『논어』는 묘주가 생시에 사용하던 것이다. 그렇다면 「初元4年 戶口簿」 등 樂浪 郡府의 각종 공문서를 생산하며, 郡府의 행정업무에 종사하던 묘주가 生時에 상당기간 『논어』를 愛讀한 것을 의미한다. 이는 평양간 『논어』의 抄寫時期를 묘주의 주된 활동 기간이었던 初元 4년(BC.45)을 전후한 시기로 추정케 하는 중요한 근거가 된다.[22]

　定州簡과 海昏簡 『논어』에도 三道編聯의 흔적이 남아있다고 하는데,[23] 그 흔적이 '契口'를 가리키는지는 분명치 않다. 모사한 정주간을 보면 편철 '끈이 묶였던 흔적'을 두 줄의 點線으로 나타내었을 뿐이다.[24] 海昏 簡의 경우 三道編綴한 『논어』를 비롯하여 『儀禮』·『孝經』 등 공반한 여러 典籍에는 2~4道의 편철 흔이 背面

---

21) 李成市·尹龍九·金慶浩, 2009, 앞의 논문, p.142.

22) 위의 논문.

23) 劉來成, 1997, 「定州漢墓簡本〈論語〉介紹」, 河北省文物研究所定州竹簡整理小組, 『定州漢墓竹簡論語』, 文物出版社, p.92.

24) 河北省文物研究所定州竹簡整理小組, 1997, 『定州漢墓竹簡論語』, 文物出版社, p.50.

에 남아 있으나, 어느 경우에도 끈을 고정하기 위한 契口에 대한 설명은 없다.[25]

이처럼 평양간 『논어』는 抄寫에 사용한 죽간이 규격화되어 있고, 정연한 契口를 이용하여 제책이 이루어진 점, 아울러 8寸 길이의 竹簡은 『논어』의 抄寫를 목적으로 제작되었다고 할 때, 단지 독서나 帖書를 위해 민간에서 제작했다고 보기 어렵다. 뒤에 보는 대로 誤字 투성인 정주간과 달리 정교하게 작성되었고, 携帶와 可讀性을 높이기 위한 여러 기재방식으로 미루어 중앙 정부가 생산과 유통에 관여한 것으로 추정해 볼 수 있기 때문이다.

2. 簡文의 記載方式

1) 「分章과 篇題」

〈사진 1·2〉에 보는 대로 平壤簡 『論語』는 이미 編綴끈이 삭아서 攪亂된 상태의 사진이다. 단지 完簡과 殘簡을 구분한데 불과하다. 정주간의 경우도 書題와 篇題가 있었는지 또한 본래 편철된 상태의 分章 순서도 알기 어렵다. 簡文의 내용을 傳世本 『論語』와 비교하고, 그 篇章順序에 따라 배열해 볼 수밖에 없다.

하지만 최근 발견된 海昏簡의 경우는 每篇(雍也·子路·堯曰·智道 등) 首簡의 背面에 篇名을 기재하였다. 평양간의 선진편 首章의 첫머리 부분이 확인되었지만(殘簡2) 그 背面의 상태는 확인하기 어렵다. 〈사진 5〉에서 보는 묘주 劉賀가 필사한 것으로 추정되는 『論語』 木牘에는 '△' 부호를 통해 簡文 아래 篇名을 적기도 하였는데, 평양간에 적용하기는 어렵다.

현재 평양간은 完簡 39枚와 죽간 더미에서 先進篇 제1장과 제5장에 해당하는 죽간 2枚, 顔淵篇 제9·11·13장에 해당하는 죽간 3枚가 확인되었다. 이를 토대로 송대 이후의 傳世된 今本(『論語集注』)과 정주간 『논어』의 章數와 字數를 비교하면 다음 〈표 1〉과 같다.

표 1. 平壤簡 『論語』의 章數와 字數 對比

구분	『論語集注』		平壤簡 『論語』		定州簡 『論語』		《集注》 對比字數
	章數	字數	章數	字數	章數	字數	
先進	25	1,052	19	589	22	787	平壤簡 55.9% 定州簡 74.7%
顔淵	24	990	9	167	9	83	平壤簡 16.9% 定州簡 8.3%

※ 平壤簡 『論語』의 章數와 字數는 출토된 先進,顔淵篇 가운데 簡文이 확인된 數量임.

平壤簡이 定州簡에 비하여 顔淵篇은 많지만, 先進篇은 적은 분량의 簡文이 확인되었다. 그러나 확인된 簡

---

25) 江西省文物考古研究院·北京大学出土文献研究所·荆州文物保护中心, 2018, 앞의 보고, pp.87-93.

文의 내용을 보면 平壤簡은 完簡이 40枚에 달하지만, 定州簡은 4枚(簡262·266·284·285) 지나지 않는다. 평양간이 정주간보다 남아있는 분량이 적어도, 자료적 가치는 뒤지지 않음을 볼 수 있다. 또한 傳世本에 16.9%만이 확인된 顔淵篇의 分章內容은 정확하지 않으나, 先進篇은 거의 확인이 가능하다.

　　뒤에서 보는 대로 平壤簡과 定州簡 모두 篇章을 구분하여 簡文을 기재하였다. 그러나 平壤簡『論語』는 黑圓點(•)과 空白에 의하여 分章의 首尾가 명확하여 드러나 있지만, 定州簡은 章句의 首簡임을 알려주는 黑圓點(•)이 없다. 최근 공개된 海昏墓 출토『論語』木牘에서도 흑원점은 앞의 내용과 다른 追記의 표시로 사용되고 있음을 보여준다(사진 5).

　　그러므로 定州簡『論語』의 경우 傳世本에 따라 임의적으로 分章이 이루어진 측면이 지적되고 있다.[26] 이 때문에 定州簡『論語』가 傳世本과 기본구성은 같고, 流傳過程에서 文字異同만이 있는 것처럼 인식하게 되었다는 지적도 있다.[27] 편철이 풀어져 교란된 평양간의 경우도 이 점에서 예외가 아니다. 다만 평양간은 정주간과 달리 原簡에 찍힌 黑圓點으로 章句 首簡을 알 수 있다는 점에서 分章의 신뢰성이 높다고 하겠다. 아래 〈표 2〉는 평양간『논어』선진편의 分章을 정주간 및 전세본과 대비한 것이다.

표 2. 平壤簡『論語』(先進)의 分章과 章數 대비

『論語集注』	平壤簡『論語』	定州簡『論語』	正平版『論語集解』	義疏本『論語集解』	注疏本『論語集解』
1	1	1	1	1	1
2	(2)?	(2)?	2	2	2
			3	3	3
3	3	3	4	4	4
4	(4)*	4	5	5	5
5	5	(5)	6	6	6
6	(6)	6	7	7	7
7	7	7	8	8	8
8	(8)	(8)	9	9	9
9	9	9	10	10	10
10	10	10	11	11	11
11	(11)	11	12	12	12
12	12	12	13	13	13
13	(13)	13	14	14	14
14	14	14	15	15	15

---

26) 何永欽, 2007,「定州漢墓竹簡《論語》研究」, 臺灣大學 中國文學系 碩士學位論文, pp.95-98.

27) 李慶, 2005,「關於定州漢墓竹簡《論語》的幾個問題—《論語》的文獻學探討」,『中國典籍與文化論叢』第8輯, 中華書局, p.1.

『論語集注』	平壤簡 『論語』	定州簡 『論語』	正平版 『論語集解』	義疏本 『論語集解』	注疏本 『論語集解』
15	15	15	16	16	16
16	16	16	17	17	17
17	17	17	18	18	18
18					
19	18	18	19	19	19
20					
21	19	19	20	20	20
22	20	20	21	21	21
23	21	21		22	22
24	22	22	22	23	23
25	23	23	23	24	24

* ( ) 平壤簡의 未確認 章句·定州簡의 缺簡 章句

선진편을 25개 章으로 구분한 朱熹, 『論語集注』를 기준으로 살펴보면, 평양간은 皇侃 義疏本과 邢昺 注疏本의 底本으로 삼은 何晏 『論語集解』와 가장 유사하다. 分章의 결과만으로는 정주간도 동일한 내용이다. 그러나 章句 首簡에 대한 명료한 근거가 제시되지 않았고, 缺文·缺簡에 대한 설명 없이 전세본(何晏 『論語集解』 등)에 따라 배열한 점에서 정주간은 차이가 있다.

평양간 『논어』(先進篇)의 分章 수는 명확치 않다. 문제는 『論語集注』의 第2章에 해당하는 簡文이 확인되지 않았고, 정주간도 이 부분이 缺簡이기 때문이다. 何晏 『論語集解』의 諸本은 모두 兩章으로 나뉘어져 있다. 阮元이 '德行章'이라 이름붙인 『論語集解』의 先進篇 第3章은 正平版에는 '德行' 위에 '子曰' 2字가 있어[28] 별개의 章句임을 보여주고 있다. 이 부분을 제외하고는 平壤簡이 義疏本과 注疏本 『論語集解』의 分章과 같기 때문에, 실제 兩章으로 나뉘어 있을 가능성이 있다.

2) 「字數」

平壤簡 『論語』는 竹簡 1枚에 滿簡의 경우, 18字~20字를 記載하였다. 물론 章句가 종결되는 簡文은 簡尾 아래의 남은 공간을 餘白으로 남겨 두었다(簡1·10·14·15·20·28·30·32). 이는 定州簡 『論語』의 경우도 차이가 없다. 곧 滿簡은 19字~21字를 기재하였고, 상부에서 簡文이 完結된 때는 그 하부를 空白으로 두었다.[29] 海昏簡의 경우는 상하 24字로 차이가 있다.[30]

---

28) 北京大學儒藏編纂中心, 2004, 『定州漢墓竹簡論語·正平版論語集解』, p.79.
29) 河北省文物研究所定州竹簡整理小組, 1997, 앞의 책, p.7.

또한 章句가 시작되는 簡文은 章句의 首字 위 여백, 곧 天頭에 黑圓點(•)을 찍어 표시하였다.(簡4·7~11·13·16· 27·30·34·35·37~39, 殘簡2·3) 자연 黑圓點과 餘白은 平壤簡 『論語』의 分章構造를 알려주는 標式이다. 定州簡의 경우, 章句의 首字임을 알 수 있는 표식이 없는 것과 대조되는 현상이다.

그런데 平壤簡 『論語』의 簡文 字數는 篇章에 따라 차이도 나타난다. 우선 傳世本 『論語』 先進篇에 보이는 簡文은 滿簡인 경우 중간 契口를 空格 삼아 상부 10字, 하부 10字씩 20字를 기본으로 기재하였다(簡5·12·16·17·18·21· 22·25·27·29·31·34·36·37·38·39, 殘簡2). 顏淵篇의 해당 簡文은 위로 9字, 아래로 9字씩 18字를 써 넣었다(簡 2·7·9·30·殘簡13). 定州簡 『論語』의 簡文 字數가 篇章에 따라 차등이 있는지는 검토된 바가 없지만 적게는 17자에서 최대 23자까지 확인된다는[31] 점에서 유사한 사례가 있을 가능성은 남아있다.

이처럼 규격화되어 있는 空冊에 中腰의 契口部의 空格을 기준으로 篇章에 따라 滿簡의 字數가 다르다면, 이는 무엇을 의미하는 것인가? 篇別로 製冊과 抄寫가 이루어지면서 抄寫者가 다른데서 오는 書寫習慣의 차이는 아닌지 검토할 문제이다.

예외가 없는 것은 아니다. 선진편의 경우 상하 한편에 11~12字를 기재한 것이 있으나, 이는 缺字를 字間에 細字로 追記한 것이거나(簡3·4·24), 1~2字句를 새로운 簡으로 기재하지 않기 위하여, 字間을 좁혀 쓴 것이다(簡13). 이는 안연편에 해당하는 簡文도 마찬가지다. 곧 상하 1字씩을 더 적어 넣거나(簡11), 하단에 1字를 추가하여(簡26) 하나의 簡에 章句가 종결되도록 하였다. 심지어 簡39의 경우는 4~5字를 생략하면서까지 하나의 簡에서 文句가 종결되도록 기재하였음을 본다. 곧,

사진 5. 海昏墓 출토 『論語』 木牘
篇名 앞에 '△' 표기, 黑圓點 '●'은 追記를 위해 찍었다(戶內俊介, 2020, 圖1).

---

30) 陳侃理, 2020, 앞의 논문, p.156.

31) 王剛, 2018, 「南昌海昏侯墓《論語》文本及相關問題初探」, 『中國經學』 第二十五輯, p.13.

- 子畏於[匡], 顔淵後. □曰: "吾❶以女爲死矣." 曰: "子在, 回□□死?" (簡13)
- 顔淵死, 顔路請子之車. ❶ 孔❷子曰: "材不材, ❸ 亦各❹ 其子也." (簡39) 鯉也死, 有棺母槨. 吾不
  徒 行以爲之槨. 以吾從大夫(簡22)...."

簡13의 경우 간문 중간 契口가 있는 ❶의 상부에 10字를 적고, 아래는 글자의 크기와 간격을 좁혀 12字를 써 넣었다. 句尾의 2字를 새로운 簡으로 넘기지 않고, 簡 하나에 가능한 章句가 終結되도록 기재한 때문이다. 定州簡 『論語』에도 마지막 「死」字가 결락되었지만 1枚의 簡에 기재되어 있다.[32]

簡39의 簡文을 정주간과 전세본의 해당 자구와 비교할 때, ❶에 「以爲之槨」 4字가 빠져 있고, ❹에는 「言」자가 누락되었다. ❷ 앞에 「孔」字는 정주간과 전세본에 없다. 이 가운데 「言」字는 抄寫者의 실수로 누락되었다고 볼 수 있다. 평양간에는 「言」字가 들어가야 할 부분과 비슷한 문장(簡24, 簡29)에 모두 「言」字가 빠져 있고, 그중 하나인 簡24는 「言」字가 들어가야 할 부분에 細字로 추기되어 있음을 본다. 그러나 簡13은 「言」字가 없어도 의미전달에는 큰 문제가 없다. 반면 「以爲之槨」 4字는 실수로 누락된 것으로 보기 어렵다는 점이다. 물론 평양간 『논어』를 抄寫할 때 사용한 底本에 빠져 있을 수도 있지만, 그보다는 1枚의 竹簡에 가능한 완결된 簡文을 기재하려는 의도에서, 의미전달에 지장이 없는 글자를 省略하였다고 생각된다.[33]

이 밖에 기재방식에 있어서 平壤簡 『論語』는 定州簡과 다소 차이가 보인다. 먼저 같은 글자를 연이어 쓸 경우 楚簡과 漢簡에 자주 보이는 重文號(=)가 定州簡에는 보이지만, 平壤簡에는 같은 글자를 반복하여 기재하였다.[34] 최근 발견된 海昏簡에도 重文號가 사용되지 않았다고 한다.[35] 또한 定州簡은 잘못 쓴 글자를 깎아 내고 다시 쓰거나, 空格으로 남겨둔 사례가 있지만, 平壤簡은 誤字가 없어서 인지 같은 사례를 찾아보기 어렵다. 다만 簡6에 1字 간격의 空格이 보일 뿐이다. 脫漏된 簡文의 경우 平壤簡은 들어가야 할 글자 사이에 細字로 追記를 하고 있는데(簡3·4·24), 定州簡에서는 그런 사례가 없다.

아무튼 章句의 시작을 알리는 黑圓點(•), 종결을 알려주는 餘白, 上下 10字를 기본으로 하는(顔淵篇은 上下 9字) 기재 방식, 1~2字의 字句는 字間을 좁혀 써 넣거나, 의미 전달에 지장이 없는 범위에서 4~5字라도 생략하여 하나의 竹簡에 문장이 종결되도록 한 用例가 확인된다. 이러한 기재방식을 통하여 정백동 364호 분에서 출토된 『논어』 죽간의 전체 簡數를 추정할 수 있다. 뒤의 附表 2에서 보는 대로 平壤簡 『論語』 先進篇 竹簡을 60枚, 顔淵篇은 61枚 정도로 산정하였다.[36]

---

32) 河北省文物研究所定州竹簡整理小組, 1997, 앞의 책, p.51, 簡290.

33) 전세본인 『論語注疏』 高麗本·正平本에는 「以爲之槨」 4字가 빠져 있다(黃懷信, 2008, 『論語彙編集釋(下册)』, 上海古籍出版社, p.971). 평양간 『논어』와 같은 「以爲之槨」이 없는 傳本에 따른 것으로 생각된다.

34) 李成市·尹龍九·金慶浩, 2009, 앞의 논문, p.152, p.159.

35) 陳侃理, 2020, 「海昏竹書《論語》初論」, 『海昏簡牘初論』, 北京大學出版社, p.156.

36) 李成市·尹龍九·金慶浩, 2009, 앞의 논문, pp.139-140.

3)「字形」

平壤簡을 비롯한 定州簡·海昏簡은 좌우가 길어 납작해 보이는 전형적인 漢隷로 작성되었다. 竹簡의 크기는 海昏簡이 9寸(20㎝)으로 가장 길고,[37] 定州簡과 平壤簡은 동일하게 8寸으로 추정되고 있다.[38] 定州簡과 平壤簡이 휴대가 가능한 手册本이라고도 할 수 있다.

定州簡『論語』는 盜掘·火災, 그리고 발굴조사 후에도 地震에 따라 대부분 탄화되고 부서졌으며, 500여 매에 달하는 海昏簡의 경우도 아직 조사가 진행 중이지만 完簡이 많지 않은 것으로 알려져 있다. 그러나 현재까지 확인된 사진만으로도 거의 같은 자형을 보여주기에는 충분하다. 〈사진 6〉에서 보는 해혼묘 출토 『論語』 목독의 경우 漢隷지만 章草와 波磔을 자유롭게 구사하고 있음을 본다. 독서용의 書寫와 書牘 후 기록·습서 등의 자형은 차이가 있음을 알 수 있다.

따라서 이 시기 『論語』는 대부분 일정 지역에서 생산되어 여러 계통으로 유통되었을 것으로 생각된다. 平壤簡의 경우 기원전 1세기 木槨墓의 묘제와 수장된 한식문물(漆器·白陶·絹織物·靑銅容器 등)의 대부분이 중국 山東을 거점으로 한 지역에서 공급되고 있었다.[39]

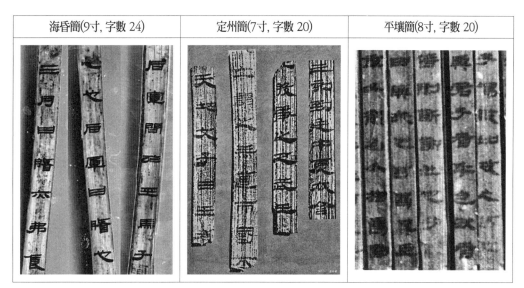

海昏簡(9寸, 字數 24)	定州簡(7寸, 字數 20)	平壤簡(8寸, 字數 20)

사진 6. 海昏簡 · 定州簡 · 平壤簡 『논어』의 字形

---

37) 王剛, 2018, 「南昌海昏侯墓《論語》文本及相關問題初探」, 『中國經學』 第二十五輯, p.11.

38) 尹在碩, 2011, 앞의 논문, pp.40-43.

39) 기원전 1세기~기원 1세기대 낙랑군의 묘제인 목곽묘는 중국의 동북지방이나 중원지역이 아닌, 山東과 江蘇지역 묘제와 연결되어 있으며(樋口隆康, 1979, 「樂浪文化の源流」, 『展望アジアの考古學』, 新潮社, pp.258-265), 낙랑의 저장용 생활용기인 이른바 '백색토기' 또한 산동지역에서 생산 유통된 것으로 밝혀진 바 있다(정인성, 2018, 「원사시대 동아시아 교역시스템의 구축과 상호작용-貿易陶器 '白色土器'의 생산과 유통을 중심으로」, 『원사시대의 사회문화변동』, 진인진, pp.307-312).

낙랑군에 거주하던 漢人系 주민들은 이주 경로와 시기에 있어서 일률적이지는 않지만, 현재까지의 문헌과 출토 문자자료로 본다면 산동지역이 압도적이다.『後漢書』에 기록된 군현 설치 전 山東 琅邪郡에서 이동해 온 王景一家, 산동 黃縣을 貫籍으로 하는 王卿의 塼室墓塼 등이 대표적이다.[40]

이들 낭야군·황현을 포괄하는 山東은 齊와 魯의 문화적 본거지이다. 이곳은 先秦이래 秦漢時代까지 儒家文化의 흥성의 중심지였다. 유생의 수에 있어서나 儒家經典의 텍스트의 제작에서도 압도적이다. 특히 王景一家의 본거지였던 琅邪는 전한 유학을 국가 이념으로 한 유학관료의 대표이자 수많은 후학을 길러낸 王吉을 배출한 곳이다. 王景一家를 포함한 이들 琅邪王氏 출신인 王吉은 전한 宣帝와 元帝시기에 활약하였다.[41]

王吉은 齊論에 정통했다고 알려져 있으나, 張禹와도 학문적 교류를 이어 갔으며 그의 학통은 貢禹를 통해 전수되었다. 平壤簡『論語』는 그 텍스트의 계통과 관련없이 산동의 齊魯地域과의 문화적 교류와 교역이 빈번하던 속에서 유입되었을 것으로 추정해 볼 수 있다.

III. 平壤簡『論語』의 異文과 텍스트

平壤簡의 簡文과 字句가 다른 것을 '異文'이라 부르고자 한다. 그런데 異文 硏究에 있어서 가장 먼저 고려할 사항은 무엇을 異文이라 할 것인가 하는 문제이다. 곧 이문의 분류기준에 있어 일관된 이해가 마련되어 있지 못하기 때문이다. 異體字를 연구자에 따라 古今字, 分化本字, 正俗字, 通假字 등의 표현이 혼용되고 있다. 漢字의 시대별, 지역별 訓讀과 聲音의 차이에 따른 用字를 일률적으로'通假字'로 처리하는데 대한 우려만이 아니라,[42] 특히 簡文의 경우 書法·書體 상의 차이를 異文의 범주에 넣기도 어렵다.[43] 따라서 異文 硏究는 古漢語, 古文字學의 전문적인 연구를 기다려야 할 것이지만,[44] 異文 현상을 텍스트의 정립과정의 산물로 보는 시각도 있다.[45] 여기서는 우선 平壤簡『論語』의 簡文에서 나타나는 字句상의 異同만을 현상적으로 살펴볼 것이다.

---

40) 낙랑군 설치 전 산동 「琅邪不其」에서 낙랑으로 이주한 王景 일가에 대해서는 『후한서』 76, 왕경전 참조. 그리고 曹魏 正始 9년 (245)의 기년을 새긴 산동 「東萊黃人」을 관적으로 한 王卿墓塼에 대해서는 오영찬, 2003, 「대방군의 군현지배」, 『강좌 한국고대사 10-고대사 연구의 변경』, (재)가락국사적개발연구원, pp.216-218.

41) 金秉駿, 2006, 「秦漢時代 儒學의 흥성과 齊魯文化의 성립」, 『아시아문화』 23, 한림대학교 아시아문화연구소.
남영주, 2010, 「漢代 琅邪郡의 儒學 전통과 王吉의 역할」, 『인문과학연구』 29, 성신여자대학교 인문과학연구소.

42) 谷中信一, 2008, 「中國出土資料硏究의 現在와 展望」, 『中國-社會와 文化』 23, p.203.

43) 葉峻榮, 2004, 「定州漢墓簡本《論語》與傳世《論語》異文硏究」, 『中國出土資料硏究』 8, 中國出土資料學會, p.23.

44) 중국학계의 최근 연구로는 다음의 자료를 들 수 있다. 卢烈红, 2007, 「古今字与同源字、假借字、通假字、异体字的关系」, 『语文知识』 2007-1; 申慧萍.2018, 「从汉字流变规律分析"假借字""通假字"和"古今字"的异同」, 『阜阳师范学院学报(社会科学版)』 2018年 2期.

45) 王刚, 2017, 「定州简本《论语》"一字多形"与文本生成问题探论」, 『地方文化研究』 26, pp.17-28.

1. 平壤本과 定州本, 傳世本(今本)의 對校[46]

표 3–1.平壤簡『論語』釋文對校: 先進篇

章次	論語 釋文	異文 注釋
先-1	•［孔］❶子曰：“先進於□□［野］人也. 後進於□□君子［也.］”(殘簡2)....	❶「孔」今本 無
先-3	•孔❶子曰：“ 回也非助我者也！於吾言無所不說.”(簡10)	❶「孔」定州本·今本 無
先-5	•□□三［復］白［圭］孔子以其［兄］之子....(殘簡3)	今本 相同
先-7	•顏淵死, 顏路請子之車.❶ 孔❷子曰 :“材不材,❸亦各❹其子也.(簡39) 鯉也死, 有棺毋椁.❺ 吾不徒行以爲之椁.❻ 以吾從大夫(簡22)....”	❶「車」定州本「車」下有「□□□□」, 今本「車」下有「以爲之椁」 ❷「孔」定州本 同, 今本 無 ❸「材不材」定州本 同, 今本「才不才」 ❹「各」定州本·今本「各」下有「言」 ❺「毋椁」定州本「無郭」,今本「而無椁」 ❻「椁」定州本「郭」, 今本 同
先-9	•顏淵死, 子哭之動.❶ 從者曰：“子動❷矣.”子❸曰 :“有動❹乎哉❺?”非 (簡34)......	❶「動」定州本 同, 今本「慟」 ❷ 上同 ❸「子」定州本·今本 無 ❹「動」今本「慟」 ❺「哉」今本 無
先-10	•［顏□死］門人欲［厚］葬之, 子曰：“不可.” 門人厚葬之. 子曰:(簡8)......	定州本·今本 相同
先-12	•閔❶子侍則,❷ 訴訴❸如也；子□,［行行］如也; 冉子❹·子貢❺,［衍衍］❻(簡16)如也. 子樂曰❼:“若由也.○不［得］其［死然］.”(簡6)	❶「閔」定州本「睯」, 今本 同 ❷「則」定州本 同, 今本「側」 ❸「訴訴」定州本「言言」, 今本「誾誾」 ❹「子」定州本·今本「有」 ❺「貢」定州本「贛」, 今本 同 ❻「衍衍」定州本 同, 今本「侃侃」 ❼「曰」定州本·今本 無
先-14	•孔❶［子］曰:“由之瑟奚爲於［丘］之門?” 門人, 不［敬］子路, 孔❷子:(簡27)......	❶「孔」今本 無 ❷ 上同

46) 〈표 3-1〉·〈표 3-2〉의 표는 필자의 앞선 정리를 전재하되(윤용구, 2012, 앞의 논문, pp.190-192), 2014년 발표된 單承彬과 魏宜輝의 교감 및 2020년 12월 27일 학술회의에 제출된 권인한 선생님의 토론문을 참고하였다(魏宜輝, 2014,「漢簡《論語》校讀札記: 以定州簡與朝鮮平壤簡《論語》爲中心」,『域外漢籍研究集刊』10, 中華書局; 單承彬, 2014,「平壤出土西漢竹簡論語校勘記」,『文獻』2014年 4期; 권인한, 2020,「평양출토 죽간《논어》의 文本'토론문」,『東아시아 論語의 전파와 桂陽山城』발표자료집, pp.143-144).

章次	論語 釋文	異文 注釋
先-15	•子[貢]問：“師也❶與商也孰賢?”孔❷[子]曰：“[師]也迪❸ 商也不及.” 然❹(簡4)[則師愈也]❺ ?”子曰：“過猶不及也.❻」(簡1)	❶「也」今本 無 ❷「孔」今本 無 ❸「迪」今本「過」 ❹「然」今本「曰然」 ❺「師愈也」定州本「師也隃與」, 今本「師愈與」 ❻「也」定州本 同, 今本 無
先-16	....也. 小子[鳴鼓]如❶攻之,[可也].」(簡14)	❶「如」定州本·今本「而」
先-17·18合	•柴❶也愚,[參]也魯, 師也[辟], 由也獻.❷ 孔❸子曰：“回也其□□, (簡12) 屢❹空. 賜 不受命,如❺ □□焉,[億]❻則[居]❼中.」(簡28)	❶「柴」定州本「桼」, 今本 同 ❷「獻」定州本 同, 今本「喭」 ❸「孔」定州本 同, 今本 無 ❹「屢」定州本「居」, 今本 同 ❺「如」定州本 無(空格)·今本「而」 ❻「億」定州本「意」, 今本 同 ❼「居」定州本 同, 今本「屢」
先-19·20 合	•子□□善人之道. 子曰：“不淺❶迹, 亦不入於室.” 子曰：“論 (簡37)篤❷是與, 君子者乎? 色狀❸者乎?」(簡15)	❶「淺」定州本 同, 今本「踐」 ❷「篤」定州本「祝」, 今本 同 ❸「色狀」定州本「亡 狀」, 今本「色莊」
先-21	....聞斯行之. 赤也惑, 敢問.” 子曰：“求也退, 故進之; 由也兼人....」(簡3)	定州本·今本 相同
先-22	•子畏於[匡], 顔淵後. □曰：“吾以女爲死矣.” 曰：“子在, 回□□死?」(簡13)	定州本·今本 相同
先-23	....□□, □□[與求]□□.❶ [所謂]大□者❷: 以[道]事君, 不[可則](簡5)止. 今由與❸求也,可謂臣也.”曰❹“然則從之者與?” 子曰:(簡17)“殺❺父與君,[弗]❻從也.”(簡20)	❶「與求□□」定州本「與求○之問」, 今本「與求之問」 ❷「者」定州本 無(空格), 今本 同 ❸「今由與」定州本「曰與」, 今本 同 ❹「也曰」定州本 無(空格), 今本「矣曰」 ❺「殺」定州本 同, 今本「弒」 ❻「弗」定州本 同, 今本「亦不」
先-24	•[季]❶路使子羔爲后❷宰.[子]曰：“[賊]夫人之子.” 子路曰：“[有]民 (簡38)....	❶「季」定州本·今本「子」 ❷「后」今本「費」
先-25	....也.”[孔]❶子訊之.❷ “求! 壐❸何如?” 對曰：“方六七十, 如五六十, 求(簡33)也爲之, 比及三年, 可足民也.❹ 如其禮樂, 以俟君子.”(簡19) 赤! 壐❺何如? 對曰：“非曰能之也,❻ □□焉. 宗[廟]之事, 如會(簡21)同, 端章父,❼ 願爲小相焉.”點! 壐❽何如? 鼓瑟希, 捴壐❾舍瑟(簡18)如❿作. 對曰：“異乎三子者之[撰].” 子曰：何傷⓫ 亦各言其志也.”(簡24)曰：“莫春者,春服[既]⓬成. 冠者[五]六人,[童]子六七人,浴乎(簡31)[淺]⓭,「風乎[舞雩,咏 ⓮而	❶「孔」定州本·今本「夫」 ❷「訊」定州本·今本「哂」 ❸「壐」定州本 同, 今本 爾 ❹「可足民也」今本「可使足民」 ❺「壐」定州本 同, 今本 爾 ❻「也」定州本 同, 今本 無 ❼「父」定州本·今本「甫」 ❽「壐」定州本 同, 今本 爾 ❾「捴壐」定州本「□壐」, 今本「鏗爾」

章次	論語 釋文	異文 注釋
	〔歸〕."孔子❶喟然曰❶⑥"吾與〔點〕也!"三子者(簡36)〔出,曾〕晳後.〔曾〕晳曰:"夫三子者之言何如?"子曰:"亦各❶⑦其(簡29)志已.❶⑧"曰:"吾子❶⑨何訊❷⓪由也?"子❷①曰:"〔爲國〕以禮,其言不〔讓〕,是(簡25)....赤也爲之小,孰❷②爲之大?"(簡32)	❶⓪「如」定州本·今本「而」 ❶①「傷」定州本 同, 今本「傷」下有「乎」 ❶②「既」定州本「泟」, 今本 同 ❶③「淺」定州本·今本「沂」 ❶④「咏」定州本 同, 今本「詠」 ❶⑤「孔」定州本·今本「夫」 ❶⑥「喟然曰」定州本「喟然□曰」, 今本「喟然嘆曰」 ❶⑦「各」今本「各」下有「言」 ❶⑧「志已」今本「志也已矣」 ❶⑨「吾」定州本 同, 今本「夫」 ❷⓪「訊」定州本·今本「哂」 ❷①「子」定州本 同, 今本 無 ❷②「孰」定州本·今本「孰」下有「能」

표 3-2. 平壤簡 『論語』 釋文對校: 顏淵篇

章次	論語 釋文	異文 注釋
顏-2	•〔中〕❶弓問仁. 子曰: "出門如見大賓, 使民如〔承〕大祭.(簡7)〔所〕❷不欲,勿施於人.❸ 在邦無怨,在家無怨."中❹弓曰:"〔雍〕(簡23)....	❶「中」今本「仲」 ❷「所」今本「所」上有「己」 ❸「人」定州本「人」下有「也」, 今本 同 ❹「中」今本「仲」
顏-4	......憂不懼 曰□□(殘簡9)不〔懼〕, 斯謂之君子已乎❶?" 子曰: "內省不久,❷ 夫何憂 (簡2)....	❶「已」今本「矣」 ❷「久」今本「疚」
顏-5	....〔而〕有〔禮〕, 四海之內, 皆〔兄弟〕也. 君子何患乎無兄弟.❶(簡26)	❶「弟」今本「弟」下有「也」
顏-8	....乎! 夫子之❶君子也,"〔駟〕... (殘簡11)	❶「之」今本「之」下有「說」
顏-9	•哀公問於有若曰: "年饑, 用不足, 如之何?" 有若對(簡9)....	定州本·今本 相同
顏-10	....□□之□欲其死□□.... (殘簡13)	-
顏-14	•子張問正.❶ 子曰: "〔居〕之毌〔券〕,❷ 行❸以中❹"(簡30)	❶「正」今本「政」 ❷「毌券」定州本「勿卷」,今本「無倦」 ❸「行」定州本·今本「行」下有「之」 ❹「中」定州本·今本「忠」
顏-19	•□□子問❶於孔子曰:"如〔殺無〕道,以就有道, 何如? 孔(簡35)....	❶「問」今本「問」下有「政」
顏-20	....子張對曰:"在邦必聞,在家必聞."子曰:是聞也,〔非達〕也 (簡11)....	今本 相同

※ 凡例
1. 平壤簡 『論語』 가운데 사진 1의 完簡 39枚, 사진 2의 殘簡 5枚의 釋文

평양 출토 竹簡 『論語』의 계통과 성격 _ 119

2. 異文 注釋은 平壤簡『論語』와 定州簡『論語』및 傳世本(今本)의 대표라 할 何晏,『論語集解』와 朱熹『論語集注』를 對校하였다. 사용한 텍스트는 다음과 같다.
　　河北省文物研究所定州漢墓竹簡整理小組, 1997,『定州漢墓竹簡論語』, 文物出版社.
　　何晏 集解·邢昺 疏, 1980,『論語注疏』(阮元 校刻,『十三經注疏』下冊, 中華書局).
　　朱熹 集注·成百曉 譯, 1990,『懸吐完譯 論語集註』(서울, 傳統文化研究會).
3. 釋文 章次는『論語集注』의 篇章에 의거하였다.
4. 釋文에 사용한 略號 :
　　□ 자획은 있으나 판독이 불가능한 글자.　　[ ] 명확치 않으나 추정이 가능한 글자.
　　」 章句가 종결된 경우 末字 뒤에 표기.　　● 章句首字 위 餘白(天頭)에 찍힌 黑圓點
　　○ 簡文 사이 墨痕이 없는 空格　　.... 簡文殘缺, 字數가 不確定한 경우 표시

2. 異文表記와 平壤簡의 텍스트

1)「異文의 현상」

위의 〈표 3〉은 평양간『論語』와 이에 상응하는 정주간 및 전세본『논어』사이의 異文(字句異同)을 정리한 것이다. 정주간과 전세본 사이의 異文 연구에서도 지적된 것이지만,[47] 평양간 또한 전세본『논어』의 내용과 근본적인 차이가 있는 것은 아니다. 표면상으로는 大同小異하다. 하지만 서로 간에는 字句에서 적지 않은 차이가 나타나는 것을 볼 수 있다. 평양간 簡文 756字 가운데 11.37%에 달하는 86字가 전세본의 字句와 다르다. 異文의 내용별로 정리한 것이 〈표 4-1〉이다.

표 4-1. 平壤本과 傳世本『論語』의 異文 內容

異文區分		該當條項
同音通假字	18 (24.0%)	先-7-❸, 先9-❶❷❹, 先12-❶❷, 先17·18合-❷,先19·20合-❶❷, 先23-❻, 先25-❷⓮⑳, 顔2-❶❹, 顔-4❷, 顔14-❶❹
同義通假字	8 (10.66%)	先7-❺, 先15-❸, 先16-❶, 先17·18合-❺, 先23-❺, 先25-❼❿, 顔14-❷
異體字	10 (13.33%)	先12-❸❻, 先17·18合-❼, 先19·20合-❸, 先25-❸❺❽❾⓬⓭
語助辭	14 (18.66%)	先12-❼, 先9-❺, 先15-❶❺❻, 先23-❷❹, 先25-❻⓫⓰⓲, 顔2-❸, 顔-5❶, 顔-4❶
異稱謂	16 (21.33%)	先-1❶, 先3-❶,先7-❷,先9-❸,先12-❹, 先-14❶❷, 先15-❷ 先17·18合-❸, 先24-❶❷, 先25-❶⓮⑮⑲㉑
缺字	9 (12.0%)	先7-❶❹, 先15-❹, 先25-⓱㉒, 顔2-❷, 顔-8❶, 顔14-❸, 顔-19❶
計	75條	

47) 何永欽, 2007, 앞의 논문; 葉峻榮, 2004, 앞의 논문; 羅琦, 2003,「《論語》異文研究」, 復旦大學 漢語言文字學 碩士學位論文.

위 표에서 보는 대로 평양간과 전세본 사이에서는 同音通假字의 비율이 가장 높고, 異體字, 異稱謂, 語助辭, 缺字, 同義通假字 순으로 異文이 발생하고 있음을 볼 수 있다. 정주간과 전세본의 異文에서도 대부분 나타나는 사례라 하겠다. 특히 同音通假字를 비롯하여 異稱謂, 語助辭의 비중이 64%에 이를 정도로 높게 나타나고 있다. 이는 『논어』의 전승이 口誦에 의하여 傳承, 敎育된다는 점, 그리고 抄寫者의 거주지에 따른 漢字 聲調의 차이(方言)에서 나타나는 현상으로 이해되고 있다.[48] 定州簡의 사례에서 지적된 것이지만, 簡本은 借字 비율이 높고, 傳世本은 借字보다는 正字가 월등히 높은 비중을 점한다고 하는데[49] 同音(혹은 近音)通假字의 비중이 높은 平壤簡도 큰 차이가 없다고 생각된다. 이제 〈표 4-1〉의 異文을 좀 더 내용적으로 살펴보기로 한다.

同音通假字는 18곳의 사례가 나타난다. 순서대로 平壤簡-傳世本의 사례를 보면, 材-才, 動-慟, 獻-嗘, 淺-踐, 弗-不, 訊-哂, 咏-詠, 中-仲, 久-疚, 正-政, 中-忠이다. 久-疚, 中-忠은 定州簡에서 보이지 않는 通假字이지만, 中-忠은 이미 楚簡의 사례가 산견된 바 있다.[50] 언급하였지만 同音(혹은 近音)通假字는 口誦 『論語』의 특징이자, 抄寫者의 居住地와 時代에 따라 변화되는 것이라 하겠다. 앞서 통가자에 대한 谷中信一의 우려를 소개하였지만, 材-才, 動-慟, 久-疚, 正-政, 中-忠 등은 어느 한 편의 簡省字로 볼 수도 있다. 이는 漢代簡帛에 보이는 통가자는 繁體보다 省體의 비중이 높다는 이해와[51] 부합된다.

同義通假字는 8곳의 사례가 보인다. 역시 순서대로 母-無, 迪-過, 如-而, 殺-弒, 父-甫, 卷-倦 등이다. 이 가운데 母-無, 父-甫, 卷-倦는 同音(혹은 近音)通假字로 분류할 수도 있고, 卷-倦은 평양간이 簡省字로 보아 잘못이 없다. 3차례 나오는 如-而는 정주간 『논어』와도 차이가 나는 점이 주목되는데, 정주간 『儒家者言』에 이미 산견되는 통가자이다.[52] 동의통가자의 발생 또한 同音通假字와 크게 다르지 않으나, 用字의 차이를 口誦 『論語』나 抄寫過程의 문제로만 이해하기는 어려운 측면이 있다.

異體字로 10곳을 추출하였다. 異體字의 개념은 명확치 않다. 訢-聞, 衍-侃, 居-屢, 璽-爾, 旣-澄, 濺-沂를 분류자에 따라서는 다른 해석이 가능하다. 旣-澄은 正字-俗字, 衍-侃은 모두 衎의 俗字로 이해하기도 하기 때문이다.[53] 語助辭와 異稱謂는 대부분의 사례는 口誦 『논어』의 현상으로 이해해도 좋을 것이다. 다 아는 대로 '子曰'-'孔子曰'의 稱謂는 崔述이래 오랫동안 『논어』의 '上十篇'成書의 早晩論議의 대상이었다. 그러나 定州簡이 출토된 이후 梁濤의 연구[54]에 의해 孔子의 稱謂는 『논어』의 流傳과정에서 생긴 것이지, 『논어』成書의 早晩대상이 될 수 없음을 분명히 하였다. 이는 '下十篇'의 시작이라 할 先進篇의 내용을 보여주는 평양간의 출토로 더욱 분명해졌다고 보인다.

48) 陳東, 2003a, 앞의 논문, p.11; 何永欽, 2007, 앞의 논문, pp.174-175.
49) 葉峻榮, 2004, 앞의 논문, pp.25-26.
50) 白於藍, 2008, 『簡牘帛書通假字字典』, 福州, 福建人民出版社, p.247.
51) 趙平安, 2009, 「秦漢簡帛通假字的文字學研究」, 『新出簡帛與古文字古文獻研究』, 北京, 商務印書館, p.173.
52) 何永欽, 2007, 앞의 논문, pp.174-175.
53) 葉峻榮, 2004, 앞의 논문, p.30.
54) 梁濤, 2005, 「定縣竹簡《論語》與《論語》的成書問題」, 『管子學刊』 2005-1.

缺字는 9곳에서 보인다. 그런데 결자는 顔-8의 경우 단순 漏落으로 여겨지지만, 先進-25「孰㉒爲之大」의 「能」字 탈락은 그 자체 생략되어도 의미전달에 큰 문제가 없다는 점에서 口誦習慣 혹은 簡文의 記載方式에 따른 것으로 여겨진다. 顔-2와 顔-14의 경우도 마찬가지로 해석하고 싶다. 이처럼 평양간의 결자는 단순한 누락으로 보기 어려운 측면이 있다.

앞서 先7-❶❹를 통하여 평양간 『논어』는 한 개의 竹簡에 가능한 章句가 종결되도록 하기 위해서 의미전달에 큰 문제가 없는 경우 字句의 「增奪」 현상이 보인다고 지적하였다. 나아가 같은 형태의 傳本이 후대 전세본에서도 확인된다는 사실도 지적하였다. 先15-❹, 先25-⓱, 顔14-❸, 顔-19❶도 마찬가지 이유로 缺字가 발생헀다고 생각된다. 讀者의 편의를 돕기 위해 인위적으로 만들어진 경우가 있다고 생각된다. 이는 8寸의 竹簡에 抄寫한 내용을 冊書로 편철한 것은, 이미 본 『論衡』의 「懷持之便」이라는 표현처럼 携帶와 讀書의 편의를 도모한 것이다. 異文 가운데는 流傳過程의 문제가 아니라, 簡册의 讀書 편의에 따라 簡文의 增奪이 적지 않았다고 생각된다.

한편 평양간의 缺字에 대한 追記 문제도 검토 대상이다. 簡3, 4, 24에 字間의 여백 우측에 細字로 결자을 補入하였다. 대부분 簡文의 字數를 맞추기 위해 생략되었을 개연성이 높다. 문제는 다시 추기된 이유라 하겠다. 같은 이유로 생긴 결자에 추기가 없는 경우와 차이를 설명해야 하기 때문이다. 한편 결자는 적지 않은데 반해 현재로서는 誤字가 없다는 것이 이례적으로 여겨진다. 곧 缺字를 포함하여 訛誤字가 유난히 많은 것으로 지적되는[55] 定州簡과는 크게 차이나는 현상이다.

2)「平壤簡의 계통」

平壤簡 『論語』와 傳世本과의 단순 자구 비교로도 異文의 전체적인 윤곽은 드러나지만, 그 의미를 명확히 하기는 한계가 있다. 異文이라 하여도 비율로 보아 90% 가까이는 동일한 字句이기 때문이다. 그래서 평양간과 정주간 그리고 전세본 사이 모두 해당 문구가 있는 59條의 簡文을 비교해 보고자 한다. 이를 통하여 서로간의 공통점과 차이를 이해할 수 있을 것이다. 〈표 4-2〉는 이를 정리한 것이고, 이 가운데 다시 平壤簡과 定州簡 사이의 異文 37條를 비교한 것이 〈표 4-3〉이다.

〈표 4-2〉를 통해 볼 때, 平壤簡은 定州簡과 동일한 비율이 37.28%인 반면, 傳世本과는 18.64%에 불과하다. 전세본이 평양간보다 앞서 流傳되었을 정주간과 유사한 비율이 높게 나타난다.[56] 한편 평양간과 정주간 그리고 전세본이 어느 한 경우와도 같지 않은 다시 말하여 독자적인 字句의 비중도 11.86%로 나타난다. 전세본 또한 평양간과 정주간과 다른 독자적인 자구의 비중이 37.28%에 달한다.

이로 본다면 평양간과 정주간 모두 외형상 전세본과 大同小異하지만, 전세본의 경우도 다양한 傳本이 복합되었다는 점을 추정케 하는 것이다. 〈표 4-3〉은 平壤簡이 定州簡과 동시기 流傳되었던 텍스트라고 믿기 어려울 정도의 차이를 보여주고 있다. 아래에서 보듯이 異文은 여러 이유로 발생하지만, 평양간과 정주간

---

55) 何永欽, 2007, 앞의 논문, pp.138~151
56) 이 문제는 훼손된 定州簡의 정리와 석독 과정에서 傳世本을 참고한 것이 영향을 준 것은 아닌지 고려할 부분이다.

표 4-2. 平壤本·定州本·傳世本『논어』의 異文

구분		해당 簡文
모두 다른 경우(平≠定≠今)	7條 (11.86%)	先7-❺, 先12-❸, 先15-❺, 先17·18合-❺, 先19·20合-❸, 先23-❹, 顔14-❷
平壤本만 다른 경우(平≠定=今)	19條 (32.20%)	先3-❶, 先7-❶❹, 先9-❸, 先12-❼, 先16-❶, 先24-❶, 先25-❶❷❼❾❿⓭⓯⓰⓳⓴, 顔14-❸❹
今本만 다른 경우 (平=定≠今)	22條 (37.28%)	先7-❷❸, 先9-❶❷, 先12-❷❹❻, 先15-❻, 先17·18合-❷❸❼, 先19·20合-❶, 先23-❺❻, 先25-❸❺❻❽⓫⓮⓳㉑
定州本만 다른 경우 (平=今≠定)	11條 (18.64%)	先7-❻, 先12-❶❺, 先17·18合-❶❹❻ 先19·20合-❷, 先23-❷❸, 先25-⓬, 顔2-❸
계	59條	

표 4-3. 平壤本과 定州本『논어』의 異文

구분		해당 簡文
同音通假字	7 (18.9%)	先7-❻, 先12-❶,先19·20合-❷, 先25-❷❼⓴, 顔14-❹
同義通假字	5 (13.5%)	先7-❺, 先16-❶, 先17·18合-❺, 先25-❿, 顔14-❷
異體字	9 (24.3%)	先12-❸❺, 先17·18合-❶❹❻, 先19·20合-❸, 先25-❾⓬⓭
語助辭	6 (16.2%)	先12-❼, 先15-❺, 先23-❷❹, 先25-⓰, 顔2-❸
異稱謂	5 (13.5%)	先3-❶, 先9-❸, 先24-❶, 先25-❶⓯
缺字	5 (13.5%)	先7-❶❹, 先23-❸, 先25-㉒, 顔14-❸
計	37條	

사이에는 用字(先16-❶, 先17·18合-❺, 先25-❿), 人名(先24-❶) 및 地名(先25-⓭) 표기에까지 차이가 보여 자료의 계통을 동일하게 보기는 쉽지 않다.

그러나 異文 表記 만으로 평양간과 정주간 『논어』의 텍스트의 系統을 구별하거나, 전세본과의 관계를 단정하기보다는 이문 자체에 대한 검토가 좀 더 진행될 필요가 있다. 이와 관련하여 다음의 사료가 주목된다.

「①初元中 立皇太子而博士鄭寬中以尚書 授太子 薦言禹善論語. 詔令禹授太子論語…成帝即位 徵禹·寬中 皆以師…初 禹爲師 以上難數對已問經 爲論語章句獻之. ②始魯扶卿及夏侯勝·王陽·

蕭望之·韋玄成 皆說論語, 篇第或異. 禹先事王陽 後從庸生 采獲所安 最後出而尊貴. 諸儒爲之語

曰:"欲爲論, 念張文"由是學者 多從張氏 餘家寖微」(『漢書』卷81, 張禹傳)

위의 사료는 평양간이 流傳되던 전한 원·성제 시기에 篇第가 다른 『논어』가 諸儒에 의해 講說되고 있었고, 成帝 즉위 후 師傅 張禹의 「論語章句」 곧 「張侯論」이 만들어지자, 各異한 諸儒의 『논어』는 점차 소멸(寖微)하였음을 보여주고 있다. 따라서 선제·원제대 유전되던 평양간과 정주간 『논어』 簡文에 보이는 異文은 諸儒의 各異한 『논어』가 공유되던 시대적 상황에서 이해할 수 있다는 것이다.[57]

그러나 異文을 통해 「傳世之異」를 논할 수 있을지언정, 텍스트의 계통을 밝히기는 쉽지 않다. 정주간의 오랜 텍스트 계통 논쟁은[58] 뒤로 하고라도 현재 공개된 釋文에는 두 가지 한계가 있기 때문이다.

하나는 제시된 釋文 가운데〔 〕내의 簡文은 1976년 7월 唐山大地震으로 原簡이 훼손되거나,[59] 1980년 이후 재정리과정에서 傳世本에 따라 추정한 부분도 있다는 점이다.[60] 둘째는 정주간의 전체 글자 수 7,576자 가운데의 10%에 해당하는 700여 곳에서 通假字를 비롯한 여러 異文과 특히 상당수의 誤字도 확인된다는 사실이다.[61]

후자의 문제와 관련하여 최근 王剛의 조사와 같이 정주간의'一字多用'현상도 주목 거리다. 같은 발음의 형태가 다른 여러 자가 2~3자에서 심지어는 5字까지 확인된다는 점이다.[62] 定州簡을 對校 자료로 사용하여 異文의 빈도를 추출하고 이를 해석의 토대로 삼는 것은 연구의 신뢰도를 담보하기 어렵다는 점을 보여주고 있다.

2009년 평양간 『논어』 죽간이 공개와 2016년 海昏侯墓에서도 다량의 죽간 『논어』가 출토되고, 중국 서북에서도 한대의 『논어』 자료가 늘어나고 있다.[63] 이에 따라 정주간 『논어』 발견 이후 『논어』 三論(「古論」, 「魯論」, 「齊論」)이라는 정형화된 텍스트 계통론을 벗어나, 출토된 자료에 대한 치밀한 분석을 중시하려는 것이 최근 『논어』 텍스트 연구의 흐름이다.[64]

특히 定州簡을 소장하고 있는 河北省文物考古研究院이 2021년 7월부터 향후 5년간 15,000매에 달하는

---

57) 윤용구, 2012, 앞의 논문, pp.200-201.

58) 王澤强, 2011, 「中山王墓出土的漢簡《論語》新論」, 『孔子研究』 2011年 第4期; 趙瑩瑩, 2011, 「定州漢墓竹簡〈論語〉研究綜述」, 『華北水利水電學院學報』(社科版) 第27卷 第1期; 孔德琴, 2009, 「定州漢墓竹簡《論語》的用字问题」, 『湖北第二師範學院學報』 第26卷 第5期.

59) 河北省文物研究所定州竹簡整理小組, 1997, 앞의 책, p.8; 何永欽, 2007, 앞의 논문, pp.30-31, pp.95-98.

60) 何永欽, 2007, 앞의 논문, p.115.

61) 河北省文物研究所定州竹簡整理小組, 1997, 앞의 책, pp.1-2.

62) 王剛, 2017, 앞의 논문, pp.18-19, '一字多用'統計表.

63) 尹在碩, 2011 앞의 논문, pp.7-11, 〈표 1〉 한중일 출토 논어자료 현황; 김경호, 2018, 「전한시기 논어의 전파와 그 내용」, 『역사와 현실』 107, 한국역사연구회, pp.495-516.

64) 陳侃理, 2021, 「海昏漢簡《论语》初讀」, 『木簡과 文字』 26, 한국목간학회; 戶內俊介, 2020, 「海昏侯墓出土木牘《論語》初探」, 『出土文獻研究』 24, 中國出土資料學會; 王剛, 2018, 「南昌海昏侯墓《論語》文本及相關問題初探」, 『中國經學』 第二十五輯.

定州漢簡에 대한 정리·복원 작업을 시작하였고,[65] 여기에 「선진편」을 포함한 500여 매에 달하는 海昏簡 『논어』의 정리와 공개가 이루어진다면, 평양간을 비롯한 전한 중·후기 『논어』의 생산과 결집 과정에 새로운 이해가 이루어질 것으로 기대된다.

Ⅳ. 맺음말

최근 평양간에 이어 해혼간이 출토된 이후 전한 후기 『논어』의 결집과정과 이후 傳世되어 今本의 祖本으로 이어지는 과정에 대한 논의가 다양하게 전개되고 있다. 종전과 같이 避諱 여부나 今本과의 字句 對校를 통해 抄寫時期에 대한 구명이나, 『論語』 三論(「古論」, 「魯論」, 「齊論」) 어느 하나에 연결시키는 시도는 이루어지지 않고 있다.

이미 漢代에 避諱-非避諱 문헌이 竝存하고 있고, 후대로 갈수록 避諱는 엄격하게 지켜지지 않았기 때문이다. 또한 『論語』 三論의 규정 또한 후한대 이후의 인식이어서 전한 중·후기 결집 과정의 텍스트(文本)를 선입견 없이 이해하는데 장애가 되고 있다는 것이 새로운 추세라 하겠다.

본고에서 확인한 대로 平壤簡은 傳世本이나 定州簡 『論語』와 한 마디로는 '大同小異'라고 할 수 있다. 하지만 그 내용을 보면 간단치 않다. 전세본이 전한대 古本과 다른 독자적인 자구의 비중도 적지 않다. 최근 발견된 海昏簡은 공개된 자료만으로도 정주본이나 평양본과 차이가 확인되고 있다. 定州簡과 平壤簡은 텍스트의 계통을 같이 볼 수 없는 인명이나 지명의 차이, 用字에 있어서 명백한 異文이 존재한다.

요컨대 전한 중·후기 존재하던 평양간·정주간·해혼간 사이에도 일률적인 계통을 찾기 어렵다는 점이다. 출토된 죽간 자료를 문헌상의 『論語』 三論이나 이의 祖本으로 여겨지는 『張侯論』과 연결시키는 것도 어려운 실정이다. 따라서 후대의 문헌 기록이 아닌 늘어나는동 시기 출토자료에 대한 분석에 의거하여 해명할 수 있다는 설명이다.

平壤簡은 先進篇·顏淵篇에 한정되고 확인할 수 있는 내용도 제한적이지만, 首尾가 完整한 完簡이 定州本보다 많고, 파손이 심한 海昏簡과의 비교에서도 여전히 높은 자료적 가치를 지니고 있다. 定州本의 복원과 再釋讀이 최근 진행되고 있고, 500여 매에 달하는 海昏簡 『논어』가 공개된다면, 전한 중·후기 『論語』의 작성과 텍스트에 대한 보다 진전된 이해가 가능할 전망이다.

투고일: 2021.10.27   심사개시일: 2021.12.24   심사완료일: 2021.12.29

---

65) 「出土近半个世纪, 海内外翘首以待: 1.5万枚"定县汉简"修复保护启动」(2021.7.25. 게시, 2021.12.26. 열람)
   https://www.sohu.com/a/477665660_562249

참고문헌

1. 자료

江西省文物考古研究院·北京大学出土文献研究所·荆州文物保护中心, 2018, 「江西南昌西汉海昏侯刘贺墓出土简牍」, 『文物』 2018-11.

北京大學儒藏編纂中心, 2004, 『定州漢墓竹簡論語·正平版論語集解』, 北京大學儒藏編纂中心.

河北省文物研究所定州竹簡整理小組, 1997, 『定州漢墓竹簡論語』, 文物出版社.

河北省文物研究所定州竹簡整理小組, 1997, 「定州西漢懷王墓竹簡《論語》釋文選」, 『文物』 1997-5.

何晏 集解·邢昺 疏, 1980, 『論語注疏』(阮元 校刻, 『十三經注疏』 下冊, 北京, 中華書局).

2. 논저

陳侃理, 2021, 「海昏漢簡《论语》初讀」, 『木簡과 文字』 26, 한국목간학회.

陳侃理, 2020, 「海昏竹書《論語》初論」, 『海昏簡牘初論』, 北京大學出版社.

戶內俊介, 2020, 「海昏侯墓出土木牘《論語》初探」, 『出土文獻研究』 24, 中國出土資料學會.

陳炫瑋, 2019, 「平壤貞柏洞漢簡《論語·先進》'訊之'探究 – 兼論貞柏洞漢簡《論語》的性質」, 『輔仁國文學報』 49, 輔仁大學中國文學系.

김경호, 2018, 「전한시기 논어의 전파와 그 내용」, 『역사와 현실』 107, 한국역사연구회.

田旭東, 2018, 「浅议《论语》在西汉的流传及其地位」, 『秦汉研究』 12.

王剛, 2018, 「南昌海昏侯墓《論語》文本及相關問題初探」, 『中國經學』 第二十五輯.

Paul van Els, 2018, "Confucius's Sayings Entombed: On Two Han Dynasty Bamboo Lunyu Manu-scripts" *Confucius and the Analects Revisited*, Princeton University.

김경호, 2017, 「전한 海昏侯 劉賀의 묘와 《論語》竹簡」, 『史林』 60, 수선사학회.

王剛, 2017, 「新见海昏《论语》简试释」 江右史學網站 https://www.sohu.com/a/152761611_617755.

王剛, 2017, 「定州简本《论语》"一字多形"与文本生成问题探论」, 『地方文化研究』 26.

王剛, 2017, 「从定州简本避讳问题看汉代《论语》的文本状况:兼谈海昏侯墓《论语》简的价值」, 『许昌学院学报』 36-3.

李成市, 2015, 「平壤樂浪地區出土《論語》竹簡の歷史的性格」, 『國立歷史民俗博物館研究報告』 194.

張光裕, 2014, 「從簡牘材料談《論語·先進》篇"哂"字之釋讀」, 『历史语言学研究』 2014年1期, 中國社会科学院語言研究所.

魏宜輝, 2014, 「漢簡《論語》校讀札記 :以定州簡與朝鮮平壤簡《論語》爲中心」, 『域外汉籍研究集刊』 10, 中华书局.

單承彬, 2014, 「平壤出土西漢竹簡論語校勘記」, 『文獻』 2014年 4期.

渡邊義浩, 2014, 「定州《論語》と《齊論》」, 『東方學』 128, 東方學會.

夏德靠, 2014, 「《论语》文本的生成及其早期流布形态」, 『四川师范大学学报(社会科学版)』 41-1.

胡鸣, 2014, 「《张侯论》源流考辨」, 『哈尔滨师范大学社会科学学报』 21.

윤용구, 2012, 「평양 출토《논어》죽간의 기재방식과 異文表記」, 『地下의 논어, 紙上의 논어』, 성균관대학교출판부.

胡平生, 2012, 「平壤貞柏洞《论语》简"孔子讯之"释」, 『胡平生简牍文物论稿』, 中西书局.

郝树声, 2012, 「从西北汉简和朝鲜半岛出土《论语》简看汉代儒家文化的流布」, 『燉煌研究』 133.

胡平生, 2012, 「平壤貞柏洞《論語》簡"孔子訊之"釋」, 『胡平生簡牘文物論稿』, 中西書局.

湯淺邦弘, 2012, 「漢代における論語の伝播」, 『国語教育論叢』 21, 鳥根大学教育学部国文学会.

李成市, 2011, 「권두언: 平壤出土《論語》竹簡の消息」, 『史滴』 33, 早稻田大學文學部.

王澤强, 2011, 「中山王墓出土的漢簡《論語》新論」, 『孔子研究』 2011年 第4期.

尹在碩, 2011, 「한국·중국·일본 출토 論語木簡의 비교연구」, 『東洋史學研究』 114, 東洋史學會.

李成市·尹龍九·金慶浩, 2011, 「平壤貞柏洞364號出土竹簡《論語》」, 『出土文獻研究』 10, 中華書局.

남영주, 2010, 「漢代 琅邪郡의 儒學 전통과 王吉의 역할」, 『인문과학연구』 29, 성신여자대학교 인문과학연구소.

李成市·尹龍九·金慶浩, 2009, 「平壤 貞柏洞364號墳出土 竹簡《論語》에 대하여」, 『木簡과 文字』 4, 韓國木簡學會.

趙平安, 2009, 「秦漢簡帛通假字的文字學研究」, 『新出簡帛與古文字古文獻研究』, 北京, 商務印書館.

曹銀晶, 2009, 「談《論語》句末語氣詞"也已矣"早期的面貌」 簡帛網 http://www.bsm.org.cn(2009.6.9).

唐明貴, 2007, 「定州漢墓竹簡《論語》研究概述」, 『古籍整理研究學刊』 2007年2期.

金秉駿, 2006, 「秦漢時代 儒學의 흥성과 齊魯文化의 성립」, 『아시아문화』 23, 한림대학교 아시아문화연구소.

唐明貴, 2006, 「《古論》,《齊論》與《魯論》考述」, 『陰山學刊』 19卷1期.

李若暉, 2006, 「定州《論語》分章考」, 《『齊魯學刊』 2006年 第2期.

李 慶, 2005, 「關於定州漢墓竹簡《論語》的幾個問題一《論語》的文獻學探討」, 『中國典籍與文化論叢』 第8輯, 中華書局.

趙 晶, 2005, 「淺析定州漢簡本《論語》的文獻價值」, 『浙江社會科學』 2005-3.

梁 濤, 2005, 「定縣竹簡《論語》與《論語》的成書問題」, 『管子學刊』 2005-1.

葉峻榮, 2004, 「定州漢墓簡本《論語》與傳世《論語》異文研究」, 『中國出土資料研究』 8, 中國出土資料學會.

陳 東, 2003a, 「關于定州漢墓竹簡論語的幾个問題」, 『孔子研究』 2003-2.

陳 東, 2003b, 「歷代學者關於《齊論語》的探討」, 『齊魯學刊』 2003年 第2期.

單承彬, 2002, 「定州漢墓竹簡《論語》考述」, 『論語源流考述』, 吉林人民出版社: 豆丁網 http://www.docin.com/p-5505032.html.

張光裕, 2002, 「讀定州漢墓竹簡《論語》通假字札記」, 『龍宇純先生七秩晉五壽慶論文集』, 台北, 學生書局.

高橋均, 2001, 「定州漢墓竹簡《論語》試探(三)」, 『中国文化:研究と教育』 59, 中国文化学会.

孫欽善, 1999, 「《論語》的成書流傳和整理」, 『北京大學古文獻研究所集刊』 1, 北京燕山出版社.

王 素, 1998, 「河北定州出土西漢簡本〈論語〉性質新探」, 『簡帛研究』 3, 廣州教育出版社.

劉來成, 1997, 「定州漢墓簡本〈論語〉介紹」(河北省文物硏究所定州竹簡整理小組, 『定州漢墓竹簡論語』, 文物出版社).

郭　沂, 1990, 「論語源流再考察」, 『孔子硏究』 1990年 4期.

定縣漢墓竹簡整理組, 1981, 「定縣40號漢墓出土竹簡簡介」, 『文物』 1981年 8期.

〈Abstracts〉

The Phylogeny and Character of 'Analects' Discovered in Pyongyang

Yun, Yong-gu

There are three kinds of actual objects of the pre-Han Dynasty "Analects" It's all made of bamboo. It refers to Jeongjugan(定州簡) discovered in 1973, Pyongyanggan(平壤簡) discovered in 1990, and Haehonkan(海昏簡) excavated in 2011.

Pyongyang, Jeongju and Haehonkan were all produced and distributed during the Seonjeo(宣帝)and Wonjeo(元帝) years(BC59 to BC45). All three kinds of "discourse" are believed to have been used at the same time.

These materials are attracting attention as actual examples of the middle and late stages of the Han Dynasty, when the texts "Koron(古論)," "Ioron(魯論)," and "Qiron(齊論)" were combined to form the current term. There was a long controversy over the form and character of the textbook on Jeongju-gan published in 1997. However, researchers do not agree.

Since the discovery of the Haehonkan in 2016, textual research has been carried out in a variety of ways. I don't think the so-called "Samron(三論)" can be explained by the interpretation of the three theories. Research based on the analysis of actual excavation data is of great importance. From this point of view, Pyongyang's simplified form and cultural notation are compared and discussed with Jeongju and haehon.

▶ Key words: Pyongyanggan · Jeongjugan · Haehonkan · Ioron(魯論) · Qiron(齊論)

樂浪·帶方郡 지역에서 출토된 年度가 기재된 銘文塼

– 판독과 역주를 중심으로 –

김근식[*]·안정준[**]·정화승[***]

Ⅰ. 槪說
Ⅱ. 銘文塼의 판독과 역주
Ⅲ. 명문전의 목록과 몇 가지 문제들

〈국문초록〉

황해도·평안도 일대에서는 2세기 말부터 5세기 전반까지 명문전 제작이 지속되었다. 이는 낙랑·대방군(이하 2군)의 존속기뿐만 아니라 그 소멸 이후에도 존재했던 그 지역 토착세력의 동향을 살피는 유용한 자료가 되고 있다. 필자들은 위 지역에서 출토된 명문전들 가운데, 일단 연도를 추정할 수 있는 것들의 실물 혹은 탁본 사진을 「梅原考古写真資料庫(database)」에서 다수 구하였다. 또한 최근까지 국립중앙박물관과 북한의 『조선고고연구』 등에 의해 공개된 명문전들을 추가하여, 2군 지역에서 발견된 연도가 기재된 명문전의 목록을 새롭게 정리하고, 기존 연구에서의 잘못된 분류나 일부 판독 오류를 수정하고자 하였다.

▶ 핵심어: 낙랑군(樂浪郡), 대방군(帶方郡), 명문전(銘文塼), 전축분(塼築墳), 고구려(高句麗)

Ⅰ. 槪說

중국에서 벽돌(塼)은 漢代부터 현대까지도 널리 사용되고 있는 건축재료 중의 하나이다. 특히 고분에 사용된 벽돌에는 연호를 비롯해 피장자 및 제작자(발주자) 등의 내용을 포함한 명문이 발견되기도 하는데, 이

* 동국대학교 강사
** 서울시립대학교 국사학과 조교수
*** 서울시립대학교 국사학과 석사과정

를 통해 그 제작 시기를 특정함은 물론 내용을 통해 시대별 역사·문화상을 검토할 수도 있다. 한반도에도 낙랑·대방군이 설치되었던 평안도·황해도 지역을 중심으로 전축분 유적과 더불어 銘文이 있는 벽돌들이 다수 발견되었는데, 여기에는 피장자의 성씨나 관직, 출신지 등이 표기되어 있어서 당시의 시대상을 파악하는 중요한 자료가 되고 있다.

특히 이 명문전에는 後漢·曹魏·西晉·後趙代의 年號가 발견되는데, 이를 통해 황해도·평안도 일대에서는 後漢代인 2세기 말부터 東晉末인 5세기 전반까지 명문전의 제작이 지속되었음을 알 수 있다. 그리고 이는 낙랑·대방군(이하 2군)의 존속기뿐만 아니라 그 소멸 이후에도 존재했던 그 지역 토착세력의 동향을 살피는 유용한 자료가 되고 있다. 현재도 이 명문전 자료들은 황해도·평안도 일대의 2군 소멸 과정과 고구려의 지배 양상을 살피고, 4세기 이래 백제로 남하했던 낙랑·대방계 주민들의 연원을 추정하는 중요한 자료로서도 활용되고 있는 실정이다.

그런데 이와 같이 중요하게 활용되는 명문전들이 역사적 사료로서 활용되기 이전에 충분한 검증을 거쳤는지는 의문이다. 연호나 연간지가 표기된 명문전들은 1930년대에 나온 『昭和七年度古蹟調査報告』에서 일괄 정리된 적이 있었으나,[1] 여기서는 판독문만을 정리했을 뿐, 사진이 별도로 제공된 것은 평양역 부근에서 발견된 佟利墓의 '永和九年銘'塼과 같은 극히 일부 사례에 불과했다. 이후 국립중앙박물관편, 2001, 『낙랑』, 솔에서 박물관 소장 명문전의 컬러 사진과 판독문을 함께 공개했으나,[2] 이는 2군 지역에서 발견된 전체 명문전의 일부에 불과한 것이었다.

이후의 연구들에서도 여전히 2군 관련 명문전을 연구하면서 이전의 보고서와 논저에 제시된 판독문만을 인용하거나,[3] 별도의 판독과 역주를 제시하면서도 사진이나 실물을 함께 제시하는 데는 미치지 못했는데,[4] 그 원인은 관련 실물과 사진 자료를 확보하기 어려웠던 사정 때문일 것이다. 그런데 최근 필자들은 과거 梅原末治가 수집한 고고학 자료들 가운데 동양문고에 기증된 유물 사진들이 일본의 웹사이트를 통해 공개되고 있음을 알게 되었다.[5] 「梅原考古写真資料庫(database)」로 명명되어 있는 이 사이트에는 梅原末治가 大正연간(1912~1926) 부터 1945년까지 한반도에서 유적·유물을 조사하며 찍은 실물 사진 혹은 탁본 사진을 파일로 제공하고 있는데, 그 가운데는 『昭和七年度古蹟調査報告』에서 판독문이 소개된 바 있는 2군 지역 출토 명문전의 사진들도 상당수 있었다.

이에 필자들은 「梅原考古写真資料庫(database)」에서 2군 관련 명문전의 사진들을 모두 다운로드받았고, 그 가운데 일단 연도가 있는 명문전들을 먼저 판독·역주하는 작업을 하였다. 이를 통해 비록 많지는 않지만, 기존 연구에서 제시된 명문전의 잘못된 분류와 일부 판독 오류를 수정할 수 있었다. 또한 최근까지

---

1) 榧本龜次郎·野守健, 1932, 「永和九年在銘古蹟調査報告」, 『昭和七年度古蹟調査報告』.
2) 국립중앙박물관 편, 2001, 『낙랑』, 솔, pp.167-183.
3) 孔錫龜, 1988, 「平安·黃海道地方出土 紀年銘塼에 대한 硏究」, 『震檀學報』 65.
4) 林起煥, 1992, 「낙랑 및 중국계 금석문」, 『譯註韓國古代金石文(1)』, 가락국사적개발연구원.
5) 「梅原考古写真資料庫(database)」(http://124.33.215.236/umehara2008/ume_query.html). 이 웹사이트는 경북대학교의 윤용구선생님의 소개를 통해 알게 되었다.

국립중앙박물관과 북한의『조선고고연구』등에 소개된 바 있는 명문전들까지 추가하여, 2군 지역에서 발견된 명문전의 목록을 새롭게 정리하는 것이 가능했다. 이는 분량이 상당히 많기 때문에 본고에서는 1차로 연도가 기재된 명문전만을 정리하여 소개하고자 한다. 판독과 역주의 결과를 통한 학술적 검토는 기타 명문전들의 역주를 추후에 진행한 뒤에 종합하여 제시할 예정이며, 이 글에서는 사진과 판독, 역주를 중심으로 다루었다.

II. 銘文塼의 판독과 역주

※ 이하 표를 통하여 사진, 출처, 출토지, 판독, 역주의 순서로 제시한다.
※ 명문전이 대부분 세로로 긴 형태인데, 이하의 표 안에 관련된 설명문과 함께 사진을 배치하는 과정에서 편의상 왼쪽으로 90도 기울인 형태(가로)로 제시하였다.
※ 명문전의 No.는 필자들이 임의로 표기한 것이다.

표 1. 銘文塼의 사진과 판독 · 역주

No.	항목	내용
1	사진	ⓐ ⓑ
	출처	ⓐ 국립중앙박물관 편, 2001,『樂浪』, 솔, p.167. ⓑ 우메하라 124-1461-578 ⓒ 榧本龜次郞 · 野守健, 1932(사진 없음) ⓓ 井內功, 1979,『朝鮮瓦塼圖譜』7(사진 없음)
	출토지	黃海北道 鳳山郡 文井面
	판독	ⓐ 光和五年韓氏造牢 ⓑ 光和五年 ⓒ 之[壽] ⓓ 壽者 ▸ [문자 기재 방향] 정방향

No.	항목	내용

▸ 연구자별 판독의견

판독자	판독문	비정 연대
榧本龜次郎·野守健, 1932	ⓐ 光和五季韓[氏]造▨ (側銘) ⓒ 之[壽](小口銘)	182
林起煥, 1992	ⓐ 光和五年韓氏造[牢] (側銘) ※[ⓐ와 별개의 명문전] 光和五年韓氏造牢 (側銘) ⓒ 之[壽] (小口銘) ⓓ 壽者 (小口銘)	182
孔錫龜, 1998	ⓐ 光和五季韓[氏]造▨ (側銘) ⓒ 之[壽](小口銘)	182
국립중앙박물관 편, 2001	ⓐ 光和五年韓氏造牢	182

▸ 榧本龜次郎·野守健, 1932에 ⓒ의 '之[壽]'명이 소개되어 있다. 실물 사진을 확인할 수 없으나 일단 기재한다.
▸ 井內功, 1979에서 ⓓ의 '壽者'(小口銘)명이 소개되어 있다. 실물 사진은 확인할 수 없으나 일단 기재한다.
▸ 榧本龜次郎·野守健와 孔錫龜는 ⓐ-4를 季로 판독했으나, 아래의 이체자 사례를 통해 年으로 보았다.

ⓐ-4(年)	南北朝·魏碑	漢 走馬樓前漢簡

▸ 榧本龜次郎·野守健은 ⓐ-6의 '氏'를 불명확하다고 판단하였으나 위 명문전 사진의 ⓐ-6에 보이는 자형을 통해 氏자가 분명함을 알 수 있다.
▸ ⓐ-8은 판독 불가로 보기도 했으나, 아래의 이체자 사례들을 통해 '牢'자로 판독하고자 한다. 특히 後漢代 명문전 가운데 '永元十三年三月十二日黃作牢'명전처럼 말미에 牢자가 쓰인 사례들이 있다는 점도 참고된다(谷豊信, 1999, p.183).

ⓐ-8(牢)	漢 史晨前後碑	漢 額濟納居延後漢簡-死駒劾狀

| | 역주 | ▸ 光化五年은 後漢 靈帝代의 연호로 182년에 해당한다.
▸ ⓐ-8의 '牢'는 樂浪 출토 漢代 漆器 銘文에 그 使用例가 많이 보인다. 牢는 곧 堅牢의 의미로 단단하여 쉽게 부서지지 않음을 의미하며, 무덤이 길이 견고할 것을 기원하는 길상구로 볼 수 있다(林起煥, 1992, p.365). |

No.	항목	내용
2	사진	ⓐ ⓑ
	출처	ⓐ 우메하라 142-1866-10899 ⓑ 우메하라 142-1866-10899
	출토지	平壤市 樂浪區域 土城洞(舊 平安南道 大同郡 大同江面 土城里)

<table>
<tr><td rowspan="2"></td><td rowspan="2"></td><td>

ⓐ 興平二載四月貫氏造[壽][郭]
ⓑ ▨張孟陵
▸ 정방향
▸ 연구자별 판독의견

판독자	판독문	비정 연대
榧本龜次郎·野守健, 1932	ⓐ 興平二載[四]月貫氏造[壽] (側銘) ⓑ ▨▨▨▨(小口)	195
林起煥, 1992	ⓐ 興平二載[四]月貫氏造壽郭 (側銘) ⓑ ▨張孟陵(小口)	195
孔錫龜, 1998	ⓐ 興平二載四月貫氏造[壽] (側銘)	195

▸ ⓐ-10(11)의 판독에 대해 榧本龜次郎·野守健와 孔錫龜는 '壽', 林起煥은 '壽郭'으로 판독했다.
▸ 榧本龜次郎·野守健은 ⓐ-5의 명확한 판단을 보류하였으나, 위의 사진에 의하면 '四'자가 명확하다.
▸ ⓐ-10이 壽자인지 여부에 대해 불분명하다는 의견도 있었다. 그러나 ⓐ의 사진, 그리고 이체자 자형들과의 비교를 통해 '壽'로 판독하고자 한다.

ⓐ-10(壽)	漢·史晨前後碑	唐·顏真卿·顏家廟碑

▸ 榧本龜次郎·野守健과 孔錫龜 모두 ⓐ-11의 글자를 판독하지 않았으나, 위의 사진을 통해 마지막 부분에 '郭'자가 확인된다. 『朝鮮瓦塼圖譜』7의 圖30에서도 郭자가 확인된다고 한다(林起煥, 1992, p.366).
</td></tr>
</table>

No.	항목	내용

@-11(郭)	漢·華山廟碑	漢·曹全碑

‣ 榧本龜次郎·野守健은 ⓑ 전체 글자들을 판독불가로 처리했으며, 孔錫龜도 ⓑ를 제시하지 않았다.
‣ ⓑ-1는 글자는 결락되어 확인이 불가능하다.
‣ ⓑ-3은 林起煥이 孟으로 판독한 바 있다. 아래의 이체자 사례들에 의거해 '孟'으로 판독한다.

ⓑ-3(孟)	隸辨	後漢 張遷碑陰

역주

‣ '興平二載'의 興平은 後漢 獻帝 2년(195)이다.
‣ '壽郭'은 무덤의 견고함을 기원하는 길상구이다(林起煥, 1992, p.366).
‣ ⓑ의 '▨張孟陵'은 정확한 의미를 알 수 없다.

3	사진	없음
	출처	한인덕, 2002, 『평양일대의 벽돌칸무덤에 관한 연구』, 사회과학출판사, p.93 리순진, 2003, 『락랑구역일대의 고분발굴보고』, 백산자료원, p.469
	출토지	평양 락랑구역 정오동 31호분
	판독	興平二載四月母見氏吉靑部 (側面) / 工王(하부 결손)(小口) 張益勝 (小口) ‣ 명문이 있는 벽돌은 무덤 안길의 막음벽에 사용된 벽돌들 가운데에서 발견되었으며, 벽돌의 側面과 小口에 각각 양각으로 새겨져 있다고 한다(한인덕·김인철·송태호, 2003, p.96).
	역주	興平 2年은 後漢 獻帝 2년(195)이다.

4	사진	ⓐ ⓑ

No.	항목	내용
		ⓒ
	출처	ⓐ·ⓑ·ⓒ: 전주농, 1962, 「신천에서 대방군 장잠장 왕경의 무덤 발견」, 『문화유산』 1962-3, p.76.
	출토지	황해남도 신천군 봉산리
	판독	ⓐ 守長岑長王君君諱卿 ⓑ 年七十三子德彦東萊黃人也 ⓒ 正始九年三月卅日壁師王[德]造 ‣ 정방향 ‣ 연구자별 판독의견

판독자	판독문	비정 연대
林起煥, 1992	ⓐ 守長岑長王君君諱卿 (側銘) ⓑ 年七十三子德彦東萊黃人也 (側銘) ⓒ 正始九年三月卅日壁師王[德]造 (側銘)	248
孔錫龜, 1998	ⓐ 守長岑長王君君諱卿 (側銘) ⓑ 年七十三子德彦東萊黃人也 (側銘) ⓒ 正始九年三月卅日壁師王[德]造 (側銘)	248

‣ ⓐ·ⓑ·ⓒ 모두 전주농, 1962에서 흐릿하게 나온 사진으로만 확인이 가능하다. 정밀한 판독은 어려운 실정이다.
‣ 전주농은 ⓒ-2를 台로 판독했으나(전주농, 1962, p.77), 좌측에 女와 유사한 자획이 있다. 아래 이체자 사례들에 의거해 始로 판독한다.

ⓒ-2(始)	晉 爨寶子碑	晉 王羲之 樂毅論

| | 역주 | ‣ ⓒ의 正始 9년은 魏 齊王 正始 9년(248)이다.
‣ '東萊黃人'은 東萊郡의 首縣인 黃縣을 말한다.
‣ '壁師'는 무덤 축조의 책임자를 의미하는 것으로 추측된다.
‣ '長岑長'은 평양시 남쪽 토성지에서 발견된 '長岑長印' 봉니에서도 그 용례가 확인된다. 특히 '長岑'은 長岑縣으로 『漢書』 권28下 地理志에 의하면 樂浪郡 소속 25縣 중의 하나이다. 위치는 황해도 豊川郡에 비정하기도 하고(李丙燾, 1976 p.128), 황해도 松和郡 일대에 비정하기도 한다(孫進己 外, 1988, p.337). 이 글에서는 구체적인 위치 비정에 대해서는 다루지 않는다. |

No.	항목	내용
5	사진	ⓐ ⓑ
	출처	ⓐ 우메하라 107-0521-126
	출토지	傳 황해도 신천군
	판독	ⓐ 嘉平二年二月五日起造 ⓑ 戶上 ‣ 정방향 ‣ 연구자별 판독의견 (아래 표) ‣ ⓐ-4는 季로 보는 의견도 있으나, 아래의 이체자 사례들과의 비교를 통해 '年'으로 판독이 가능하다. (아래 이체자 사진)
	역주	‣ '嘉平二年'은 魏 齊王 嘉平 2년(250)이다.
6	사진	없음
	출처	ⓐ 윤송학, 2004, 「황해남도 신천군 새날리 벽돌무덤 발굴보고」, 『조선고고연구』2004-4, p.43
	출토지	黃海南道 信川郡 새날리
	판독	ⓐ 嘉平四年楊氏

연구자별 판독의견:

판독자	판독문	비정 연대
榧本龜次郎·野守健, 1932	ⓐ 嘉平二季二月五日起造(側銘) ⓑ 戶上(小口)	249~253
林起煥, 1992	ⓐ 嘉平二年二月五日起造(側銘) ⓑ 戶上(小口)	250
孔錫龜, 1998	ⓐ 嘉平二季二月五日起造(側銘) ⓑ 戶上(小口)	250

ⓐ-4(年)	漢 石門頌	南北朝 魏碑

No.	항목	내용
	역주	▸ 嘉平4年은 曹魏(252)와 南涼(411)에서 사용된 바 있다. 명문전이 출토된 새날리 전축분은 구조상 궁륭식 천정을 갖춘 것으로 보아 3세기 중반인 曹魏代에 조영되었을 가능성이 높기 때문에, 여기서의 가평 4년은 曹魏의 연호(252)로 파악된다(사회과학원 고고학연구소편, 2003, p.34; 윤송학, 2004, p.39).
7	사진	없음
	출처	ⓐ 榧本龜次郎·野守健, 1932, 「樂浪·帶方時代紀年銘塼集錄」『昭和七年度古蹟調査報告』第1冊, p.2.
	출토지	傳 黃海道 信川郡
	판독	ⓐ 甘露(하부 결손) ▸ 연구자별 판독의견
	역주	▸ '甘露'는 前漢(기원전 53~기원전 50)와 東吳(265~266), 前秦(359~364) 등에서도 사용된 바 있으나, 전축분이 만들어진 연대와 한반도 서북부의 지배 세력인지 여부 등을 고려할 때, 曹魏의 연호(256~259)로 보는 것이 가장 적절할 것이다.

판독 (No.7):

판독자	판독문	비정 연대
榧本龜次郎·野守健, 1932	ⓐ 甘露(하부 결손) 側銘	256~259
林起煥, 1992	ⓐ 甘露(하부 결손)	256~259
孔錫龜, 1998	ⓐ 甘露(하부 결손) 側銘	256~259

No.	항목	내용
8	사진	ⓐ
	출처	ⓐ 국립중앙박물관 편, 2001, 『樂浪』, 솔, p.167
	출토지	傳 黃海南道 信川郡
	판독	ⓐ 景元元年七月卄三日 ▸ 정방향 ▸ 연구자별 판독의견
		▸ ⓐ-4는 龜次郎·野守健, 1932, p.2에서는 季로 판독하였으나, 앞에서 제시한 이체자 사례들과의 비교에 의거해 年으로 판독한다.
	역주	ⓐ의 景元元年은 魏 元帝 景元 元年(260)이다.

판독 (No.8):

판독자	판독문	비정 연대
榧本龜次郎·野守健, 1932	ⓐ 景元元季七月卄三日 (側面)	260
林起煥, 1992	ⓐ 景元元年七月卄三日 (側面)	260
孔錫龜, 1998	ⓐ 景元元季七月卄三日 (側面)	260
국립중앙박물관 편, 2001	ⓐ 景元元年七月卄三日	260

No.	항목	내용
9	사진	ⓐ
	출처	ⓐ 井內功, 1979, 『朝鮮瓦塼圖譜Ⅰ(樂浪·帶方)』, 井內古文化硏究室
	출토지	黃海北道 鳳山郡 文井面
	판독	ⓐ 景元三年三月八日韓氏造 ‣ 정방향 ‣ 연구자별 판독의견
	역주	‣ '景元三年'은 魏 元帝 三年(262)이다.

판독 (No. 9)

판독자	판독문	비정 연대
林起煥, 1992	ⓐ 景元三年三月八日韓氏造 (側銘)	262
孔錫龜, 1998	ⓐ 景元三年三月八日韓氏造 (側銘)	262

No.	항목	내용
10	사진	ⓐ
	출처	ⓐ 우메하라 106-0508-1202
	출토지	黃海南道 信川郡 加山面 干城里
	판독	ⓐ 泰始四年三月十日段氏造 ‣ 정방향 ‣ 연구자별 판독의견

판독 (No. 10)

판독자	판독문	비정 연대
榧本龜次郞·野守健, 1932	ⓐ 泰始四年三月十日▨▨造 (側面)	268
林起煥, 1992	ⓐ 泰始四年三月十日▨▨造 (側面)	268
孔錫龜, 1998	ⓐ 泰始四年三月十日▨▨造 (側面)	268

‣ ⓐ-9는 문맥상 해당 위치에 姓氏가 기재될 가능성이 높다는 점, 그리고 아래에 제시한 이체자 사례와의 비교를 통해 段으로 판독하였다.

ⓐ-9(段)	說文解字 (大徐本)

No.	항목	내용
		‣ ⓐ-10은 ⓐ-9가 성씨인 '段'으로 판독되는 점, 그리고 글자 형태를 고려할 때 '氏'로 판독할 수 있다. ⓐ-10(氏) 晉 王羲之 興福寺半截碑 漢 石門頌
	역주	‣ '泰始四年'은 晉 武帝 泰始 4年(268)이다.
11	사진	ⓐ ⓑ
	출처	ⓐ 우메하라 107-0513-1224 ⓑ 우메하라 107-0521-1263
	출토지	黃海道 鳳山郡 文井面 唐土城
	판독	ⓐ ▨始七年四[月] ⓑ 泰始七年四月 ‣ 정방향 ‣ 연구자별 판독의견 | 판독자	판독문	비정 연대
榧本龜次郎·野守健, 1932	ⓐ 泰始七年四月 (小口銘)	271
林起煥, 1992	ⓐ 泰始七年四月 (小口銘)	271
孔錫龜, 1998	ⓐ 泰始七年四月 (小口銘)	271 | ‣ ⓐ-1은 보이지 않으며, ⓐ-6도 하단부가 결락되어 분명하게 확인되지 않는다. 다만 ⓐ와 ⓑ의 출토지와 글자체가 서로 같으므로 양자를 서로 비교해보면, ⓐ-1과 ⓐ-6도 각각 泰와 月자가 들어갈 가능성이 높다. ‣ 榧本龜次郎·野守健와 孔錫龜, 林起煥 모두 판독에 이견이 없다.
	역주	泰始는 晉 武帝代의 연호로 泰始 7년은 271년에 해당한다.

No.	항목	내용
12	사진	ⓐ
	출처	ⓐ 우메하라 142-1866-10900
	출토지	黃海道 鳳山郡 文井面 唐土城
	판독	ⓐ 泰始七年[八]月 ‣ 정방향 ‣ 연구자별 판독의견 ⓐ-3을 七로 추정하였다. 林起煥은 '七'로 판독하였지만, '十'일 가능성도 있다고 제시하였다. '七'을 '十'으로 刻銘하는 것은 漢代에 통용되던 刻法이라고 한다(林起煥, 1992, p.370). ⓐ-5인 '八'은 梅本龜次郞·野守健와 孔錫龜, 林起煥 모두 판단을 보류하였으나, 양쪽으로 비스듬히 내려가는 획이 보이므로 '八'로 판독하였다. ⓐ-6은 梅本龜次郞·野守健와 孔錫龜, 林起煥 모두 판독 불가로 처리하였으나, 앞 글자가 숫자(八)이므로 문맥상 月이 들어갈 가능성이 높으며, 자형상으로도 月로 볼 수 있다.

판독문 표

판독자	판독문	비정 연대
梅本龜次郞·野守健, 1932	ⓐ 泰始[七]年[八]▨▨▨(側面)	271
林起煥, 1992	ⓐ 泰始七年[八]月(下缺)(側面)	271
孔錫龜, 1998	ⓐ 泰始[七]年[八]▨▨▨(側面)	271

‣ 梅本龜次郞·野守健과 孔錫龜는 ⓐ-3을 七로 추정하였다. 林起煥은 '七'로 판독하였지만, '十'일 가능성도 있다고 제시하였다. '七'을 '十'으로 刻銘하는 것은 漢代에 통용되던 刻法이라고 한다(林起煥, 1992, p.370).

ⓐ-3(七)	漢· 華山廟碑	漢· 史晨前後碑

‣ ⓐ-5인 '八'은 梅本龜次郞·野守健와 孔錫龜, 林起煥 모두 판단을 보류하였으나, 양쪽으로 비스듬히 내려가는 획이 보이므로 '八'로 판독하였다.

ⓐ-5(八)	漢·乙瑛碑	漢·鐘繇· 白騎遂內帖

‣ ⓐ-6은 梅本龜次郞·野守健와 孔錫龜, 林起煥 모두 판독 불가로 처리하였으나, 앞 글자가 숫자(八)이므로 문맥상 月이 들어갈 가능성이 높으며, 자형상으로도 月로 볼 수 있다.

No.	항목	내용

| | | ⓐ-6(月) | 漢·曹全碑 | 漢·史晨前后碑 |

| 역주 | ‣ '泰始七年'는 晉 武帝 泰始 7년(271)이다. |

No.	항목	내용
13	사진	없음
	출처	梅原末治, 1931, 『書道全集』4, 平凡社에 판독문만 제시됨.
	출토지	黃海道 鳳山郡 文井面 唐土城
	판독	ⓐ 泰始七年杜紙林 ⓑ 晉故 ‣ 연구자별 판독의견

판독자	판독문	비정 연대
孔錫龜, 1998	ⓐ 泰始十年杜紙[村] (側銘) ⓑ 晉故 (小口)	271

‣ ⓐ와 ⓑ 모두 실물 사진 확인이 불가능하지만 일단 기존의 판독문을 옮겨둔다. 다만 ⓑ의 경우 15번의 ⓑ, ⓓ에서도 '晉故'명전이 확인된다. 13번과 15번의 출토지가 같고 문구 또한 거의 동일하므로 각각 별개의 자료로 혼동했을 가능성도 배제할 수 없다는 점을 지적해둔다.

| 역주 | '泰始七年'는 晉 武帝 泰始 7년인 271년에 해당한다. |

No.	항목	내용
14	사진	ⓐ
	출처	국립중앙박물관 편, 2001, 『樂浪』, 솔, p.168.
	출토지	傳 平安南道 大同郡 大同江面
	판독	ⓐ 泰始十年七月卄三日造 ‣ 정방향 ‣ 연구자별 판독의견

판독자	판독문	비정 연대
榧本龜次郎·野守健, 1932	ⓐ 泰始十年七月卄三日造(側銘)	274
林起煥, 1992	ⓐ 泰始十年七月卄二日造(側銘)	274
孔錫龜, 1998	ⓐ 泰始十年七月卄三日造(側銘)	274
국립중앙박물관 편, 2001	ⓐ 泰始十年七月卄二日造	274

No.	항목	내용
		‣ 국립중앙박물관 편, 2001과 林起煥, 1992는 ⓐ-8을 '二'로 판독하고 있으나, 위의 사진상으로 가로획이 3개인 것이 분명하게 보인다. 三으로 판독한다.
	역주	‣ '泰始十年'는 晉 武帝 泰始 10년(274)이다.
15	사진	 ⓐ ⓑ ⓒ ⓓ
	출처	ⓐ 우메하라 107-0513-1225 ⓑ 우메하라 107-0513-1225 ⓒ 우메하라 107-0521-1273 ⓓ 우메하라 107-0521-1273
	출토지	黃海道 鳳山郡 文井面 唐土城
	판독	ⓐ 泰始十年杜奴村 ⓑ 晉故 ⓒ 泰始十年杜奴村 ⓓ 晉故 ‣ ⓐ~ⓓ 모두 역방향(좌우반전) ‣ 연구자별 판독의견

판독자	판독문	비정 연대
榧本龜次郎·野守健, 1932	ⓐ 泰始十年杜奴[村] (側面) ⓑ 晉[故](小口)	274
孔錫龜, 1998	ⓐ 泰始十年杜奴[村] (側面) ⓑ 晉故(小口)	274
林起煥, 1992	ⓐ 泰始十年杜奴[村] (側面) ⓑ 晉[故] (小口)	274

No.	항목	내용
		▸ ⓐ-5와 ⓒ-5는 좌우반전된 상태이긴 하나, 사진을 통해 '村'으로 분명히 판독할 수 있다. | ⓐ-5(村)〈좌우반전〉	ⓒ-5(村)〈좌우반전〉	曹全碑
---	---	---	
	역주	▸ '泰始十年'은 晉 武帝 泰始 10年(274)이다. ▸ '杜奴村'의 의미는 명확하지 않다. 다만 다른 塼銘의 예를 보건대 문맥상 피장자나 축조자의 성명일 가능성이 있다.
16	사진	없음
	출처	ⓐ 三上次男, 1977 『古代東北アジア史研究』, p.42
	출토지	黃海道 鳳山郡 文井面 唐土城
	판독	ⓐ 泰始十一年八月▨
	역주	▸ 泰始 연호는 西晉代에 265~274년까지, 南宋代에 465~471년까지 사용되었다. 이 가운데 2군 고지에서 전축분이 조영된 것은 서진시기이다. 그런데 서진대의 泰始 연호 역시 10년까지만 쓰였으며, 11년째 되는 해인 275년 正月부터 '咸寧'으로 改元하였다(『資治通鑑』 晉紀2 武帝 咸寧 元年). 따라서 ⓐ의 泰始 11년 8월은 275년 8월로서 고분 조영자들이 咸寧으로의 改元 사실을 8개월가량 모르고 있던 상태를 반영한다고 할 수 있다.
17	사진	

No.	항목	내용
		ⓔ
	출처	ⓐ 우메하라 142-1866-10901 ⓑ 우메하라 107-0511-1208 ⓒ 국립중앙박물관 편, 2001, 『樂浪』, 솔, p.168 ⓓ 우메하라 107-0511-1208 ⓔ 우메하라 142-1866-10901
	출토지	傳 黃海道 信川郡

ⓐ 咸寧元年三月造
ⓑ 咸寧元年三月造
ⓒ 咸寧元年三月造
ⓓ 五官掾作
ⓔ 五官掾作
‣ ⓐ~ⓔ 모두 정방향
‣ 연구자별 판독의견

판독자	판독문	비정 연대
榧本龜次郎·野守健, 1932	咸寧元年三月造(側銘) 五官豫作(小口)	275
孔錫龜, 1998	咸寧元年三月造(側銘) 五官豫作(小口)	275
林起煥, 1992	咸寧元年三月造(側銘) 五官豫作(小口)	275
국립중앙박물관 편, 2001	咸寧元年三月造	275

‣ ⓓ-3과 ⓔ-3은 기존에 주로 豫으로 판독하였다. 실제로 좌측에 扌변은 잘 보이지 않는다. 그러나 기록상 五官掾의 掾을 豫으로 표기한 사례를 찾을 수 없으며, 掾의 이체자로 '豫' 형태를 가진 사례도 보이지 않는다. 그런데 전돌에 명문을 새길 때 좌우 윤곽선을 자획으로 사용한 사례들이 적지 않게 발견되며, ⓑ-3의 일부 자획들이 왼쪽의 세로 윤곽선에 이어져 있다는 점을 감안할 필요가 있다. 아마도 扌의 세로획을 좌측의 윤곽선으로 대신하고, 扌의 두 가로획을 아래와 같이 우측의 豫에 붙는 형태로 처리한 것이 아닌가 한다. 이에 본고에서는 掾으로 판독한다.

ⓔ-3(掾)	後漢 祀三公山碑

‣ 咸寧은 西晉 武帝(275~280)와 後涼(399~401) 靈帝代의 연호다. 다만 후량은 지리적으로 한반도와 떨어진 지역의 국가로서 낙랑·대방군 지역과의 관련성이 높지 않다고 판단되므로 咸寧元年은 서진 연호로 볼 수 있다. 서진의 함녕 연호는 275년 正月에 改元한 뒤

No.	항목	내용
		280년 2월 오나라를 멸망시키고 그 해 4월 太康으로 改元하기까지 5년 3개월 간 사용하였다(『資治通鑑』 卷80 晉紀2 咸寧 元年; 『資治通鑑』 卷81 晉紀3 太康元年). ▸ 평양 석암리205호분에서도 '五官掾王旴印'이라 새겨진 목제인장이 출토된 것 등으로 미루어 볼 때(이나경·장은정·함순섭, 2018, p.126), ⓑ의 五官掾은 낙랑군(혹은 대방군)에서 피장자 혹은 축조자가 역임했던 관직으로 생각된다. 오관연은 후한대 이래 郡太守의 屬官으로 功曹를 비롯한 諸曹의 일을 관리하고 그 결정에 連書하는 것이었다(『後漢書』 志28 百官5 州郡條). 다만 서진대에 군의 속관들이 늘어남에 따라 오관연의 비중과 지위도 이전보다 상대적으로 낮아졌을 가능성이 있다(孔錫龜, 1998, pp.91~92).
18	사진	ⓐ
	출처	ⓐ: 우메하라 107-0513-1223 ⓑ: 우메하라 107-0522-1276
	출토지	黃海南道 信川郡
	판독	ⓐ 咸寧五年三月六日己丑造 ▸ ⓐ의 '咸寧', '己', '丑', '造'는 좌우 역방향으로 되어 있다. ▸ 연구자별 판독

판독자	판독문	비정 연대
榧本龜次郞·野守健, 1932	ⓐ 咸寧五年三月六日己[丑]造	279
林起煥, 1992	ⓐ 咸寧五年三月六日己丑造	279
孔錫龜, 1998	ⓐ 咸寧五年三月六日己[丑]造	279

▸ ⓐ-1은 글자가 좌우반전된 상태에서 '戈'부가 왼쪽에 위치해 있다. 우측의 세로획은 분명하지 않아 보이는데, 전돌의 좌우 윤곽선을 자획으로 대체하는 경우도 있는 것으로 미루어 볼 때 咸으로 판독해도 큰 문제가 없어 보인다.

ⓐ-1(咸) 〈좌우반전〉	東晉 羲之夫婦 墓誌	東晉 王閩之墓誌

▸ ⓐ-2의 寧의 자획 하단의 삐짐(점)이 우측에 있는 것을 통해 좌우반전임을 확인할 수 있다. 아래의 사례에 근거해 寧으로 판독하였다. |

No.	항목	내용
		 ▸ ⓐ-3은 아래의 사례에 근거해 五로 판독하였다. ▸ ⓐ-9는 일간지가 들어갈 위치임을 고려할 때 己자로 볼 수 있으며, 좌우반전된 형태임을 확인할 수 있다. ▸ ⓐ-10은 아래의 사례를 근거해 丑으로 판독하였다. ▸ ⓐ-11은 다소 불명확하지만 마지막 글자로서 문맥상 造가 들어갈 가능성이 높으며, 남은 자획을 아래의 사례와 비교하여 造로 판독하였다. 좌우반전된 형태이며, 辶변은 명문을 두르고 있는 윤곽선으로 대신한 것으로 보인다.
	역주	▸ 咸寧 연호는 西晉(275~280)과 後涼(399~401)에서 사용되었다. 다만 후량의 경우 2군 고지와의 교류 여부가 불확실한데다 咸寧 3년인 401년 2월에 神鼎 연호로 改元하였다 (『資治通鑑』卷112 晉紀34). 이러한 점 등을 감안할 때 ⓐ의 咸寧 5년은 곧 西晉 연호(279)로 보는 것이 타당할 것이다.

No.	항목	내용		
19	사진	ⓐ		
	출처	ⓐ: 우메하라 107-0513-1212		
	출토지	黃海南道 信川郡		
	판독	ⓐ 太康元年三月六日 ‣ 정방향 ‣ 연구자 별 판독		

‣ 연구자 별 판독 표:

판독자	판독문	비정 연대
榧本龜次郎·野守健, 1932	ⓐ 太康元年三月六日	280
林起煥, 1992	ⓐ 太康元年三月六日	280
孔錫龜, 1998	ⓐ 太康元年三月六日	280

‣ ⓐ-2의 '康'은 아래의 사례를 근거해 다음과 같이 판독하였다.

ⓐ-2(康)	後漢 馬王堆 帛書

‣ ⓐ-7은 문맥상 숫자가 들어갈 부분인데, 남은 자획을 감안할 때 六자가 가장 부합한다고 판단된다.

역주

‣ 2군 지역에 전축분이 조영되었던 2~5세기경의 太康 연호는 西晉 武帝(280~289)뿐이다. 다만 태강으로의 改元 시기가 4월 乙酉日(『資治通鑑』卷81 晉紀3)로 나타나기 때문에 ⓐ에 3월로 표기된 것은 실제 太康 연호로의 改元보다 한 달 정도 이르다. 아마도 이 전돌은 280년 4월 이후에 만들어졌음에도 制作月을 3월로 표기한 것으로 보인다.

No.	항목	내용
20	사진	ⓐ
	출처	ⓐ: 국립중앙박물관 편, 2001, 『樂浪』, 솔, p.169
	출토지	黃海北道 鳳山郡
	판독	ⓐ 太康元年三月八日王氏造 ‣ 정방향 ‣ 연구자 별 판독

No.	항목	내용

판독자	판독문	비정 연대
榧本龜次郎·野守健, 1932	ⓐ 太康元年三月八日王氏造	280
林起煥, 1992	ⓐ 太康元年三月八日王氏造	280
孔錫龜, 1998	ⓐ 太康元年三月八日王氏造	280
국립중앙박물관 편, 2001	ⓐ 太康元年三月八日王氏造 ⓑ 康	280

‣ ⓐ-2의 '康'은 아래의 사례를 근거해 다음과 같이 판독하였다.

ⓐ-2(康)	西晉 房宣 墓誌	東晉 王興之 夫婦 墓誌

‣ ⓑ는 榧本龜次郎·野守健의 보고서에서는 확인할 수 없으며, 국립중앙박물관 편, 2001
에만 언급되어있다.

역주

‣ 大가 太를 대신하여 사용되었던 점을 고려한다면 太康(280~289) 연호로 볼 수 있으며,
이는 西晉 武帝代(280~289)에 해당한다. 따라서 太康元年은 곧 280년에 해당한다. 다만
ⓐ의 3월은 실제 태강으로 改元된 4월 乙酉日(『資治通鑑』卷81 晉紀3)보다 한 달가량 빠르
다. 그렇다면 이 전돌 역시 표기는 3월이나, 실제로는 280년 4월 이후에 만들어졌을 가능
성이 있다.

21

사진

출처

ⓐ·ⓑ: 우메하라 106-0507-1200

출토지

黃海北道 鳳山郡 文井面 松山里

판독

ⓐ 太康三年吳氏造
‣ 정방향
‣ 연구자 별 판독

No.	항목	내용

판독자	판독문	비정 연대
榧本龜次郎·野守健, 1932	ⓐ 太康三年吳氏造 (側銘)	282
林起煥, 1992	ⓐ 太康三年吳氏造 (側銘)	282
孔錫龜, 1998	ⓐ 太康三年吳氏造 (側銘)	282

‣ ⓐ-5의 글자가 약간 훼손되었으나 ⓑ-3에서 원형을 어느 정도 예측할 수 있으며, 아래의 사례를 근거해 다음과 같이 판독하였다.

ⓐ-5(吳)	ⓑ-3(吳)	後漢 魯峻碑陰	東晉 王閩之 墓誌

ⓑ 七月吳氏
‣ 정방향
‣ 연구자 별 판독

판독자	판독문	비정 연대
榧本龜次郎·野守健, 1932	ⓑ 七月吳氏 (小口銘)	282
林起煥, 1992	ⓑ 七月吳氏 (小口銘)	282
孔錫龜, 1998	ⓑ 七月吳氏 (小口銘)	282

‣ ⓑ-1은 우측 모서리가 파손되었으나 자형을 고려할 때 '七'로 판독할 수 있다.

No.	항목	내용
	역주	太康은 西晉 武帝(280~289) 시기 연호이다. 太康3年은 282년에 해당한다.
22	사진	없음
	출처	本龜次郎·野守健, 1932, 「永和九年在銘塼出土古蹟調査告」, 『昭和七年度古蹟調査報告』, p.4
	출토지	黃海南道 信川郡 北部面 西湖里
	판독	太康四季三月卄[七]日造 (側銘) ‣ 실물 자료가 확인되지 않으므로, 榧本龜次郎·野守健, 1932의 판독안을 따른다.
	역주	西晉 武帝(280~289) 시기 연호로 太康 4年은 283년에 해당한다.
23	사진	없음
	출처	本龜次郎·野守健, 1932, 「永和九年在銘塼出土古蹟調査告」, 『昭和七年度古蹟調査報告』, p.4
	출토지	黃海南道 信川郡 北部面 西湖里
	판독	ⓐ「太康四年[三](하부결손)」 ⓑ「(상부결손)三月昭明王長造」 (側銘) ‣ 사진이나 실물 자료가 확인되지 않으며, 本龜次郎·野守健, 1932, p.4에 ⓐ「太康四年[三](하부결손)」와 ⓑ「(하부결손)三月昭明王長造」의 명문이 제시되어 있다. 또한 우메하라의 보고서의 사진(107-0512-1217 其二)에서 해당 명문전에 대한 메모가 확인된다.

No.	항목	내용
	역주	▸ 昭明은 낙랑군의 25현 가운데 하나로 南部都尉의 治所였다(『漢書』卷28下 地理志 제8下 樂浪郡). 太康은 西晉 武帝代(280~289)의 연호로서 태강 4년은 곧 283년에 해당한다. ▸ 昭明縣은 『漢書』 지리지와 『後漢書』 郡國志에 모두 기록되어 있지만, 晉武帝 太康 元年 (280)의 상황을 보여주는 『晉書』卷14 志第4 地理上 平州 樂浪郡·帶方郡에는 보이지 않는 다. 따라서 280년에는 이미 폐지되었거나 改稱된 상태였을 가능성이 높다(李丙燾, 1976, p.126; 김미경, 1996, p.5). 그 경우 늦어도 280년 이전부터 더 이상 공식 행정지명이 아니었던 '昭明'이 283년에 王長이라는 인물의 무덤 전돌에 출신지로서 기재되어 있는 것이 된다. 이는 신천군에 잔존한 漢系 토착세력이 당대의 행정지명이 아닌 원래 살던 지역 내에서 통용되던 옛 지명을 출신지명으로 표기한 사례라고 생각된다. 즉 신천군의 토착 유력자가 자기 지역 내에서 常用되던 지명을 고분 내에 출신지로 표기한 사례로 볼 수 있을 것이다(안정준, 2017, p.62~63).
24	사진	ⓐ
	출처	안병찬·홍원표, 1990, 「새로 드러난 추릉리 벽돌무덤」, 『조선고고연구』 1990-1, p.45
	출토지	黃海南道 三泉郡 楸陵里
	판독	ⓐ 大康四年 ▸ 정방향 ▸ 안병찬·홍원표, 1990에만 탁본 사진이 제시되어 있다.
	역주	▸ 太康은 西晉 武帝代(280~289)의 연호로서 태강 4년은 283년에 해당한다.
25	사진	없음
	출처	本龜次郞·野守健, 1932, 「永和九年在銘塼出土古蹟調査告」, 『昭和七年度古蹟調査報告』, p.4
	출토지	黃海南道 信川郡
	판독	大康七年三月二十八日王作 ▸ 사진 자료가 확인되지 않으므로 本龜次郞·野守健, 1932, p.4의 판독안을 따른다.
	역주	西晉 武帝(280~289) 시기 연호로 太康 7年은 286년에 해당한다.
26	사진	ⓐ
	출처	ⓐ: 우메하라 107-0512-1213
	출토지	黃海南道 信川郡
	판독	ⓐ 太康七年三月癸丑作 ▸ 정방향 ▸ 연구자 별 판독

No.	항목	내용		

판독자	판독문	비정 연대
梅本龜次郞·野守健, 1932	ⓐ 太康七年三月癸丑作	286
林起煥, 1992	ⓐ 太康七年三月癸丑作	286
孔錫龜, 1998	ⓐ 太康七年三月癸丑作	286

▸ ⓐ-4의 '年'은 아래의 사례를 근거해 다음과 같이 판독하였다.

ⓐ-4(年)	後漢 大吉買 山地記	後漢 裴岑紀 功碑

▸ ⓐ-9의 '作'은 아래의 사례를 근거해 다음과 같이 판독하였다.

ⓐ-9(作)	吳 谷朗碑

역주
▸ 大가 太를 대신하여 사용되었던 점을 고려한다면 西晉 武帝代의 太康(280~289) 연호로 볼 수 있다. 太康 7年은 286년에 해당한다.

27

사진

출처
ⓐ: 우메하라 107-0521-1264
ⓑ: 우메하라 107-0520-1259

출토지
黃海南道 安岳郡 龍順面 柳雪里 北洞

판독
ⓐ·ⓑ 君以大康九年二月卒故記
ⓒ (상부 결락)月[卒故]記
▸ 정방향

No.	항목	내용

‣ 연구자 별 판독

판독자	판독문	비정 연대
榧本龜次郎·野守健, 1932	ⓐ 君以大康九年二月[卒故]記(결락) ⓒ (상부 결락)月[卒故]記 (側銘)	288
林起煥, 1992	ⓐ 君以大康九年二月卒[故]記之	288
孔錫龜, 1998	ⓐ 君[以]大康九年二月卒故記之	288

‣ 榧本龜次郎·野守健의 보고서에는 ⓒ가 언급되어 있으나, 다른 연구서들에서는 확인되지 않는다.
‣ ⓐ-2, ⓑ-2는 아래의 사례들에 근거해 以로 판독하였다.

ⓐ-4(以)	ⓑ-2(以)	北魏 敬訓墓志	北魏 岳嵩高 靈廟碑

‣ ⓐ-4, ⓑ-4는 아래의 이체자를 토대로 康으로 판독하였다.

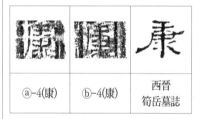

ⓐ-4(康)	ⓑ-4(康)	西晉 筍岳墓誌

‣ ⓐ-7~11의 좌측이 훼손되어 판독이 어려우나, ⓑ-7~11와 비교하여 판독이 가능하다.
‣ ⓐ-9는 아래 이체자를 토대로 卒로 판독하였다.

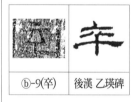

ⓑ-9(卒)	後漢 乙瑛碑

‣ ⓐ-10은 아래의 이체자를 토대로 故로 판독하였다.

ⓑ-10(故)	北魏 鄭道昭 鄭羲下碑

No.	항목	내용

| | 역주 | ▸ 大가 太를 대신하여 사용되었던 점을 고려한다면 太康(280~289) 연호로 볼 수 있다. 太康 9년은 288년에 해당한다. |

No.	항목	내용
28	사진	ⓐ
	출처	ⓐ 우메하라 005-0527-1288
	출토지	黃海道
	판독	ⓐ 元康元年 ▸ 정방향 ▸ 연구자 별 판독

판독자	판독문		비정 연대
榧本龜次郎·野守健, 1932	ⓐ 元康元年(결락)		291
林起煥, 1992	ⓐ 元康元年(결락)		291
孔錫龜, 1998	ⓐ 元康元年(결락)		291

▸ ⓐ-2는 아래 이체자를 토대로 康으로 판독하였다.

 ⓐ-2(康)	 後漢 馬王堆 帛書

	역주	西晉 惠帝代인 元康 元年으로 291년에 해당한다.

No.	항목	내용
29	사진	ⓐ
	출처	ⓐ 국립중앙박물관 편, 2001, 『樂浪』, 솔, p.169
	출토지	黃海道
	판독	ⓐ 元康三年三月十六日韓氏 ▸ 역방향('元康' 글자의 좌우반전이 확인된다) ▸ 연구자 별 판독

판독자	판독문	비정 연대
榧本龜次郎·野守健, 1932	ⓐ 元康三年三月十六日韓氏	293
林起煥, 1992	ⓐ 元康三年三月十六日韓氏	293
孔錫龜, 1998	ⓐ 元康三年三月十六日韓氏	293
국립중앙박물관 편, 2001	ⓐ 元康三年三月十六日韓氏	293

‣ ⓐ-10은 아래 이체자를 토대로 韓으로 판독하였다.

ⓐ-10 (韓)	後漢 武氏祠 畫像題字

‣ 元康 연호는 前漢(기원전 65~기원전 62)·西晉(291~299)에서 쓰인 바 있으나, 2군 고지에 전축분이 제작된 것이 후한대 이후임을 고려하면 西晉 惠帝의 연호(291~299)로 보는 것이 합리적이다.

No.	항목	내용
30	사진	ⓐ
	출처	ⓐ 우메하라 005-0506-1199
	출토지	黃海南道 安岳郡 龍順面 下雲洞 古墳
	판독	ⓐ 元康五年八月十八日乙酉造 ‣ 정방향 ‣ 연구자 별 판독

판독자	판독문	비정 연대
榧本龜次郎·野守健, 1932	ⓐ 元康五年八月八日乙酉造	295
林起煥, 1992	ⓐ 元康五年八月八日乙酉造	295
孔錫龜, 1998	ⓐ 元康五年八月八日乙酉造	295

‣ ⓐ-4는 상단의 '禾'로 추정되며 하단은 '干'의 형태로 보인다. 아래 이체자를 근거로 年으로 판독하였다.

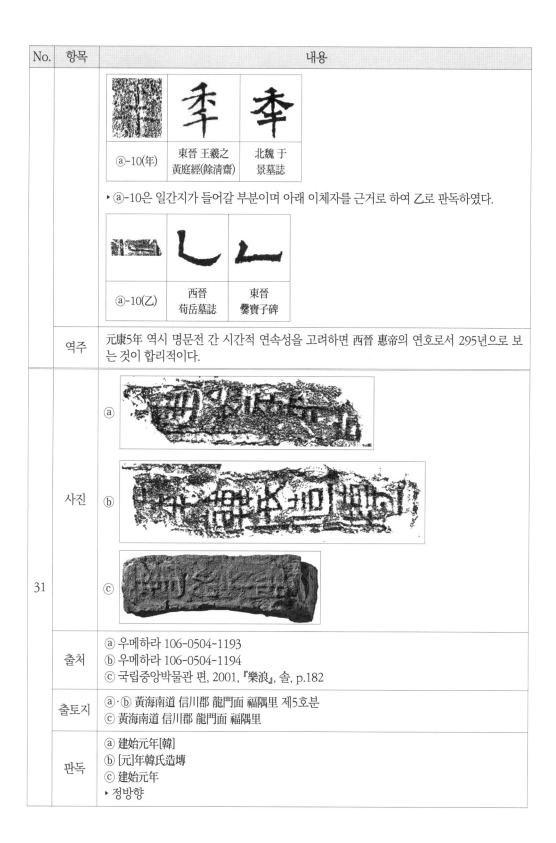

No.	항목	내용

ⓐ-10(年) 행:

ⓐ-10(年)	東晉 王羲之 黃庭經(餘淸齋)	北魏 于 景墓誌

▸ ⓐ-10은 일간지가 들어갈 부분이며 아래 이체자를 근거로 하여 乙로 판독하였다.

ⓐ-10(乙)	西晉 苟岳墓誌	東晉 爨寶子碑

역주	元康5年 역시 명문전 간 시간적 연속성을 고려하면 西晉 惠帝의 연호로서 295년으로 보는 것이 합리적이다.

31

사진	ⓐ ⓑ ⓒ
출처	ⓐ 우메하라 106-0504-1193 ⓑ 우메하라 106-0504-1194 ⓒ 국립중앙박물관 편, 2001, 『樂浪』, 솔, p.182
출토지	ⓐ·ⓑ 黃海南道 信川郡 龍門面 福隅里 제5호분 ⓒ 黃海南道 信川郡 龍門面 福隅里
판독	ⓐ 建始元年[韓] ⓑ [元]年韓氏造塼 ⓒ 建始元年 ▸ 정방향

No.	항목	내용
		‣ 연구자 별 판독의견

판독자	판독문	비정 연대
榧本龜次郎·野守健, 1932	ⓐ「建始元季[韓](하부 결손)」(側銘) ⓑ「[元]季韓氏造塼」(側銘)	397 혹은 407
林起煥, 1992	建始元季韓氏造塼(ⓐ와 ⓑ의 잔편을 합쳐서 판독)	407
孔錫龜, 1998	ⓐ「建始元季韓(하부 결손)」(側銘) ⓑ「[元]季韓氏造塼」(側銘)	407
국립중앙박물관 편, 2001	ⓒ 建始元年	407

‣ ⓐ·ⓑ는 우메하라의 사진에서 信川郡 龍門面 福隅里 제5호분의 출토품으로 언급되었다. 그리고 ⓒ는 국립중앙박물관 편, 2001에서 공개된 전돌로서 ⓐ·ⓑ와는 분명 별개의 개체이지만 建始元年이라는 동일한 연호를 공유하고 있다. 그런데 ⓐ와 ⓒ의 글자체와 글자의 위치가 거의 흡사하며, 양자의 출토지도 龍門面 福隅里까지 동일하다. 따라서 본고에서는 ⓐ·ⓑ·ⓒ를 모두 福隅里 제5호분의 출토품으로 보고자 한다.

‣ ⓐ-4와 ⓑ-2, ⓒ-4는 아래의 이체자 사례들에 근거하여 年으로 판독한다.

ⓐ-4(年)	ⓑ-2(年)	ⓒ-4(年)	魏元寶月墓誌銘	東晉 王羲之黃庭經	東魏高湛墓誌

‣ ⓐ-5는 현재 좌상부 일부만이 확인되지만, ⓑ-3의 문맥과 자형을 비교할 때 韓자로 추정할 수 있다.

	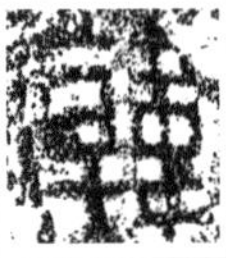	
ⓐ-5([韓])	ⓑ-3(韓)	後漢 武氏祠畫像題字

	역주	‣ '建始元年'은 기존에 後燕의 연호(407)로 보기도 했으나, 西晉代에도 建始 연호(301)가 제정되어 사용되었음이 지적되었다(김미경, 2007, p.171; 안정준, 2013, p.139). 『자치통감』에 따르면 西晉 惠帝 永康 2년(301)에 相國이었던 司馬倫이 그해 正月 乙丑日(9일)에 惠帝를 위협하고 帝位를 찬탈하였으며 연호를 建始라고 고쳤다. 같은 해 4월 癸亥日(9일)에 사마윤이 帝位에서 쫓겨나고 혜제가 복위했는데, 이때 연호를 '永寧'으로 고쳤다고 한다(『資治通鑑』 卷84 晉紀6 永寧 元年; 『晉書』 卷70 列傳 趙王倫). 따라서 建始 元年 연호는 西晉代인 301년에 약 3개월 정도 사용된 셈이다. 이는 후대 史家들에 의해 簒奪者의 私年號로 취급되기도 했으나 사마윤의 재위 당시에는 낙랑·대방 지역의 주민들에게 공식 연호로 인식되었을 수 있다. 후연의 경우 마지막 집권자였던 모용희가 407년 春 正月 초하

No.	항목	내용
		루에 建始로 改元하였고, 이는 고구려계인 高雲이 燕의 天王으로 즉위하는 同年 7월 28일 (乙丑)까지 약 7개월 정도 사용되었다[『資治通鑑』권114 安帝 義熙 3년(407) 1~7월조]. 모용희의 집권 당시 고구려와 후연이 399년 이래로 치열한 교전을 지속하는 등 관계가 악화일로에 있음을 감안할 때, 당시 고구려 치하의 낙랑·대방군 고지 주민이 후연 연호를 사용하기는 어려웠을 것이라고 보기도 한다. 이에 명문전의 '建始元年'은 4세기 초반에 2군 고지에서 빈번하게 쓰였던 東晉 연호(301)일 가능성이 더 높다고 판단된다(안정준, 2016, pp.30~31).
32	사진	ⓐ
	출처	ⓐ: 우메하라 107-0518-1255
	출토지	黃海南道 信川郡 南部面 書院里
	판독	ⓐ 永嘉(하부 결손) ⓑ [季]韓氏造塼 ‣ 정방향 ‣ 연구자 별 판독 | 판독자	판독문	비정 연대
榧本龜次郎·野守健, 1932	ⓐ「永嘉(하부 결손)」(側銘) ⓑ「[季]韓氏造塼」(側銘)	307~312
林起煥, 1992	ⓐ「永嘉(中缺) [年]韓氏造塼」(側銘)	307~312
孔錫龜, 1998	ⓐ「永嘉(하부 결손)」(側銘) ⓑ「[季]韓氏造塼」(側銘)	307~312 | ‣ 우메하라 건판사진들 가운데 ⓐ「永嘉(하부 결손)」銘은 확인이 되나, ⓑ「[季]韓氏造塼」銘의 사진은 찾을 수 없다. 榧本龜次郎·野守健, 1932에서는 ⓐ와 ⓑ가 字體로 볼 때 '同一塼'으로 보여진다는 언급만이 있을 뿐, 같은 무덤에서 나왔는지 여부에 대한 분명한 근거가 제시되지 않았다. 이에 대해 국립중앙박물관의 소장품 유물번호가 ⓐ는 11730, 그리고 「[季]韓氏造塼」銘은 11731로 연속해서 나타난다는 점도 주목하지만(林起煥, 1992, p.380), 이 역시 유물을 실견한 것이 아니므로 양자가 같은 전돌의 일부였거나 혹은 같은 무덤의 유물인지 여부는 불분명하다. 게다가 본고의 29번에 제시된 ⓑ의 '[元]季韓氏造塼'의 사례처럼 명문이 비슷하게 나오는 다른 무덤의 사례도 있으므로 ⓑ를 ⓐ「永嘉(하부 결손)」과 관련된 것으로 단정하는 것은 주의할 필요가 있다는 점을 지적해둔다. ‣ ⓐ-2는 글자 아랫부분이 일부 보이지 않는다. 그러나 두 글자가 銘文의 첫머리 부분이어서 年號일 가능성이 높으며, 永으로 시작하는 연호 가운데 두 번째 글자가 ⓐ-2와 유사한 경우는 '永嘉'뿐이다. 따라서 ⓐ-2는 嘉자로 보는 것이 적절하다.
	역주	‣ 永嘉 연호는 後漢代(145)와 西晉대(307~313)에 각각 쓰인 적이 있으며, 양자 모두 가능성이 있다. 다만 현재 낙랑·대방군 지역을 통틀어 가장 이른 시기에 발견된 명문전의 연호는 후한대인 '光和五年(182)'이다. 後漢代의 연호일 가능성도 완전히 배제할 수는 없으나 다수의 명문전이 발견되는 서진대의 연호일 가능성이 더 높다고 판단하였다.

No.	항목	내용
33	사진	없음
	출처	양상인, 1999, 『조선고대 및 중세초기사연구』, 백산자료원
	출토지	황해남도 신원군 아양리토성
	판독	ⓐ 永嘉七年
	역주	‣ 북한 측의 보고서와 논문들에서 장수산 일대의 붉은 기와층에서 '영가7년'명 벽돌이 발견되었다고 언급되었는데(양상인, 1999; 최승택, 2006, p.25; 지승철 2001, p.147), 도면이나 사진이 제시되지 않았다. 더 자세한 사항들을 확인할 수 없으므로 판독문만 인용한다. 永嘉 연호는 後漢代(145)와 西晉代(307~313)에 사용된 적 있다. 서진대의 永嘉 연호는 7년째인 313년 4월 丙午日(1일)에 建興으로 改元되었다(『資治通鑑』晉紀10 愍帝 建興元年). ⓐ가 작성된 구체적인 月日은 확인할 수 없으나 永嘉七年은 서진대 연호였을 가능성이 높다고 보아야 할 것이다.

No.	항목	내용
34	사진	ⓐ
	출처	ⓐ: 국립중앙박물관 편, 2001, 『樂浪』, 솔, p.183
	출토지	황해도
	판독	ⓐ 建興四年會景作造 ‣ 역방향(전체 글자가 좌우반전) ‣ 연구자 별 판독

판독자	판독문	비정 연대
梶本龜次郎·野守健, 1932	ⓐ 「建興[四]年會景[作][造]」(側銘)	西晉 愍帝代 (313~316)
林起煥, 1992	ⓐ 「建興四年會景[作]造」(側銘)	316
孔錫龜, 1998	ⓐ 「建興四年會景作造」(側銘)	316
국립중앙박물관 편, 2001	ⓐ 建興四年會景作造	316

‣ ⓐ-1은 아래의 사례에 의거해 建으로 판독하였다.

| ⓐ-1〈좌우반전〉(建) | 漢 馬王堆帛書 |

‣ 梶本龜次郎·野守健, 1933에서는 ⓐ-3의 四자가 분명하지 않다고 보았으나, 아래 제시된 사례들을 근거로 四로 판독하였다.

No.	항목	내용
		  ‣ ⓐ-5는 사진과 같이 日위에 획이 더 있는 사례를 찾긴 어렵지만, 전체적으로 景자와 가장 유사하다고 판단된다. ‣ ⓐ-6은 글자 형태가 다소 불분명하나, 문맥과 더불어 아래의 사례들에 의거하여 作으로 판독한다.
	역주	‣ 建興 연호는 三國蜀·三國吳·成漢·西晉·前涼·後燕에서 쓰인 적이 있다. 이 가운데 三國蜀(223~237)·西晉(313~316)·前涼(319~361)·後燕(386~396)에서 4년 이상 쓰인 적 있는데, 지리적으로 한반도에서 멀리 떨어져서 서로 교류가 적었을 것으로 추정되는 三國蜀·前涼의 것을 제외한다면 서진과 후연의 경우만 남는다. 그런데 385년(고국양왕 2년)에 고구려와 후연이 서로 군사적 공방을 벌인 이래로 양국관계가 악화일로에 있었던 점을 감안한다면, 고구려 치하의 주민이 후연 연호를 선택해서 사용했다고 보기는 어렵다고 판단된다. 이 역시 4세기 초반 당시 낙랑·대방고지의 주민들이 다수 사용했던 서진 연호(313~316)였을 가능성이 높다고 본다면 建興 4년은 316년으로 비정할 수 있을 것이다.
35	사진	ⓐ
	출처	ⓐ: 우메하라 106-0504-1190
	출토지	黃海北道 安岳郡 龍門面 福隅里제2호분
	판독	ⓐ 泰寧五年三月十·(하부 결손) ‣ 역방향('泰寧五'는 글자의 좌우반전이 확인된다) ‣ 연구자 별 판독

판독자	판독문	비정 연대
梶本龜次郎·野守健, 1932	ⓐ「泰寧五年三月十(하부 결손)」(側銘)	泰寧은 東晉 明帝代의 연호(323~325)라고 보았음.
林起煥, 1992	ⓐ「泰寧五年三月十(하부 결손)」(側銘)	327
孔錫龜, 1998	ⓐ「泰寧五年三月十(하부 결손)」(側銘)	327

▸ ⓐ-1은 상부에 가로로 뻗은 세 획이 보이며, 하부에 '氺' 형태의 자획이 보인다. 아래의 사례에 의거해 泰로 판독한다.

ⓐ-1〈좌우 반전〉(泰)	後漢 孔宙碑	魏 曹眞殘碑陰

▸ ⓐ-2는 아래의 사례들에 의거해 寧으로 판독한다.

ⓐ-2〈좌우 반전〉(寧)	北魏 金光明經卷2	東晉 王羲之

▸ ⓐ-6은 중간의 가로획이 서로 인접해 있긴 하지만 자획과 문맥을 감안할 때 月로 보는데 큰 무리가 없다.

역주

▸ '泰寧' 연호를 사용한 왕조는 東晉(323~326), 後趙(349), 北齊(561~562)인데, 모두 5년까지 사용된 적이 없다. 가장 사용연한이 길었던 東晉의 泰寧은 323년 3월 초하루에 改元하여 326년 2월에 咸和 元年으로 개칭되었다. 따라서 ⓐ의 泰寧 5年 3月은 327년 당시에 2군 고지 내에서 東晉의 咸和 改元을 13개월 정도 인지하지 못한 상태에서 예전 연호를 사용했던 사례로 보아야 할 것이다(孔錫龜, 1998, p.85).

36 사진

ⓐ

ⓑ

No.	항목	내용
	출처	ⓐ 우메하라 005-0501-1187 ⓑ 우메하라 106-0504-1196
	출토지	黃海南道 信川郡 信川邑 社稷里
	판독	ⓐ 咸和十年大歲乙未孫氏造 ⓑ (상부결손)年大歲乙未孫氏[造] ‣ ⓐ는 '咸和十年大歲乙'은 역방향, 그 이후는 정방향으로 기재. 　ⓑ는 '年大歲乙'까지 역방향, 그 이후는 정방향으로 기재. ‣ 연구자 별 판독 | 판독자	판독문	비정 연대
榧本龜次郎·野守健, 1932	「咸和[十]年大歲乙未孫氏造」(側銘)	東晉 成帝代의 연호(326~334)
林起煥, 1992	「咸和十年大歲乙未孫氏造」(側銘)	335
孔錫龜, 1998	咸和十年大歲乙未孫氏造」(側銘)	335 | ‣ ⓐ와 ⓑ는 서로 다른 전돌이지만, 같은 명문을 기재한 것으로 추정된다. 일단 ⓐ는 상태가 좋은 편이라 ⓐ-1~9까지 판독하는데 큰 무리가 없으며, ⓐ-10도 우메하라 보고서의 메모(우메하라005-0501-1187)에서 造로 판독했는데, 문맥과 하부의 'ⳑ'획 등을 감안할 때 造자로 추정할 수 있다. 양자를 대조하여 본다면 ⓑ-8 역시 상부에 '告'의 상부와 비슷한 자획이 보이므로 ⓑ-8도 造로 추정할 수 있다.
	역주	‣ 咸和 연호는 東晉代(326~334)에만 사용되었다. 9년(334)까지 사용되었으며 그 이듬해(335) 정월 초하루 경오일에 咸康으로 改元하였다(『資治通鑑』 卷95 晉紀 17 成帝 咸康 元年). 또한 '咸和十年'의 연간지인 '太歲乙未'는 335년에 해당하므로 咸和 10년은 곧 咸康 元年(335년)에 해당한다고 보아야 할 것이다. 그렇다면 ⓐ의 咸和十年은 335년 당시에 2군 고지에서 咸康으로의 改元 사실을 모른 채 기록했던 사례로 볼 수 있다.
37	사진	
	출처	ⓐ·ⓑ: 한인덕, 2003, 「로암리 돌천정벽돌무덤에 대하여」, 『조선고고연구』2003-3, 사회과학출판사, p.37
	출토지	黃海南道 安岳郡 路岩里
	판독	ⓐ 建武八年[西]邑[太]守 ⓑ [西]邑太守張君塼 ‣ 정방향

No.	항목	내용
		‣ 현재로서는 한인덕, 2003, p.37에서만 보고되고 있을 뿐이며, 탁본 사진은 없고 이를 묘사한 그림이 제시되어 있다. ‣ ⓐ-2는 아래의 사례들에 의거해 武로 판독한다. ‣ ⓐ-5는 西자로 보고되었는데, 西자 상부의 일부 획만 남은 것 아닌가 추정된다. ‣ ⓐ-7은 太자로 보고되었는데, 상부의 가로획이 보이지 않으므로 추정자로 둔다. ‣ ⓑ-1은 西자로 보고되었으나 역시 글자 전체가 남아있지 않은 것으로 추정된다. 또한 상부에 있는 '八' 모양의 획은 별개의 글자일 가능성도 있다. 자세한 실상을 파악하기 어려우나, 일단 이어지는 글자들이 '邑太守'가 맞다고 보이므로 기존의 판독안대로 西로 추정한다. ‣ ⓑ-2는 ⓐ-6(邑)과 상부 형태가 조금 다르긴 하지만, 아래의 사례들에 의거해 邑자로 판독한다. ‣ ⓑ-5는 기존에 張으로 판독되었다. 우변 하부의 획이 다소 분명하지 않으나 아래의 사례들과 비교할 때 張으로 보아도 별 문제가 없다고 판단된다.
	역주	建武 8년은 32년(後漢)과 342년(後趙)의 사례가 있다. 그런데 1세기 전반에는 낙랑·대방군 지역에 귀틀묘가 유행하였을 시기이다. 이 명문전이 출토된 고분은 4세기 중반에 주로 나타나는 전석혼축분이므로 ⓐ의 建武8年 역시 後趙 연호(342)로 보는 것이 타당하다 (한인덕, 2003, p.39).

<table>
<tr><th>No.</th><th>항목</th><th>내용</th></tr>
<tr><td rowspan="4">38</td><td>사진</td><td>ⓐ 
ⓑ 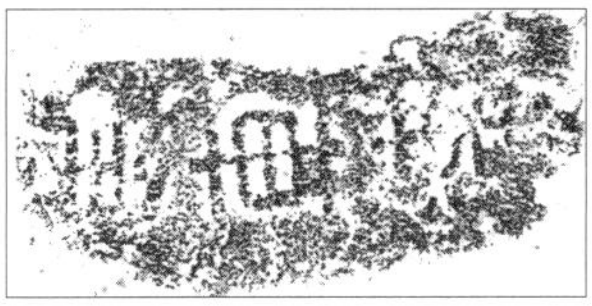</td></tr>
<tr><td>출처</td><td>ⓐ·ⓑ: 우메하라107-0521-1270</td></tr>
<tr><td>출토지</td><td>黃海南道 信川郡</td></tr>
<tr><td>판독</td><td>
ⓐ [建][武]九年三月三日王氏▧
ⓑ ▧車▧
‣ ⓐ는 전체 글자들이 역방향(좌우반전).
‣ 연구자별 판독의견
<table>
<tr><th>판독자</th><th>판독문</th><th>비정 연대</th></tr>
<tr><td>榧本龜次郎·野守健, 1932</td><td>ⓐ 建武九年三月三日王氏[造] (側銘)
ⓑ ▧車▧ (小口銘)</td><td>343</td></tr>
<tr><td>林起煥, 1992</td><td>ⓐ 建武九年三月三日王氏造 (側銘)
ⓑ 奉車▧ (小口銘)</td><td>343</td></tr>
<tr><td>孔錫龜, 1998</td><td>ⓐ 建武九年三月三日王氏造 (側銘)
ⓑ 奉車▧ (小口銘)</td><td>343</td></tr>
</table>
‣ 榧本龜次郎·野守健, 1933의 최초 판독문에 의하면 ⓐ-1, ⓐ-2 두 글자는 '建武'로 판독되었는데, 현재 남아있는 사진으로는 명확하게 보이지 않는다. 다만 ⓐ-3, ⓐ-4가 '九年'으로 판독되는 만큼 앞의 두 글자는 연호가 들어갈 자리가 분명해 보인다. 또한 ⓐ-1의 경우 우하부에 '廴'(좌우반전)의 일부로 보이는 획이 있으며, ⓐ-2에도 좌측에 '弋'(좌우반전) 형태의 획이 보인다. 이에 기존의 판독안을 감안하여 두 글자를 '建武'로 추정한다.
‣ ⓐ-10은 현재 좌상부가 잘 보이지 않지만, 남은 획만으로 아래의 자형들과 유사한 氏(좌우반전)자로 볼 수 있다. 앞 글자가 姓氏인 '王'자라는 점도 감안해야할 것이다.
<table>
<tr><td>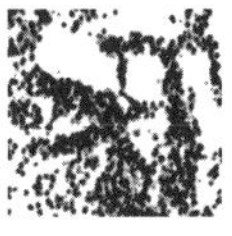</td><td></td><td></td></tr>
<tr><td>ⓐ-10〈좌우반전〉(氏)</td><td>東晉 王閩之墓誌</td><td>東晉 王興之 夫婦墓誌</td></tr>
</table>
‣ ⓐ-11은 榧本龜次郎·野守健, 1933에 의해 造로 추정된 바 있으나, 자형을 제대로 확인하기 어렵다. 문맥상 造나 作자가 들어갈 공간이라고 생각되는데, 일단 미상자로 둔다.
</td></tr>
</table>

No.	항목	내용
		▸ ⓑ-2는 車자로 볼 수 있으며, 그 앞뒤의 글자들은 자획은 보이나 판독하기 어려우므로 미상자로 둔다.
	역주	▸ 建武 9년은 33년(後漢)과 343년(後趙)에 해당한다. 그런데 1세기 전반에는 낙랑·대방군 지역에 귀틀묘가 유행하였을 시기이며, 2군 고지에서 최초 명문전이 나타나는 후한말 (182)과는 시기 차이가 있다. 따라서 ⓐ의 建武 9년은 後趙의 연호(343)로 보는 것이 타당할 것이다. 한편 ⓑ에는 奉車라는 직명이 보이는데, 이는 漢代 이래 郎中令에 속하는 奉車·騎·騎馬의 3都尉 가운데 하나이며, 천자의 측근에서 시위하는 일을 담당했다. 이는 西晉代에 奉朝請이라는 관직에 통합되어 宮內官으로서 朝會의 請召를 받드는 임무를 맡았고, 東晉代에 오면 外官으로서 幕府 내의 참모(屬官)로 격이 낮아졌다고 한다. ⓐ의 연호를 감안할 때 後趙와 관련된 관직일 가능성이 높다고 본다면, 이는 東晉代에 外官의 속관 기능과 유사할 것으로 생각된다(孔錫龜, 1998, pp.93-94). 이와 관련해 2군 고지에서 세력 기반을 형성하고 있는 왕씨 집단이 자신의 세력을 주변에 과시할 목적으로 후조와의 관련성을 표방하고 奉車都尉라는 허구화된 관직을 자칭했을 것으로 보기도 했다(孔錫龜, 1998, p.94). 이와 관련해 대방태수 장무이의 명전에서도 趙氏姓의 主簿를 칭한 자가 '令墼' 즉 張撫夷의 고분 조영에 관여하였음을 전하고 있다. 이 趙氏姓의 主簿는 묘주 장무이와 나름 公的인 직함을 근거로 맺어진 관계라고 생각되며, 중국 왕조의 정식 태수부와는 다른 특수한 상황 속에서 主從관계를 형성했을 가능성이 있다(안정준, 2016, pp.57-58). 343년 당시에 2군 고지에 이주하게 된 중국계통의 주민들 내에서 옛 중국왕조의 제도에 기반한 官號를 칭하는 가운데 서로 상하관계를 설정하는 전통이 존재했을 가능성도 있다.
39	사진	

No.	항목	내용
	출처	ⓐ: 우메하라107-0512-1210 ⓑ·ⓓ: 우메하라106-0509-1204 ⓒ·ⓔ: 우메하라106-0509-1205
	출토지	黃海南道 信川郡 加山面 干城里
	판독	ⓐ 建元三年大歲在巳八月孫氏造 ⓑ 建元三年大歲在巳八月(하부 결손) ⓒ 建元三年大歲在巳八月(하부 결손) ⓓ (상부 결손)[在]巳八月孫氏造 ⓔ (상부 결손)在巳八月孫氏造 ‣ ⓐ~ⓔ 모두 정방향 ‣ 연구자별 판독의견

판독자	판독문	비정 연대
榧本龜次郎·野守健, 1932	「建元三年大歲(하부 결손)」(側銘) 「[在]巳八月孫氏造」(側銘)	東晉 康帝代의 建元年號(343~344)로 비정함.
林起煥, 1992	「建元三年大歲在巳八月孫氏造」(側銘)	345
孔錫龜, 1998	「建原三年大歲」(側銘) 「[在]巳八月孫氏造」(側銘)	345

‣ ⓐ~ⓔ는 모두 우메하라 사진을 통해 확인된 별개의 명전들이다. 기존 연구자들의 판독이 이 가운데 어떤 명전을 근거로 한 것인지는 명확하지 않다.
‣ 명문들을 비교해 보면 서로 동일한 내용들이 기재되었을 가능성이 높아보인다.
‣ ⓐ-1은 좌변의 획이 일부 보이지 않지만 建자로 보는데 큰 무리가 없다.
‣ ⓐ-6, ⓑ-6, ⓒ-6은 모두 동일하게 大자 뒤에 이어지는 歲자로 볼 수 있다. 형태가 완전히 같은 이체자는 찾기 어렵지만, 대략 아래의 사례들을 제시해둔다.

ⓐ-6	ⓑ-6	ⓒ-6	後漢 三老諱 字忌日記	唐 杜牧 張好好詩

‣ ⓑ-1과 ⓒ-1 모두 마멸되어 분명하지는 않지만 ⓐ와 같이 첫머리에 등장하는 동일한 연호로서 建元의 建자로 볼 수 있다.
‣ ⓑ-10과 ⓒ-10 모두 아랫부분이 잘려 있으나, ⓐ와의 비교를 통해 月자의 일부로 판독하는데 문제가 없다.
‣ ⓓ의 巳자 앞의 글자는 맨 아래 가로획만 보이는 상태인데, ⓔ와의 비교를 통해 在자로 추정할 수 있다.
‣ ⓔ-5와 ⓔ-7은 우변 일부가 보이지 않으나, ⓓ와의 비교를 통해 각각 孫자와 造자임을 알 수 있다.

No.	항목	내용
	역주	▸ '建元' 연호는 4세기대에 西晉(304), 前趙(315), 東晉(343~344), 前涼(357~361), 前秦(365~385)에서 사용된 바 있다. 建元 3년이므로 햇수로만 따진다면 前涼 혹은 前秦의 연호일 가능성도 있겠으나, 두 나라의 연호가 2군 고지에서 사용된 다른 사례가 분명히 나타나지 않으며, 前涼은 거리상으로도 떨어져 있어서 서로 교류가 있었는지 여부도 의심스럽다. 명문전들에서 보이는 '太歲在巳'라는 연간지의 巳자를 고려한다면 345년인 乙巳年에 해당한다고도 볼 수 있다. 이 경우 2년까지만 사용되었던 東晉의 建元 연호(343~344)를 다음 해까지 계속 사용한 것이 되는데, 당시 2군 고지에서 중국왕조의 改元 사실을 모른 채 이전 연호를 1~2년 동안 계속 사용한 사례들이 더러 발견되기 때문에 불가능한 추정은 아니라고 생각된다. 이에 ⓐ·ⓑ·ⓒ의 建元 3年은 345년으로 비정한다.
40	사진	ⓐ
	출처	ⓐ: 국립중앙박물관 편, 2001,『樂浪』, 솔, p.182
	출토지	黃海南道 信川郡 北部面 野竹里
	판독	ⓐ 建元三年大 ▸ 정방향 ▸ 연구자별 판독의견

판독자	판독문	비정 연대
국립중앙박물관, 2001	「建元三年[大]」	345

▸ ⓐ-1은 윗부분이 명확하지는 않으나, '▨元'이라는 年號를 기재한 것이 분명하다. 글자 하부의 남은 형태와 ▨元이라는 중국 연호의 사례들을 종합해 볼 때 建자로 판독할 수 있다.

| | 역주 | ▸ 37번의 '建元三年大歲在巳八月孫氏造'명과 같은 연호이나 ⓐ의 경우에는 年干支가 보이지 않아서 서로 동일한 연대라고 분명하게 단정할 수는 없다. 그러나 일단 위의 사례에 근거해 ⓐ의 建元 3年 역시 345년으로 추정해본다. |
| 41 | 사진 | ⓐ
ⓑ |

No.	항목	내용

No.	항목	내용
		ⓘ
	출처	ⓐ 우메하라 107-0515-1237 ⓑ 국립중앙박물관 편, 2001, 『樂浪』, 솔, p.182 ⓒ 이현혜·정인성·오영찬·김병준·이명선, 2008, 『일본에 있는 낙랑유물』, 학연문화사 ⓓ 국립중앙박물관 편, 2001, 『樂浪』, 솔, p.180 ⓔ 국립중앙박물관 편, 2001, 『樂浪』, 솔, p.181 / ⓔ의 上部는 우메하라107-0515-1232 ⓕ 국립중앙박물관 편, 2001, 『樂浪』, 솔, p.181 / ⓕ의 下部는 우메하라107-0515-1233 ⓖ 우메하라107-0515-1232 ⓗ 우메하라107-0515-1232 ⓘ 이현혜·정인성·오영찬·김병준·이명선, 2008, 『일본에 있는 낙랑유물』, 학연문화사
	출토지	黃海北道 鳳山郡 沙里院市 沙里院驛 부근
	판독	※ 이 명문전들의 경우 각각의 기재 방향이 다양하여서 판독문 옆에 별도로 표기하였음. ⓐ 大歲在戊漁陽張撫夷塼 [역방향(좌우반전)] ⓑ 大歲戊在漁陽張撫夷塼 [역방향(좌우반전)] ⓒ 太歲申漁陽張撫夷塼 [역방향(좌우반전)] ⓓ 趙主簿令塼懃意不臥 (정방향) ⓔ (2行塼)哀哉夫人奄背百姓子民憂慼/夙夜不寧永側玄宮痛割人情 + 張使君 [역방향(좌우반전)] ⓕ (2行塼)天生小人供養君子千人造塼以葬/父母旣好且堅典齋記之 + 使君帶方太守張撫夷塼 [역방향(좌우반전)] ⓖ [八]月卅[八]造塼日八十石[酒] + 張使君塼 [좌측명문은 역방향(좌우반전), 우측명문('張使君塼')은 정방향] ⓗ 張使君塼 [역방향(좌우반전)] ⓘ 張撫夷[塼] [역방향(좌우반전)] ▸ 연구자별 판독의견

판독자	판독문	비정 연대
榧本龜次郞·野守健, 1932	大歲在戊漁陽張撫夷塼 (側銘) 大歲戊在漁陽張撫夷塼 (側銘) 太歲[申]漁陽張撫夷塼 (側銘) 趙主簿令塼懃意不[臥] (側銘) 哀哉夫人奄背百姓子民憂慼/夙夜不寧永側玄宮痛割人情 (側銘) 張使君 (위 전돌의 小口銘) 天生小人供養君子千人造塼以葬/父母旣好且堅典[齋]記之 (側銘) 使君帶方太守張撫夷塼 (위 전돌의 小口銘) [八]月卅[八]造塼日八十石[酒] (側銘) 張使君塼 (위 전돌의 小口銘)	'戊[申]'을 근거로 西晉 太康 9년(288) 혹은 東晉 義熙 4년(408)으로 비정.

No.	항목	내용		
		판독자	판독문	비정 연대
		榧本龜次郎·野守健, 1932	大歲在戊漁陽張撫夷塼 (側銘) 大歲戊在漁陽張撫夷塼 (側銘) 太歲[申]漁陽張撫夷塼 (側銘) 趙主簿令塼勲意不[臥] (側銘) 哀哉夫人奄背百姓子民憂感/夙夜不寧永側 玄宮痛割人情 (側銘) 張使君 (위 전돌의 小口銘) 天生小人供養君子千人造塼以葬/父母旣好 且堅典[齎]記之 (側銘) 使君帶方太守張撫夷塼 (위 전돌의 小口銘) [八]月廿[八]日造塼日八十石[酒] (側銘) 張使君塼 (위 전돌의 小口銘)	'戊[申]'을 근 거로 西晉 太 康 9년(288) 혹은 東晉 義 熙 4년(408) 으로 비정.
		榧本龜次郎·野守健, 1932	大歲在戊漁陽張撫夷塼 (側銘) 大歲戊在漁陽張撫夷塼 (側銘) 太歲[申]漁陽張撫夷塼 (側銘) 趙主簿令塼勲意不[臥] (側銘) 哀哉夫人奄背百姓子民憂感/夙夜不寧永側 玄宮痛割人情 (側銘) 張使君 (위 전돌의 小口銘) 天生小人供養君子千人造塼以葬/父母旣好 且堅典[齎]記之 (側銘) 使君帶方太守張撫夷塼 (위 전돌의 小口銘) [八]月廿[八]日造塼日八十石[酒] (側銘) 張使君塼 (위 전돌의 小口銘)	'戊[申]'을 근 거로 西晉 太 康 9년(288) 혹은 東晉 義 熙 4년(408) 으로 비정.
		林起煥, 1992	大歲在戊漁陽張撫夷塼 (側銘) 大歲戊在漁陽張撫夷塼 (側銘) 太歲[申]漁陽張撫夷塼 (側銘) 哀哉夫人奄背百姓子民憂感/夙夜不寧永側 玄宮痛割人情 (側銘) 張使君 (위 전돌의 小口銘) 天生小人供養君子千人造塼以葬/父母旣好 且堅典[齎]記之 (側銘) 使君帶方太守張撫夷塼 (위 전돌의 小口銘) 八月廿八日造塼日八十石[酒] (側銘) 張使君塼 (위 전돌의 小口銘)	348
		孔錫龜, 1998	大歲在戊漁陽張撫夷塼 (側銘) 大歲戊在漁陽張撫夷塼 (側銘) 太歲在申漁陽張撫夷塼 (側銘) 八月八日造塼日八十石[酒] (側銘) 張使君塼 (小口銘) 使君帶方太守張撫夷塼 (小口銘)	348

판독자	판독문	비정 연대
국립중앙박물관, 2001	大歲戊在漁陽張撫夷塼 哀哉夫人奄背百姓子民徇/夙夜不寧永側玄 宮痛割人情 天生小人供養君子天人造塼以葬/父母旣好 且堅典齋記之 趙主簿令塼勲意不臥 張使君塼 張使君塼	348
정인성, 2010	大歲在戊漁陽張撫夷塼 大歲戊在漁陽張撫夷塼 太歲申漁陽張撫夷塼 哀哉夫人庵背百姓子民憂感/夙夜不寧永側 玄宮痛割人[情] + 張使君 天生小人供養君子千人造塼以葬/父母旣好 且堅典齋記之 + 使君帶方太守張撫夷塼 趙主簿令塼勲意不臥 [八]月二八日造塼日八十石酒 張使君塼 張使君塼	348

▸ 이 무덤 내에는 여러 명문전들이 발견되었는데, 현재 그 숫자를 명확하게 파악하기는 어려우며, 같은 명문을 담고 있는 전돌들도 여럿 발견된다. 명문에 담고 있는 내용에 따라 유형별로 구분하는 것이 가능한데, 각 연구자들마다 파악하고 있는 명문전의 유형별 수는 각각 다르다. 본고에서는 현재까지 보고된 사진들을 종합해볼 때 ⓐ~ⓘ의 총 9種으로 분류할 수 있다고 보았다.

▸ ⓓ-1은 상부의 일부가 잘 보이지 않지만 뒤의 두 글자가 관직명(主簿)인 것으로 보아 姓氏일 가능성이 높다. 이 글자의 우측을 보면 하부에 '月'과 유사한 자획이 선명하게 보이며, 그 위에는 희미하지만 '小'와 유사한 좌우의 획이 내려온다. 그리고 좌측은 辶 혹은 走과 비슷한데, 우측에 '肖'이 들어올 수 있으며, 사람의 姓氏에 해당하는 것은 趙자뿐이다. 이에 기존의 다수 의견대로 趙로 판독하였다.

ⓓ-1(趙)	국립중앙박물관, 2001의 ⓓ-1 탁본사진	漢 居延漢簡	後漢 北海相 景君碑陰	北魏 李璧墓誌

▸ ⓓ-9는 제일 좌측의 세로획이 보이지 않지만 '臣'의 모양으로 볼 수 있으며 우측의 人은 '<'와 같이 표기한 사례가 있다. 이에 臥로 판독한다.

| ⓓ-9(臥) | 秦 雲夢睡虎地秦簡 | 前漢 馬王堆帛書 | 北魏 乞伏寶墓誌 |

▸ ⓔ-(右行)6은 역방향으로 기재되었는데, 좌측의 획이 작은 점 모양의 획을 포함해 'ⅱ'형태임이 확인된다. 이에 側으로 판독한다.

| ⓔ-(右行)6 〈역방향〉(側) | 東晉 王羲之 淳化各帖 | 北魏 秦龍欄墓誌 |

▸ ⓔ-(右行)12는 역방향으로 기재되었는데, 좌측의 '靑'만 보이고 우측의 'ↆ'은 깎여나가서 잘 보이지 않는다. 다만 앞의 人자와 더불어 문맥을 고려할 때 情자가 가장 잘 어울리므로 情으로 추독한다.

▸ ⓕ(右行)-3은 역방향으로 기재되었는데, 아래의 사례들에 의거해 旣로 판독한다.

| ⓕ(右行)-3 〈좌우반전〉(旣) | 後漢 曹全碑 | 後漢 史晨後碑 | 後漢 張遷碑 |

▸ ⓖ-1은 현재 매우 희미하지만, 八의 좌측 획 일부가 보이는 정도이다. 뒤의 月자를 고려할 때 숫자가 들어갈 것으로 보이는데 잔획을 감안할 때 八자로 추독할 수 있을 것이다.

| ⓖ-1(ⅱ八) |

▸ ⓖ-12는 역방향으로 쓰여졌는데, 좌측에 '酉' 형태가 보이며, 우측에 'ↆ' 획이 일부 보인다. 이에 酒로 판독하였다.

| ⓖ-12(酒) |

No.	항목	내용
	역주	※ 별도로 위 명문의 해석을 아래와 같이 제시한다. ⓐ·ⓑ·ⓒ 太歲 戊申年 漁陽郡 출신의 張撫夷 전돌 / ⓓ 趙主簿가 전돌을 만드는 일을 관장함에 있어 정성스러운 뜻에 잠자리에 눕지도 않았다. ⓔ 슬프도다, 夫人(:張撫夷)께서 갑자기 백성을 등지시니 子民이 수심에 차서 夙夜로 평안하지 않구나, 영원히 玄宮에 계심에 애통함이 人情을 찢는 듯하다 / + 張使君 / ⓕ 天生小人이 君子를 공양하여 1천명이 전돌 만들기를 부모 장사를 지내는 듯이 하니, 이미 좋고 또 견고하게 만들어짐에 이를 기록한다 + 使君 帶方太守 張撫夷의 전돌 ⓖ 8월 28일 전돌을 만드니 하루 80石酒가 들었다 + 張使君의 전돌 ⓗ 張使君의 전돌 ⓘ 張撫夷의 전돌 ▸ 張撫夷의 撫夷는 단순한 인명이 아니라 같은 무덤의 '張使君' 명문전처럼 성씨에 官名이 결합된 형태이다. 撫夷 관련 직책은 모두 중국 왕조에서 '夷'를 관할하는 이민족 통어관이었다(孔錫龜, 1998, p.111). 이에 대해 「안악 3호분」의 묵서에 보이는 동수의 護撫夷校尉를 근거로 帶方太守 張撫夷도 撫夷校尉를 역임했다고 보기도 하지만(岡崎敬, 1964, p.66), 當代 중국에서는 撫夷와 관련한 여러 직위가 나타난다. 예컨대 撫夷護軍(『晉書』 卷60 列傳 第30 閻鼎), 撫夷將軍(『三國志』 卷60 吳書 15 賀全呂周鍾離傳 第15 鍾離牧), 撫夷中郎將(『華陽國志』 卷4 南中志) 등 當代 중국 왕조에서는 撫夷와 관련한 다양한 직위가 존재했던 것이다. 따라서 張撫夷의 '撫夷'를 撫夷校尉로만 단정하기는 어려워 보인다(윤용구, 2005, p.71). 　한편 장무이와 관련된 명문전들이 발견된 것은 일제시대의 발굴조사에 의해서였다. 1911년 10월에 황해도 봉산군에서 關野貞의 조사단 일원이었던 谷井濟一에 의해 태봉리 1호분의 간단한 연도부 조사가 실시되었고, 이때 총 6種의 명문전이 발견되어 보고되었다(谷井濟一, 1914). 이듬해인 1912년에 關野貞이 다시 玄室을 추가 조사하였는데, 이때 한 종의 명문전이 추가로 발견되었다. 그리고 "大歲戊在", "大歲在戊", "太歲申"이라는 명문전의 조합을 통해 太歲 戊申年으로 보고 연대추정을 하게 되었다(關野貞, 1914). 2008년에 정인성은 東京大學에 소장된 장무이묘 출토 명문전들을 정리하여 사진과 탁본을 제시하였는데(이현혜·정인성·오영찬·김병준·이명선, 2008, pp.424~431), 여기에 우메하라 유리건판 사진에서 보이는 탁본사진 자료들까지 종합하면 총9種(내용은 같으나 글자의 좌우방향이 다른 명문전은 구별)을 제시할 수 있다. 　제작 연대와 관련해 關野貞은 장무이묘를 3세기 군현 지배기에 유행했던 궁륭상 천장구조의 전형적인 전실묘 형태로 추정하였다. 이를 통해 ⓐ·ⓑ·ⓒ를 조합한 太歲 戊申年이라는 연간지는 288년을 가리킨다고 보았다(關野貞, 1914). 대방군이 존속했을 당시에 군현 중심부에 舊대방태수의 무덤이 조영된 상황으로 본 것인데, 이는 곧 기존에 한강유역으로 보아왔던 대방군의 위치를 황해도 일원으로 바꾸는 결정적인 근거가 되었다. 　한편 1951년에 발견된 「안악 3호분」의 동수 관련 묵서에서는 장무이의 '撫夷'와 비슷한 '護撫夷校尉'라는 관호가 발견된 것을 근거로 장무이묘를 안악 3호분과 비슷한 시기인 348년으로 보는 설이 제기되었지만(岡崎敬, 1964, p.66), 고분의 연대를 결정할만한 구체적인 근거라고 보기는 어려웠다. 그런데 2000년대 이후 장무이 무덤의 前室이 細長方形化된 형태로서 長方形 전실을 갖춘 이전 시기의 전축분보다 더 후대의 형태일 가능성이 제기되었다(오영찬, 2003, p.212). 또한 최근 이 묘의 현실 내부에서 발견된 대형 판석을 원래 천장에 얹혀있던 형태(石蓋)로 파악하고, 무덤의 구조를 전석혼축분인 동리묘 및 集安 禹山 3319호분의 현실 구조와 비교하기도 하였다(정인성, 2010, pp.61-65). 이러한 구조상의 특징들은 장무이묘의 조영 연대를 348년로 추정하는 근거라고 할 수 있다.

No.	항목	내용
		고분구조의 문제 이외에도 장무이의 고분이 3세기 말에 황해북도 지역에 조영되었다고 보기에는 여러가지 의문스러운 정황들이 있다. 현재까지 낙랑·대방군 지역에서 태수의 무덤이 발견되지 않는 것으로 보아 태수급은 임기를 마치고 대부분 돌아갔거나 설령 부임중 사망했더라도 歸葬되었을 가능성이 높다. 291년에도 西晉에서 황족인 司馬繇를 대방군으로 귀양 보낸 사례가 있을 정도로 대방군과 중원과의 교통이 가능했던 상황이었던 것이다(李東勳, 2015, p.138; 안정준, 2016, pp.55~57). 또한 요동의 서안평현이 고구려에 의해 공격당해 양자 간의 교통이 단절된 것이 美川王 12년(311)이었음을 고려할 때, 이전까지는 대방군과 西晉간의 交通이 완전히 단절되지 않았을 것이다. 그런데 만약 冀州 漁陽郡 출신의 장무이가 이 지역에 파견되어 280년대 말까지 정식으로 대방태수를 역임했다면 死後에 歸葬을 택하지 않고 任地에 그대로 매장된 배경이 의문이다. 당시는 고구려가 점차 2군 지역을 장악해오는 불안한 정세이기도 했던 것이다. 또한 漁陽郡 출신인 장무이가 망명 이전에 요동 지역에서 僑置된 대방군 태수를 역임했다가 다시 고구려로 넘어와 옛 대방군 지역으로 移置되었다고 가정하는 것도 지나친 우연의 연속으로 보인다(임기환, 2004, pp.164~165). 이러한 지적들을 종합할 때 장무이의 대방태수 관호는 고구려에 망명한 이후인 348년(戊申年)에 2군 고지에 安置되면서 칭하였을 가능성이 더 높다고 생각된다.
42	사진	ⓐ
	출처	ⓐ 우메하라106-0504-1195
	출토지	黃海南道 信川郡 龍門面 福隅里 제8호분
	판독	ⓐ 建武十六年大歲(결락)
	역주	▸ 建武는 後漢代(25~56)에 사용된 적 있으나, 낙랑·대방군 고지에서 전축분 명문전이 최초 나타나는 것은 光和 5년(182)부터이므로 취하기 어렵다. 그 외에 가장 오랫동안 쓰인 사례는 後趙代(335~348)이다. 建武 연호는 후조에서 14년째까지 사용되다가 349년에 太寧과 靑龍으로, 350년에는 永興으로 改元되었다. 특히 350년을 전후한 시기는 後趙의 멸망이 임박하여 나라 안의 정세가 극도로 혼란스러웠으며, 자연히 낙랑·대방고지와의 교류도 줄어들었을 것이다. 이때 수차례 정권이 바뀌면서 반포되었던 새 연호들도 한반도 지역에 제대로 전해지지 않았던 것이 아닌가 생각된다. 이에 ⓐ의 建武는 본래 後趙의 연호로서 建武 16년은 곧 350년을 가리키며, 이는 2년 가까이 改元 사실을 모른 채 사용된 결과라고 생각된다.
43	사진	ⓐ ⓑ

No.	항목	내용

		ⓒ 
	출처	ⓐ 우메하라106-0505-1198 ⓑ 우메하라107-0521-1272 ⓒ 우메하라107-0513-1220
	출토지	黃海南道 信川郡 北部面

ⓐ·ⓑ·ⓒ 永和八年三月四日韓氏造塼

▸ 정방향
▸ 연구자별 판독의견

판독자	판독문	비정 연대
榧本龜次郞·野守健, 1932	「永和八季二月四日韓氏造塼」(側銘)	永和는 東晉 穆帝代의 연호(345~356)로 보았음.
林起煥, 1992	「永和八年二月四日韓氏造塼」(側銘)	352
孔錫龜, 1998	「永和八季二月四日韓氏造塼」(側銘)	352

▸ ⓐ·ⓑ·ⓒ는 각기 다른 전돌이지만 기재된 명문은 모두 동일하다고 판단된다.
▸ ⓐ-1과 ⓒ-1의 명문이 불명확하다. 일단 ⓐ·ⓑ·ⓒ에 모두 동일한 年號를 기재했다고 전제한다면, ⓑ-1의 경우 아래의 이체자 사례들을 통해볼 때 永자가 분명해 보인다. ⓐ-1과 ⓒ-1도 자획의 유사성 등을 감안할 때 永으로 판독할 수 있을 것이다.

ⓐ-1(永)	ⓒ-1(永)	ⓑ-1(永)	漢 張遷碑	漢 乙瑛碑

▸ ⓐ·ⓑ·ⓒ 세 전돌의 5번째에 있는 글자는 榧本龜次郞·野守健, 1933에서 二자로 판독한 바 있다. ⓐ만 보면 年자 다음은 二자로도 볼 수 있으나, 동일한 내용을 기재하고 있는 ⓑ와 ⓒ에서는 年자 밑에 가로획이 하나 더 보인다. 이것은 아래 이체자 사례들을 통해 볼 때 年자의 일부가 아닌, 다음 글자의 획으로 보아야 한다. 이에 年의 다음 글자를 三자로 판독하고자 한다.

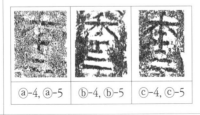

ⓐ-4, ⓐ-5	ⓑ-4, ⓑ-5	ⓒ-4, ⓒ-5

No.	항목	내용
	역주	永和 연호는 後漢(136~141)과 東晉(345~356) 때 쓰인 사례가 있다. 이 가운데 8년까지 쓰인 사례는 東晉 穆帝代인 352년뿐이다.
44	사진	ⓐ ⓐ의 탁본
	출처	榧本龜次郎·野守健, 1933, 「永和九年在銘古蹟調査報告」, 『昭和七年度 古蹟調査報告』
	출토지	平安南道 平壤市 平壤驛 構內(※전축분의 西壁의 원래 위치에 박혀있는 상태로 발견되었음)
	판독	ⓐ 永和九年三月十日遼東韓玄菟太守領佟利造 ‣ 정방향 ‣ 연구자별 판독의견 (표)
	역주	‣ 永和 9年은 東晉 穆帝代의 연호로 353년에 해당한다. ...

ⓐ 永和九年三月十日遼東韓玄菟太守領佟利造
‣ 정방향
‣ 연구자별 판독의견

판독자	판독문	비정 연대
榧本龜次郎·野守健, 1932	「永和九年三月十日遼東韓玄菟太守領佟利造」(側銘)	353
林起煥, 1992	「永和九年三月十日遼東韓玄菟太守領佟利造」(側銘)	353
孔錫龜, 1998	「永和九年三月十日遼東韓玄菟太守領佟利造」(側銘)	353
국립중앙박물관 편, 2001	永和九年三月十日遼東韓玄菟太守領佟利造	353

‣ ⓐ-12는 ㅗ의 하부가 '日'과 비슷한 형태인데, 玄자와 가장 유사하다고 판단된다. 문맥상 太守號 앞의 地名이 들어갈 곳이며, 다음 글자가 菟라는 점도 감안해야할 것이다.

ⓐ-12(玄)	前漢 馬王堆帛書

‣ 永和 9年은 東晉 穆帝代의 연호로 353년에 해당한다. 명문에서 '領'의 의미는 보통 관직 앞에 붙여서 '~을 관장한다'는 의미로 쓰이기도 했지만(小田省吾, 1932, p.106; 榧本龜次郎·野守健, 1933, p.17), 그것이 관직명의 뒤에 붙어 있어서 무엇을 領한 것인지에 대한 분명한 해석을 하기 어렵다(林起煥, 1992, p.385). 이에 대해 동리가 自稱하는 과정에서 발생한 오류로 추정하기도 한다(孔錫龜, 1998, p.97). 한편 동리가 칭한 遼東·韓·玄菟太

No.	항목	내용
		守는 그가 낙랑 지역에 기반을 두고 있다가 東晉으로부터 수여받은 관직으로 보기도 했다(三上次男, 1977). 그러나 동리가 칭한 韓太守는 중국왕조나 고구려에서 설치된 적이 없다(孔錫龜, 1998, p.96). 4세기 중반에 2군 고지에 있던 동리가 독자적으로 외국과 교섭하였다고 보기도 어렵다면, 이들은 고구려에 의해 이 지역에 安置된 상태에서 韓·玄菟太守 등을 스스로 칭했을 가능성이 높다고 생각된다.
45	사진	ⓐ
	출처	ⓐ: 국립중앙박물관 편, 2001, 『樂浪』, 솔, p.182
	출토지	黃海南道 信川郡 北部面 西湖里(현 石塘里)

45 판독

ⓐ 元興三年三月四日王君造
‣ 정방향
‣ 연구자별 판독의견

판독자	판독문	비정 연대
榧本龜次郎·野守健, 1932	「元興三年三月四日王君造」(側銘)	東晉 安帝代의 연호(402~404)
林起煥, 1992	「元興三年三月卄日王君造」(側銘)	404
孔錫龜, 1998	「元興三年三月[卄]日王君造」(側銘)	404
국립중앙박물관 편, 2001	元興三年三月卄日王君造	404

‣ ⓐ-7은 좌우 양끝이 경계선에 걸쳐있는 형태이다. 이 전돌에서 문장의 경계선과 겹치는 곳의 글자 획을 생략한 사례가 또 보이는데, ⓐ-11의 造자도 경계선과 겹치는 辶획을 생략한 형태로 볼 수 있다. ⓐ-7도 형태상 卄으로 판독하기는 어려우며, 양쪽의 세로획이 생략된 四자로 판독하는 것이 적절해 보인다.

ⓐ-7(四)	ⓐ-11(造)	漢 郙閣頌

역주

‣ 元興연호가 3년까지 쓰인 사례는 東晉代(402~404)뿐이다. 東吳代(264~265)에도 2년까지 쓰인 사례가 있지만 2군 지역과의 교류 여부가 분명하게 입증된 바 없다. 이에 ⓐ의 元興은 404년으로 비정하는 것이 타당해 보인다.

III. 명문전의 목록과 몇 가지 문제들

표 2. 낙랑·대방군 지역에서 출토된 年代 표기 명문전(강조 표시는 좌우반전된 글자)

No	명 문	연대 (왕조)	출토지	사진 有無	年號 誤記
1	ⓐ 光和五年韓氏造牢 ⓑ 光和五年 ⓒ 之[壽] ⓓ 壽者	182 (後漢)	황해북도 봉산군 문정면 당토성 (토성리)	ⓐ·ⓑ: 有 / ⓒ· ⓓ:無	
2	ⓐ 興平二載四月貫氏造[壽][郭] ⓑ ▨張孟陵	195 (後漢)	평안남도 평양시 낙랑구역 토성 동	有	
3	興平二載四月母見氏吉靑部 (側面) / 工王(이후 불명)(小口) 張益勝 (小口)	195 (後漢)	평양 락랑구역 정오동 31호분	無	
4	ⓐ 守長岑長王君諱卿 ⓑ 年七十三子德彦東萊黃人也 ⓒ 正始九年三月卄日壁師王[德]造	248 (曹魏)	황해남도 신천군 봉산리	有	
5	ⓐ 嘉平二年二月五日起造 ⓑ 戶上	250 (曹魏)	황해도 신천군	有	
6	嘉平四年楊氏	252 (曹魏)	황해남도 신천군 새날리	無	
7	甘露(결락)	256~259 (曹魏)	황해남도 신천군	無	
8	景元元年七月卄三日	260 (曹魏)	황해남도 신천군	有	
9	景元三年三月八日韓氏造	262 (曹魏)	황해북도 봉산군 문정면	有	
10	泰始四年三月十日段氏造	268 (西晉)	황해남도 신천군 가산면 간성리	有	
11	ⓐ ▨始七年四[月] ⓑ 泰始七年四月	271 (西晉)	황해북도 봉산군 문정면 당토성	有	
12	泰始七年[八]月	271 (西晉)	황해북도 봉산군 문정면 당토성	有	
13	ⓐ 泰始七年杜紙林 ⓑ 晉故	271 (西晉)	황해북도 봉산군 문정면 당토성	無	
14	泰始十年七月卄三日造	274 (西晉)	평안남도 대동군 대동강면	有	

No	명 문	연대 (왕조)	출토지	사진 有無	年號 誤記
15	ⓐ 泰始十年杜奴村 ⓑ 晉故 ⓒ 泰始十年杜奴村 ⓓ 晉故	274 (西晉)	황해북도 봉산군 문정면 당토성	有	
16	泰始十一年八月▨	275 (西晉)	황해북도 봉산군 문정면 당토성	無	○
17	ⓐ 咸寧元年三月造 ⓑ 咸寧元年三月造 ⓒ 咸寧元年三月造 ⓓ 五官掾作 ⓔ 五官掾作	275 (西晉)	황해남도 신천군	有	
18	咸寧五年三月六日己丑造	279 (西晉)	황해남도 신천군	有	
19	太康元年三月六日	280 (西晉)	황해남도 신천군	有	
20	太康元年三月八日王氏造	280 (西晉)	황해남도 신천군	有	
21	太康三年吳氏造	282 (西晉)	황해북도 봉산군 문정면 송산리	有	
22	太康四季三月卅[七]日造	283 (西晉)	황해북도 봉산군 문정면 송산리	無	
23	ⓐ「太康四年[三](하부결손)」 ⓑ (상부결손)三月昭明王長造」	283 (西晉)	황해남도 신천군 북부면 서호리	無	
24	ⓐ 大康四年	283 (西晉)	황해남도 삼천군 추릉리	有	
25	大康七年三月二十八日王作	286 (西晉)	황해남도 신천군	無	
26	太康七年三月癸丑作	286 (西晉)	황해남도 신천군	有	
27	ⓐ·ⓑ 君以大康九年二月卒故記 ⓒ (상부 결락)月[卒故]記	288 (西晉)	황해남도 안악군 룡순면 유설리 북동	有	
28	元康元年	291 (西晉)	황해도	有	
29	元康三年三月十六日韓氏	293 (西晉)	황해도	有	

No	명 문	연대 (왕조)	출토지	사진 有無	年號 誤記
30	元康五年八月十八日乙酉造	295 (西晉)	황해남도 안악군 룡순면 하운동 고분	有	
31	ⓐ 建始元年[韓] ⓑ [元]年韓氏造塼 ⓒ 建始元年	301 (西晉)	황해남도 신천군 용문면 복우리	有	
32	ⓐ 永嘉(하부 결손) ⓑ [季]韓氏造塼	307~312 (西晉)	황해남도 신천군 남부면 서원리	有	
33	永嘉七年	313 (西晉)	황해남도 신원군 아양리토성	無	
34	建興四年會景作造	316 (西晉)	황해도	有	
35	泰寧五年三月十(하부 결손)	327 (東晉)	황해북도 안악군 룡문면 복우리 제2호분	有	○
36	ⓐ 咸和十年大歲乙未孫氏造 ⓑ (상부결손)年大歲乙未孫氏[造]	335 (東晉)	황해남도 신천면 사직리	有	○
37	ⓐ 建武八年[西]邑[太]守 ⓑ [西]邑太守張君塼	342 (後趙)	황해남도 안악군 로암리	有	
38	ⓐ [建][武]九年三月三日王氏▨ ⓑ ▨車▨	343 (後趙)	황해남도 신천군 출토	有	
39	ⓐ 建元三年大歲在巳八月孫氏造 ⓑ 建元三年大歲在巳八月(하부 결손) ⓒ 建元三年大歲在巳八月(하부 결손) ⓓ (상부 결손)[在]巳八月孫氏造 ⓔ (상부 결손)在巳八月孫氏造	345 (東晉)	황해남도 신천군 가산면 간성리	有	○
40	建元三年大	345 (東晉)	황해남도 신천군 북부면 야죽리	有	○
41	ⓐ 大歲在戊漁陽張撫夷塼 ⓑ 大歲戊在漁陽張撫夷塼 ⓒ 太歲申漁陽張撫夷塼 ⓓ 趙主簿令塼勲意不臥 ⓔ (2行塼)哀哉夫人奄背百姓子民憂感/ 夙夜不寧永側玄宮痛割人情 + 張使君 ⓕ (2行塼)天生小人供養君子千人造塼 以葬/父母旣好且堅典齋記之 + 使君帶 方太守張撫夷塼	348 (東晉)	황해북도 봉산군 사리원시 사리원역 부근	有	

No	명 문	연대 (왕조)	출토지	사진 有無	年號 誤記
	⑧ [八]月卄[八]日造塼日八十石[酒] + 張使君塼 ⓗ 張使君塼 ⓘ 張撫夷[塼]				
42	建武十六年大歲(결락)	350 (後趙)	황해남도 신천군 룡문면 복우리 제8호분	有	○
43	永和八年三月四日韓氏造塼	352 (東晉)	황해남도 신천군 북부면	有	
44	永和九年三月十日遼東韓玄菟太守領 佟利造	353 (東晉)	평안남도 평양시 평양역 구내	有	
45	元興三年三月四日王君造	404 (東晉)	황해남도 신천군 북부면 서호리 (현 석당리)	有	

※ 2군 지역에서 발견되는 전축분 관련 명문전 가운데 연대가 표기된 사례는 후한대인 光和5년(182)부터 나타나며, 가장 늦은 것은 元興3年(404)이다. 즉 중국 군현의 지배 속에서 시작된 이 지역의 명문전 제작이 후한말 이래로 曹魏·西晉·東晉代에 지속적으로 진행되어 5세기 초까지도 이어졌다고 할 수 있는 것이다. 이 글에서는 검토대상을 연대가 기재된 명문전만으로 한정한 데다 판독과 역주에 대부분의 지면을 할애하였기 때문에 종합적인 검토는 추후 다른 명문전들의 검토 이후에 종합적으로 진행할 예정이다. 다만 판독과 역주 과정에서 몇 가지 눈에 띄는 점들을 한두 가지 짚고 넘어가고자 한다.

○ 기존에 소개된 명문전 가운데 출토지의 혼동이 있었을 가능성에 대하여
榧本龜次郎·野守健, 1932이 최초 제시했던 명문전들(판독문) 가운데 일부는 우메하라 건판사진들 가운데서도 명확하게 실물 사진이 확인되지 않는 것들이 있다. 예컨대 32번의 ⓐ「永嘉(하부 결손)」銘은 우메하라 사진으로 확인되지만, 기존에 함께 출토되었다고 보고되었던 ⓑ「[季]韓氏造塼」銘의 사진은 찾을 수 없다. 보고자는 ⓐ와 ⓑ가 字體가 비슷하므로 동일한 고분에서 출토된 것으로 볼 수 있다고 하였으나(榧本龜次郎·野守健, 1932, 앞의 논문, p.5), 이는 보고자의 주관적인 판단이라는 한계가 있는 것도 사실이다.
또한 31번 ⓑ의 '[元]年韓氏造塼'처럼 동일한 명문들이 다른 고분의 출토품들에서도 보이는데, 보고자의 혼동으로 인해 32번 고분과 관련된 것으로 오인되었을 가능성도 배제할 수 없다. 따라서 30번의 ⓑ를 ⓐ 「永嘉(하부 결손)」와 동일한 고분의 출토품으로 보는 榧本龜次郎·野守健, 1932의 보고 내용은 추가적인 검토가 필요해 보인다.
또한 13번의 ⓑ「쯉故」명도 실물 사진을 확인할 수 없는데, 15번의 ⓑ, ⓓ에서도 「쯉故」명이 확인된다. 13번과 15번의 출토지가 같고, 문구 또한 동일하므로 과연 榧本龜次郎·野守健, 1932의 보고대로 별개의 무

덤에서 나온 출토품이라고 볼 수 있을지 여부에 대해서는 좀 더 신중한 판단이 요구된다.

○ 2군 지역 출토 명문전의 월(月) 편중 현상

보통 銘文塼에서 전돌 혹은 무덤의 조영 시기를 나타내는 月표기는 중국의 경우 음력 7·8·9월에 집중(전체의 70% 이상)되어 있는 반면에,[6] 2군 지역 출토 명문전들의 경우에는 압도적 다수가 음력 3월에 집중되고 있다. 이는 서북한 지역의 독특한 문화적 전통이라고도 할 만하다.

이러한 '3월' 표기 사례들은 특정 왕조대(시기)에 편중되어 있지 않으며, 대체로 248년부터 2군 지역이 고구려의 확고한 영향력 하에 있었던 5세기 초반(404년)까지 대체로 고르게 분포하는 모습을 보인다. 더 다각적인 검토가 필요하겠지만, 이는 적어도 3세기 중반부터 5세기 초에 이르기까지 2군 지역을 지배하는 세력(국가)의 변동과는 무관하게 신천군을 비롯한 2군 토착주민 집단의 고분 조영 전통이 일관되게 유지되었던 하나의 사례라고도 볼 수 있을 것이다.

표 3. 중국과 평안도 · 황해도 지역의 명문전 제작 月 표기 비교

중국 지역 출토 명문전 제작 月 표기[7]		평안도·황해도 출토 명문전 제작 月 표기	
月	件數	月	件數
正月	1	正月	0
1月	6	1月	0
2月	3	2月	2
3月	10	3月	17
4月	4	4月	2
5月	3	5月	0
6月	18	6月	0
7月	47	7月	2
8月	59	8月	5
9月	31	9月	0
10月	5	10月	0
11月	2	11月	0
12月	0	12月	0
閏月	3	閏月	0
총계	192	총계	28

○ 제작 月日의 변경 표기 가능성

2군 지역에 전축분이 조영되었던 2~ 5세기경의 太康 연호는 西晉 武帝代(280~289)뿐이다. 따라서 19번 「太康元年三月[六日]」명과 20번 「太康元年三月八日王氏造」명에 보이는 太康元年은 280년으로 보는데 큰 문제가 없다. 그런데 여기는 구체적으로 太康元年 3월에 제작된 것으로 기록돼 있다. 다만 『자치통감』에 의거하면 태강으로의 改元 시기가 4월 乙酉日로 나타나기 때문에(『資治通鑑』卷81 晉紀3) 위의 두 명문전의 태강

---

6) 谷豊信, 1999, 앞의 논문, pp.181-182.
7) 중국 지역 출토 명문전 제작 月 표기의 통계는 위의 논문, pp.182를 참조.

연호 표기는 改元한 달보다 한 달여 빠른 것이 된다. 아마도 실제로 두 전돌은 280년 4월 이후에 만들어졌고 만든 달(月)만 3월로 표기했을 가능성이 높다.

중국에서도 비슷한 사례가 있다. 浙江省 臺州市 黃岩區에서 발견된 秀嶺水庫塼室墓(M5)에서 「天璽元年六月四日孤子徐□□建作」이라는 명문전이 출토되었는데,[8] 여기에 보이는 天璽는 三國吳의 연호로서 276년 7월에 오의 황제였던 孫皓가 臨平湖 근처에서 누군가가 '皇帝'라고 새겨진 작은 돌을 주워 바친 것을 기념하여 改元한 것이다.[9] 그리고 약 6개월이 지난 277년 정월에 다시 天紀로 改元되었다.[10] 그런데 위 명문전에는 '天璽元年六月四日'로 기재되어 있어서 改元한 달보다 1개월 정도 빠르다. 따라서 이 명문전 역시 276년 6월에 제작했다고 보기는 어려우며, 天璽로 개원한 同年 7월 이후에 만들어졌을 가능성이 높다. 그렇다면 19번 「太康元年三月[六日]」명과 20번 「太康元年三月八日王氏造」명에 보이는 3월 표기도 誤記라기 보다는 제작 월을 앞당겨 표기한 결과일 수도 있다.

굳이 제작 월을 앞당겨 표기한 이유는 특정 달에 제작 월 표기가 집중된 양상과도 무관하지 않아 보인다. 즉 2군 지역에서 출토된 명문전의 월 표기가 주로 3월에 편중되어 있는데, 이는 실제 제작한 달을 표기하는 것 이외에도, 자신들이 吉하거나 혹은 祥瑞롭다고 생각한 月日로 표기한 경우도 존재할 수 있다고 생각된다. 더욱 자세한 내용들은 추후에 다시 검토하도록 하겠다.

투고일: 2021.10.29   심사개시일: 2021.11.17   심사완료일: 2021.12.04

---

8) 谷豊信, 1999, 앞의 논문, p.214의 222번 명문전 참조.

9) 『資治通鑑』 9 권80, 晉紀 世祖武皇帝上之下 咸寧2年(276년), "秋七月 吳人或言於吳主曰 臨平湖自漢末葳塞 長老言 此湖塞 天下亂 此湖開 開下平 近無故忽更開通 此天下當太平 青蓋入洛之祥也 (중략) 或獻小石刻皇帝字 雲得於湖邊 吳主大赦 改元天璽"

10) 『資治通鑑』 9 권80, 晉紀 世祖武皇帝上之下 咸寧2年(276년), "八月己亥 (중략) 吳主大喜 封其山神為王 大赦 改明年元曰天紀"

孔錫龜, 1998, 『高句麗 領域擴張史 硏究』, 書景文化社.

국립중앙박물관 편, 2001, 『樂浪』, 솔.

李丙燾, 1976, 『韓國古代史硏究』, 博英社.

리순진, 2003, 『락랑구역일대의 고분발굴보고』, 백산자료원.

梅原末治, 1931, 『書道全集(3)』, 平凡社.

榧本龜次郎·野守健, 1932, 『昭和七年度古蹟調査報告』.

三上次男, 1977, 『古代東北アジア史硏究』, 吉川弘文館.

이나경·장은정·함순섭, 2018, 『平壤 石巖里 9號墳』, 국립중앙박물관.

李丙燾, 1976, 『韓國古代史硏究』, 博英社.

임기환, 2004, 『고구려 정치사 연구』, 한나래.

井內古文化硏究室 編, 1976, 『朝鮮瓦塼圖譜(1)』(樂浪·帶方).

한인덕, 2002, 『평양일대의 벽돌칸무덤에 관한 연구』, 사회과학출판사.

한인덕·김인철·송태호, 2003, 『평양일대의 벽돌칸무덤 삼국시기 마구에 관한 연구』, 백산자료원.

岡崎敬, 1964, 「安岳三號墳(冬壽墓)の硏究」, 『史淵』 93.

강현숙, 2020, 「북한의 고구려 고고학 조사·연구의 성과와 과제」, 『문화재』 53-1.

谷豊信, 1999, 「中國古代の紀年塼」, 『東京國立博物館紀要』 34.

關野貞, 1914, 「朝鮮における樂浪帶方時代の遺蹟」, 『人類學雜誌』 29-10號..

김미경, 1996, 「高句麗의 樂浪·帶方地域 進出과 그 支配形態」, 『學林』 17.

김재용·고영남, 2002, 「최근에 발굴된 돌천정 벽돌무덤」, 『조선고고연구』 2002-3.

金鍾太, 1977, 「樂浪時代의 銘文考」, 『考古美術』 135.

小田省吾, 1932, 「平壤出土永和九年玄菟太守に關する一考察」, 『靑丘學叢』 9.

안병찬·홍원표, 1990, 「새로 드러난 추릉리 벽돌무덤」, 『조선고고연구』 1990-1.

안정준, 2016, 「3~4세기 백제의 북방 진출과 고구려」, 『근초고왕과 석촌동고분군』, 한성백제박물관.

안정준, 2016, 「高句麗의 樂浪·帶方郡 故地 지배 연구」, 연세대 박사학위 논문.

안정준, 2017, 「4~5세기 樂浪·帶方郡 故地의 中國地名 官號 출현 배경」, 『韓國古代史硏究』 86 .

양상인, 1999, 『조선고대 및 중세초기사연구』, 백산자료원.

오영찬, 2003, 「帶方郡의 郡縣支配」, 『강좌 한국고대사(10)』, 가락국사적개발연구원.

윤송학, 2004, 「황해남도 신천군 새날리 벽돌무덤 발굴보고」, 『조선고고연구』 2004-4 .

윤용구, 2005, 「고대중국의 동이관(東夷觀)과 고구려」, 『역사와 현실』 55.

李東勳, 2015, 「고구려 중·후기 지배체제 연구」, 고려대 박사학위 논문.

林起煥, 1992, 「낙랑 및 중국계 금석문」, 『譯註韓國古代金石文(1)』, 가락국사적개발연구원.

전주농, 1962, 「신천에서 대방군 장잠장 왕경의 무덤 발견」, 『문화유산』 3.

井內功, 1979 「朝鮮瓦塼略考」, 『朝鮮瓦塼圖譜』 7.

정인성, 2010, 「대방태수 張撫夷墓의 재검토」, 『韓國上古史學報』 69.

지승철, 2001, 「고구려 서해안 성방어체계」, 『력사과학』 4.

최승택, 2006, 「유적유물을 통하여 본 4세기 고구려 남평양」, 『조선고고연구』 2006-3.

한인덕, 2003, 「로암리 돌천정벽돌무덤에 대하여」, 『조선고고연구』 2003-3, 사회과학출판사.

〈Abstract〉

Brick with letters of year is written excavate in Lo-rang and Daebang areas
-Focusing on decipher and translator's footnotes-

Kim Keunsik · An JeongJun · Jeong hwaseung

In the areas of Hwanghae-do and Pyeongan-do, the production of Brick with letters continued from the end of the 2nd century to the first half of the 5th century. This is a useful data to examine the trends of indigenous forces in the region that existed not only after the period of existence of the Lo-rang and Daebang areas, but also after its extinction. From the end of the 2nd century to the first half of the 5th century, among the Brick with letters excavated from the Lo-rang and Daebang areas, the authors obtained a number of physical or rubbing photos of those that could estimate the year from the database. In addition, until recently, Brick with Letters, which was published by the National Museum of Korea and North Korea's ancient Joseon study, was added, and the list of Brick with Letters of Year is written found in the Lo-rang and Daebang areas was newly compiled. Finally, the incorrect classification or some decipher errors of Brick with letters suggested in the previous study were corrected.

▶ Key words: Lo-rang commandery(樂浪郡), Daebang commandery(帶方郡), Brick with letters(銘文塼),
The tomb of bricks(塼築墳), Koguryeo(高句麗)

남한 출토 고구려 토기 명문 연구[*]

고광의[**]

〈국문초록〉

임진강과 한강 등 한반도 중남부 지역에 산재한 고구려 유적들은 대략 4세기 말부터 축조되기 시작하여 고구려 멸망 때까지 계속되었다. 이들 유적에서 출토된 명문 유물들을 통해 특정 기간 동안에 일정 지역에서 사용된 서체의 종류를 파악함으로서 고구려 남쪽 변경 지역의 문자생활을 살펴볼 수 있다.

지금까지 출토된 남한 지역 고구려 토기 명문에는 예서, 해서, 행서, 초서가 두루 확인되며 해서의 경우는 상당히 성숙한 형태가 나타나고 있어 당시 고구려 변경과 중앙 지역의 서체 발전 정도가 별반 차이가 없었음을 알 수 있다.

홍련봉 보루와 호로고루에서는 기와를 비롯한 와당과 치미 등이 출토되어 다른 곳에 비해 상대적으로 위계가 높았던 곳으로 보이며 서사 도구인 벼루가 함께 출토되는 것으로 보아 군영에서 직접 문서를 생산하고 유통하였음을 알 수 있다. 아차산 제4보루에서 발견된 명문들은 자형 결구가 중국 집안시 환도산성에서 발견된 것과 비슷하여 서체의 시간성, 지역적 연관성을 반영해 준다.

5세기 이후 고구려는 확대된 영역을 효율적으로 지배하기 위해 변경인 임진강, 한강 유역에 전문 서사관료를 파견하였던 것으로 보이는데, 이들은 중앙에 보고나 주둔지 간의 소통을 위한 업무를 맡아보는 등 당

* 이 논문은 동북아역사재단의 기획연구과제로 수행한 결과임(NAHF-2021-기획연구-16)
** 동북아역사재단 책임연구위원

시 고구려 말단 지역까지 일정한 정도로 문서행정이 시행되고 있음을 짐작해 볼 수 있다.

▶ 핵심어: 고구려, 토기, 명문, 부호, 서체(書體), 문자생활

I. 머리말

고구려 시대의 토기에는 문자나 부호 등이 새겨진 것들이 전하고 있어 부족한 사료를 보완해 주고 있다. 고구려 토기 명문은 일제강점기 일본인 학자들에 의해 처음 보고되었고 해방 후에는 중국과 북한에서 자체적인 발굴조사를 통해 출토된 유물들이 전하고 있다. 근자에는 남한에서도 한강과 임진강 유역 및 세종시 등지의 고구려 유적에서 명문이 새겨진 토기 조각들이 출토되어 그 수량이 적지 않게 축적되었다.

남한에서 고구려 토기가 처음 알려진 것은 1977년 서울 광진구 한강 북안의 구의동 보루와 1980년대 몽촌토성의 발굴을 통해서이다. 이후 1997년 아차산 제4보루를 시작으로 1999~2000년 시루봉 보루, 2004년 홍련봉 제1보루, 2005년 아차산 제3보루와 홍련봉 제2보루, 2005~2006년 용마산 제2보루가 계속 발굴조사 되면서 고구려 시기의 명문이 새겨진 토기들이 다수 출토되었다. 2006년과 2009년에는 임진강 유역의 강안평지성인 호로고루에서는 서사 도구인 벼루와 함께 명문이 새겨진 다양한 종류의 토기들이 출토된 바 있다. 이 외에도 세종시 남성골산성에서도 부호나 글자가 새겨진 고구려 토기가 출토되었다.[1]

본 연구에서는 남한 지역 고구려 유적의 조사발굴 성과를 토대로 보고서 등에 산견되는 토기에 새겨진 글자와 부호들을 종합적으로 파악하여 검토하려고 한다. 이러한 작업을 통해 글자의 결구나 서체를 분석하고 기존의 판독문을 재검토하는 한편 이들 명문에 반영된 당시 고구려 문자 생활상을 고찰해 보고자 한다.

II. 한강 유역 출토 토기 명문

1. 구의동 보루, 몽촌토성

1977년 구의동 보루 발굴조사에서 장동호류, 호·옹류, 직구옹류, 동이류 등 19개 기종 369개체에 달하는 많은 양의 토기류가 출토되었다.[2] 주로 완이나 접시에는 '小', '井', '田', '卍', '十', 'エ'자 형태 및 '?', '×', '△', '◇' 등 부호가 새겨져 있다.

---

1) 남한 지역에서 출토된 고구려 토기 명문에 대한 주요 연구로는 심광주, 2009, 「남한지역 고구려유적 출토 명문자료에 대한 검토」, 『한국목간학회 정기발표회 자료집』, 한국목간학회; 여호규, 2010, 「1990년 이후 고구려문자자료 출토현황과 연구동향」, 『한국고대사연구』 57, 한국고대사학회가 있다.
2) 최종택, 1993, 「九宜洞-土器類에 대한 考察」, 서울大學校博物館學術叢書 제2집; 구의동보고서간행위원회, 1997, 『한강유역의 고구려요새-구의동유적 발굴조사 종합보고서』, 도서출판 소화.

그림 1. 구이동 보루, 몽촌토성 출토 명문 및 부호

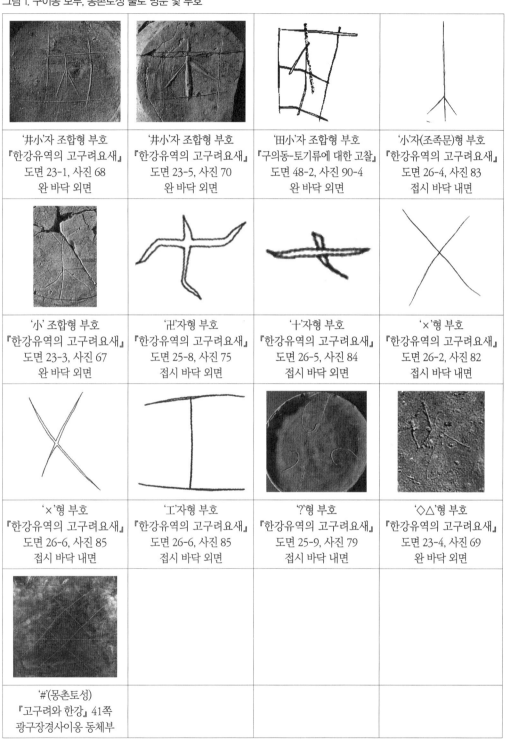

'井小'자 조합형 부호 『한강유역의 고구려요새』 도면 23-1, 사진 68 완 바닥 외면	'井小'자 조합형 부호 『한강유역의 고구려요새』 도면 23-5, 사진 70 완 바닥 외면	'田小'자 조합형 부호 『구의동-토기류에 대한 고찰』 도면 48-2, 사진 90-4 완 바닥 외면	'小'자(조족문)형 부호 『한강유역의 고구려요새』 도면 26-4, 사진 83 접시 바닥 내면
'小' 조합형 부호 『한강유역의 고구려요새』 도면 23-3, 사진 67 완 바닥 외면	'卍'자형 부호 『한강유역의 고구려요새』 도면 25-8, 사진 75 접시 바닥 외면	'十'자형 부호 『한강유역의 고구려요새』 도면 26-5, 사진 84 접시 바닥 외면	'×'형 부호 『한강유역의 고구려요새』 도면 26-2, 사진 82 접시 바닥 내면
'×'형 부호 『한강유역의 고구려요새』 도면 26-6, 사진 85 접시 바닥 내면	'工'자형 부호 『한강유역의 고구려요새』 도면 26-6, 사진 85 접시 바닥 외면	'?'형 부호 『한강유역의 고구려요새』 도면 25-9, 사진 79 접시 바닥 내면	'◇△'형 부호 『한강유역의 고구려요새』 도면 23-4, 사진 69 완 바닥 외면
'#'(몽촌토성) 『고구려와 한강』 41쪽 광구장경사이옹 동체부			

'井'자형과 '小'자형 부호가 함께 새겨져 있는 완 2점이 출토되었다. 그중 하나(도면 23-1, 사진 68)는 소성 전 바닥 외면에 '井'자형을 크게 새기고 그 안에 '小'자형을 시문하였다. 다른 하나(도면 23-5, 사진 70)는 '小'자 모양의 표시를 바닥 외면에 도드라지게 만들어 붙여 기물을 성형한 다음 소성 전에 '井'자를 새겼다. 전자는 끝이 다소 무딘 도구를 사용하여 각획 깊이가 깊지 않은데 비해 후자는 상대적으로 각획이 깊이 패여 있어 날카로운 도구를 사용하였음을 알 수 있다. 이들 부호는 '井'자와 '小'자를 조합한 결과이나 그 의미는 알 수 없고 후자의 경우는 양각과 음각이 함께 나타나고 있다.

'小'자형 부호(도면 26-4, 사진 83)를 단독으로 새긴 것도 있다. 세로획이 상대적으로 길어 조족문처럼 보이기도 하는데, 이와 흡사한 형태의 부호가 아차산 제3보루나 시루봉 보루에서도 확인된다. 또한 1개의 세로획 양 끝에 '小'자 형태를 반대로 새긴 것(도면 23-3, 사진 67)도 있으며, 이 완의 동체부에는 '田'자 모양이 새겨져 있다. 굽다리의 일부만 남아있는 대부완류의 바닥 안쪽에는 '田'자와 같은 모양의 표시가 음각되어 있고, 그 내부에 '小'자 모양의 일부가 볼록하게 튀어나와 있다[3]고 한다.

접시의 바닥 외면에 음각으로 새겨진 '卍'자는 필획이 명확하지 않아 보인다. 또 다른 접시 바닥 외면에는 '十'자가 양각으로 새겨져 있다. 2점의 접시 바닥 안쪽 면에서는 각각 'ㅌ'형 부호가(도면 26-2, 사진 82: 도면 26-6, 사진 85) 확인되는데, 전자의 경우 교차각이 '十'자에 가깝다. 후자의 바닥 외면에는 '工'자 형태가 음각되어 있다. 이 외에 접시 바닥 안쪽 면에는 낚시 바늘 형태의 부호 3개가 새겨진 것이 있으며 완 바닥 외면에 마름모와 삼각형(도면 23-4, 사진 69)이 함께 나타나는 것이 있다.

이들 구의동 보루에서 출토된 토기는 발굴조사 당시에는 백제 유물로 파악하였다. 이후 1988년과 1989년 몽촌토성에서 고구려 토기들이 출토되면서 태토나 기형이 구의동 보루의 토기류와 유사한 점이 확인됨으로서 비로소 고구려 계통으로 분류하게 되었다. 이러한 판단의 단초를 제공한 것이 몽촌토성에서 출토된 5세기 후반대로 편년되는 네 귀 달린 넓은 입 항아리 즉 광구장경사이옹(廣口長頸四耳甕)이다.[4] 이 토기는 나팔입처럼 벌어지는 긴 목과 네 개의 띠고리 손잡이가 특징인 전형적인 고구려 토기이다. 남한 지역의 생활유적에서도 극소량이 출토되기는 하지만 주로 고분에서 발견되어 부장용이나 의례용으로 제작 및 사용되었을 것으로 추정한다.[5] 동체부에는 고구려 토기나 기물에서 자주 보이는 '井'자형 부호가 새겨져 있으며 형태가 비교적 단정한 편이다.

2. 아차산 제4보루

아차산 제4보루는 1994년 지표조사를 통해 처음 학계에 알려진 이후 1997~1998년에 본격적인 발굴조사가 진행되었다.[6] 아차산 4보루에서는 26개 기종 총 538점의 토기류가 출토되었다. 그중 접시, 동이, 장동

3) 최종택, 1993, 『九宜洞-土器類에 대한 考察』, 서울大學校博物館學術叢書 제2집, p.32, 도면 48-2, 사진 90-4.,

4) 金元龍·任孝宰·朴淳發, 1988, 『夢村土城-東南地區發掘調查報告』, 서울大學校博物館; 최종택, 2013, 『아차산 보루와 고구려 남진경영』, 서경문화사, p.21.

5) 서울대학교박물관, 2007, 『서울대학교박물관 소장품 도록』, p.42.

6) 강진갑 외, 1994, 『아차산의 역사와 문화유산』, 구리문화원학술총서1, 구리시·구리문화원; 임효재·최종택·양성혁·윤상덕·장

그림 2. 아차산 제4보루 출토 명문 및 부호

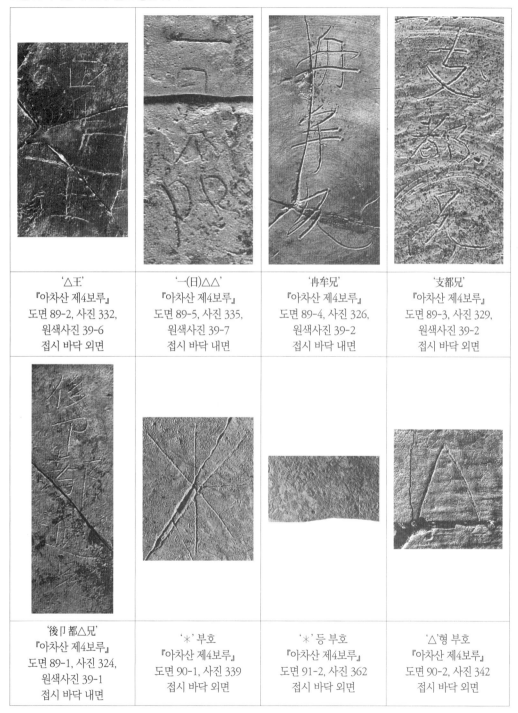

‘△王’ 『아차산 제4보루』 도면 89-2, 사진 332, 원색사진 39-6 접시 바닥 외면	‘一(日)△△’ 『아차산 제4보루』 도면 89-5, 사진 335, 원색사진 39-7 접시 바닥 내면	‘舟牟兄’ 『아차산 제4보루』 도면 89-4, 사진 326, 원색사진 39-2 접시 바닥 내면	‘支都兄’ 『아차산 제4보루』 도면 89-3, 사진 329, 원색사진 39-2 접시 바닥 외면
‘後卩都△兄’ 『아차산 제4보루』 도면 89-1, 사진 324, 원색사진 39-1 접시 바닥 내면	‘＊’ 부호 『아차산 제4보루』 도면 90-1, 사진 339 접시 바닥 외면	‘＊’ 등 부호 『아차산 제4보루』 도면 91-2, 사진 362 접시 바닥 외면	‘△’형 부호 『아차산 제4보루』 도면 90-2, 사진 342 접시 바닥 외면

은정, 2000, 『아차산 제4보루-발굴조사 종합보고서』, 서울대학교박물관.

'大' 『아차산 제4보루』 도면 90-5, 사진 359 접시 바닥 외면	'大(太)' 『아차산 제4보루』 도면 95, 사진 372 구절판 바닥 외면	'市'자형 부호 등 『아차산 제4보루』 도면 90-4, 사진 345 접시 바닥 외면	부호 『아차산 제4보루』 도면 91-5, 사진 355 접시 바닥 외면
부호 『아차산 제4보루』 도면 90-3, 사진 348·439 접시 바닥 내·외면	'十'자형 부호 『아차산 제4보루』 도면 91-4, 사진 355 접시 바닥 외면	'大(天)'자형 부호 『아차산 제4보루』 도면 3-1, 사진 117 장동호 동체부 중상부	'大(天)'자형 부호 『아차산 제4보루』 도면 3-2, 사진 119 장동호 동체부 중상부
'下官' 『아차산 제4보루』 도면 68-2, 사진 274, 원색사진 39-8 동이편 외면	'告' 『아차산 제4보루』 도면 78-1, 사진 288 완 바닥 외면	'天(夫)' 『아차산 제4보루』 도면 77-6, 사진 285 완 바닥 외면	'十' 『아차산 제4보루』 도면 77-3, 사진 278 완 바닥 외면

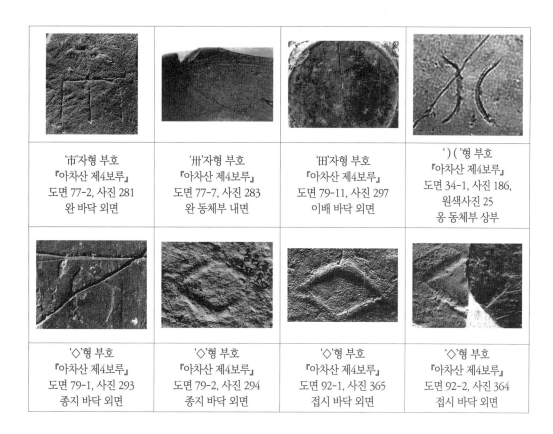

'市'자형 부호 『아차산 제4보루』 도면 77-2, 사진 281 완 바닥 외면	'卅'자형 부호 『아차산 제4보루』 도면 77-7, 사진 283 완 동체부 내면	'田'자형 부호 『아차산 제4보루』 도면 79-11, 사진 297 이배 바닥 외면	')('형 부호 『아차산 제4보루』 도면 34-1, 사진 186, 원색사진 25 옹 동체부 상부
'◇'형 부호 『아차산 제4보루』 도면 79-1, 사진 293 종지 바닥 외면	'◇'형 부호 『아차산 제4보루』 도면 79-2, 사진 294 종지 바닥 외면	'◇'형 부호 『아차산 제4보루』 도면 92-1, 사진 365 접시 바닥 외면	'◇'형 부호 『아차산 제4보루』 도면 92-2, 사진 364 접시 바닥 외면

호, 완, 옹, 종지, 구절판 등의 식생활 용기에 다양한 명문과 부호들이 새겨져 있다.

접시류는 넓은 바닥에 얕은 구연이 달린 형태이며 모두 54개체가 확인되었다. 접시 안팎에는 '△王', '一(日)△△', '冉牟兄', '支都兄', '後卩都△兄' 등의 명문이 새겨져 있다.

'△王'(도면 89-②, 사진 330~332)은 접시를 소성한 이후 바닥 바깥 면에 끝이 뾰족한 도구로 긁어 새겼다. 미판독 부분의 위쪽은 '四'자 형태이고 그 아래에도 필획이 있으나 자형을 분별하기 어렵다. '王'자의 첫 번째 가로획이 다른 획에 비해 굵고 강하며 중간 부분에서 약간 위쪽으로 볼록한 형태의 俯勢를 띠고 필획의 마지막 부분인 收筆에서 파책이 나타난다.

'一(日)△△'(도면 89-⑤, 사진 333~336)은 접시의 바닥 안쪽 면 가운데 부분에 작은 크기로 4자가 음각되어 있다. 첫 번째와 두 번째 글자는 '一(日)'자로 읽을 수 있다. 그 다음 세 번째와 네 번째는 필획이 비교적 분명하여 각각 '爪'자의 返書 형태와 마치 알파벳 'PR'자 형태처럼 보이는데 정확한 의미는 알 수 없다. 바닥의 바깥 면에는 소성 후에 끝이 뾰족한 도구로 긁어 새긴 '十'자 모양이 있다.

'冉牟兄'(도면 89-④, 사진 325, 326)은 접시 바닥 안쪽 면 가운데 부분에 성형 후 마르기 전에 뾰족한 물체로 쓰듯이 새겼다. '冉'자는 중간의 세로획을 먼저 긋고 두 개의 가로획을 연이어 쓰는 필순으로 전형적인 행서의 서사법이라 할 수 있다. '牟'자 'ム'는 행서의 전형적인 형태이며 마지막 필획의 수필이 그 다음 '兄'자

로 자연스럽게 이어진다. '兄'자 'ㅁ'의 제2획 세로획 부분을 삐침처럼 길게 처리하고 제3획을 생략한 결구는 중국 집안의 환도산성 궁전지에서도 발견되었으며 이는 주로 고구려에서 사용된 독특한 자형의 하나이다. 이들 명문은 전체적인 결구의 짜임새가 좋고 필획이 유려하며 서사자의 숙달된 운필이 돋보이는 행서이다.

'支都兄'(도면 89-③, 사진 327~329)은 접시 바닥의 바깥 면 중간 부분에 있으며 그 왼쪽에도 의미를 알수 없는 필획이 있다. 명문은 기물을 성형한 후 마르기 전에 뾰족한 물체로 쓰듯이 서사하였다. '支'자의 우측 상부에 점획을 찍었는데 이러한 형태의 글자는 위진남북조 시대에 유행하였으며 신라의 목간이나 赤城碑에서도 자주 보인다. '都'자의 '白'은 획수를 3획으로 생략하였으며 'ß'의 세로획은 짧게 처리하였다. '兄'의 'ㅁ'은 2획으로 마치 역삼각형처럼 보이고 제 2획의 세로 부분이 마치 삐침과 비슷하게 처리하였다.

'後ㅣㅣ都△兄'(도면 89-①, 사진 323, 324)명 접시는 '後ㅣㅣ都'와 '△兄' 부분이 1997년과 1998년에 각각 시차를 두고 출토되었다. 명문은 바닥의 안쪽 면 가운데에 새겨져 있는데 기물을 사용하던 중에 날카로운 도구를 이용하여 새겼던 것으로 보인다. '後'자 좌변은 남북조 및 수당까지도 '彳'으로 썼는데 여기서는 '亻'으로 나타나고 있다. 'ㅣㅣ'는 주로 우리나라 삼국시대에 사용된 '部'의 이체자로 중국 지역에서는 잘 보이지 않는다. '兄'자 '儿'의 좌측 획의 시작 부분에 횡으로 짧은 가로획이 보이는데 '冉牟兄'에서처럼 행서의 서사 습관이 자형으로 굳어진 사례이다.

'後ㅣㅣ' 즉 後部는 고구려의 수도를 평양으로 천도한 후 구획한 5부의 하나일 가능성이 있으며 '都△兄'의 출신지를 표시한 것으로 생각된다. 그리고 '都△兄', '冉牟兄', '支都兄'은 사람의 이름에 '兄'을 붙여 존칭한 것으로 보이는데 기록에는 나오지 않는 하급 관등일 가능성이 있다. 이를 통해 고구려 최전방인 아차산 초소에 後部의 '都△兄'이라는 사람이 파견되었던 사실을 알 수 있다.[7]

이들 명문이 개인용 배식기인 접시에 새겨졌다는 점으로 보아 지칭된 사람이 직접 사용하였을 가능성을 먼저 생각해 볼 수 있고 접시를 제작한 공장이나 관리 책임자의 서명일 가능성도 배제할 수는 없다.

또한 접시류에는 '*', '△', '大', '市', '本', 'X' 등 형태의 음각으로 된 각획이 있으며 모두 바닥 바깥 면에 새겨졌다. '*'(도면 90-①, 사진 337~339: 도면 91-②, 사진 361-6, 362)는 직선 3개가 서로 교차하는 모습이고, 이등변 삼각형(도면 90-②, 사진 340~342) 모양은 짧은 변을 따라 균열이 있다. '大'(도면 90-⑤, 사진 358-4, 359)자형은 글자라면 파임이 가로획 위쪽에서 시작하여 삐침보다 긴 형태를 하고 있으며, 이는 천추총 명문전의 '秋'자 등에서도 나타난다. '市'(도면 90-④, 사진 343~345)자 형태는 상부의 'ㅗ' 부분이 하부의 '巾' 형태에 비해 상대적으로 작아 글자이기 보다는 부호의 일종으로 생각된다. 그 아래쪽에도 또 다른 부호가 있다. 보고서에 '本'(도면 91-⑤, 사진 354-1, 356)이라 한 것은 상부에 'ㅁㅁ'형태가 있고 그 왼쪽에도 세로획이 하나 더 있어 실상은 완전히 다른 부호이다. 동일한 접시 바닥의 안쪽과 바깥 면에 같은 형태의 부호를 새기기도 하였다.(도면 90-③, 사진 346~349) 이 접시 안쪽 면의 부호는 선이 가는 반면 바깥쪽 면의 것은 굵은 선으로 음각되었다. 부호는 평행인 3개의 직선 사이를 한 쪽은 사선이 2개, 나머지 한 쪽은 엇

---

7) 최종택, 2000, 『특별전 고구려 한강 유역의 고구려요새』, 서울대학교 박물관, p.52.

갈린 방향으로 1개의 사선을 그은 형태이다.

장동호류는 구경과 저경의 크기가 비슷하고 구경에 비해 높이가 높은 형태의 호를 말한다. 2점의 장동호(도면 3-①, 사진 117: 도면 3-②, 사진 119) 동체부 표면에는 팔을 벌리고 서있는 사람 모양의 부호가 새겨져 있다고 한다. 하지만 이를 사람의 모습으로 보기에는 인체에 대한 구체적인 묘사가 없고, 같은 기형에 동일한 형태로 나타나고 있는 점이 특이하다. 상단의 두터운 점획 같은 흔적은 천추총에서 발견된 명문전 Ag형의 '固'자 '古'의 세로획과 같은 금문[8]에서 자주 보이는 일종의 肥筆의 습관으로 볼 수도 있지 않을까 생각되는데, 만약 그렇다면 '天'자의 고식 자형일 가능성도 생각해 볼 수 있다. 이들 부호의 형태나 각획의 상태로 보아 한 사람이 새겼을 가능성이 크다. 또 다른 장동호의 동체부 중상부에는 '小'자형과 'ㄱ'자형이 조합된 형태의 부호(도면 7-②, 사진 140)가 새겨져 있다.

동이류는 구경에 비해 높이가 낮은 납작한 형태의 토기이다. '…下官'(도면 68-②, 사진 274, 원색사진 39-8) 명문은 동이 편 외면에 세로로 새겨져 있다. 명문은 토기가 마르기 전에 무른 상태에서 끝이 거친 도구로 서사하여 마치 모필 서사의 느낌을 주고 있다. 필세가 유려하고 필획에 의도적인 변화를 준 것으로 보아 서사자가 숙달된 서사능력을 갖춘 사람임을 알 수 있다.

완류는 사발과 같은 형태의 토기로서 '△告'(원색사진 39-④, 도면 78-①, 사진 287, 288), '?天'(도면 77-⑥, 사진 284, 285) 등의 명문이 새겨진 것이 있다. '△告'명문은 소성 이후 날카로운 도구로 필획의 형태를 반복하여 새긴 것이다. 두 번째 글자는 필획 전체가 완정하게 남아 있는 상태이며 보고서에서 '告' 또는 '吉'자로 보았다. 하지만 '告'자로 볼 경우는 첫 번째 획인 짧은 삐침이 나타나지 않았고, 또한 '吉'자로 보기에도 세로획이 '口'까지 닿아있다는 점이 문제이다. 이 글자 바로 위 부분은 깨어져 나갔지만 일부 필획의 흔적이 보이고 있어 단자로 새긴 것은 아닌 것 같다.

'?天'은 완의 바닥 상부의 'V'형 부호와 하부 '天'자 형태의 필획이 비교적 명확하게 나타나고 있다. 'V'형 부호와 '天'자 사이는 균열이 있으며 후자의 필획이 굵고 각획 깊이가 깊어 서로 차이가 있다. '天'자의 경우 상단의 필획이 결실되었을 가능성도 있어 '夫'자일 가능성도 배제할 수 없다. 서체는 비교적 단정한 해서이며 특히 파임의 끝 부분에서 필획이 꺾이는 의도적인 파책을 형성하였다.

완류에는 '十', '田', '市' 등의 글자와 유사한 형태의 부호들이 확인된다. '十'(도면 77-③, 사진 277, 278)자 모양의 부호는 완을 제작한 후 음각한 것으로 보인다. 접시류에서 볼 수 있었던 '市'(도면 77-②, 사진 280, 281)자형 부호가 완의 바닥에도 새겨져 있다. 성형후 기물이 충분히 마른 후에 예리한 칼 같은 것으로 한 번에 새겨 필획이 마치 전각의 單刀法으로 새긴 것 같은 효과가 나타나고 있다. 또 다른 완의 동체부 안쪽에도 세로와 가로로 구성된 부호가 있는데 '卅'[9](도면 77-⑦, 사진 282, 283)자 형태와 비슷하다.

이배(도면 79-⑪, 사진 296, 297) 바닥의 바깥 면에는 가운데 가로획이 양 옆으로 돌출된 '田'과 비슷한

---

8) 容庚, 1985, 『金文編』, 中華書局, pp.3-4 '天'자 참조.

9) 임효재·최종택·양성혁·윤상덕·장은정, 2000, 『아차산 제4보루-발굴조사 종합보고서-』, 서울대학교박물관 외, p.215에는 '田'자 형태가 있다고 하였으나 제시된 완류의 도면과 사진에서는 유사한 형태가 보이지 않는다.

모양의 기호가 음각되어 있다.

옹의 동체부 상부에 ') ('(도면 34-①, 사진 140) 모양의 부호가 새겨져 있다. 부호는 성형 후 마르기 전에 끝이 뾰족한 도구로 비교적 단정하게 새겼다. 기형이나 명문의 형태로 보아 호로고루에서 출토된 회색옹에 새겨진 '(八)五' 명문의 '(八)'자와도 유사한 면이 있다.

종지 2점의 바닥 바깥 면에는 마름모 형태의 부호가 새겨져 있다. 하나는 양각 부조(도면 79-①, 사진 292-1, 293)이고 또 다른 하나는 음각으로 비교적 굵은 물체로 문질러 새긴 것(도면 79-②, 사진 292-2, 294)처럼 보인다. 이와 유사한 형태로써 서로 다른 2점의 접시 바닥 바깥 면에 마름모꼴 문양이 있는데, 하나는 模印 양각(도면 92-①, 사진 363-8, 365)이고 또 다른 하나는 抹押 음각(도면 92-②, 사진 363-3, 364)으로 보인다. 후자의 경우 바닥 내면에 삼각형 부호가 새겨져 있다. 이처럼 같은 기종의 다른 기물에 각각 음각과 양각으로 새긴 이유는 알 수 없다.

3. 시루봉 보루

시루봉 보루는 1999년과 2000년에 2차에 걸쳐 조사발굴되었고,[10] 다시 2009년부터 2011년까지 2차례 더 추가 조사를 실시하였다.[11] 문자나 부호가 새겨진 토기로는 옹류, 호류, 시루류, 완류, 종지류, 이배류, 접시류, 대부완류 등이 있다. 명문은 주로 토기의 바닥 안쪽 또는 바깥 면에 새겨져 있으며 일부는 동체부나 파수부에서 발견되기도 한다.

그중 비교적 명확하게 문자로 볼 수 있는 것은 '大夫井大夫井'(도면 19-1, 사진 130, 131) 명이다. 글자는 大瓮의 어깨 부위에 소성 전 끝이 뾰족한 도구를 이용하여 세로 방향으로 새겼다. 각 글자는 위아래로 길어진 형태이고 마지막 '井'자 우측에는 ' 〈 ' 모양의 각획이 있다. 글자 간격이 비교적 일정한 것으로 보아 여섯 자를 하나의 문구로 서사한 것으로 보인다. 전체적인 체세는 해서에 가깝고 아차산 4보루에서 출토된 행서기가 있는 명문에 비하면 결구감이나 운필의 유려함이 다소 떨어지는 편이다. 시루봉 보루에서 발견된 '井'자 형태(도면 48-4, 사진 190: 도면 48-4, 사진 191: 도면 57-5, 사진 230: 도면 58-1, 사진 233: 도면 58-2, 사진 240: 도면 60-1, 사진 252: 도면 62-1, 사진 278: 도면 73-3, 사진 350: 도면 73-4, 사진 347: 도면 73-5, 사진 351)가 단독 부호로 나타나는데 비해 여기서는 '大夫井'으로 구문화되어 글자로 사용되었음을 알 수 있다.

이 외에 형태상 문자에 가깝다고 할 수 있는 것으로는 '大', '十', '七', '巾'자형 등이 있다.

'大'자형은 대략 3건(도면 74-1, 사진 343-1, 344: 도면 74-2, 사진 339-2, 341: 도면 74-10, 사진 339-3, 342) 정도가 발견된다. 모두 접시의 바닥 바깥 면에 기물이 마르기 전에 끝이 가늘고 약간 뭉툭한 도구를 이용하여 음각으로 새겼다.

'十'자형은 접시 1건(도면 58-3, 사진 234~237), 대부완 1건(도면 66-2, 사진 303, 304)에서 발견되었다.

---

10) 임효재·최종택·임상택·윤상덕·양시은·장은정, 2002, 『아차산 시루봉 보루-발굴조사 종합보고서-』, 서울대학교박물관 외.

11) 이선복·양시은·남은실·조가영·김준규, 2013, 『시루봉보루Ⅱ』, 서울대학교박물관.

접시 바닥 안쪽과 바깥 면에 각각 새겨졌으며 소성 후 끝이 뾰족한 도구로 긁어 새겼다. 대부완은 바닥 바깥 면에 꽉 차게 새겨져 있는데 기물이 마르기 전에 끝이 뭉툭한 도구로 새겼다.

그림 3. 아차산 시루봉 보루 출토 명문 및 부호

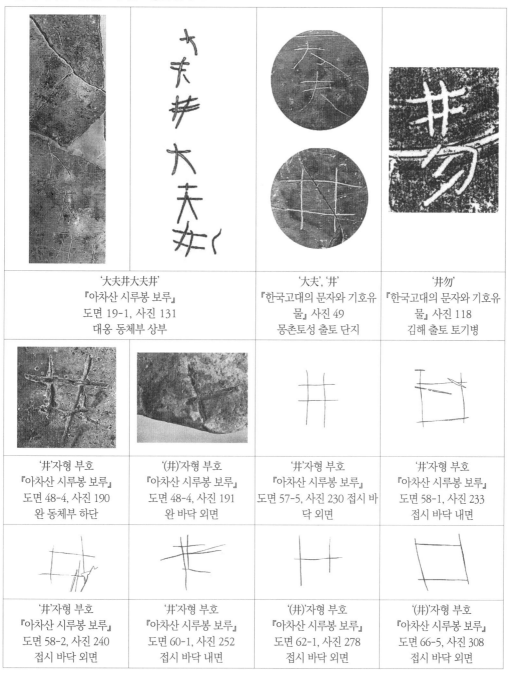

'大夫井大夫井' 『아차산 시루봉 보루』 도면 19-1, 사진 131 대옹 동체부 상부	'大夫', '井' 『한국고대의 문자와 기호유물』 사진 49 몽촌토성 출토 단지	'井勿' 『한국고대의 문자와 기호유물』 사진 118 김해 출토 토기병
'井'자형 부호 『아차산 시루봉 보루』 도면 48-4, 사진 190 완 동체부 하단	'(井)'자형 부호 『아차산 시루봉 보루』 도면 48-4, 사진 191 완 바닥 외면	'井'자형 부호 『아차산 시루봉 보루』 도면 57-5, 사진 230 접시 바닥 외면	'井'자형 부호 『아차산 시루봉 보루』 도면 58-1, 사진 233 접시 바닥 내면
'井'자형 부호 『아차산 시루봉 보루』 도면 58-2, 사진 240 접시 바닥 외면	'井'자형 부호 『아차산 시루봉 보루』 도면 60-1, 사진 252 접시 바닥 내면	'(井)'자형 부호 『아차산 시루봉 보루』 도면 62-1, 사진 278 접시 바닥 외면	'(井)'자형 부호 『아차산 시루봉 보루』 도면 66-5, 사진 308 접시 바닥 외면

'(井)'자형 부호 『아차산 시루봉 보루』 도면 73-3, 사진 350 미상토기 바닥 외면	'(井)'자형 부호 『아차산 시루봉 보루』 도면 73-4, 사진 347 접시 바닥 내면	'大'자형 부호 『아차산 시루봉 보루』 도면 74-1, 사진 344 미상토기 바닥 외면	'(大)'자형 부호 『아차산 시루봉 보루』 도면 74-2, 사진 341 미상토기 동체부편
'(大)'자형 부호 『아차산 시루봉 보루』 도면 74-10, 사진 342 미상토기 외면	'十'자형 부호 『아차산 시루봉 보루』 도면 58-3, 사진 236 접시 바닥 외면	'(十)'자형 부호 『아차산 시루봉 보루』 도면 58-3, 사진 237 접시 바닥 외면	'十'자형 부호 『아차산 시루봉 보루』 도면 66-2, 사진 304 접시 바닥 외면
'(七)'자형 부호 『아차산 시루봉 보루』 도면 62-3, 사진 277 접시 바닥 내면	'(七)'자형 부호 『아차산 시루봉 보루』 도면 62-3, 사진 277 접시 바닥 외면	'(七)'자형 부호 『아차산 시루봉 보루』 도면 62-4, 사진 283 접시 바닥 내면	'(七)'자형 부호 『아차산 시루봉 보루』 도면 67-1, 사진 310 접시 바닥 외면
'(W)'자형 부호 『아차산 시루봉 보루』 도면 47-8, 사진 185 완류 바닥 외면	'(W)'자형 부호 『아차산 시루봉 보루』 도면 62-4, 사진 285 접시 바닥 외면	'(巾)'자형 부호 『아차산 시루봉 보루』 도면 49-11, 사진 200 이배 바닥 내면	'(巾)'자형 부호 『아차산 시루봉 보루』 도면 59-1, 사진 243 접시 바닥 외면
'(巾)'자형 부호 『아차산 시루봉 보루』 도면 61-5, 사진 274 접시 바닥 내면	'(仇)'자형 부호 『아차산 시루봉 보루』 도면 74-5, 사진 353 미상토기 바닥 내면	'田'자형 부호 『아차산 시루봉 보루』 도면 73-3, 사진 349 미상토기 바닥 내면	부호 『아차산 시루봉 보루』 도면 60-4, 사진 261 접시 바닥 내면

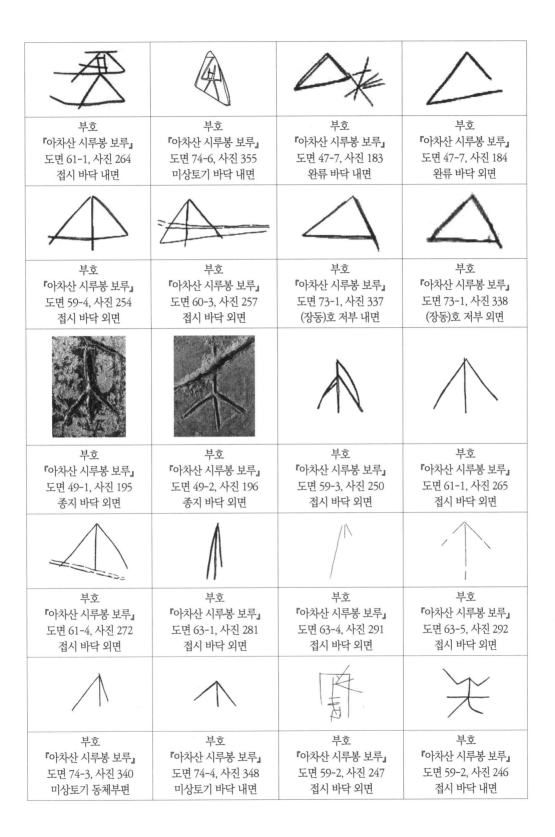

부호 『아차산 시루봉 보루』 도면 61-1, 사진 264 접시 바닥 내면	부호 『아차산 시루봉 보루』 도면 74-6, 사진 355 미상토기 바닥 내면	부호 『아차산 시루봉 보루』 도면 47-7, 사진 183 완류 바닥 내면	부호 『아차산 시루봉 보루』 도면 47-7, 사진 184 완류 바닥 외면
부호 『아차산 시루봉 보루』 도면 59-4, 사진 254 접시 바닥 외면	부호 『아차산 시루봉 보루』 도면 60-3, 사진 257 접시 바닥 외면	부호 『아차산 시루봉 보루』 도면 73-1, 사진 337 (장동)호 저부 내면	부호 『아차산 시루봉 보루』 도면 73-1, 사진 338 (장동)호 저부 외면
부호 『아차산 시루봉 보루』 도면 49-1, 사진 195 종지 바닥 외면	부호 『아차산 시루봉 보루』 도면 49-2, 사진 196 종지 바닥 외면	부호 『아차산 시루봉 보루』 도면 59-3, 사진 250 접시 바닥 외면	부호 『아차산 시루봉 보루』 도면 61-1, 사진 265 접시 바닥 외면
부호 『아차산 시루봉 보루』 도면 61-4, 사진 272 접시 바닥 외면	부호 『아차산 시루봉 보루』 도면 63-1, 사진 281 접시 바닥 외면	부호 『아차산 시루봉 보루』 도면 63-4, 사진 291 접시 바닥 외면	부호 『아차산 시루봉 보루』 도면 63-5, 사진 292 접시 바닥 외면
부호 『아차산 시루봉 보루』 도면 74-3, 사진 340 미상토기 동체부편	부호 『아차산 시루봉 보루』 도면 74-4, 사진 348 미상토기 바닥 내면	부호 『아차산 시루봉 보루』 도면 59-2, 사진 247 접시 바닥 외면	부호 『아차산 시루봉 보루』 도면 59-2, 사진 246 접시 바닥 내면

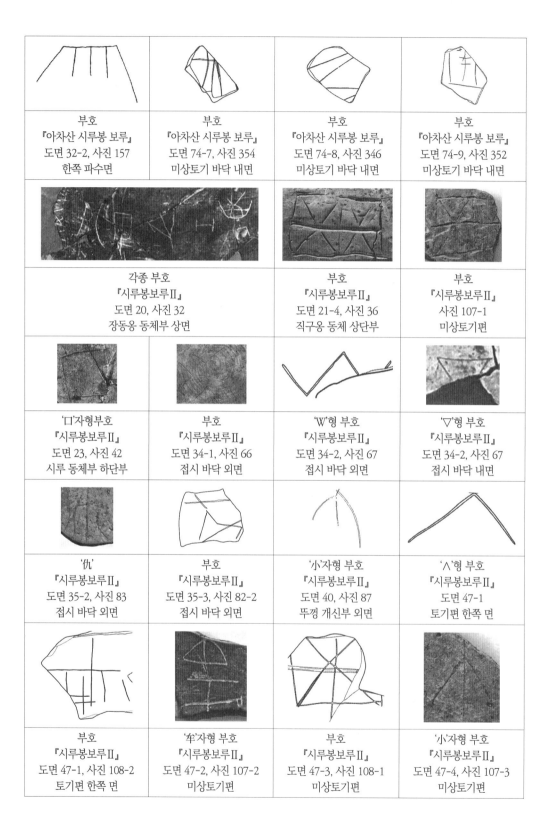

부호 『아차산 시루봉 보루』 도면 32-2, 사진 157 한쪽 파수면	부호 『아차산 시루봉 보루』 도면 74-7, 사진 354 미상토기 바닥 내면	부호 『아차산 시루봉 보루』 도면 74-8, 사진 346 미상토기 바닥 내면	부호 『아차산 시루봉 보루』 도면 74-9, 사진 352 미상토기 바닥 내면
각종 부호 『시루봉보루Ⅱ』 도면 20, 사진 32 장동옹 동체부 상면		부호 『시루봉보루Ⅱ』 도면 21-4, 사진 36 직구옹 동체 상단부	부호 『시루봉보루Ⅱ』 사진 107-1 미상토기편
'ㅁ'자형부호 『시루봉보루Ⅱ』 도면 23, 사진 42 시루 동체부 하단부	부호 『시루봉보루Ⅱ』 도면 34-1, 사진 66 접시 바닥 외면	'W'형 부호 『시루봉보루Ⅱ』 도면 34-2, 사진 67 접시 바닥 외면	'▽'형 부호 『시루봉보루Ⅱ』 도면 34-2, 사진 67 접시 바닥 내면
'仇' 『시루봉보루Ⅱ』 도면 35-2, 사진 83 접시 바닥 외면	부호 『시루봉보루Ⅱ』 도면 35-3, 사진 82-2 접시 바닥 외면	'小'자형 부호 『시루봉보루Ⅱ』 도면 40, 사진 87 뚜껑 개신부 외면	'∧'형 부호 『시루봉보루Ⅱ』 도면 47-1 토기편 한쪽 면
부호 『시루봉보루Ⅱ』 도면 47-1, 사진 108-2 토기편 한쪽 면	'牟'자형 부호 『시루봉보루Ⅱ』 도면 47-2, 사진 107-2 미상토기편	부호 『시루봉보루Ⅱ』 도면 47-3, 사진 108-1 미상토기편	'小'자형 부호 『시루봉보루Ⅱ』 도면 47-4, 사진 107-3 미상토기편

'匕'자형은 접시(도면 62-3, 사진 275-2, 277: 도면 62-4, 사진 282, 283)와 대부완(도면 67-1, 사진 309-2, 310)에서 발견되었다. 접시류 2건은 모두 바닥 안쪽 면에 새겨져 있으며 접시 바닥 바깥 면에도 각각 다른 형태의 부호가 새겨져 있다. 대부완의 바닥 바깥 면에는 '匕'자형 부호가 새겨져 있다.

'巾'자형 부호는 이배 1건(도면 49-11, 사진 200)과 접시 2건(도면 59-1, 사진 241, 243: 도면 61-5, 사진 273, 274)의 바닥 안쪽 면에서 발견된다. 부호는 기물을 소성한 이후 끝이 뾰족한 도구로 긁어 새겼으며 그 형태가 아차산 4보루에서 출토된 완에 새겨진 '市'자(사진 281) 형태와도 유사한 면이 있다.

한편 보고서에는 형태를 알 수 없는 토기편(도면 74-5, 사진 343-9, 353)의 바닥 안쪽 면에 '巾'자와 비슷한 기호가 새겨져 있다고 소개하였다. 그러나 제시된 도면이나 사진을 자세히 보면 '仇'자 형태가 비교적 명확하고 이와 비슷한 것이 2009년 이후 조사에서 1점 더 출토되었다.(『시루봉보루Ⅱ』 도면 35-2, 사진 83) 이들 토기 편에는 다른 필획의 흔적이 보이지 않아 모두 몇 글자인지는 알 수 없지만 환도산성 궁전지에서 발견된 '(鳥)仇'명 기와편 등으로 보아 적어도 2자 이상일 가능성이 있다.

또한 'V'형 2개를 좌우로 겹친 형태는 완(도면 47-8, 사진 182-2, 185)과 접시(도면 62-4, 사진 282, 285)에서 각각 1건씩 발견되었다. 완에서는 바닥 바깥 면에만 이 부호를 새겼으나 접시에는 바닥 바깥 면에 이 부호를 새기고 안쪽 면에는 '匕'자형을 새겼다. 2009년 이후 조사에서도 이와 흡사한 'W'자형 부호(『시루봉보루Ⅱ』 도면 34-2, 사진 67)가 1점 더 확인된다.

기형을 알 수 없는 토기(도면 73-3, 사진 343-6, 350) 편에는 '井'자와 함께 '六'자의 첫 번째 점획이 없는 형태의 부호가 나타나는데 환도산성 궁전지에서도 이와 유사한 부호가 출토된 바 있다. 또한 접시류(도면 60-4, 사진 260, 261: 도면 61-1, 사진 262, 264)나 기형을 알 수 없는 토기(도면 74-6, 사진 343-11, 355) 편에는 2개의 삼각형이 겹치게 그려졌는데 그중 한 쪽에만 '#' 또는 '卄'가 나타나는 부호가 있다. 이는 약간의 차이는 있지만 환도산성 2호 문지에서 출토된 기와편의 부호(2003JWN2T303②73, 圖二二6)와도 유사한 면이 있다.

이 외에 직선, 곡선, 삼각형, 사각형 등이 다양한 형태로 조합된 부호가 다수 출토되었다. 1~2개의 삼각형 모양을 하거나 대략 '小'자형과 비슷한 형상의 부호가 상대적으로 다수를 차지하고 있다. 특히 2009년 이후 발굴조사에서 출토된 장동옹에는 이러한 부호 6~7개(『시루봉보루Ⅱ』 도면 20, 사진 32)가 함께 나타나고 있다. 이는 개별 부호를 조합함으로서 어떤 의미를 전달하려는 의도가 담긴 것은 분명해 보이지만 그 의미가 무엇인지는 자세히 알 수 없다.

4. 아차산 제3보루

아차산 제3보루는 1994년 지표조사를 통해 학계에 처음 보고되었으며, 2005년에는 보루의 남쪽 일부 지점에 대한 발굴조사가 실시되었다.[12] 아차산 보루군 중에서 규모가 가장 큰 아차산 제3보루는 용마산 2

---

12) 강진갑 외, 1994, 『아차산의 역사와 문화유산』구리문화원학술총서1, 구리시·구리문화원; 崔鐘澤·吳珍錫·趙晟允·李廷範, 2007, 『峨嵯山 第3堡壘-1次發掘調査報告書-』, 高麗大學校考古環境硏究所.

그림 4. 아차산 제3보루 출토 명문 및 부호

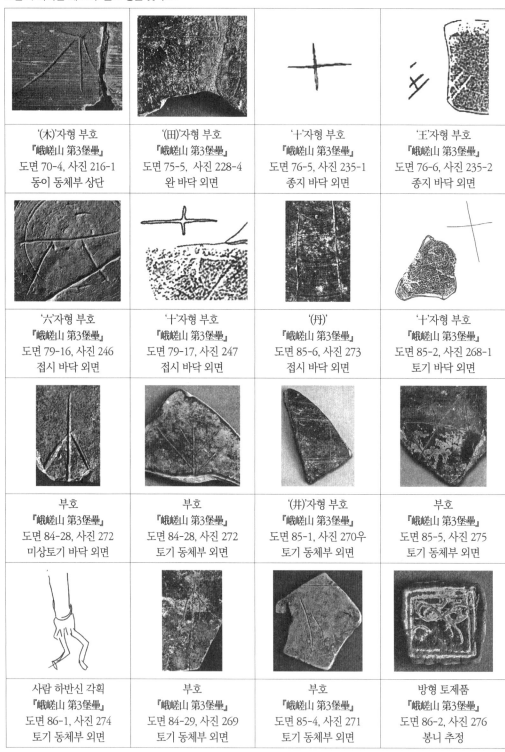

'(木)'자형 부호 『峨嵯山 第3堡壘』 도면 70-4, 사진 216-1 동이 동체부 상단	'(田)'자형 부호 『峨嵯山 第3堡壘』 도면 75-5, 사진 228-4 완 바닥 외면	'十'자형 부호 『峨嵯山 第3堡壘』 도면 76-5, 사진 235-1 종지 바닥 외면	'王'자형 부호 『峨嵯山 第3堡壘』 도면 76-6, 사진 235-2 종지 바닥 외면
'六'자형 부호 『峨嵯山 第3堡壘』 도면 79-16, 사진 246 접시 바닥 외면	'十'자형 부호 『峨嵯山 第3堡壘』 도면 79-17, 사진 247 접시 바닥 외면	'(丹)' 『峨嵯山 第3堡壘』 도면 85-6, 사진 273 접시 바닥 외면	'十'자형 부호 『峨嵯山 第3堡壘』 도면 85-2, 사진 268-1 토기 바닥 외면
부호 『峨嵯山 第3堡壘』 도면 84-28, 사진 272 미상토기 바닥 외면	부호 『峨嵯山 第3堡壘』 도면 84-28, 사진 272 토기 동체부 외면	'(井)'자형 부호 『峨嵯山 第3堡壘』 도면 85-1, 사진 270우 토기 동체부 외면	부호 『峨嵯山 第3堡壘』 도면 85-5, 사진 275 토기 동체부 외면
사람 하반신 각획 『峨嵯山 第3堡壘』 도면 86-1, 사진 274 토기 동체부 외면	부호 『峨嵯山 第3堡壘』 도면 84-29, 사진 269 토기 동체부 외면	부호 『峨嵯山 第3堡壘』 도면 85-4, 사진 271 토기 동체부 외면	방형 토제품 『峨嵯山 第3堡壘』 도면 86-2, 사진 276 봉니 추정

보루와 유사한 방식으로 축성되었으며 비교적 정교하게 쌓았다.

조사결과 명문을 비롯하여 부호 및 특이한 문양이 새겨진 토기류가 다수 출토되었다. 보고자는 동이편 경부 바깥쪽에 새긴 각획을 '木'(도면 70-4, 사진 216)자로 파악하였다. 하지만 제2획인 세로획이 위쪽으로 돌출된 정도가 명확하지 않은 상태이다. 완의 저부 바깥 면에는 아래쪽이 깨어졌지만 '田'(도면 75-5, 사진 228-4)자와 유사한 문양이 음각되었다. 비교적 완형에 가까운 형태로 출토된 종지 저부 바깥 면에는 '十'(도면 76-5, 사진 235-1)자 모양의 각획이 음각으로 시문되었다. 또한 외면 바닥이 일부 결실된 종지에는 '王'(도면 76-6, 사진 235-2)자로 추정할 수 있는 음각선이 확인된다.

수량이 비교적 많이 출토된 접시들 중에는 '六'(도면 79-16, 사진 246), '十'(도면 79-17, 사진 247-1) 및 '丹'(도면 85-6, 사진 273)자가 새겨져 있는 것이 있다. '六'자는 첫 번째 점획이 우측으로 치우쳐 있고, '丹'자는 마지막 가로획이 양 옆으로 돌출되지 않아 글자로 확정하기에는 애매하다. 기종을 식별할 수 없는 토기편에서도 '十'(도면 85-2, 사진 268-1)자 형태의 음각이 발견된다. 또한 토기 저부편 바닥 외면에 '小'(도면 84-28, 사진 272)자형 부호가 새겨져 있으며 이는 아차산 시루봉 보루에서 발견된 것(도면 49-1, 사진 195·196)과 그 형태가 흡사하다.

이 외에도 나뭇잎 문양(도면 84-26, 사진 268-2), '井'자처럼 보이는 각획(도면 85-1, 사진 270), 별 문양(도면 85-5, 사진 275), 사람 하반신 모습(도면 86-1, 사진 274)을 비롯하여 그 의미를 알 수 없는 각종 부호(도면 84-29, 사진 269: 도면 85-4, 사진 271)들이 발견되었다.

아차산 제3보루에서는 여타 토기류와는 다른 특이한 형태의 방형 토제품(도면 86-②, 사진 276)이 1점 출토되었다. 토제품의 모양을 따라 크고 작은 2개의 정방형 테두리선이 있으며 바깥쪽의 한 변의 길이는 약 2.3㎝ 정도이다. 테두리 안쪽으로 나비와 비슷한 문양이 새겨져 있다. 태토는 니질이며 전체적인 색조는 흑색이고 문양은 황색이다. 보고자에 의하면 정확한 용도는 확인되지 않으나 封泥일 가능성도 있다고 한다.

5. 홍련봉 제1보루

아차산 남쪽 한강변 홍련봉에서는 현재까지 2곳의 보루 유적이 발굴조사 되었다. 홍련봉 제1보루와 제2보루는 1994년 구리시가 실시한 아차산 일원의 지표조사[13]를 통해서 고구려 유적으로 확인되었으며 2004년과 2005년에 각각 첫 발굴조사[14]가 시작되었다. 2012~2013년에는 홍련봉 1·2보루의 성벽과 2보루의 내부 전체에 대한 제2차 전면 조사[15]가 실시되었고, 이후 2015년 수립된 '아차산 일대 보루군(홍련봉 보루) 종합정비 기본계획'에 따라 2018년까지 추가로 제3차 발굴조사[16]를 진행하였다.

지금까지 홍련봉 제1보루에서 출토된 문자와 부호 유물은 주로 2004년 제1차 발굴조사를 통해서 알려

---

13) 강진갑 외, 1994, 『아차산의 역사와 문화유산』, 구리문화원학술총서1, 구리시·구리문화원, pp.141-144.

14) 崔鐘澤·李秀珍·吳恩娅·吳珍錫·李廷範·趙晟允, 2007, 『紅蓮峰 第1堡壘-發掘調査綜合報告書-』, 高麗大學校考古環境研究所.

15) 이정범·하재령·조보람, 2015, 『사적 제 455호 아차산 일대 보루군 홍련봉 1·2보루』, 한국고고환경연구소.

16) 이정범·오현준, 2019, 『사적 제 455호 아차산 일대 보루군 홍련봉 1·2보루-3차 발굴조사보고서-』, 한국고고환경연구소.

그림 5. 홍련봉 제1보루 출토(1~2차 발굴조사) 명문 및 부호

'父△(△)'	'父'	'仇湏(頁)'	'夫'
『紅蓮峰 第1堡壘』	『紅蓮峰 第1堡壘』	『紅蓮峰 第1堡壘』	『紅蓮峰 第1堡壘』
도면 72-4, 사진 387	도면 80-26, 사진 435-1	도면 73-3, 사진 393-5	도면 75-1, 사진 409
완 바닥 외면	접시 바닥 내면	완 바닥 외면	뚜껑 외면
'武'	'(武)'	'井'	'井'
『紅蓮峰 第1堡壘』	『紅蓮峰 第1堡壘』	『紅蓮峰 第1堡壘』	『紅蓮峰 第1堡壘』
도면 81-5, 사진 436	도면 81-4, 사진 435-5	도면 81-2, 사진 435-2	도면 81-3, 사진 435-3
합 구연부	완 바닥 외면	토기 바닥 외면	완 바닥 외면
'ㅍ'	'十'	'五'	'五'
『홍련봉1·2보루』	『紅蓮峰 第1堡壘』	『紅蓮峰 第1堡壘』	『紅蓮峰 第1堡壘』
도면 28-5, 도판 107-6	도면 79-31, 사진 425	도면 79-3, 사진 427-1	도면 79-28, 사진 424
토기 동체부편	접시 바닥 외면	접시 바닥 외면	접시 바닥 외면

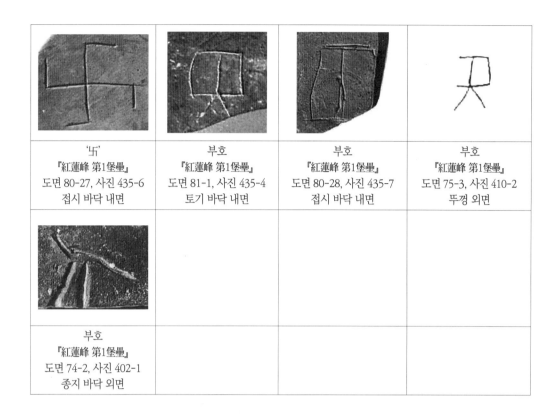

'兎' 『紅蓮峰 第1堡壘』 도면 80-27, 사진 435-6 접시 바닥 내면	부호 『紅蓮峰 第1堡壘』 도면 81-1, 사진 435-4 토기 바닥 내면	부호 『紅蓮峰 第1堡壘』 도면 80-28, 사진 435-7 접시 바닥 내면	부호 『紅蓮峰 第1堡壘』 도면 75-3, 사진 410-2 뚜껑 외면
부호 『紅蓮峰 第1堡壘』 도면 74-2, 사진 402-1 종지 바닥 외면			

졌다. 당시 '父△(△)', '父', '夫', '武', '仇湏(頁)'자 명문을 비롯하여 '井', '十', '五', '兎'자 형 및 그 밖에 의미를 알 수 없는 다양한 부호들이 확인되었다. 이후 2차 발굴조사에서는 'ㅍ'자형 부호가 새겨진 토기가 1점 추가되었을 뿐 3차 발굴조사에서는 명문이나 부호 유물이 출토되지는 않았다. 출토된 문자나 부호는 호류, 옹류, 동이류, 뚜껑류, 접시류, 합류 등에서 주로 발견되는데 대부분 소성 전에 끝이 뾰족한 물체를 이용하여 쓰듯이 새긴 것들이다.

'父△(△)'(도면 72-4, 사진 387)은 소형 사발의 바닥면 중앙에 음각되어 있다. 명문은 원래 2~3자 정도가 있었던 것으로 보이는데 나머지 글자는 결실되어 좌측의 필획 일부만 보인다. '父'자는 우측의 파책 부분이 결실되었지만 결구가 단정하고 상대적으로 세련된 모습이다. 또한 '父'(도면 80-26, 사진 435-1)자는 접시 편에서도 확인되는데 양자는 마치 동일인이 서사한 것처럼 그 형태가 흡사하다. 이들 '父'자의 형태나 필획의 운필은 전형적인 해서의 체세이다.

'夫'(도면 75-1, 사진 409자)는 보주형 꼭지가 달린 뚜껑 외면에 새겨졌다. 원래 몇 자가 있었는지 알 수 없지만 남아있는 파편의 형태로 보아 아래쪽에는 글자가 없었던 것으로 보인다. 삐침이나 파임의 형태가 '父'자와 흡사하고 가로획들의 방향이 우상향을 하는 등 전형적인 해서의 체세를 띤다.

'武'(도면 81-5, 사진 436)자는 합류의 동체부 상단에 새겼다. 상부의 첫 번째 가로획을 짧게 처리하고 제8획의 끝 부분에서 우상향 도법이 나타나는 등 비교적 성숙한 해서의 서사법이라 할 수 있다. 또한 '止' 위에 가로획을 하나 더 가필하였는데 이러한 자형은 北周 〈賀屯植墓誌〉[17]에서도 보인다. 한편 기형을 정확히 알 수 없는 토기의 저부 외면(도면 81-4, 사진 435-5)에 글자의 우측 부분이 결실 되었으나 '武'자로 추정할 수 있는 필획이 있다. 합류에 새겨진 것과 비교해 보면 '止'자 위에 가로획을 가필하지 않았는데 이는 당시 고구려에서 이체자가 활발하게 사용되었음을 말해 주는 것이다.

'仇湏(頁)'(도면 73-3, 사진 393-5)은 구연부와 동체부 일부만 남아있어 정확한 기형을 알 수 없는 토기에 새겨져 있다. 보고자는 이 명문을 '巾頃'으로 판독하였다. 하지만 첫 번째 글자를 '巾'자로 판독하기에는 제3획의 형태가 부합하지 않는다. 좌상부가 깨어져 나가긴 했지만 전체적인 체세가 '仇'자에 더욱 가깝다. 두 번째 글자는 '湏'자가 분명하다. 좌변은 삼수변의 행초 서서법으로 '氵'의 아래 두 점을 연결하여 쓴 것이다.[18] 이 글자의 '頁'자의 제3획과 제7획 및 제8획을 한 획처럼 연결하여 쓰고 또 제2획과 3획 및 제4획과 제9획까지도 이어 連寫한 것처럼 보여 일반적인 필순과는 다르다. 전체적으로 행서의 서사법이라 할 수 있다. 이 글자 아래에도 필획의 흔적이 나타나고 있어 명문은 세 글자로 추정된다.

명확하게 문자로 판독되는 것 외에도 '井'자 형태가 출토되었다. 1차 발굴에서 2건(도면 81-2, 사진 435-2: 도면 81-3, 사진 435-3)이 확인되고 3차 조사에서 보고자가 'ㅍ'형태로 본 것 또한 '井'자(도면 28-5, 도판 107-6)로 보는 것이 좋을 것 같다.

숫자 형태의 명문은 '十'(도면 79-31, 사진 425자)와 '五'(도면 79-3, 사진 427-1: 도면 79-28, 사진 424)자가 확인된다. 특히 후자는 고문자 형태로서 환도산성 요망대나 태왕릉에서 출토된 기와의 명문과 같다.

'卐'(도면 80-27, 사진 435-6)자가 비교적 뚜렷하게 새겨진 토기 1점이 출토되었다. 이러한 형태는 평양 동명왕릉 부근의 정릉사지에서도 확인된 바 있고 이와 방향이 다른 '卍'자가 무등리 제2보루에서 발견되기도 하였다. 이들 '卍' 또는 '卐'자는 고구려의 남진 과정에서 불교도 함께 남쪽으로 전파되고 있음을 보여주는 사례라 할 수 있다.

이 외에도 상부 직사각형에 '人'자 형태가 조합된 부호 3점(도면 81-1, 사진 435-4: 도면 80-28, 사진 435-7: 도면 75-3, 사진 410-2)이 출토되었으나 그 의미를 알 수 없다.

6. 홍련봉 제2보루

홍련봉 제2보루는 2005년 1차 발굴조사와 2012~2013년 2차 발굴조사가 진행되었으며 다수의 문자 및 부호가 새겨진 토기 조각을 비롯하여 서사에 사용된 벼루가 출토되었다.

먼저 1차 조사에서 확인된 문자로는 '(虎)子', '官甕' 등이다.

'(虎)子' 명문은 2점 발견되었으며 한 점은 접시 바닥 안쪽 면(도면 77-2, 사진 236)에, 다른 하나는 접시 바닥 바깥 면(도면 77-4, 사진 237)에 새겨져 있다. 보고자는 이 명문을 현재까지 아차산 유적군에서 유일

---

17) 伏見冲敬, 1976, 『書道大字典』, 凡中堂, p.1212.

18) 이정범·하재령·조보람, 2015, 『사적 제 455호 아차산 일대 보루군 홍련봉 1·2보루』, 한국고고환경연구소, 도면 142-4, 도판 172-1 참조.

그림 6. 홍련봉 제2보루 출토(1차 발굴조사) 명문 및 부호

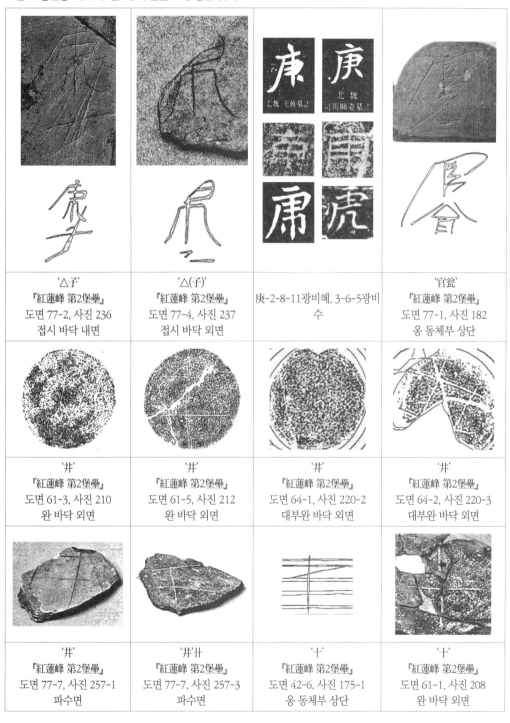

'△子' 『紅蓮峰 第2堡壘』 도면 77-2, 사진 236 접시 바닥 내면	'△(子)' 『紅蓮峰 第2堡壘』 도면 77-4, 사진 237 접시 바닥 외면	庚-2-8-11광비혜, 3-6-5광비 수	'官瓷' 『紅蓮峰 第2堡壘』 도면 77-1, 사진 182 옹 동체부 상단
'井' 『紅蓮峰 第2堡壘』 도면 61-3, 사진 210 완 바닥 외면	'井' 『紅蓮峰 第2堡壘』 도면 61-5, 사진 212 완 바닥 외면	'井' 『紅蓮峰 第2堡壘』 도면 64-1, 사진 220-2 대부완 바닥 외면	'井' 『紅蓮峰 第2堡壘』 도면 64-2, 사진 220-3 대부완 바닥 외면
'井' 『紅蓮峰 第2堡壘』 도면 77-7, 사진 257-1 파수면	'井'卄 『紅蓮峰 第2堡壘』 도면 77-7, 사진 257-3 파수면	'十' 『紅蓮峰 第2堡壘』 도면 42-6, 사진 175-1 옹 동체부 상단	'十' 『紅蓮峰 第2堡壘』 도면 61-1, 사진 208 완 바닥 외면

'十' 『紅蓮峰 第2堡壘』 도면 61-2, 사진 209 완 바닥 외면	'十' 『紅蓮峰 第2堡壘』 도면 61-4, 사진 211 완 바닥 외면	'十' 『紅蓮峰 第2堡壘』 도면 63-5, 사진 218 대부완 바닥 내면	'✿' 대등 부정형기호' 『紅蓮峰 第2堡壘』 도면 77-3, 사진 258-1 접시 바닥 외면

하게 출토된 간지 명문으로서 홍련봉 제2보루의 연대를 알려줄 뿐만 아니라 한강변 고구려 유적의 연대도 함께 알 수 있는 귀중한 자료가 된다고 파악하였다. 만약 명문이 '庚子'가 분명하다면 역사적 정황상 그 연대는 520년으로 볼 수 있으며 이는 고구려가 한강에 진출한 시기와도 부합된다.

하지만 이 글자를 '庚'로 판독하기에는 문제가 있어 보인다. 漢唐 시기 '庚'자의 결구는 'ㄣ'자 안쪽에 '丰+ㆍ(丰의 우하 부분에 점획)'의 형태로 많이 나타나고 있는데 이는 고구려 광개토태왕비나 백제 무녕왕릉에서 출토된 은제 팔찌에서도 비슷하게 나타난다. 특히 하부가 '巾' 형태로 나타나는 것은 당시 일반적으로 쓰이던 '庚'자의 결구와는 기본적으로 다른 점이라고 할 수 있다.[19]

한편 이 글자를 '虎'자로 보는 견해가 있는데 오히려 '庚'자보다는 유사한 면이 많다. 다만 위 부분의 가로획들이 우측 세로획과 연결되어 있고, 하부 '几'의 양쪽 세로획이 좌우로 펼쳐지는 형태를 하는 등 당시 보편적으로 사용된 '虎'자와는 다소 다르지만 전체적인 형태로 보아 여기서는 '虎'자의 이체자의 일종으로 추정해 본다.[20]

'子'자는 자획이 비교적 분명하다. 첫 번째 획의 시작 부분에서 의도적인 逆入 필법이 나타나고 있다. 두 번째 획은 세로로 내려 긋다가 중간 부분에서 좌측으로 방향을 전환하여 길게 삐쳤는데, 이러한 서사법은 전형적인 예서의 필법이라 할 수 있다. 마지막 가로획을 상대적으로 길게 처리하는 등 전체적인 글자의 형태가 고구려 덕흥리벽화무덤 묵서 묘지 '釋迦文佛弟子'의 '子'자와 비슷한 면이 있다.

'官瓮'(도면 77-1, 사진 182)은 비교적 큰 항아리의 동체부 상단 바깥 면에 새겨져 있다. 명문은 '관에서 사용되던 항아리' 또는 '관에서 제작된 항아리' 등으로 해석될 수 있어 홍련봉 제2보루의 성격을 파악하는 데 중요한 근거가 된다. 글자는 항아리를 소성한 이후에 날카로운 도구로 빠르게 서사하여 직선 필획의 특징이 강하다. 전체적인 체세가 활달한 행서라 할 수 있다. '瓮'자는 '厶'을 세모꼴로 처리하는 등 일부 필획은

---

19) 伏見冲敬, 1976, 『書道大字典』, 凡中堂, p.1212 참조; 京都大学人文科学研究所所藏 石刻拓本資料 http://coe21.zinbun.kyo-to-u.ac.jp/djvuchar?query=%E5%BA%9A

20) 伏見冲敬, 1976, 『書道大字典』, 凡中堂, p.1954 참조; 京都大学人文科学研究所所藏 石刻拓本資料 http://coe21.zinbun.kyo-to-u.ac.jp/djvuchar?query=%E8%99%8E

그림 7. 홍련봉 제2보루 출토(2~3차 발굴조사) 명문 및 부호 등

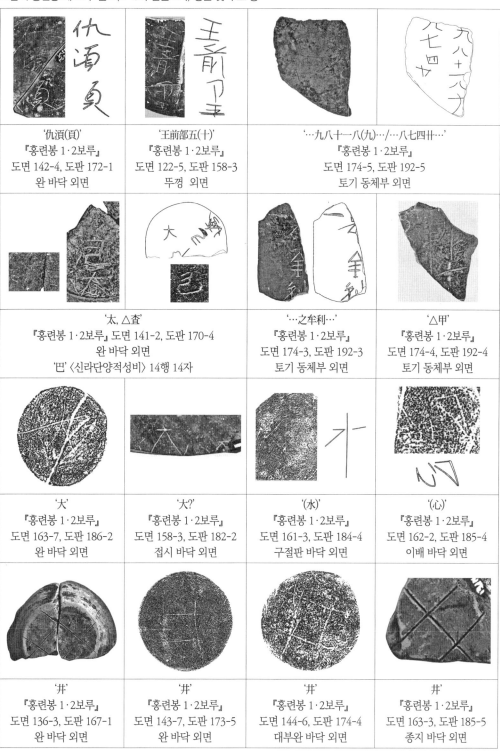

'仇湏(頁)' 『홍련봉 1·2보루』 도면 142-4, 도판 172-1 완 바닥 외면	'王前部五(十)' 『홍련봉 1·2보루』 도면 122-5, 도판 158-3 뚜껑 외면	'…九八十一八(九)…/…八七四卄…' 『홍련봉 1·2보루』 도면 174-5, 도판 192-5 토기 동체부 외면	
'太, △査' 『홍련봉 1·2보루』도면 141-2, 도판 170-4 완 바닥 외면 '巴'〈신라단양적성비〉14행 14자		'…之牟利…' 『홍련봉 1·2보루』 도면 174-3, 도판 192-3 토기 동체부 외면	'△甲' 『홍련봉 1·2보루』 도면 174-4, 도판 192-4 토기 동체부 외면
'大' 『홍련봉 1·2보루』 도면 163-7, 도판 186-2 완 바닥 외면	'大?' 『홍련봉 1·2보루』 도면 158-3, 도판 182-2 접시 바닥 외면	'(水)' 『홍련봉 1·2보루』 도면 161-3, 도판 184-4 구절판 바닥 외면	'(心)' 『홍련봉 1·2보루』 도면 162-2, 도판 185-4 이배 바닥 외면
'井' 『홍련봉 1·2보루』 도면 136-3, 도판 167-1 완 바닥 외면	'井' 『홍련봉 1·2보루』 도면 143-7, 도판 173-5 완 바닥 외면	'井' 『홍련봉 1·2보루』 도면 144-6, 도판 174-4 대부완 바닥 외면	'井' 『홍련봉 1·2보루』 도면 163-3, 도판 185-5 종지 바닥 외면

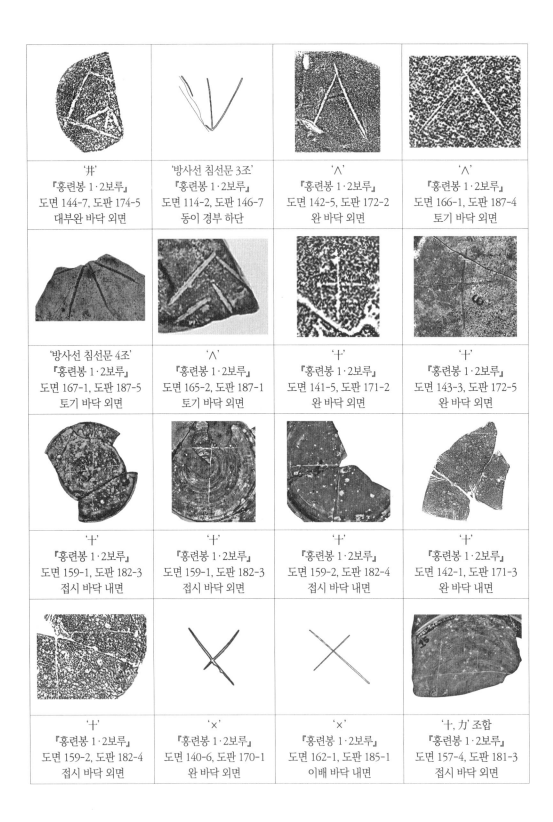

'井' 『홍련봉 1·2보루』 도면 144-7, 도판 174-5 대부완 바닥 외면	'방사선 침선문 3조' 『홍련봉 1·2보루』 도면 114-2, 도판 146-7 동이 경부 하단	'∧' 『홍련봉 1·2보루』 도면 142-5, 도판 172-2 완 바닥 외면	'∧' 『홍련봉 1·2보루』 도면 166-1, 도판 187-4 토기 바닥 외면
'방사선 침선문 4조' 『홍련봉 1·2보루』 도면 167-1, 도판 187-5 토기 바닥 외면	'∧' 『홍련봉 1·2보루』 도면 165-2, 도판 187-1 토기 바닥 외면	'十' 『홍련봉 1·2보루』 도면 141-5, 도판 171-2 완 바닥 외면	'十' 『홍련봉 1·2보루』 도면 143-3, 도판 172-5 완 바닥 외면
'十' 『홍련봉 1·2보루』 도면 159-1, 도판 182-3 접시 바닥 내면	'十' 『홍련봉 1·2보루』 도면 159-1, 도판 182-3 접시 바닥 외면	'十' 『홍련봉 1·2보루』 도면 159-2, 도판 182-4 접시 바닥 내면	'十' 『홍련봉 1·2보루』 도면 142-1, 도판 171-3 완 바닥 내면
'十' 『홍련봉 1·2보루』 도면 159-2, 도판 182-4 접시 바닥 외면	'x' 『홍련봉 1·2보루』 도면 140-6, 도판 170-1 완 바닥 외면	'x' 『홍련봉 1·2보루』 도면 162-1, 도판 185-1 이배 바닥 내면	'十, 力' 조합 『홍련봉 1·2보루』 도면 157-4, 도판 181-3 접시 바닥 외면

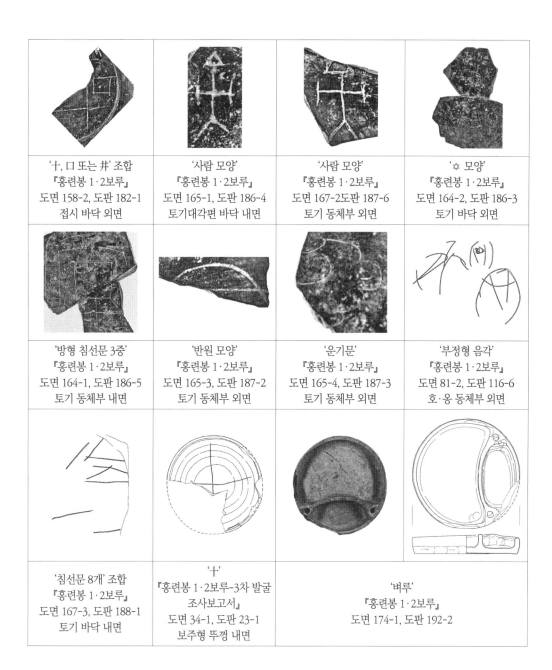

'十, 口 또는 井' 조합 『홍련봉 1·2보루』 도면 158-2, 도판 182-1 접시 바닥 외면	'사람 모양' 『홍련봉 1·2보루』 도면 165-1, 도판 186-4 토기대각편 바닥 내면	'사람 모양' 『홍련봉 1·2보루』 도면 167-2도판 187-6 토기 동체부 외면	'✡ 모양' 『홍련봉 1·2보루』 도면 164-2, 도판 186-3 토기 바닥 외면
	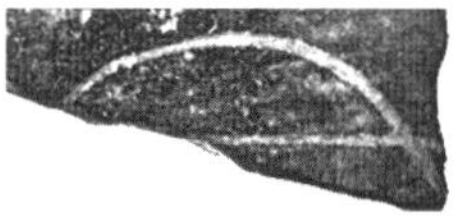	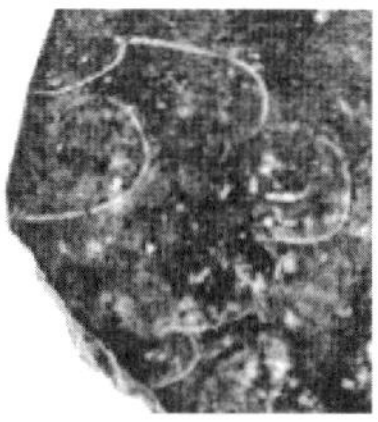	
'방형 침선문 3중' 『홍련봉 1·2보루』 도면 164-1, 도판 186-5 토기 동체부 내면	'반원 모양' 『홍련봉 1·2보루』 도면 165-3, 도판 187-2 토기 동체부 외면	'운기문' 『홍련봉 1·2보루』 도면 165-4, 도판 187-3 토기 동체부 외면	'부정형 음각' 『홍련봉 1·2보루』 도면 81-2, 도판 116-6 호·옹 동체부 외면
		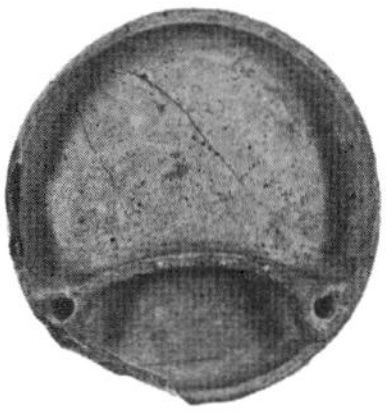	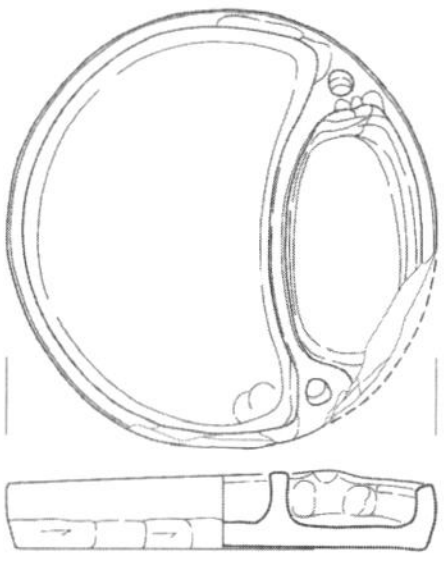
'침선문 8개' 조합 『홍련봉 1·2보루』 도면 167-3, 도판 188-1 토기 바닥 내면	'十' 『홍련봉 1·2보루-3차 발굴 조사보고서』 도면 34-1, 도판 23-1 보주형 뚜껑 내면	'벼루' 『홍련봉 1·2보루』 도면 174-1, 도판 192-2	

예서의 결구를 띠기도 한다.

이 외에도 '井'(도면 61-3, 사진 210: 도면 61-5, 사진 212: 도면 64-1, 사진 220-2: 도면 64-2, 사진 220-3: 도면 77-7, 사진 257-1), '十'(도면 42-6, 사진 175-1: 도면 61-1, 사진 208: 도면 61-2, 사진 209: 도면 61-4, 사진 211: 도면 63-5, 사진 218)자형을 비롯하여 '中', '卄', 'M'(도면 77-7, 사진 257) 형태 등이 확인된다.

또한 접시 바닥 뒷면에서 '✿' 모양(도면 70-14, 사진 239-2: 도면 77-3, 사진 258-1)의 부호가 발견되었다. 이 별 모양은 다양한 형태의 부호들과 함께 새겨져 있는데 각각의 부호가 의미하는 바도 있겠지만 부호들을 조합함으로써 보다 확대된 어떤 의미를 담고자 하였을 가능성도 배제할 수 없다.

2차 조사에서는 '仇湏頁', '王前卩五(十)', '九八十一八(九)/八七四(卅)', '太, △(巴)(△)', '(之)牟(利)', '△甲', '大' 등의 명문이 출토되었다.

'仇湏頁'(도면 142-4, 도판 172-1)은 일부가 결실된 완류의 바닥 외면 중앙 부분에 새겨졌으며 명문 전체가 비교적 온전하다. 동일한 문구가 2004년 홍련봉 제1보루 1차 조사에서 이미 출토된 바 있다. 첫 번째 글자는 '仇'자가 명확하다. 두 번째 글자의 좌측은 'ⅰ'의 아래 두 점을 연결하여 쓴 행초서 서사법이다. 보고서 도면에는 우측 '頁'의 마지막 필획이 표시되지 않았으나 사진과 탁본에는 필획의 흔적이 명확히 나타난다. 홍련봉 제1보루 출토 명문과는 달리 일반적인 행서 필순에 따르고 있다. 세 번째 글자는 '頁'자가 비교적 분명하다. 제시된 사진을 보면 이 글자는 우측으로 약간 치우친 상태로서 좌측 부분에도 필획이 있는 것처럼 보이지만 복원시 토기편이 정밀하게 부착되지 않음으로 인한 것일 수 있다. 따라서 각각 홍련봉 제1보루와 제2보루에서 발견된 명문은 '仇湏頁'로 확정해도 무방할 것으로 생각된다. 이들 명문의 필치가 같지 않아 서로 다른 사람에 의해 서사되었을 것으로 추정된다. 명문의 의미를 자세히 알 수는 없지만 근접 유적에서 동일한 문구가 사용되었다는 것은 양자간에 긴밀한 연관성을 말해준다.

'王前卩五(十)'(도면 122-5, 도판 158-3)은 토기 뚜껑 편 외면에 새겨져 있다. 보고서에는 이 명문에 대한 설명 없이 도면과 탁본 및 도판만 실었다. 첫 번째 글자부터 네 번째 글자까지는 '王前卩五'로 자형이 비교적 명확하다. '王'자 위 부분은 결실되어 처음 시작되는 글자가 '王'자인지 확신하기 어렵다. 그 아래 '前'자와 사이에 좌하로 짧은 삐침처럼 보이는 흔적이 있지만 필획이 아닌 것으로 보인다. '卩'자는 '部'의 이체자로 아차산 4보루에서 발견된 '後卩都△兄'명에서도 확인된다. '五'자는 제2획인 세로획과 제3획의 세로 부분이 만나도록 간격을 좁혀 서사하였다. 그 아래에 선명한 가로획과 상대적으로 길이가 짧은 세로획의 흔적이 나타난다. 사진 도판을 통해서 보면 비교적 선명한데 뚜껑의 개신부에서 둥근 각을 이루며 드림부로 이어지는 끝부분에 해당한다. 명문은 전체적으로 행서가 가미된 해서의 체세이다.

'九八十一八九/八七四卅'(도면 174-5, 도판 192-5)은 토기의 동체부 편 외면에 세로 방향 2줄로 음각되었다. 글자는 소성 후 새겼으며 필획이 가늘고 직선이다. 보고자는 '八七四力 九八十一八大'로 추정하였다. 하지만 이는 당시 위에서 아래로 우측에서 좌측으로 글자를 쓰는 일반적인 방식이 아니라는 점에서 이해되지 않는 배열이다. 우행의 여섯 번째 글자를 '大'자로 판독하였으나 우측 부분이 깨어져 필획이 명확하지 않고 첫 번째 '九'자와 비슷한 느낌이 든다. 좌행의 네 번째 글자는 가로획과 좌우로 약간 비낀 세로획들로 구성되었다. '力'자로 보기에는 제2획의 꺾임 부분이 한 획으로 연결되어 있지 않고 가로 부분과 세로 부분이 교차된 상태이다. 제1획을 우하 방향의 직선으로 처리하여 결구가 '卅'자의 형태이다.

'太, △(巴)(△)'(도면 141-2, 도판 170-4)는 동체 일부와 저부만 남아 있는 완 편의 외면 바닥에 새겨져 있다. 보고자는 도면과 탁본 및 사진 도판을 제시하고 '太' 또는 '查'자로 추정하였다. '太'자는 도면에는 '大'자로 그려져 있다. 그리고 방향을 달리하여 3자 정도의 글자가 있는데 첫 번째 글자는 상부가 결손되어 세로획만 보인다. 그 다음 글자는 도면과 도판이 약간 차이가 있고 도판에서는 좌하 방향으로 비낀 필획처럼 보이는 흔적이 나타나는데 비해 도면에는 그리지 않았다. 이 흔적을 제외하면 전체적인 형태는 단양신라적성비에 보이는 14행 15자와 유사하다. 이 글자는 '己'자 상부 공간 안쪽에 가로획이 하나 더 있는 형태인데 '巴'자[21]의 이체자로 추정된다. 그 다음 글자를 보고자는 '査'로 추정하였지만 '木'자 부분은 오히려 '大'자에 가깝다. 또한 좌측에서 아래 부분으로 이어지는 'ㄴ' 형태의 필획으로 보이는 흔적이 비교적 명확하여 '辶'의 상부 점획을 연사한 형태로 볼 수도 있겠다.

'(之)牟(利)'(도면 174-3, 도판 192-3)는 토기의 동체부 편 외면에 세로 방향으로 3자가 음각되어 있다. 첫 번째 글자는 우측 부분이 일부 결실되었지만 도판을 보면 '之'자의 형태가 남아있다. 보고자는 두 번째 글자를 '金'자로 판독하였다. '金'자의 일반적인 결구는 마지막 가로획이 상대적으로 가장 긴 특징이 있는데 여기서는 위 부분의 가로획에 비해 지나치게 짧다. 또한 상부의 필획을 삼각형처럼 처리하는 등 전체적인 결구가 광개토태왕비나 모두루묘지에서 보이는 '牟'자에 보다 가깝다. 세 번째 글자는 하부가 결실되었지만 '利'자로 추정된다. 좌측 '禾'는 제2획과 제4획을 연사한 행서의 특징이 나타난다.

'△甲'(도면 174-4, 도판 192-4)은 토기의 동체부 편 외면에 음각되었다. 보고자는 '甲啓'로 추정 판독하였으나 당시 일반적인 서사 방식이 우측에서 좌측으로 쓴다는 점을 고려하면 '△甲'으로 판독되는 것이 자연스럽다. 좌측의 '甲'자는 비교적 명확하다. 우측에 세로획과 가로획 3~4개를 연사한 형태의 필획이 보이는데 전체 글자의 상부와 우측 부분이 결실되어 어떤 글자인지 추정하기 어렵다. 이 글자 아래 부분에 가로획이 그어져 있다.

'大'(도면 163-7, 도판 186-2)자는 동체부 일부가 결실된 종지 외면 바닥에 새겨져 있다. 또한 접시편 외면 바닥에서도 음각된 '大'자와 유사한 부호(도면 158-3, 도판 182-2)가 발견되었다고 한다. 구절판 편 바닥면에 제4획 부분이 없는 '水'자 형태의 부호(도면 161-3, 도판 184-4)가 새겨져 있다. 이배 편 외면 바닥에서는 '心'자로 추정되는 글자(도면 162-2, 도판 185-4)가 확인된다고 하는데, 제4획 우측에 'ㄱ'자형 흔적이 명확하게 나타나고 있어 보다 면밀히 관찰할 필요가 있다.

문자 외에도 '井'자 또는 '十'자와 유사한 형태가 출토되었다. '井'자는 단독으로 나타나는 경우가 많은데, 완 저부편 외면 바닥(도면 136-3, 도판 167-1), 완 외면 바닥(도면 143-7, 도판 173-5), 대부완 대각편 외면 바닥(도면 144-6, 도판 174-4), 종지 저부편 외면 바닥(도면 163-3, 도판 185-5)에 음각되었다. 또한 대부완 저부 편 바닥 중앙에는 '井'자를 새기고 그 안쪽에 방사형으로 뻗은 3개의 직선(도면 144-7, 도판 174-5)을 그었다. 이러한 형태는 1997년 구의동 보루에서 출토된 완(도면 23-1, 사진 68: 도면 23-5, 사진 70)에서도 발견되는데 토기의 제작자 또는 사용자 간에 어떤 관계가 있을 것으로 추정해볼 수 있다. '井'자는 다른 부호들과 조합하여 사용되기도 하였으며 접시 편 외면 바닥(도면 158-2, 도판 182-1)에는 'ㅁ'자 형과 조합된 형태의 부호가 새겨져 있다.

---

21) 韓國古代社會研究所, 1992, 『譯註韓國古代金石文』 제2권(신라1·가야 편), 駕洛國史蹟開發研究院, p.39 주 38); 國立慶州博物館, 2002, 『文字로 본 新羅』, 예맥출판사, pp.24-25.

부호 중에는 방사형 직선 형태만 새겨진 것도 있다. 직선을 'ㅅ' 형태로 새긴 것(도면 142-5, 도판 172-2: 도면 166-1, 도판 187-4) 또는 방사형 직선 2개가 이중(도면 165-2, 도판 187-1)으로 그려진 경우도 있다. 이와 방향을 반대로 하여 직선 3개(도면 114-2, 도판 146-7)가 그려진 것도 있고 방사형 직선이 4개(도면 167-1, 도판 187-5)가 나타나는 경우도 있다.

'十'자 형태도 다수 발견되었다. 완 편 외면 바닥(도면 141-5, 도판 171-2), 완 외면 바닥(도면 143-3, 도판 172-5), 접시 안쪽과 바깥 면 바닥(도면 159-1, 도판 182-3), 접시 편 내면 바닥(도면 159-2, 도판 182-4)에서는 형태가 비교적 선명하게 나타나는 것을 찾아 볼 수 있다. 완 편 내면 바닥(도면 142-1, 도판 171-3)과 접시 내면 바닥(도면 159-2, 도판 182-4)에는 'ㄱ'자 형태가 남아 있으며 '十'자일 가능성이 있다. 완 저부 편 외면 바닥(도면 140-6, 도판 170-1)과 이배 편 내면 바닥(도면 162-1, 도판 185-1)에 새겨진 것을 보고자는 'ㄨ'형이라 하였으나 이 역시 '十'자형으로 볼 수도 있다. 또한 접시 편 외면 바닥(도면 157-4, 도판 181-3)에는 'ㄨ'와 '力'자 유사한 형태의 부호가 확인된다고 하였다. 하지만 직선 획의 각도가 직각에 가까워 '十'자형[22]과 '力'자형의 조합으로 보는 것이 좋을 듯하다. 이 외에도 별모양, 크고 작은 사각형이 3중으로 겹친 형태 및 직선과 세모꼴 등이 조합된 부호들이 확인된다.

한편 홍련봉 제2보루 2차 발굴조사에서 완형의 벼루 1점이 출토되었다. 4호 건물지에서 출토된 벼루는 높이 2.9㎝, 저경 17.0㎝, 두께 0.6~0.8㎝이다. 내외면은 황색이며 그 형태가 C형 접시와 유사하고 1/3 지점에 격벽을 부착하였으며 2개의 원형공이 있다. 태토는 세사립이 포함된 니질이며 소성상태는 양호하다. 내면 기벽과 격벽을 중심으로 물손질흔과 지두흔이 확인되고 외면 하단부에는 깎기정면한 흔적이 관찰된다.[23]

2016~2018년에 실시된 3차 조사에서는 '十'자형 부호 1점이 추가되었다.[24] 보주형 꼭지가 달린 뚜껑 내부(도면 34-1, 도판 23-1)에 새겨진 것으로 보고자는 꼭지의 위치를 잡기 위한 표시로 보았다.

홍련봉 제2보루는 제1보루에서 북서쪽으로 약 60m 가량 떨어진 곳에 위치해 있다. 최근 발굴조사에 의하면 두 곳이 서로 도로 시설로 연결되어 하나의 단위 시설로 사용되었을 가능성이 높다.[25]

7. 용마산 제2보루

용마산 제2보루는 아차산 3보루를 마주하고 중랑천 일대를 포함한 한강 이북 지역을 잘 조망할 수 있는 전략적 요충지이다. 2005년 10월부터 2006년 4월까지 1차 발굴조사를 실시하고 추가로 7월 초까지 2차 발굴조사를 진행하였다. 출토된 토기류는 모두 24개 기종 327점으로 문자나 부호가 확인되었다. 각획은 장동호 1점, 외반구연호 1점, 양이부장동옹 4점, 완 2점, 대부완 1점, 종지 1점, 이배 1점, 뚜껑 3점, 접시 6점,

---

22) 이 경우 '十'자가 아닌 '丼'일 가능성도 있다.

23) 이정범·하재령·조보람, 2015, 『사적 제 455호 아차산 일대 보루군 홍련봉 1·2보루』, 한국고고환경연구소, pp.327~328, 도면 174-1, 도판 192-2.

24) 이정범·오현준, 2019, 『사적 제 455호 아차산 일대 보루군 홍련봉 1·2보루-3차 발굴조사보고서-』, 한국고고환경연구소.

25) 위의 책, p.113.

그림 8. 용마산 제2보루 출토 명문 및 부호

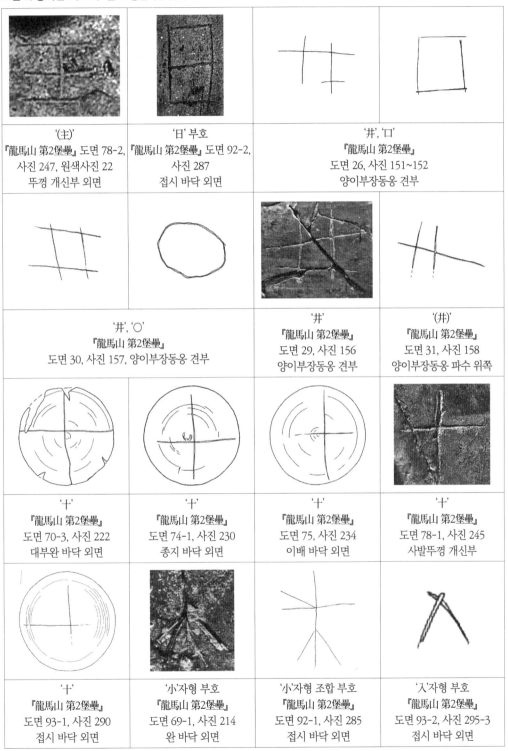

'(主)' 『龍馬山 第2堡壘』 도면 78-2, 사진 247, 원색사진 22 뚜껑 개신부 외면	'日' 부호 『龍馬山 第2堡壘』 도면 92-2, 사진 287 접시 바닥 외면	'井', 'ロ' 『龍馬山 第2堡壘』 도면 26, 사진 151~152 양이부장동옹 견부	
'井', 'O' 『龍馬山 第2堡壘』 도면 30, 사진 157, 양이부장동옹 견부		'井' 『龍馬山 第2堡壘』 도면 29, 사진 156 양이부장동옹 견부	'(井)' 『龍馬山 第2堡壘』 도면 31, 사진 158 양이부장동옹 파수 위쪽
'十' 『龍馬山 第2堡壘』 도면 70-3, 사진 222 대부완 바닥 외면	'十' 『龍馬山 第2堡壘』 도면 74-1, 사진 230 종지 바닥 외면	'十' 『龍馬山 第2堡壘』 도면 75, 사진 234 이배 바닥 외면	'十' 『龍馬山 第2堡壘』 도면 78-1, 사진 245 사발뚜껑 개신부
'十' 『龍馬山 第2堡壘』 도면 93-1, 사진 290 접시 바닥 외면	'小'자형 부호 『龍馬山 第2堡壘』 도면 69-1, 사진 214 완 바닥 외면	'小'자형 조합 부호 『龍馬山 第2堡壘』 도면 92-1, 사진 285 접시 바닥 외면	'入'자형 부호 『龍馬山 第2堡壘』 도면 93-2, 사진 295-3 접시 바닥 외면

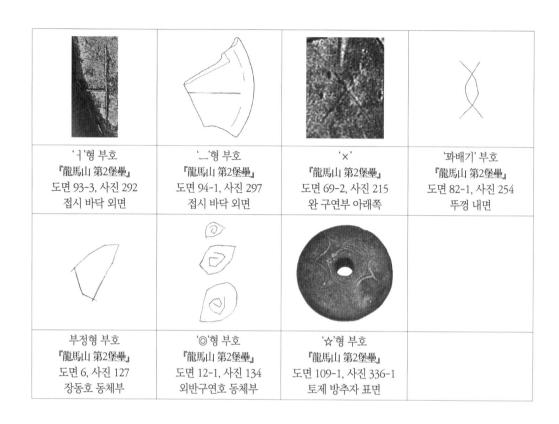

'ㅓ'형 부호 『龍馬山 第2堡壘』 도면 93-3, 사진 292 접시 바닥 외면	'⌐'형 부호 『龍馬山 第2堡壘』 도면 94-1, 사진 297 접시 바닥 외면	'x' 『龍馬山 第2堡壘』 도면 69-2, 사진 215 완 구연부 아래쪽	'꽈배기' 부호 『龍馬山 第2堡壘』 도면 82-1, 사진 254 뚜껑 내면
부정형 부호 『龍馬山 第2堡壘』 도면 6, 사진 127 장동호 동체부	'◎'형 부호 『龍馬山 第2堡壘』 도면 12-1, 사진 134 외반구연호 동체부	'☆'형 부호 『龍馬山 第2堡壘』 도면 109-1, 사진 336-1 토제 방추자 표면	

방추자 1점 등 다양한 기종에서 발견되었으며 대부분 소성 후 끝이 뾰족한 물체로 긁어서 새겼다.

뚜껑 개신부 외면에는 '王' 또는 '主'자(도면 78-2, 사진 247, 원색사진 22)와 비슷한 부호가 새겨져 있다고 한다. 필획이 고르고 획간 짜임새가 비교적 잘 갖추어진 글자로 보인다. 제시된 원색사진 등을 통해서 보면 상부에 가로획 위쪽으로 세로획이 돌출되어 '主'일 가능성이 있다. 접시바닥 외면에 새겨진 각획(도면 92-2, 사진 287)은 그 형태가 '日'자처럼 보이기는 하지만 글자로 볼 수 있을지 주저된다.

'井'자는 4개(도면 26, 사진 152: 도면 30, 사진 157: 도면 29, 사진 156: 도면 31, 사진 158)가 확인되며 모두 양이부장동옹 어깨 부위에 새겨져 있다. 이 기물은 일반적인 옹보다 기다란 동체부에 짧은 목과 한 쌍의 대상파수가 부착된 형태로 그 높이가 40㎝ 이상이며 주로 액체를 저장하거나 운반하는데 사용되었다. 특이하게도 아차산 일대의 보루에서는 양이부장동옹의 출토 비중이 높지 않은데 비해 용마산 제2보루에서만 10개가 확인되었고 그 가운데 4점에서 '井'자형 부호가 공통적으로 나타나고 있다. 이 중에는 '井'자형 부호가 'ㅁ', 'ㅇ'형태의 부호와 함께 나타나기도 한다.

'十'자 형태는 모두 5개가 확인된다. 대부완(도면 70-3, 사진 222), 종지(도면 74-1, 사진 230), 이배(도면 75, 사진 234), 접시(도면 93-1, 사진 290)의 바닥 바깥 면에는 비교적 크게 새긴데 비해 사발뚜껑의 개신부(도면 78-1, 사진 245)에서는 이보다 작게 새겼다.

완 바닥 바깥 면에는 '小'자형 또는 조족문(도면 69-1, 사진 214)이 있고 접시의 바닥 바깥 면에도 '小'자형에 획을 더한 것으로 볼 수 있는 부호(도면 92-1, 사진 285)가 있다.

개인용 배식기인 접시에서는 부호들이 많이 발견되는데 바닥 외면에서 'ㅅ'자형 부호(도면 93-2, 사진 295-3)와 일부 획이 결실된 'ㅓ'(도면 93-3, 사진 292), 'ㅡ'(도면 94-1, 사진 297)의 형태가 확인된다.

이 외에도 완 구연부 아래쪽에 'x'(도면 69-2, 사진 215), 뚜껑 안쪽 면에 꽈배기 형태(도면 82-1, 사진 254), 장동호 동체부에 부정형(도면 6, 사진 127), 외반구연호 동체부에 '◎'(도면 12-1, 사진 134), 토제 방추자 표면에 '☆'(도면 109-1, 사진 336-1) 등 다양한 형태의 부호들이 발견되었다.

8. 남성골산성

남성골산성은 세종특별자치시 부강면 남성골(南城谷)에 있는 고구려 성곽이다. 금강 북안에 있어 앞서 살펴본 한강 유역의 보루들과는 지리적으로 차이가 있지만 이 장에 포함하여 기술하고자 한다. 남성골산성 은 2000년부터 조사를 시작하여 2001년 9월부터 2002년 7월 15일까지 1차 발굴조사[26]하였고 2006년에 는 추가로 2차 조사[27]를 실시하였다. 내·외곽을 갖춘 성책으로 고구려가 금강 유역까지 진출한 후 쌓은 것 으로 추정하고 있다.

출토된 토기는 옹류, 장동호류, 호류, 시루류, 동이류, 뚜껑류, 이배, 완류, 반류, 접시류 등으로 구분되며 일부 기종에는 글자나 부호가 새겨져 있다.

그림 9. 남성골산성 출토 명문 및 부호

'⊗ 또는 ⊕' 『淸原 南城谷 高句麗遺蹟 (2004)』 도면 56-3, 사진 51-3 토기 동체부 외면	'x' 『淸原 南城谷 高句麗遺蹟 (2004)』 도면 98-5, 사진 83-9 토기 바닥 내면	부호 『淸原 南城谷 高句麗遺蹟 (2004)』 도면 102-1, 사진 84-5, 원색 사진 5-1 장동호 동체부 외면	'#' 『淸原 南城谷 高句麗遺蹟 (2008)』 도면 68-4, 사진 155-4 토기 동체부 외면

---

26) 차용걸·박중균·한선경·박은연, 2004, 『淸原 南城谷 高句麗遺蹟』, 忠北大學校 博物館.

27) 차용걸·박중균·한선경, 2008, 『淸原 I.C~芙蓉間 道路工事區間內 淸原 南城谷 高句麗遺蹟(-2006年度 追加 發掘調查-)』, 中原文化財研究院.

'井'	'井'	'井'	'(公)'
『清原 南城谷 高句麗遺蹟 (2008)』 도면 108-1, 사진 216-1 토기 동체부 외면	『清原 南城谷 高句麗遺蹟 (2008)』 도면 108-2, 사진 216-2 토기 동체부 외면	『清原 南城谷 高句麗遺蹟 (2008)』 도면 110-1, 사진 218-1 토기 동체부 외면	『清原 南城谷 高句麗遺蹟 (2008)』 도면 109-1, 사진 216-11 원반형토기 면

1차 발굴조사에서 출토된 토기의 부호는 날카로운 도구로 시문한 'x'형(도면 98-5, 사진 83-9), 원권 안에 '十'자가 결합된 형태(도면 56-3, 사진 51-3), 새발자국 모양과 같은 것이 양쪽에 대칭으로 시문된 형태, 종횡으로 음각선을 그은 그물문 등이 있다.

2차 발굴조사에서는 '井'형 부호와 '公'자로 추정되는 명문이 출토되었다.

'井'형 부호는 모두 4건(도면 68-4, 사진 155-4: 도면 108-1, 사진 216-1: 도면 108-2, 사진 216-2: 도면 110-1, 사진 218-1)이 보고되었다. 정확한 기종은 파악할 수 없지만 부호는 모두 토기의 동체부에서 발견된다. 부호는 소성 전에 끝이 뾰족한 물체로 빠르게 긁어 새겼다. 직선 필획의 강건함이 느껴지고 형태가 잘 짜여져 이러한 부호에 숙련된 사람이 시문하였을 것으로 생각된다. 예시된 것 중 앞의 3개는 필획의 교차각이 직각을 이루지 않는 등 광개토태왕 호우에 보이는 형태와 유사하다. 반면에 나머지 하나(도면 110-1, 사진 218-1)는 직선간의 교차각이 직각에 가깝고 교차점 바깥쪽으로 뻗은 부분의 원래 직선의 1/3 정도되는 등 그 형태가 마치 몽촌토성에서 출토된 광구장경사이옹에 새겨진 것과도 유사한 점이 있다.

또한 대형 원판형 토기에서는 '公'(도면 109-1, 사진 216-11)자로 추정되는 문양이 확인된다고 한다.[28] 그러나 이 글자의 상부 '八'과 하부 '厶'의 중심축이 어긋나 있어 글자로 보기에 다소 주저된다.

III. 임진강 유역 출토 토기 명문

1. 호로고루

경기도 연천의 임진강변 호로고루는 2000년 이후 몇 차례 조사를 통해 고구려 시기 전략적 요충지로 사용된 보루 유적임이 밝혀졌다. 특히 2006년 2차와 2009년 3차 발굴조사에서 다수의 명문 토기편이 출토되

---

28) 차용걸·박중균·한선경, 2008, 『清原 I.C~芙蓉間 道路工事區間內 清原 南城谷 高句麗遺蹟(-2006年度 追加 發掘調查-)』, 中原文化財研究院, p.216.

었다. 명문은 대부분 토기의 몸통부나 내면 또는 외면 바닥에 새겨져 있다.

　　먼저 제2차 조사[29]에서는 '用·△·朮'(도면 27-051, 사진 134-051), '八·仸·仸·仸'(도면 33-086, 사진 138-086), '官'(도면 54-232, 사진 149-232), '尹情桓'(도면 58-258, 사진 152-258), '(咸)國'(도면 58-259, 사

그림 10. 호로고루, 은대리성 출토 명문 및 부호 등

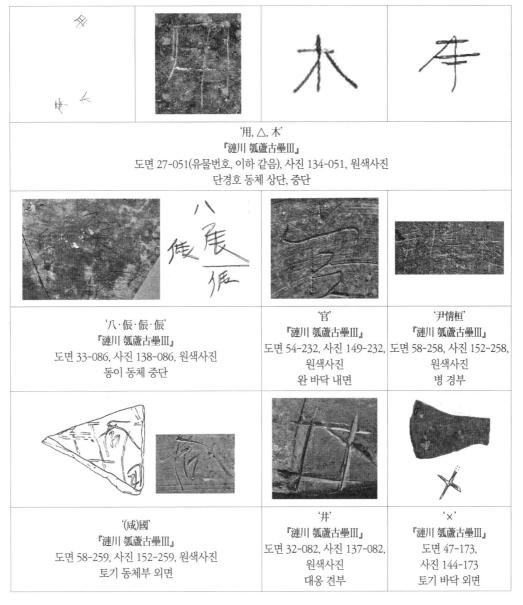

'用, △, 朮' 『漣川 瓠蘆古壘Ⅲ』 도면 27-051(유물번호, 이하 같음), 사진 134-051, 원색사진 단경호 동체 상단, 중단			
'八·仸·仸·仸' 『漣川 瓠蘆古壘Ⅲ』 도면 33-086, 사진 138-086, 원색사진 동이 동체 중단		'官' 『漣川 瓠蘆古壘Ⅲ』 도면 54-232, 사진 149-232, 원색사진 완 바닥 내면	'尹情桓' 『漣川 瓠蘆古壘Ⅲ』 도면 58-258, 사진 152-258, 원색사진 병 경부
'(咸)國' 『漣川 瓠蘆古壘Ⅲ』 도면 58-259, 원색사진 토기 동체부 외면		'井' 『漣川 瓠蘆古壘Ⅲ』 도면 32-082, 사진 137-082, 원색사진 대옹 견부	'×' 『漣川 瓠蘆古壘Ⅲ』 도면 47-173, 사진 144-173 토기 바닥 외면

29) 심광주·정나리·이형호, 2007, 『漣川 瓠蘆古壘Ⅲ(第2次 發掘調査報告書)』, 한국토지공사 토지박물관.

남한 출토 고구려 토기 명문 연구 _ 221

부호 『漣川 瓠蘆古壘Ⅲ』 도면 54-236, 사진 149-236, 원색사진 종지 바닥 외면	'相皷' 『漣川 蘆古壘Ⅳ』 도면 36-151, 사진 29-151, 원색사진 '相皷'명 토기 외면	'八五' 『漣川 瓠蘆古壘Ⅳ』 도면 11-037, 사진 10-037 옹 동체부 외면 상부
'大' 『漣川 瓠蘆古壘Ⅳ』 도면 34-139, 사진 26-139 접시 바닥 외면	미상 명문 『漣川 瓠蘆古壘Ⅳ』 도면 09-033, 사진 08-033 옹 동체부 외면	부호[30] 『漣川 瓠蘆古壘Ⅳ』 도면 20-070, 사진 17-070 동이 바닥 내면	'井'자형 부호 『연천 은대리성 지표 및 시· 발굴조사 보고서』 도면 16 구연부편 내벽
'卍'자형 부호 『연천 무등리 2보루』 유물도면 2-2, 유물사진 2-⑥ 외반구연호 바닥	'卐'자형 부호 『연천 무등리 2보루』 유물도면 2-1, 유물사진 2-⑤ 외반구연호 바닥	벼루 『漣川 瓠蘆古壘Ⅲ』 원색사진 , 도면 89-262, 사진 173-162	

진 152-259), '井'(도면 32-082, 사진 137-082), 'ㄨ'(도면 47-173, 사진 144-173), '中'자형 부호(도면 54-236, 사진 149-236) 등이 확인된다.

'用·△·木'명은 단경호 외면에 새겨져 있다. 보고자는 '用·木'자만 소개하였으나 도면과 사진 에는 '木'자형 위로 한 글자가 더 있다. '用'자는 동체 상단부에 우측으로 기울어진 상태로 새겨져 있다. 기물을 소성한 후에 끝이 뾰족한 물체로 긁어 새겼으며 제1획을 중복해서 그었다. 제2획의 세로획 부분 상부에서 약간 안

---

30) 심광주, 2009, 「남한지역 고구려유적 출토 명문자료에 대한 검토」, 『한국목간학회 정기발표회 자료집』, 한국목간학회, p.12에 도판이 소개되었다.

쪽으로 휘어지는 듯하다가 다시 바깥쪽으로 운필하고 있는데 이는 제3차 발굴시 출토된 '…△小瓦七百十大瓦△百八十用大四百卅合千…'명 기와[31]의 '用'자의 운필법과 유사하다. 이 획의 수필 부분에서 갈고리 형태는 분명치 않지만 제1획의 수필 방향 등으로 보아 서사자가 해서의 필법에 어느 정도 익숙한 사람으로 보인다.

유물번호 086(도면 33-086, 사진 138-086)의 동이에 새겨진 명문을 보고자는 '八·低·低·低'으로 판독하였다. 하지만 '八'자 이외의 글자들은 '低'자가 아닌 '侲'자로 보인다. 다만 '八'자 아래 글자가 나머지 두 글자와 결구가 약간 다른데 이는 '亻'변을 다소 지나치게 글자의 좌측 상단으로 올려 서사하였기 때문이다. 우측 '辰'자의 일부 가로획이 세로획에 의해 이어지거나 모두 관통하는 경우는 한당 시기 예서나 해서에서도 종종 나타난다.

'官'자는 완의 바닥 안쪽 면에 성형한 후 마르기 전에 뾰족한 도구로 쓰듯이 새겼다. '宀'의 형태는 전형적인 행서의 서사법이다.

병의 경부편(유물번호258, 도면 58-258, 사진 152-258)에는 '尹情桓'란 명문이 새겨져 있다. '情'자의 우측 '靑'자의 제7획이 세로획으로 되어 있다. 이 명문은 토기가 소성된 이후에 새겨진 것으로 서체는 해서체이다.

기형을 정확히 알 수 없는 회백색 토기 동체부편의 외면에는 '(咸)國'으로 보이는 명문이 있다. 첫 번째 글자의 마지막 필획과 두 번째 글자의 첫 세로획이 이어져 있어 일종의 연면 초서의 습관일 가능성이 있다.

문자 이외에도 '井'자형, '×'형 및 '中'자와도 비슷한 형태의 부호들이 확인된다. 이 중 종지(유물번호236, 사진 149-236, 도면 54-236) 밑바닥에 새겨진 부호를 보고자는 '甲' 또는 '中'자로 보았다.[32] 하지만 '田' 또는 '口'자 부분이 반원형에 가깝고 세로획 또한 위쪽으로 돌출되지 않아 수긍하기 어렵다. 이러한 부호는 3차 조사에서 출토된 동이편(유물번호070, 도면 20-070, 사진 17-070)의 바닥 내면에서도 발견되며 그 형태가 환도산성 궁전지에서 출토된 기와 편에 새겨진 부호[33]와도 흡사하다.

한편 2006년 연천 호로고루 2차 발굴조사에서 토제 벼루(유물번호 262) 1점이 출토되었다.[34] 보고서에 의하면 벼루는 정선된 니질태토를 사용하였으며 연질 소성되었으나 무르다는 느낌이 적고 손에 묻어나지 않으며 부드러운 편이다. 속심은 흑색이지만 전체적인 색감은 황백색을 띤다. 형태는 원형이며 잔존 높이

---

31) 호로고루에서는 토기 명문 이외에 기와에 새겨진 명문이 발견되었는데, '官一'(유물번호315), '…△小瓦七百十大瓦△百八十用大四百卅合千…'(314), '廿六日'(312) 명문을 비롯하여 '十'(306)자, '七'(313)자 및 'Y'(305)자형 부호가 있다. 특히 '…△小瓦七百十大瓦△百八十用大四百卅合千…'(314) 명문은 기와의 제작 수량과 사용하고 남은 수량을 기록해 놓은 일종의 算板이라 할 수 있으며 당시 기와의 제작 및 관리 등의 일면을 볼 수 있는 실물 자료이다(심광주·이형호·김태근, 이수정, 2014, 『漣川 瓠盧古壘 Ⅳ(第3·4次 發掘調査報告書)』, 한국토지주택공사 토지주택박물관. p.142 및 p.225 도면 56의 305·306, p.227 도면 58의 312·313·314·315, p.356 사진 47의 305·306, p.357 사진 312·313·314·315 참조).

32) 심광주·정나리·이형호, 2007, 『漣川 瓠盧古壘Ⅲ(第2次 發掘調査報告書)』, 한국토지공사 토지박물관, p.191·p.309; 심광주, 2009, 앞의 논문, p.12.

33) 吉林省文物考古研究所·集安市博物館, 2004, 『丸都山城』, 文物出版社, p.132 圖八43·4.

34) 심광주·정나리·이형호, 2007, 앞의 책, p.284, p.288 사진 173-262, p.290 도면 89-262, 보고서 원색사진 .

는 4㎝, 추정 바닥 직경은 16㎝이며 한쪽에 직경 7.5㎝ 정도의 물을 담아두는 연지를 만들어 놓았다고 하였다. 이 벼루는 중앙부를 가장자리보다 약간 높게 하여 환호형으로 연지를 두었다. 그렇다면 이곳은 환호형 연지와는 별개로 갈린 먹물을 저장하기 위한 공간이었을 것이다. 밑바닥에는 다리가 3개 달려있었으나 결실되고 접합 흔적만 남아있다. 접합흔은 타원형이며, 다리의 접합이 용이하도록 여러 줄의 음각선을 그어 놓았다.

3차 조사[35]에서는 북 모양 토기에 '相皷'자(도면 36-151, 사진 28-151)가 새겨진 것을 비롯하여 '大'자(도면 34-139, 사진 26-139), '(八)(五)'자(도면 11-037, 사진 10-037) 등의 명문 토기들이 출토되었다.

'相皷'명 토기는 흙으로 만든 북의 일종[36]으로 지금까지 실물로 발견된 최초의 고구려 악기라고 할 수 있다. 명문은 오른쪽에서 왼쪽으로 횡서되었으며 토기를 소성하기 전에 붓으로 글씨를 쓴 후 날카로운 도구로 조각하듯이 파낸 것으로 추정된다. 서체는 매우 세련된 형태의 성숙한 해서이다.

'(八)五'자는 회색 옹의 외면에 소성 후 날카로운 도구로 긁어 새겼다. '(八)'자형 명문은 아차산 4보루에서 발견된 대옹의 동체부 상부에서도 발견되고 있다.[37] '五'자는 환도산성 요망대[38]와 태왕릉[39]에서 출토된 기와편에서 확인되는 고식 자형과도 같다.

'大'자는 접시 바닥 외면에 한쪽으로 치우쳐 음각되어 있다. 삐침과 파임의 형태가 해서의 서사법이다.

이 외에도 유물번호 033(도면 09-033, 사진 08-033) 옹의 동체부에 날카로운 도구로 긁어 새긴 문자로 보이는 흔적이 있으나 전체적인 형태를 정확히 알 수 없다.

2. 은대리성

은대리성은 한탄강과 차탄천의 합류 지점에 축조된 강안평지성이다.[40] 입지 조건이 임진강변의 호로고루나 당포성과 유사하지만 전략적 요충지로서의 기능은 상대적으로 떨어지는 편이다.

2003년 지표 및 시굴조사가 실시되었으며 성 내부에서는 다수의 고구려 토기가 출토되었다. 토기 중 구연부 편 내벽에 날카로운 도구를 이용하여 그은 선이 남아 있는 것이 있는데 '井'자형(도면-16)으로 보인다.

---

35) 심광주·이형호·김태근,이수정, 2014, 『漣川 瓠盧古壘 Ⅳ(第3·4次 發掘調查報告書)』, 한국토지주택공사 토지주택박물관.

36) 위의 책, pp.431-432.

37) 임효재·최종택·양성혁·윤상덕·장은정, 2000, 『아차산 제4보루-발굴조사 종합보고서-』, 서울대학교박물관 외, 원색사진 25 大甕.

38) 吉林省文物考古研究所·集安市博物館, 2004, 『丸都山城』, 文物出版社, p.164 圖一一二2·5.

39) 吉林省文物考古研究所·集安市博物館, 2004, 『集安高句麗王陵』, 文物出版社, 332쪽 및 333쪽 圖二五一1~3 "五"字瓦(03JYM541 標:149, 217, 223)

40) 박경식·서영일·방유리·김호준·이재설, 2004, 『연천 은대리성 지표 및 시·발굴조사 보고서』, 단국대학교 매장문화재연구소, 264쪽 및 도면-16; 신연식·최경용·남진주·강지원·이현민·곽병찬·조성윤·유승환, 2018, 『연천 은대리성 : 연천 은대리성 성내부 발굴조사』, 중앙문화재연구원.

3. 무등리 2보루

경기도 연천군 왕징면에 위치한 무등리 2보루는 2010년과 2011년에 시굴조사를 진행하였다. 출토 유물로는 완연한 상태의 찰갑과 함께 다양한 기종의 토기 편들이 출토되었다. 토기편 중 '卍'과 좌우가 바뀐 '卍'자형 부호가 있는 외반구연호 2점이 출토되었다.[41]

붉은색 빛이 도는 외반구연호 바닥 중앙에는 '卍'(유물도면 2-2, 유물사진 2-⑥)자 부호가 양각으로 새겨졌으며 기물을 성형할 때 함께 찍혀서 나온 것이다. 같은 형태의 부호가 구의동보루에서 출토된 토기편에서도 확인된다.

또 다른 흑색 외반구연호(유물도면 2-1, 유물사진 2-⑤)의 바닥에는 성형 후 '卍' 부호를 예리한 물체를 이용하여 음각으로 새겼다. 이러한 뒤집힌 '卍' 부호는 고구려 시기 불교 사찰인 정릉사지를 비롯하여 홍련봉 1보루에서도 출토된 바 있다.

IV. 토기 명문의 서체와 의미

남한 지역에서 고구려 명문이나 부호가 새겨진 토기가 발견된 유적은 한강 유역의 아차산3보루, 아차산4보루, 홍련봉 1보루, 홍련봉 2보루, 시루봉 보루, 용마산 2보루와 임진강 유역의 무등리 2보루, 은대리성 및 호로고루를 비롯하여 세종시 남성골산성까지 폭넓게 분포되어 있다. 이들 유적들 중 이른 것은 4세기 말이나 5세기 초부터 축조되기 시작하였고 일부는 고구려 멸망기까지 사용되어[42] 출토 토기의 편년 또한 대략 4세기 말에서 7세기 중후반까지로 볼 수 있다.

다음은 남한 지역 출토 고구려 토기에 새겨진 명문을 검토한 결과 일부 판독문을 추가하고 서체 등을 중심으로 정리해 본 것이다.

표 1. 고구려 토기 명문 및 서체

유적	토기 명문	새김법	서체	비고
구의동 보루	'小(음)+井(음)', '小(양)+井(음)', '田(음)+小(양)', '小', '卍', '十', '×', '工', '?형 3개', '◇', '△' 등	각획 음각, 모인 양각		부호
몽촌토성	'#'	각획 음각		
아차산 제4보루	'△王'(도면 89-②, 사진 330~332)	각획 음각, 모인 양각	해서	
	'一(日)△△'(도면 89-⑤, 사진 333)			

41) 이선복·양시은·김준규·조가영·이정은, 2015, 『연천 무등리 2보루』, 서울대학교 박물관, p.51·pp.114-142.

42) 최종택, 2013, 『아차산 보루와 고구려 남진경영』, 서경문화사; 이선복·김준규, 2018, 「남한지역 고구려 보루 유적 편년에 대한 대안적 접근」, 『고구려발해연구』 62, 고구려발해학회, p.25.

유적	토기 명문	새김법	서체	비고
	'冉牟兄'(도면 89-④, 사진 325,326)		행서	
	'支都兄'(도면 89-③, 사진 327~329)		해서	행서 필의
	'後 阝都△兄'(도면 89-①, 사진 323,324		해서	행서 필의
	'大'(도면 90-⑤, 사진 359)		해서	
	'大(太)'(도면 95, 사진 372)			
	'大'(도면 3-①, 도면 3-②)			
	'…下官'(도면 68-②, 사진 274)		행서	능숙한 행서
	'△(吉)'(도면 78-1, 사진 288)			
	'△天'(도면 77-6, 사진 285)		해서	
	'＊', '△', '市', '本'형 부호, 'Ⅹ', '十', '巾', '田', ') (', '◇' 등			부호
시루봉 보루	'大夫井大夫井'(도면 19-1, 사진 131)	각획 음각	해서	
	'井', '大', '十', '七', 'W', '巾', '仇', '田', '△', '小', '↑' 등			부호
아차산 제3보루	'木', '田', '十', '王', '六', '丹', '小', '井' 등	각획 음각		부호
홍련봉 제1보루	'父△'(도면 72-④, 사진 387), '父'(도면 80-26, 사진 435-1)	각획 음각	해서	성숙한 해서
	'仇湏(頁)'(도면 73-③, 사진 393-⑤)		행서	성숙한 행서
	'夫'(도면 75-1)		해서	성숙한 해서
	'武(도면 81-⑤, 사진 436: 도면 81-⑤, 사진 435-5)		해서	
	'井', '十', '五', '卐', '央?' 등			부호
홍련봉 2보루	'(虎)子'(도면 77-②, 사진 236)	각획 음각		
	'(虎)(子)'(도면 77-④, 사진 237)			
	'官瓮'(도면 77-①, 사진 182)		행서	
	'井', '中', '卅', '十', '✿' 등			부호
	'仇湏頁'(도면 142-4, 도판 172-1)		행서	초서 필의
	'王前 阝五(十)'(도면 122-5, 도판 158-3)		해서	
	'…九八十一八(九)…/…八七四卄…'(도면 174-5, 도판 192-5)		해서	예서 필의
	'太, △査'(도면 141-2, 도판 170-4)		해서	
	'…之牟利…'(도면 174-3, 도판 192-3)		해서	행서필의
	'△甲'(도면 174-4, 도판 192-4)		해서	
	'大', '水', '心', '井', '小', '∧', '十', '×' 등			부호
용마산 제2보루	'主 또는 王'(도면 78-②, 사진 247)	각획 음각	해서	예서필의
	'日', '井', '口', '○', '十', '小', '入', '◎', '×', '☆' 등			부호

유적	토기 명문	새김법	서체	비고
남성골산성	'⊕', '×', '#', '(公)' 등			
호로고루	'用·△·木'(사진 134-051, 도면 27-051)	각획 음각	해서	
	'八·辰·辰·辰'(사진 138-087, 도면 33-086)		예서	해서필의
	'官'(사진 149-232, 도면 54-232)		행서	
	'尹情桓'(사진 152-258, 도면 58-258)		해서	
	'(咸)國'(사진 152-259, 도면 58-259)		초서	
	'相皷'(도면 36-151, 사진 28-151)		해서	성숙한 해서
	'大'(도면 34-139, 사진 26-139)			
	'井', '×', '中'형 부호, '八五' 등			
은대리성	'#'	각획 음각		
무등리 2보루	'炻'(유물도면 2-1, 유물사진 2-⑤)	모인 양각, 각획 음각		
	'卍'(유물도면 2-2, 유물사진 2-⑥)			

출토된 토기의 명문과 부호 중 일부는 소성 이전에 새겼으며 이는 토기를 만든 사람이 직접 제작 당시에 시문한 것이다. 다양한 기종의 토기에 새겨진 명문이나 부호의 필치가 서로 다르게 나타나는 점을 고려하면 토기 제작에 참여하였던 공장들 중 상당수가 문자나 부호를 인식하였음을 알 수 있다. 또한 접시류, 완류 및 종지류 등 주로 개인용 배식기에는 기물을 소성한 후에 새긴 글자나 부호가 많이 나타나고 있는데 용기의 사용자들이 상호 식별을 위한 표시로 새겼을 가능성이 크다.

토기의 명문에 나타난 서체는 일부 자형과 필획에서 예서의 필의가 상존하기는 하지만 주요하게는 이미 해서와 행서로의 성숙도가 증가하여 여타 고구려 금석문이나 고분 묵서명을 통해 살펴본 서체연변의 흐름[43]과도 부합되고 있다. 이들 명문은 주로 고구려의 남방진출이 본격화되면서 축조된 관방유적에서 발견되었고 일상에서 사용하던 생활 용기에 새겨졌다는 점에서 당시 고구려 군영에서의 군사들의 문자 생활 일면을 살펴 볼 수 있게 해준다.

호로고루에서 출토된 '用·△·木', '八·辰·辰·辰', '官', '尹情桓', '(咸)國', '相皷' 명문은 예서, 해서, 행서, 초서 필의가 혼재되어 나타나고 명문의 필치가 개성이 있어 서로 다른 사람들에 의해 서사되었음을 알 수 있다. '用'자의 경우는 제2획 수필 부분에서 갈고리 형태가 분명하지는 않지만 세로획 부분의 운필이나 제1획의 수필 방향이 해서의 전형적인 모습을 보여 명문의 서사자가 해서의 필법을 충분히 익혔음을 알 수 있다. '尹情桓' 명문은 고졸하지만 전체적으로는 비교적 단정한 해서의 체세를 띠고 있는데 이 명문은 윤정환 본인이 서사했을 수 있고 해서의 필법에도 어느 정도 익숙한 사람으로 보인다. '官'자는 전형적인 행서의 서사

---

43) 한국서예학회편, 2017, 『한국서예사』, 미진사, pp.60-62.

법이고 '(咸)國'은 글자를 연결하여 쓰는 일종의 連綿 草書로서 서사자는 서법에 상당히 능숙한 사람으로 생각된다.

永字八法	'相鼓'명 토기 '相'	'相鼓'명 토기 '鼓'	〈王令媛墓誌〉(東魏, 544)	〈龍華寺碑〉(隋, 603)

그림 11. '相鼓' 자형 비교

당시 서체의 변화 발전 단계에서 보면 '相鼓' 명문은 해서로서의 성숙도가 높고 전체적인 체세도 매우 세련된 것이라 할 수 있다. '相'자 우측 중상부에서 좌측 하단까지 비스듬하게 결실되었지만 우변 '木'자의 제2획에 아래 끝 부분에서 갈고리 형태인 趯法과 제3획에서 왼쪽 아래로 붓을 들어 빼내는 삐침의 掠法이 명확하다. 두 번째 글자는 '壹+皮'의 형태인데, 이는 주로 남북조시대 금석문에서 보이는 '鼓'자의 이체자로서 北魏 〈元遥墓誌〉(517), 東魏 〈王令媛墓誌〉(544)를 비롯하여 隋 〈龍華寺碑〉(603)에서도 비슷하게 나타나고 있다.[44] 필획의 시작이나 꺾임 부분에서 의도적으로 方筆을 형성하고 있는데 이는 남북조수당대의 묘지나 비석에서 자주 나타나는 전형적인 해서의 운필법이다. 전체적으로 필법의 완성으로 일컬어지는 '永字八法'을 거의 완벽하게 구사하는 등 최상급 서사 능력을 갖춘 사람의 솜씨라고 할 수 있다.

호로고루는 임진강 유역에 구축된 고구려의 전략적 요충지로서 다량의 기와를 비롯하여 연화문 와당과 치미가 발견되었고 쌀, 조, 콩 등 군량미 창고가 별도로 마련되었을 정도로 중요한 역할을 한 곳이다.[45] 특히 '相鼓' 명문과 같은 세련된 해서체를 구사할 수 있는 서사 능력을 갖춘 사람을 포함하여 문자를 인식하고 사용할 있는 다수의 병사들이 상주하였다는 점은 호로고루가 다른 주둔지보다 위계가 높은 사령부로서 지위를 갖고 있음을 방증해주고 있다.

아차산 4보루에서는 고구려 중앙의 부명인 後部와 兄系 관직명으로 보이는 명문들이 발견되었다. '兄'자의 형태는 중국 집안시 환도산성 궁전지에서 발견된 기와명문과 비슷하여 서체의 변화 발전 과정상 시기적, 지역적 연관성을 반영해 주는 것으로 보인다. 파견된 군사들 중에는 평양이나 국내성 등 중앙 출신들이 섞여있고 개중에는 한자와 한문을 익힌 군관들도 포함되었을 것이다. 이들은 태학[46]이나 경당[47]을 통해 經

44) 伏見沖敬, 1976, 『書道大字典』, 凡中堂, p.2581; 京都大学人文学研究所所蔵 石刻拓本資料 http://coe21.zinbun.kyoto-u. ac.jp/djvuchar?query=%E9%BC%93

45) 심광주·정나리·이형호, 2007, 『漣川 瓠盧古壘III(第2次 發掘調査報告書)』, 한국토지공사 토지박물관, pp.302-303.

46) 『三國史記』 권19, 高句麗本紀 6, 小獸林王 二年(372), "夏六月, 立太學 敎育子弟".

47) 『舊唐書』 권199上, 列傳 149上 東夷, 高麗, "俗愛書籍, 至於衡門廝養之家, 各於街衢造大屋, 謂之扃堂, 子弟未婚之前, 晝夜於此讀

書와 史書를 비롯하여 玉篇, 字統, 字林 등을 학습하였을 것으로 보이는데 일부 군사는 문서와 관련 업무를 담당했을 것으로 추정되며 이들을 통해 고구려 남쪽 최전방 지역까지 중앙의 문자 문화가 확산되었을 것으로 생각된다.

남한 지역에서 출토된 고구려 토기 명문 중에는 명확히 한자로 판독되는 것 이외에도 다양한 형태의 부호나 그림이 새겨진 것들이 발견된다. 부호는 대략 두 종류로 나누어 볼 수 있는데, 먼저 한자 결구와 비슷한 것으로는 '卍', '卐', '井', '中', '小', '十', '工', '市', '巾', '田'자 형태를 들 수 있다. 이러한 부호들은 그 의미를 정확히 알기는 어렵지만 일부는 한자의 결구와 유사하여 보이는 자형 그대로 판독해도 무방할 정도이다. 특히 구의동 보루, 홍련봉 1보루, 무등리 2보루에서 출토된 '卍', '卐'자 형태는 불교를 상징하는 전형적인 글자로서 이들 유적의 일부가 불교와 모종의 관계가 있지 않은가 추정해 볼 수도 있겠다.

삼국시대 유물에서 자주 나타나는 '井'자형 부호는 무등리 2보루와 아차산 제4보루를 제외한 곳에서 모두 출토되었다. 이러한 부호는 몽촌토성에서 출토된 광구장경사이옹이나 남성골산성에서 출토된 것처럼 비교적 이른 시기의 것일수록 직선의 교차 이후의 길이가 길고 전체적으로 단정한 특징을 보인다.

한편 '井'자형 부호는 그동안 대부분이 단자 혹은 다른 부호와 조합되는 형태로 사용되었으나 시루봉 보루에서 출토된 것은 '大夫井大夫井'이라는 문구 속에서 나타나고 있어 주목된다. 이와 유사한 명문이 풍납토성에서도 출토되었으며[48] 현재 한신대학교 박물관에 소장된 '大夫'와 '井'자가 각각 새겨져 있는 단지 2점이 그것인데, 둘 다 동일한 형태의 기물이라는 점에서 '大夫井' 문구를 연상케 한다. 또한 김해 예안리에서 발견된 신라 시대의 토기병에는 '井勿' 명문이 음각으로 새겨져 있어 '井'자가 또 다른 글자와 조합되어 사용되고 있음을 알 수 있다. 그동안 이 형태는 주로 단독으로 나타나고 있었기에 '우물'을 의미하는 글자인 '井'자로 확신하기 어려운 점이 있었으나 다른 글자와 조합된 명문이 발견됨으로써 부호가 아닌 글자로도 사용되었음을 확인할 수 있게 되었다.

고구려 유물에서 발견된 '井'자형 부호로는 경주 호우총에서 출토된 광개토태왕 호우 명문에 잘 나타나 있다. 이러한 井자 또는 '#'형 부호들이 중국 집안의 환도산성 궁전지 출토 기와나 와당에서 다수 보이고 집안 민주유적의 주춧돌과 천추묘의 기단석에도 새겨진 것을 확인할 수 있다. 이것이 상징하는 의미에 대해서는 태양 또는 광개토태왕의 문장이라고 하는 등 여러 의견이 있으며 최근에는 王侯의 무덤을 상징하는 표지설이 제기되기도 하였다.[49] 하지만 이처럼 '大夫'라는 관직명과 함께 나타나는 사례로 보아 광개토태왕의 전용 휘장이라고 하기에는 무리가 있어 보인다. 그리고 시루봉 보루에서 발견된 다수의 '井'자 또는 '#'형 부호들이 주로 완이나 접시 등 주둔하던 병사들의 개인용 배식기에 새겨져 있어 역시 왕후의 무덤을 상징하는 표지로 한정해 보기도 어렵다. 이러한 형태가 기물의 용도와 상관없이 고구려뿐만 아니라 백제나 신

書習射. 其書有五經及史記·漢書·范曄後漢書·三國志·孫盛晉春秋·玉篇·字統·字林; 又有文選, 尤愛重之.";『新唐書』 권220, 列傳 145 東夷, 高麗, "人喜學, 至窮里廝家, 亦相矜勉, 衢側悉構嚴屋, 號扃堂, 子弟未婚者曹處, 誦經習射."

48) 국립청주박물관·청주인쇄출판박람회조직위원회, 2000,『한국 고대의 문자와 기호유물』, 국립청주박물관, p.52.

49) 박찬규, 2005,「集安지역에서 최근 발견된 고구려 문자 자료」,『高句麗研究』 19, p.190.

라 지역에서 모두 출토된다는 점으로 보아 삼국 공히 보편적인 표식이었음은 분명해 보인다. 아마도 '우물(井)'이 갖는 생산성과 물의 보편성 그리고 그 깊이를 통해 느껴지는 두려움과 신성성으로부터 파생된 어떤 길상적 의미를 담고 있지 않을까 추정해본다.

한자와 명확히 구분되는 기하학적 형태의 부호로는 '⊕', '×', '＊', '△', ')(', '◇', '↑', '○', '◎', '☆' 등이 있다. 이러한 기하학적 부호은 대부분 한자와 병용되지 않고 단독으로 사용되어 한자를 모르거나 익숙치 않은 사람들이 주로 사용했던 것으로 생각된다. 당시는 고구려 병사들 가운데 한자를 익힌 사람이 상대적으로 적었을 것으로 추정되는데 다수가 생활하는 주둔지에서 개인 용품을 구별하고 관리하기 위해서는 사용자의 표식이 필요하였고 이러한 부호들이 한자를 대용하는 상징체계로서 한자와 함께 또 다른 문자로서의 역할을 하였던 것으로 보인다.

V. 맺음말

이상 남한 지역에서 출토된 고구려 시대 토기에 새겨진 문자와 부호를 종합적으로 파악해 보았다. 이를 통해 알 수 있는 고구려 당시의 문자문화에 대해 몇 가지 짚어 봄으로서 맺음말로 삼고자 한다.

임진강과 한강 등 한반도 중남부 지역에 산재한 고구려 관방 유적들의 축조 시기는 4세기 말경부터 신라에 의해 한강 유역을 탈취당하는 6세기 중반까지로 볼 수 있다. 이들 유적과 출토 명문들은 고구려 변경 지역의 토목 기술, 군사 운영, 지방 지배 방식 등을 비롯하여 문자 문화를 이해하는데 적잖은 도움을 주고 있다. 특정 기간 동안에 일정 지역에서 사용된 서체의 종류를 파악함으로서 당시의 서체 연변 상황을 비롯하여 군영에서의 문자생활을 살펴볼 수 있게 해준다.

지금까지 발견된 고구려 토기 명문에는 예서, 해서, 행서, 초서가 두루 확인되며 해서의 경우는 상당히 성숙한 형태가 나타나고 있다. 고구려에서 4세기 이후 서체 연변의 주된 방향은 예서가 쇠퇴하고 장초가 금초로 발전하며 행서와 해서가 기본적인 완성을 이루는 과정이다. 남한 지역에서 출토된 토기 명문에도 이러한 양상이 확인되고 있는 바, 당시 고구려 지역에서는 변경과 중앙의 서체 발전 정도가 별반 차이가 없음을 알 수 있다.

홍련봉 보루와 호로고루에서 기와 및 와당이 출토되어 다른 곳에 비해 상대적으로 위계가 높았던 지휘부가 있었을 것으로 추정된다. 이들 유적에서는 서사 도구인 벼루가 함께 출토되는 것으로 보아 군영에서 붓과 먹을 사용한 묵서 문서의 생산과 유통의 실체를 짐작케 한다. 또한 아차산 4보루와 홍련봉 보루 및 호로고루에서는 다양한 서체의 서로 다른 필치로 서사된 명문들이 출토되어 이들 보루에 문자를 인식하고 활용할 수 있는 군사들이 다수 주둔하였던 것으로 보인다. 특히 호로고루에서 출토된 '相鼓' 명문에는 매우 세련된 해서체가 나타나는데 이는 고구려 최남방 전선에도 최고 수준의 서사 능력을 가진 서사관료가 상주하였음을 말해주고 있다.

고구려는 4세기 말 이후 확대된 영역의 효율적 지배를 위해 남쪽 변경인 임진강, 한강 유역에 전문 서사

관료를 파견하였고, 이들은 주둔지 간의 소통이나 중앙에 보고를 위한 업무를 담당하는 등 당시 고구려 말단 지역까지도 일정한 정도의 문서행정이 관철되었음을 시사해 준다.

투고일: 2021.10.31   심사개시일: 2021.11.19   심사완료일: 2021.12.02

참/고/문/헌

『舊唐書』

『新唐書』

『三國史記』

강진갑 외, 1994, 『아차산의 역사와 문화유산』, 구리시·구리문화원.

國立慶州博物館, 2002, 『文字로 본 新羅』, 예맥출판사.

국립청주박물관·청주인쇄출판박람회조직위원회, 2000, 『한국 고대의 문자와 기호유물』, 국립청주박물관.

박경식·서영일·방유리·김호준·이재설, 2004, 『연천 은대리성 지표 및 시·발굴조사 보고서』, 단국대학교 매장문화재연구소.

박찬규, 2005, 「集安지역에서 최근 발견된 고구려 문자 자료」, 『高句麗研究』 19.

서울大學校博物館, 1988, 『夢村土城-東南地區發掘調査報告』.

서울대학교박물관, 2007, 『서울대학교박물관 소장품 도록』.

신연식·최경용·남진주·강지원·이현민·곽병찬·조성윤·유승환, 2018, 『연천 은대리성 : 연천 은대리성 성 내부 발굴조사』, 중앙문화재연구원.

심광주·정나리·이형호, 2007, 『漣川 瓠盧古壘Ⅲ(第2次 發掘調査報告書)』, 한국토지공사 토지박물관.

심광주, 2009, 「남한지역 고구려유적 출토 명문자료에 대한 검토」, 『한국목간학회 정기발표회 자료집』, 한 국목간학회.

심광주·이형호·김태근,이수정, 2014, 『漣川 瓠盧古壘 Ⅳ(第3·4次 發掘調査報告書)』, 한국토지주택공사 토 지주택박물관.

여호규, 2010, 「1990년 이후 고구려문자자료 출토현황과 연구동향」, 『한국고대사연구』 57, 한국고대사학회.

윤광진·이상준·유은식·최인화·김한성·신은정·여희진, 2009, 『아차산 4보루 발굴조사보고서』, 국립문화 재연구소.

이선복·양시은·남은실·조가영·김준규, 2013, 『시루봉보루Ⅱ』, 서울대학교 박물관.

이선복·양시은·김준규·조가영·이정은, 2015, 『연천 무등리 2보루』. 서울대학교 박물관.

이선복·김준규, 2018, 「남한지역 고구려 보루 유적 편년에 대한 대안적 접근」, 『고구려발해연구』 62, 고구 려발해학회.

이정범·하재령·조보람, 2015, 『사적 제 455호 아차산 일대 보루군 홍련봉 1·2보루』, 한국고고환경연구소.

이정범·오현준, 2019, 『사적 제 455호 아차산 일대 보루군 홍련봉 1·2보루-3차 발굴조사보고서-』, 한국고 고환경연구소.

임효재·최종택·양성혁·윤상덕·장은정, 2000, 『아차산 제4보루-발굴조사 종합보고서-』, 서울대학교 박물 관 외.

최종택, 1993, 『九宜洞-土器類에 대한 考察』 서울大學校博物館學術叢書 제2집.

구의동보고서간행위원회, 1997, 『한강유역의 고구려요새-구의동유적 발굴조사 종합보고서』, 도서출판 소화.

최종택, 2000, 『특별전 고구려 한강 유역의 고구려요새』, 서울대학교 박물관.

崔鐘澤·吳珍錫·趙晟允·李廷範, 2007, 『峨嵯山 第3堡壘-1次發掘調査報告書-』, 高麗大學校考古環境研究所.

崔鐘澤·李秀珍·吳恩娃·吳珍錫·李廷範·趙晟允, 2007, 『紅蓮峰 第1堡壘-發掘調査綜合報告書-』, 高麗大學校 考古環境研究所.

최종택, 2013, 『아차산 보루와 고구려 남진경영』, 서경문화사.

차용걸·박중균·한선경·박은연, 2004, 『淸原 南城谷 高句麗遺蹟』, 忠北大學校 博物館.

차용걸·박중균·한선경, 2008, 『淸原 I.C~芙蓉間 道路工事區間內 淸原 南城谷 高句麗遺蹟(-2006年度 追加 發掘調査-)』, 中原文化財研究院.

韓國古代社會研究所, 1992, 『譯註韓國古代金石文』 제2권(신라1·가야 편), 駕洛國史蹟開發研究院.

吉林省文物考古研究所·集安市博物館, 2004, 『丸都山城』, 文物出版社.

吉林省文物考古研究所·集安市博物館, 2004, 『集安高句麗王陵』, 文物出版社.

容庚, 1985, 『金文編』, 中華書局.

伏見冲敬, 1976, 『書道大字典』, 凡中堂.

京都大学人文科学研究所所蔵 石刻拓本資料:

http://coe21.zinbun.kyoto-u.ac.jp/djvuchar?query=%E5%BA%9A

〈Abstract〉

A study of Koguryo pottery with letters excavated in South Korea

Ko, Kwang−eui

The construction period of Koguryo ruins scattered in the central and southern parts of the Korean Peninsula, such as the Imjin River and the Han River, can be seen from the end of the 4th century until the fall of Koguryo. These ruins and excavated prestigious artifacts identify the types of fonts used in certain areas during a specific period, allowing the military to examine the reality of writing life, including the changes and developments of the font at that time.

lishu(隸書), Kaishu(楷書), Xingshu(行書), and Caoshu(草書) are all identified in the inscriptions engraved on Koguryo pottery discovered so far, and in the case of Kaishu, there was no significant difference between the modification and the development of the central font in Koguryo at that time.

At the Hongryeonbong(紅蓮峰) Peak bastion and Horogoru(瓠蘆古壘), tiles and wares were excavated, and it seems that the hierarchy was relatively higher than other places, and the inkstone, an epic tool, was excavated, indicating that documents were produced and distributed in the military. The letters found in the 4th bastion of Achasan(峨嵯山) Mountain are similar in shape to those found in Wandushancheng(丸都山城) Fortress, China, and seem to reflect the temporal and regional connection in the development of font changes.

Since the 5th century, Koguryo has dispatched professional narrative officials to the border Imjin River and Hangang River basins for efficient control over the expanded area, and they have been in charge of communication between camps and reporting to the center, suggest that document administration was carried out to a certain extent.

▶ Key words: Koguryo, Pottery, Letters, Typeface, Writing life

한국 고대 國王文書의 기초 검토
- 국내용 문서의 사례와 기원 -

金昌錫*

Ⅰ. 머리말
Ⅱ. 碑文에 기록된 사례
Ⅲ. 편찬문헌에 수록된 사례
Ⅳ. '書'의 발생과 전개: 국왕문서의 기원
Ⅴ. 맺음말

〈국문초록〉

이 글은 王言과 국왕문서의 개념과 범주를 제시하고, 그 기준에 맞는 자료를 현전하는 資料群에서 추출해내는 작업을 일차적 목표로 삼았다. 이는 금석문과 편찬사료에 채록된 1차 자료를 분리하여 확보함으로써 그 원형을 복원할 수 있는 단서를 마련한다는 의미가 있다.

한국 고대 국왕문서 중 국내용으로 사용된 것으로는 令, 命, 書, 敎, 祭文, 遺詔가 확인된다. 令은 사면, 인재 천거에, 命은 진대법 실시, 국가 제사시설의 건립과 수리에 사용된 예가 있다. 敎는 국가의 주요 정책이나 기본질서와 관련된 조치를 발포할 때 사용되었고, 祭文과 遺詔는 신라 중대 이후의 것이 확인된다.

敎 문서가 고구려를 통해 한국 고대국가로 수용되기 전에 '書'라고 불린 국왕문서가 있었다. '서'는 古朝鮮, 三韓 시기부터 확인되며, 대외교섭용 문서였다가 점차 국내 정무용으로 기능이 확대되었다. 2세기 중엽 敎, 令 문서가 국왕문서로서 제도화되자 書는 그보다 하위의 서신 혹은 대등국 사이의 외교문서로 용도가 달라졌다. 제사용 왕언과 국왕의 유언은 삼국 초기부터 보이지만 이때는 口頭로 전달되었으며, 어느 시기부터인가 문서화가 이뤄졌다. 下代의 국왕문서로는 이밖에 사치금지 교서, 승려에게 보낸 서신 등이 보인다.

▶ 핵심어: 고구려, 백제, 신라, 국왕문서, 令, 命, 書, 敎, 祭文, 遺詔

* 강원대학교 역사교육과 교수

I. 머리말

한국사에서 王言은 그리 친숙한 용어가 아니다. 그간 학계에서 왕언보다는 王命이란 용어를 사용해왔는데, 왕명이 왕언보다 훨씬 많은 용례가 확인되기 때문이다. 왕언이라는 용어는 일본학계에서 주로 사용되고 있으나, 『大唐六典』에 '王言之制'라는 용례가 보이므로[1] 일본식의 造語는 아니다. 한국 고대의 금석문 자료인 「창원 봉림사지 진경대사탑비」에도 "眞聖大王遽飛睿札 徵赴彤庭 大師雖猥奉王言 ……"이라고 하여 '왕언'이 독립된 용어로 등장한다. 또한 왕언이 왕명, 왕의 포고와 일상적 언사, 외국에 대한 國書 등을 포괄할 수 있는 개념이어서, 우리 용례 상 일반적이진 않으나 왕언을 상위 개념으로 사용하고 그 아래 여러 하위 범주를 설정하는 것이 국왕의 명령을 중심으로 이뤄진 政令의 체계를 이해하는 데 효과적이라고 본다.

넓은 의미의 왕언은 국왕이 발한 언사, 의지의 표명, 초월적 존재에 대한 기원, 행정과정을 거쳐 실행으로 옮겨지는 명령 등을 포괄한다. 이 가운데는 口頭의 언사로 그친 것이 있고, 문서화되어 반포된 것이 있다. 구두의 언사는 좁은 의미의 왕언이라 할 수도 있으나, 혼란을 피하기 위해 이 글에서는 구두 왕언이라고 부르고자 한다. 문서화된 왕언은 그 주체가 국왕이고 그 名義로 시행되므로 '國王文書'라 할 수 있다. 국왕문서는 다시 국내용과 외교용 문서로 나눌 수 있는데, 이 글에서는 국내용의 국왕문서를 검토 대상으로 삼는다.

이에 관한 연구는 그간 활발히 이뤄지지 못했다. 고려시기 국왕문서의 前史로서 신라의 敎와 詔의 관계에 대한 간략한 언급이 있었고,[2] 唐과 일본의 公式令을 참고하여 신라 교서의 양식을 복원하려고 시도했다.[3] 필자는 고구려의 왕명체계를 살핀 적이 있는데,[4] 敎令法의 시행을 가능하게 한 국가 행정시스템을 탐색하기 위한 것이었다. 따라서 한국 고대 국왕문서의 내용과 종류를 고찰한 본격적인 연구는 없었다고 해도 과언이 아니다.

연구가 부진했던 이유는 한국 고대의 국왕문서가 原本 혹은 그 문서 형태를 보여주는 寫本으로 전하는 것이 없어서 검토 대상 자체가 불완전했기 때문이다. 따라서 이 글은 왕언과 국왕문서의 개념과 범주를 제시하고, 그 기준에 맞는 자료를 현전하는 자료군에서 추출해내는 작업을 일차적 목표로 삼았다. 이는 금석문과 편찬사료에 채록된 1차 자료를 분리하여 확보함으로써 그 원형을 복원할 수 있는 단서를 마련한다는 의미가 있다. 이를 토대로 하여 국왕문서의 내용과 종류를 일별하고, '書'를 통해 국왕문서의 源流를 찾아볼 것이다.

여기서 다루지 않은 구두 왕언, 외교용 국왕문서에 대해서는 다음 기회에 검토할 것이며, 이 작업이 마무리되면 국왕문서의 書式 및 성립 절차, 시행에 이르기까지의 행정과정에 관한 연구로 나아갈 수 있을 것이

---

1) 『大唐六典』卷9 中書省 "中書令之職 …… 凡王言之制有七 一曰冊書 …… 七曰 勅牒".
2) 최연식, 1991, 「고려시대 국왕문서의 종류와 기능」, 『國史館論叢』 87, 국사편찬위원회.
3) 梁正錫, 1999, 「新羅 公式令의 王命文書樣式 考察」, 『韓國古代史研究』 15, 한국고대사학회.
4) 金昌錫, 2014, 「5세기 이전 고구려의 王命體系와 집안고구려비의 '敎'·'令'」, 『韓國古代史研究』 75, 한국고대사학회.

라 기대한다.

II. 碑文에 기록된 사례

　　冊書, 制書와 같은 고대 중국의 왕언은 동시기의 吐魯蕃 문서나 石刻의 형태로 남아 있는 경우가 있어 그 실물을 확인할 수 있다. 더욱이 敦煌文獻 중에 唐 公式令의 잔권이 있어 制授告身式 등이 전한다. 왕언문서의 형식을 일목요연하게 파악할 수 있는 것이다. 『唐大詔令集』『文苑英華』 등의 편찬 사료와 개인 문집(別集)에도 많은 詔·勅 자료가 수집, 수록되어 있다.[5] 일본은 『養老律令』 公式令에 詔書式 등이 실려 있고, 정창원문서 가운데 詔書와 勅書의 실물이 남아 있다.[6] 베트남 하노이 근처에 있는 박닌(北寧)省 탕호아(靑淮)村의 「陶璜廟碑」에는 남조 劉宋의 지방관이 내린 敎가 그대로 새겨져 있다고[7] 한다.
　　한국의 경우 고대의 왕언을 전하는 동시기의 유물은 매우 적다. 종이문서, 木簡의 형태로 남아있는 것은 없고, 일부 금석문에서 왕언의 편린을 찾을 수 있을 뿐이다. 그 가운데 敎를 주목하고자 한다. 교, 교서는 중국에서 문서 형식의 하나로 성립되었고, 이 제도가 만주 및 한반도 지역의 정치체로 전래되었기 때문에 한국 고대의 敎는 적어도 문서화된 왕언이라고 볼 수 있기 때문이다.

> 가-1. ㉠□□□□□□王曰 自戊子定律 敎内發令 更修復 ㉡各於□□□□立碑 銘其烟户頭廿人 名數 示後世 ㉢自今以后 守墓之民 不得□□ 更相轉賣 雖富足之者 亦不得其買賣 □若違令者 後世□嗣□□ 看其碑文 与其罪過 (「집안 고구려비」)

> 가-2. ㉠國罡上廣開土境好太王 存時敎言 祖王先王 但敎取遠近舊民 守墓洒掃 吾慮舊民轉當嬴劣 若吾萬年之後 安守墓者 但取吾躬巡所略來韓穢 令備洒掃 ㉡言敎如此 是以如敎令 取韓穢二百廿家 慮其不知法則 復取舊民一百十家 合新舊守墓戸 國烟卅看烟三百 都合三百卅家 ㉢自上祖先王以來 墓上不安石碑 致使守墓人烟戸差錯 唯國罡上廣開土境好太王 盡爲祖先王 墓上立碑 銘其烟戸 不令差錯 ㉣又制 守墓人 自今以後 不得更相轉賣 雖有富足之者 亦不得擅買 其有違令 賣者刑之 買人制令守墓之 (「광개토왕릉비」)

> 가-3. ㉠敎食在東夷寐錦之衣服建立處尹者賜之隨恭諸夷古奴客人等 ㉡敎諸位賜上下衣服 ㉢敎

---

5) 中村裕一, 2003, 『隋唐王言の研究』, 汲古書院.

6) 飯倉晴武, 1978, 「公式樣文書(1) 天皇文書」, 『日本古文書學講座2 古代篇Ⅰ』, 雄山閣.

7) 팜 레 후이, 2017, 「베트남의 10세기 이전 石碑에 대하여 - 새롭게 발견된 陶璜廟碑를 중심으로」, 『木簡과 文字』18, 한국목간학회.

東夷寐錦遝還來節教賜寐錦土內諸衆人□支 ㉣告[大]王國土大位諸位上下衣服兼受教跪營
之 …… ㉤教來前部大使者多于桓奴主簿貴[德]□土境□募人三百 (「충주 고구려비」)[8]

가-2의 능비를 보면, 광개토왕과 장수왕의 教가 인용되고 있다. 광개토왕의 교는 두 부분이다. 첫째는 ㉠의 "祖王先王 但教取遠近舊民 守墓洒掃 吾慮舊民轉當嬴劣 若吾萬年之後 安守墓者 但取吾躬巡所略來韓穢 令備洒掃"이고, 둘째는 ㉢과 ㉣의 밑줄 친 "盡爲祖先王 墓上立碑 銘其烟戶 不令差錯 又制守墓人 自今以後 不得更相轉賣 雖有富足之者 亦不得擅買 其有違令 賣者刑之 買人制令守墓之" 부분이다. 첫 부분은 '存時教言' 이하에 나오므로 일종의 유언으로 남긴 것이라고 할 수 있다. 기왕의 수묘제의 문제점과 새로운 수묘인의 대상, 그 임무를 체계적으로 서술한 것으로 보아 문서 형태로 전해졌으리라 생각된다. 이 기록은 문서 가운데서 수묘인에 관한 부분을 抄錄했다고 보인다. 그 안에 다시 "祖王先王 但教取遠近舊民 守墓洒掃"라고 하여, 역대 왕의 教에 실린 수묘 정책의 핵심 내용을 언급한 점도 주목된다.

둘째 부분 역시 수묘비의 내용, 수묘인 매매 금지와 위반 시의 처벌에 관한 규정이 문서화된 왕언에 들어있었다고 보인다. 그런데 이와 유사한 내용이 가-1에 보인다. 즉 가-1의 밑줄 친 ㉡, ㉢은 가-2의 둘째 부분과 글자의 출입이 있을 뿐 대동소이한 내용을 담고 있다. 따라서 양자는 광개토왕의 어떤 교를 동일한 출전으로 삼아 인용되었다고 보인다. 양자를 비교해보면 「집안 고구려비」 쪽이 烟戶頭라든지 "看其碑文 与其罪過"와 같이 더 풍부한 정보를 담고 있으므로 능비 쪽보다 교의 원형에 가까워 보인다.

광개토왕의 교 중 첫째의 것은 왕 자신의 능에 대한 수묘인 차출의 문제이고, 둘째는 墓上立碑와 수묘인 매매 금지에 관한 것이어서 별개의 교였을 것이다. 다만 둘째의 교가 가-1 ㉠의 "教內發令"에 나오는 교인지, 아니면 그 뒤에 나온 또 다른 교인지는 알기 어렵다. 그리고 自戊子定律 이하 与其罪過까지가 모두 '王曰'의 대상인데, 이 왕언은 교라고 표시되지 않아서 어떤 형식의 왕언인지 알 수 없다.

능비에서 장수왕의 教에 해당하는 것은 "取韓穢二百廿家 慮其不知法則 復取舊民一百十家 合新舊守墓戶 國烟卅看烟三百 都合三百卅家"이다. 이 역시 수묘 대상 종족과 가호의 숫자, 수묘인을 보완하기 위해 舊民을 차출한 이유, 국연과 간연의 구성 등이 구체적으로 언급되어 있으므로 문서화된 왕언이라고 여겨진다.

한편 기왕에 가-2의 ㉣에 나오는 '又制'의 制를 황제의 왕언 가운데 하나인 制書라고 하여, 그 이하에 서술된 내용을 광개토왕이 내린 제서의 일부라고 보기도 했다. 광개토왕이 永樂 연호를 제정한 사실을 감안하면 당시 고구려에서 황제국의 문서 형식인 制를 사용했을 가능성이 있다. 그러나 이어지는 문장의 말미에 "買人制令守墓之"가 나오는데, 이때 制는 '무엇을 강제하다.'라는 의미로 사용되었다. 앞머리의 '又制' 또한 뒤의 "守墓人 自今以後 不得更相轉賣"와 연결해서 "수묘인으로 하여금 지금부터는 다시 서로 전매하지 못하도록 한다."라고 해석해야 자연스럽다.[9]

---

8) 「충주 고구려비」의 판독은 여호규, 2020, 「충주고구려비의 단락구성과 건립시기」, 『韓國古代史硏究』 98, 한국고대사학회의 판독안을 따랐다.

9) 김창석, 2020, 『왕권과 법 - 한국 고대 법제의 성립과 변천』, 지식산업사, pp.133-134.

가-3에 고구려 측이 내린 여러 教가 등장하는데, 의미를 정확히 파악하기 어렵다. ㉠은 식사, 의복의 하사, ㉡은 의복 하사, ㉢은 무언가의 하사, ㉤은 인원의 모집이 教로써 지시되었다. ㉣은 [大]王國土大位諸位上下에게 王教를 받도록 告한 것이다.[10] 따라서 이때 告한 주체는 교를 내린 주체와 다를 가능성이 있다. 「충주 고구려비」에 언급된 여러 교가 문서화된 것이었는지, 그 속에 원래 教의 문장이 轉載되어 있는지는 판단하기 어렵다.

고구려의 금석문 자료로서는 이밖에 능비와 「牟頭婁墓誌」의 "教遣…" 형태 기록, 「서봉총 출토 銀合杆」의 "太王教造合杆 …"라는 명문이 있다. 이때의 교는 국왕의 명령 혹은 지시임을 표시한 용어라고 생각된다. 교 이하의 언급이 왕이 내린 명령의 핵심 내용을 전하고 있으나 그 명령이 문서화된 왕언인지 확인할 수 없다. 여기서 문서화된 왕언이라고 한 것은 단순히 문자로 기록된 왕언이라는 의미가 아니다. 국가 제도에 의해서 규정된 문서 형식이 있고, 이에 의거해서 왕언이 문서로 작성되어 반포되거나 시행된 것을 가리킨다.

신라는 동시기 자료로서 「포항 중성리비」를 가장 이른 것으로 들 수 있다. 지도로 갈문왕과 훼부 습지 아간지, 사훼 사덕지 아간지가 教한 내용은 "本牟子 喙 沙利夷斯利白"으로부터 "若後世更導人者 与重罪"까지 이어진다. 이 교는 본모자의 보고, 판결에 따른 실행 명령, 관련자의 명단, 사후 조치와 경고 등 다양한 내용을 담고 있으므로[11] 원래 下教된 내용을 전재했다고 보인다. 단, 이것이 教詞의 전체인지, 일부인지는 알 수 없다.

중성리비에서 하교의 주체가 국왕을 포함한 복수의 유력자들이라는 점은 일찍이 지적되어온 바이다. 따라서 엄밀한 의미에서 이 교를 왕언이라고 볼 수는 없다. 「포항 냉수리비」 「울진 봉평비」도 이러한 면에서 왕언을 서술한 자료가 아니다. 그러나 이들 비문은 신라 초기 교의 양상을 보여준다. 냉수리비를 보면 분쟁 해결이라는 점에서 중성리비와 유사한 사안을 다루고 있지만, 교의 서술 순서, 형식은 서로 다르다. 教 제도가 아직 정립되지 못했기 때문이다.

이에 비해 냉수리비와 봉평비는 어떤 사건에 대한 왕언이 '教'와 '別教'의 형태로 내려진 점이 공통된다. 하나의 사안에 대해서 교, 별교가 이어지는 현상은 「단양 적성비」에서도 확인된다. 그런데 적성비에 실린 교는 국왕이 단독으로 내린 것이다.

> 나-1. ㉠□□□□月中　王教事大衆等　喙部伊史夫智伊干□ …　喙部助黑夫智及干支 ㉡節教
> 　　事　赤城也尓次□□□□中作善庸懷懃力　使死人　是以後　其妻三□□□□□□□□
> 　　□□□許利之　四年小女　師文□□□□□□□□□　公兄鄒文村□珎婁下干支　□□
> 　　□□□□□□□者　更赤城烟去使之　後者公□□□□□□□異葉耶　國法中分与
> 　　雖然伊□□□□□□□□子　刀只小女　烏礼兮撰干支　□□□□□□□使法赤城佃

---

10) 여호규, 2020, 앞의 논문, p.121.

11) 「포항 중성리비」의 내용에 관해서는 김창석, 2020, 앞의 책, pp.69-79를 참조했다.

舍法爲之　別官賜□□□□弗兮女　道豆只　又悅利⊘小子　刀羅兮□□□□　合五

人之 ⓒ別教　自此後　國中如也尒次　□□□□□懷懃力使人事　若其生子女子年少

□□□□□□□兄弟耶　如此白者　大人耶　小人耶 … (「단양 적성비」)

나-2. 辛亥年二月卄六日 南山新城作節 如法 以作後三年崩破者 罪教事 爲聞教令 誓事之 (「경
주 남산신성비 제1비」)[12]

신라의 금석문 자료 가운데 가장 이른 시기의 教가 확인되는 것은 「포항 냉수리비」이다. 그 서두에 斯夫
智王(실성)과 乃智王(눌지) 때의 教가 언급되고 있기 때문이다. 그러나 이 교는 그 뒤에 나오는 교처럼 복수
의 유력자들이 共論을 거쳐 공포했을 것이다. 국왕 단독으로 발포한 교가 실린 동시기 자료로서 가장 빠른
것은 위의 「단양 적성비」이다.

적성비는 550년대에 건립되었다고 추정된다. 진흥왕이 하교한 시기, 교를 받은 異斯夫 등 고위 관료의
명단이 ㉠에 나온다. 교의 내용은 ㉡, ㉢에 있다. 也尒次의 공로와 유가족에 대한 포상, 그 근거가 된 佃舍法,
차후 유사 사례에 대한 적용 등이 소상히 서술되어 있어 教詞의 핵심 내용을 옮겼다고 보인다. ㉠에 언급된
하교의 시기와 대상이 원래 教詞에 포함되어 있었는지, 그렇다면 어느 위치에 어떤 순서로 들어갔는지는
알 수 없다.

㉡의 教와 ㉢의 別教의 관계가 문제이다. 불명자가 많아 내용 파악이 어렵지만, ㉡은 야이차 및 그 유가
족과 직접 관련된 사안이고, ㉢은 향후 유사한 사안이 발생했을 때의 적용을 언급하고 있어 대상 時點이 다
르다. 그러나 양자는 내용상 밀접히 연관되어 있다. 따라서 ㉡의 教와 ㉢의 別教는 서로 별개의 教가 아니
라, 하나의 教 안에 서술되었다고 보인다. ㉢이 '自此後'로 시작되는데, '此'는 ㉡의 야이차의 사건을 가리킨
다. ㉢이 별개의 교였다면 나올 수 없는 표현인 것이다.

중고기 신라에서 別教는 이처럼 하나의 教 속에서 교의 중심 내용 – 이를 本教라고 부른다면 – 과 내용상
구분되는 부분을 가리킨 듯하다. 냉수리비의 별교는 末鄒와 斯申支에게 내려졌고, 뒤에 이를 재론하면 중죄
를 준다는 내용이다. 중성리비에서 "若後世更導人者 与重罪"라고 한 경고가 이에 해당한다. 비록 별교라고
표시되지는 않았지만 이 경고가 전체 교 안에 포함되어 있으므로 본교와 별교의 관계를 이해하는 데 도움
이 된다.

봉평비의 별교에는 거벌모라 남미지촌의 奴人들이 일으킨 사고, 처벌과 그 근거, 관련자의 명단이 나와
마치 本教와 같은 내용을 담고 있다. 후미 부분에 "于時教之 若此者 獲罪於天"이라고 하여 다시 교가 나오는
데, 이것이 냉수리비의 별교와 같이 재발시의 경고를 담았다. 따라서 봉평비의 경우 본교의 인용을 생략하
고, 奴人과 관련된 별교를 곧바로 서술했을 가능성이 있다. 그렇지 않았다면, 별교가 실질적으로 본교의 역

---

12) 「단양 적성비」와 「경주 남산신성비 제1비」는 국사편찬위원회 홈페이지의 한국사데이터베이스(http://db.history.go.kr/
item/level.do?itemId=gskh)의 판독문을 따랐다.

할을 하고, '于時教之' 이하가 별교에 해당한다고 볼 수 있다. 후자처럼 이해하면, 봉평비까지는 本教와 別教가 구분되었지만 아직 양자가 체계적으로 사용되지 못한 셈이 된다. 여하튼 6세기 전반까지 공동 명의의 교는 하나의 교 속에서 내용상 구분이 되는 사항을 점차 教, 別教로 분리하여 서술하게 되었고, 이러한 체제가 6세기 후반 이후 국왕 단독의 교에서 정착되었다고 보인다.

나-2는 진평왕 13년(591) 축성 인원이 남산신성을 견고하게 쌓도록 맹세했음을 전한다. 짧은 문장이지만 漢文과 신라식 문장 구성이 섞여 있어 해석이 어렵다. 맹세한 내용은 "以作後三年崩破者 罪教事"이고, "축성을 마친 후 3년 (안에) 무너지거나 파손되면 죄를 받을[教] 것"이라고 새길 수 있겠다. 신라 율령에 축성과 관련된 '法'이 있었고, 진평왕이 이 법에 의거해 내린 教令을 축성 인원이 받아서[聞] 맹세했다[誓事之]고 이해된다. 이를 정리하면, "남산신성을 쌓을 때, 법과 같이 '축성을 마친 후 3년 (안에) 무너지거나 파손되면 죄를 받을 것'이라는 教令을 받아서 맹세했다."가 된다. 그렇다면 진평왕의 교는 "如法 以作後三年崩破者 罪教事"라는 문구를 포함하고 있었다고 보인다.

이 경우 왕언은 율령의 해당 條文을 근거로 하여 견고한 축성 작업을 지시한 점이 주목된다. 비슷한 사태가 재발하는 것에 대한 경고는 중성리비, 냉수리비, 봉평비에 나타나는데, 중성리비와 냉수리비는 율령이 반포되기 전에 건립되었으므로 그 경고가 율령 조항에 의거한 것은 아니다. 유사 사건의 재발을 막기 위한 규정은 이미 教令法으로 정립되어 있었고, 율령 반포 시 율령의 조항에 반영되었다고 보인다.[13] 그리고 봉평비에 奴人法, 적성비에 佃舍法과 같은 율령 篇目이 언급된 것으로 알 수 있듯이 율령 반포 후 왕언으로 내려진 지시의 근거는 기본적으로 율령이었다.

월성해자 출토 149번 목간에 "牒垂賜教在之 後事者命盡", 153번에 "四月一日 典大等教事"가 기록된 것이 있다. 149번은 寫經 사업에 필요한 종이 구입과 관련된 교이므로 사찰과 관련된 관부, 예컨대 成典과 같은 관청의 고위 관료가 내린 교라고 생각된다. 153번의 典大等 역시 중앙의 고위 관료였다. 이들은 중고기 이후 교를 내리는 주체가 확대된 상황에서 나온 것이므로 왕언으로서의 교라고 볼 수 없다. 경덕왕 4년(745)의 「无盡寺 鐘銘」에 나오는 '교'도 같은 경우라고 여겨진다.

한편 하대 禪師의 탑비 중에 왕언을 전하는 것이 있다.

다-1. 教下望水里南等宅 共出金一百六十分 租二千斛 助充裝餝功德 寺隸宣教省 (「장흥 보림사
   보조선사탑비」)

다-2. 聲聞玉京 菩薩戒弟子 武州都督蘇判鎰 執事侍郎寬柔 貝江都護咸雄 全州別駕英雄 皆王孫
   也 維城輔君德 險道賴師恩 何必出家然後入室 遂與門人 昭玄大德釋通賢 四天王寺上座釋
   愼符 議曰 師云亡 君爲慟 奈何 吾儕忍灰心木舌 缺緣餝在三之義乎 迺白黑相應 請贈諡暨
   銘塔 教曰可 旋命王孫夏官二卿 禹珪 召桂苑行人 侍御使崔致遠 至蓬萊宮 因得竝琪樹上

---

13) 한국 고대 교령법과 율령법의 관계에 대해서는 김창석, 2020, 앞의 책, pp.205-214를 참조할 것.

瑤墀 跽竢命珠箔外 上曰 ⋯⋯ (「보령 성주사 낭혜화상탑비」)

다-3. ㉠贈大師景文大王 心融鼎敎 面謁輪工 遙深爾思 覬俾我卽 乃寓書曰 伊尹大通 宋纖小見 以儒辟釋 自邇陟遠 甸邑巖居 頗有佳所 木可擇矣 無惜鳳儀 妙選近侍中人 鵠陵昆孫立 言爲使 旣傳敎已 因攝齊焉 答曰 修身化人 捨靜奚趣 烏能之命 善爲我辭 幸許安塗中 無令在汝上 上聞之 益珍重 ⋯⋯ ㉡太傅大王 以華風掃弊 慧海濡枯 素欽靈育之名 渴聽法深之論 乃注心鷄足 灑翰鶴頭 以徵之曰 外護小緣 念踰三際 內修大惠 幸許一來 大師 感動琅函言及 勝因通世 同塵率土 懷玉出山 ⋯⋯ 乃命十戒弟子宣敎省副使馮恕行 援送歸山 (「문경 봉암사 지증대사탑비」)

보림사 보조선사탑비는 헌강왕 10년(884)에 건립되었다. 859년에 金彦卿이 가지산사(보림사)에 비로자나불을 봉안하자, 憲安王이 망수택과 이남택에게 교를 내려 시주하게 하고 사찰을 宣敎省에 예속시켰다. 비문을 찬술할 때 교서에 기록된 金, 租의 분량 등을 인용했다고 보인다. 이 비에 실린 또 다른 교서는 보조선사 體澄에게 가지산사로 이거할 것을 청하는(敎又遣道俗使靈巖郡僧正連訓法師 奉宸馮瑄等 宣諭綸旨 請移居迦智山寺) 내용이었다.

다-2는 敎詞는 비문에 적혀있지 않지만 그 내용과 書式을 시사해주어 주목된다. 낭혜화상의 명성이 자자하자 관료와 낭혜의 門徒들이 진성왕에게 시호를 추증하고 탑비를 세울 것을 청했다. 진성왕이 "敎曰可"했다는 것은 이들이 청원한 바를 국왕이 윤허했음을 가리킨다. 隋·唐의 制書와 일본의 詔書가 최종 결재될 때 그 말미에 황제가 직접 '可'라고 써 넣는다.[14] 교서는 그 자리에 '依諮'를 써 넣는데,[15] 이 문서의 경우 진성왕이 '가'를 썼다고 보이므로 詔書의 서식을 따른 것이다. 그 내용은 관료와 승려들이 연명으로 청원한 시호 제정과 탑비 건립에 관해서였을 터이다.

다-3의 ㉠은 경문왕이 지증대사를 초빙하는 서한을 보냈음을 전한다. "伊尹大通 宋纖小見 以儒辟釋 自邇陟遠 甸邑巖居 頗有佳所 木可擇矣 無惜鳳儀"가 핵심 내용이며, 서한의 글귀를 그대로 옮겼다고 보인다. 그런데 이를 이어서 '旣傳敎已'라고 했으니, 경문왕이 전한 글이 王敎로 인식되기도 했던 것이다. ㉡의 태부대왕은 헌강왕을 가리키는데, 경문왕과 마찬가지로 서한을 보내 지증대사를 초빙했다. "外護小緣 念踰三際 內修大惠 幸許一來"가 인용된 부분이다.

이밖에 불교 관련 금석문에 단편적으로 敎가 보이지만 왕교의 구체적인 내용과 형식을 보여주는 것은 없다. 「남원 실상사 수철화상탑비」(905년 건립)를 보면, 단의장옹주에게 특별히 교서를 내려 선사께서 深源山寺에 머물도록 요청했다고(特敎勅端儀長翁主 深源山寺 請居禪師) 한다. 이는 진성왕이 내린 교칙의 취지를 기록했을 뿐 原文을 전재한 것은 아니다. 「봉암사 지증대사탑비」는 881년에 헌강왕이 교로써 僧統과 관리를 보내 절의 경계를 정하고, 鳳巖이라고 명명케 했음을(敎遣前安輪寺僧統俊恭 肅正史裵聿文 標定疆域 芸

---

14) 中村裕一, 2003, 앞의 책, pp.43-44; 飯倉晴武, 1978, 앞의 논문, pp.13-22.

15) 中村裕一, 1991, 「敎 - 少林寺武德八年(六二五)秦王'敎'を中心に」, 『唐代官文書硏究』, 中文出版社, p.93.

賜牓爲鳳巖焉) 전한다. 역시 교의 취지와 실행 결과를 기록한 사례이다.

III. 편찬문헌에 수록된 사례

『삼국사기』와 같은 편찬문헌에는 '王曰' '下令曰' 등으로 국왕의 말씀이나 지시를 직접 전한 것이 있다. 이 것은 왕의 口頭 言辭를 주위의 記官이 기록으로 남긴 다음 후대에 취합되어 편찬문헌에 채록된 것들이다. 기록으로 남겨진 王言이지만, 문서화되지는 않았으므로 이를 국왕문서라고 할 수는 없다.

그밖에 후대의 편찬문헌에는 祭文, 敎書, (移)書, 遺詔, 외국에 보내는 國書 등이 실려 있다. 특히 국왕 명 의의 외교문서는 中國正史, 『資治通鑑』, 『冊府元龜』, 일본 6국사 등 외국 사료에 산재되어 있다. 이들은 국가 의례를 거행하기 위해 작성되거나 長文으로 이뤄져 있어 문서화된 왕언이었다고 여겨진다. 일부 자료는 書 式을 보여주는 문구가 남아 있어 국왕문서의 형식을 추정하는 데 도움을 준다.

우선, 편찬문헌 속에 전하는 국왕문서의 현황을 정리해보면 다음과 같다. 〈표 1〉은 국내용 국왕문서이 고, 〈표 2〉는 외교용 문서로서 국왕 명의로 상대국에 전해진 것이다.

표 1. 편찬자료 소재 삼국~남북국시기의 국내용 국왕문서

국가	시기	작성자	수신자	내용	典據	비고
고구려	신대왕 2년(166)		國人	대사면령 즉위의 경위와 불가피 함을 호소	『삼국사기』 고구려본기	下令 즉위교서를 겸함(?)
고구려	고국천왕 13년(191)		4部	인재 천거	『삼국사기』 고구려본기	下令
고구려	고국천왕 13년(191)			國相(을파소)에게 거역 한 자에 대한 경고	『삼국사기』 고구려본기	敎
고구려	고국천왕 13년(191)		有司	賑貸의 常例化	『삼국사기』 고구려본기	命
고구려	고국양왕 8년(391)			불교를 믿을 것	『삼국사기』 고구려본기	敎
백제	아신왕 원년(392)			불교를 믿을 것	『삼국유사』 난타벽제	敎
신라	법흥왕 25년(538)			지방관 부임시 가족 동반 허용	『삼국사기』 신라본기	敎
신라	진흥왕 16년(555)			租調 면제, 사면	『삼국사기』 신라본기	敎
백제	법왕 1년(599)			살생 금지	『삼국사기』 백제본기	下令

국가	시기	작성자	수신자	내용	典據	비고
신라	진덕왕 4년(650)			진골 관료의 牙笏 소지	『삼국사기』 신라본기	敎
신라	문무왕 원년 (661)		김유신	상벌권 허가	『삼국사기』 열전	手書
신라	문무왕 4년(664)			婦人의 복식 개정	『삼국사기』 신라본기	敎
신라	문무왕 8년(668)		諸揔管	당군과 회합할 것	『삼국사기』 신라본기	敎
신라	문무왕 8년(668)		先祖廟	祭文	『삼국사기』 신라본기	告
신라	문무왕 9년(669)			사면, 부채 탕감 (所司 奉行)	『삼국사기』 신라본기	敎
신라	문무왕 21년(681)			遺詔 (寡人 … 布告遠近 令知此意 主者施行)	『삼국사기』 신라본기	詔
신라	신문왕 원년(681)			김흠돌 반란 진압 (布告四方 令知此意)	『삼국사기』 신라본기	敎
신라	신문왕 원년(681)			김군관 부자를 불고지 죄로 처벌 (布告遠近 使共知之)	『삼국사기』 신라본기	敎
신라	신문왕 7년(687)		五廟	국가의 평안 기원 (王某稽首再拜 謹言 … 謹言)	『삼국사기』 신라본기	祭文
신라	신문왕 7년(687)			官僚田 하사	『삼국사기』 신라본기	敎
신라	신문왕 9년(689)			녹읍 혁파	『삼국사기』 신라본기	敎
신라	경덕왕 17년(758)			解官 규정	『삼국사기』 신라본기	敎
신라	혜공왕 12년(776)			관명 복구	『삼국사기』 신라본기	敎
신라	선덕왕 6년(785)			遺詔 (寡人)	『삼국사기』 신라본기	詔
신라	애장왕 7년(806)			새로운 불사 창건 금지 (宜令所司 普告施行)	『삼국사기』 신라본기	敎
신라	헌덕왕 17년(825)			숙위, 국자감 수업 요청	『삼국사기』 신라본기	奏言 문서화된 왕언(?)
신라	흥덕왕 9년 (834)			사치 금지	『삼국사기』 색복지	敎

국가	시기	작성자	수신자	내용	典據	비고
신라	문성왕 원년(839)				『삼국사기』 신라본기	教
신라	문성왕 19년(857)			遺詔 (寡人 … 布告國內 明知朕懷)	『삼국사기』 신라본기	詔

편찬문헌에서 국왕문서를 가려내기는 매우 어렵다. 외교용 국서는 〈표 2〉에서 보듯이 表, 啓 등으로 문서의 형식이 기록되어 있어 구분이 용이하다. 그러나 국내용 국왕문서는 과연 문서화된 것인지, 구두 왕언인지, 문서화되었다고 하더라도 국왕문서인지, 아니면 관청이나 신료급에서 작성된 실행문서인지 판단하기가 어렵다.

라-1. 春正月 下令曰 寡人生忝王親 本非君德 向屬友于之政 頗乖貽厥之謨 畏害難安 離羣遠遁 洎聞凶計 佴極哀摧 豈謂百姓樂推 羣公勸進 謬以眇末 據于崇高 不敢遑寧 如涉淵海 宜推恩而及遠 遂與衆而自新 可大赦國內 國人旣聞赦令 無不歡呼 慶抃曰 大哉 新大王之德澤也 (『삼국사기』 권16, 고구려본기4 신대왕 2년)

라-2. 夏四月 聚衆攻王都 王徵畿內兵馬平之 遂下令曰 近者 官以寵授 位非德進 毒流百姓 動我王家 此寡人不明所致也 今汝四部 各舉賢良在下者 於是 四部共舉東部晏留 (위의 책, 동권, 고국천왕 13년)

라-3. 冬十月 肅愼來侵 屠害邊民 王謂羣臣曰 寡人以眇末之軀 謬襲邦基 德不能綏 威不能震 致此鄰敵猾我疆域 思得謀臣猛將 以折遐衝 咨爾群公 各舉奇謀異略才堪將帥者 羣臣皆曰 … (위의 책, 권17 고구려본기5 서천왕 11년)

예를 들어, 라-1은 신대왕이 令을 내린 것인데, "寡人 ~ 可大赦國內"가 그 령의 내용이다. 과인이 신대왕 자신을 가리키므로 왕언임은 분명하다. 그러나 이를 구두 명령에 그치지 않고 문서화되었다고 볼 수 있을까? 라-2도 下令의 형식을 취하고 있다. 령의 내용은 "近者 官以寵授 ~ 各舉賢良在下者"이며, 왕도의 인재를 천거하도록 명하는 薦舉令이라고 할 수 있다. 『삼국사기』 을파소전에 같은 내용이 전한다.

그런데 같은 천거를 명하는 내용이 라-3에는 '王謂'라고 하여 기록되었다. "寡人以眇末之軀 ~ 各舉奇謀異略才堪將帥者"가 서천왕이 謂한 내용이다. 이것을 국왕문서로 보기 어려운 이유는 바로 뒤이어 群臣들이 답하여 王弟인 달가를 추천하고 있기 때문이다. 서천왕의 왕언은 朝廷의 회의에서 구두로 발언한 것을 記官이 기록으로 남긴 것이어서 이를 국왕문서라고 할 수 없다. 그러나 라-1·2는 왕언이 나온 다음 그 수신자의 답변이 바로 이뤄지지 않았고, 국왕과 같은 공간에 있었다고 보기 어려운 國人과 四部가 반응을 보였다. 따라서 라-1·2의 下令은 문서 형태로 작성된 왕언의 일부를 옮겼다고 추정된다. 라-1에서 이를 敕令이라고 지칭한 것도 국왕문서임을 방증한다.[16]

다음은 命이다. 『삼국사기』 『삼국유사』에 수많은 "(王)命 …"의 기록이 등장하지만, 대부분은 왕명의 원문을 전재하지 않고 그 내용을 요약한 기사이다. "누구에게 命하여 군사를 이끌고 어디로 가도록 했다."는 식의 기록이다. 이것이 군사 지휘관을 임명하는 절차를 함축하는 기록일 수 있으나 告身과 같은 인사문서는 아니다.

그러나 아래의 命은 재고의 여지가 있다.

> 마-1. 仍命內外所司 博問鰥寡孤獨老病貧乏不能自存者 救恤之 命有司 每年自春三月 至秋七月
>   出官穀 以百姓家口多小 賑貸有差 至冬十月還納 以爲恒式 內外大悅 (『삼국사기』 권16,
>   고구려본기4 고국천왕 16년)

> 마-2. 三月 下敎 崇信佛法求福 命有司 立國社 修宗廟 (위의 책, 권18, 고국양왕 8년)

마-1은 진대법 시행에 관한 기사이다. 두 가지의 命이 나오는데, 첫째의 명은 환과고독 등 빈핍한 자들을 구휼하게 한 일시적인 조치이다. 길 가에서 '坐而哭者'를 만났다는 것은 설화적 설정이지만, 국왕의 이러한 구두 명령은 현실성이 있다. 두 번째 진대에 관한 명은 진대 기간, 대출량의 기준, 반환 시기에 대한 규정이 들어 있고, 이를 매년 시행하도록 법률로서 정한 것이다. 시간을 갖고 신료가 진대법에 관한 案을 올리고, 고국천왕의 재가를 거쳐 문서화되어 관부에 하달되었다고 보인다. 그러나 이 문서가 '명'이라는 독자적인 형식을 갖춘 문서였는지는 분명하지 않다.

이렇게 편찬사료에 命이라고 표기된 것은 구두 명령과 문서화된 왕언이 혼재되어 있다. 문서화되었다고 해도 文案의 일부를 그대로 옮겼는지, 아니면 그 핵심 내용이나 취지를 撰者가 요약하여 서술했는지 알기는 어렵다. 마-2를 보면, 담당 관부에게 國社를 세우고 종묘를 수리하도록 명했다. 이 명령이 문서화 된 왕명이었다고 하더라도 그 핵심 내용만이 정리되어 기록되었을 뿐이다.

敎 역시 마찬가지이다. 중국에서 교는 漢~唐代까지 制, 詔, 勅 등과 함께 왕언의 일종이었으며 제후, 지방관, 親王, 公主가 사용한 문서였다. 그러나 敎는 문서화되지 않은 친왕의 의지 또는 口頭로 진술한 의지를 가리키기도 했다.[17] 따라서 편찬문헌에 기술된 敎는 일반적으로 문서의 형태였으나 그 가운데 구두 왕언도 포함되었을 가능성을 염두에 두어야 한다. 예를 들어, 舊臣들이 乙巴素를 시기하자 고국천왕이 "無貴賤 苟

---

16) 『삼국사기』 신라본기의 파사·일성니사금대에도 '下令' 기사가 있으나 권농, 축성, 사치 금지 등 일반적인 명령을 담고 있다. 또한 '州郡'처럼 후대의 표현까지 등장하여 신빙성이 떨어지는 사료군이므로 이를 가지고 문서화 여부를 따지는 것 자체가 무리하다. 위의 책, 백제본기의 고이왕대에도 16관품제의 복식, 관인의 수뢰 및 횡령에 대한 처벌에 관한 '下令' 기사가 있다. 이 역시 3세기 중엽의 백제 현실과 맞지 않는 내용이어서 검토 대상에서 제외한다.

17) 中村裕一, 1991, 앞의 논문, p.98.

不從國相者 族之"라는 교를 내렸다고 한다.[18] 『삼국사기』 을파소전에 같은 내용이 실려 있다. 비록 '敎曰'이라 했으나 을파소 개인과 관련된 사안이고 敎詞가 구어체 문장인 점이 이례적이다. 위의 예는 구두 왕언을 고구려 당시의 記官이나 『삼국사기』 찬자들이 敎라고 표기했다고 보인다.

문제는 마-2처럼 '교' 또는 '하교'라고 하고 그 아래 짧은 내용만 기술되어 있는 경우이다. 다음 사료들이 이에 해당한다.

바-1. 百濟本記云 …… 又阿莘王卽位大元十七年 二月 下敎崇信佛法求福 (『삼국유사』 권3, 흥법3 난타벽제)

바-2. 春正月 敎許外官携家之任 (『삼국사기』 권4, 신라본기4 법흥왕 25년)

바-3. 十一月 至自北漢山 敎所經州郡 復一年租調 曲赦除二罪 皆原之 (위의 책, 동권, 진흥 16년)

바-4. 下敎 以眞骨在位者 執牙笏 (위의 책, 권5, 신라본기5 진덕왕 4년)

바-5. 下敎 婦人亦服中朝衣裳 (위의 책, 권6, 신라본기6 문무왕 4년)

바-6. 秋七月 十六日 王行次漢城州 敎諸摠管 徃會大軍 (위의 책, 동권, 문무왕 8년)

바-7. 五月 敎賜文武官僚田有差 (위의 책, 권8, 신라본기8 신문왕 7년)

바-8. 春正月 下敎 罷內外官禄邑 逐年賜租有差 以爲恒式 (위의 책, 권8, 신라본기8 신문왕 9년)

바-9. 二月 下敎 內外官請暇滿六十日者 聽解官 (위의 책, 권9, 신라본기9 경덕왕 17년)

바-10. 春正月 下敎 百官之號 盡合復舊 (위의 책, 권9, 신라본기9 혜공왕 12년)

이들은 숭불, 지방관의 가족 帶同, 사면, 복식, 관인 급여제, 免職, 관명 개정 등 국가의 기본질서와 관련된 조치여서 구두 명령으로 내려진 敎라고 보이지 않는다. 바-6은 州의 총관에게 내린 軍令이므로 여타의 교와 성격이 다르다. 그리고 회합의 대상이 大軍, 즉 唐軍이어서 이 군령이 구두 혹은 문서 중 어떤 형식이었는지 속단할 수 없다. 나머지 교는 국왕문서였다고 하더라도 간략하게 그 취지 또는 정책의 결과만을 기

---

18) 『三國史記』 卷16, 高句麗本紀4 故國川王 13年.

술하였으므로 과연 敎詞를 얼마나 충실하게 반영하였을지 의문이다. 그럼에도 불구하고 기사 속에 국왕문서의 핵심이 보존되어 있음은 분명하므로 이 글에서는 문서화된 왕언으로 간주했다.

이제 국왕문서를 직접 인용한 기사를 살펴보자.

> 사-1. 二月 二十一日 大王會羣臣 下敎 "往者 新羅隔於兩國 北伐西侵 暫無寧歲 …… 可赦國内 自總章二年二月二十一日昧爽已前 犯五逆罪死已下 今見囚禁者 罪無小大 悉皆放出 …… 更無財物可還者 不在徵限 其百姓貧寒 取他穀米者 在不熟之地者 子母俱不須還 …… □ □三十日爲限 所司奉行" (『삼국사기』 권6, 신라본기6 문무왕 9년)

> 사-2. 十六日 下敎曰 "賞有功者 徃聖之良規 誅有罪者 先王之令典 寡人以眇躬涼德 嗣守崇基 …… 賊首欽突·興元·眞功等 位非才進 職實恩升 …… 然尋枝究葉 並已誅夷 …… 所集兵馬 宜速放歸 布告四方 令知此意" (위의 책, 권8, 신라본기8 신문왕 원년)

> 사-3. 二十八日 誅伊湌軍官 敎書曰 "事上之規 盡忠爲夲 居官之義 不二爲宗 兵部令伊湌軍官 因緣班序 遂升上位 …… 乃與賊臣欽突等交涉 知其逆事 曾不告言 …… 軍官及嫡子一人 可令自盡 布告遠近 使共知之" (위의 책, 동권, 신문왕 원년)

> 사-4. 下敎 "禁新創佛寺 唯許修葺 又禁以錦繡爲佛事 金銀爲器用 宜令所司 普告施行" (위의 책, 권10, 신라본기10 애장왕 7년)

> 사-5. 興德王即位九年 太和八年 下敎曰 "人有上下 位有尊卑 名例不同 衣服亦異 俗漸澆薄 民競奢華 只尚異物之珍奇 却嫌土産之鄙野 禮數失於逼僭 風俗至於陵夷 敢率舊章 以申明命 苟或故犯 固有常刑 眞骨大等 幞頭任意 表衣·半臂·袴 並禁罽繡錦羅 …… 外眞村主 與五品同 次村主 與四品同" (위의 책, 권33, 잡지2 색복)

> 사-6. 八月 大赦 敎曰 "清海鎭大使弓福 甞以兵助神考 滅先朝之巨賊 其功烈可忘耶" 乃拜爲鎭海將軍 兼賜章服 (위의 책, 권11, 신라본기11 문성왕 원년)

'하교' '하교왈' '교서왈' '교왈'로 표현의 차이가 있으나 모두 국왕이 내린 교서의 내용을 전재했다고 여겨진다. 사-1은 백제, 고구려를 멸망시킨 뒤 죄수의 사면과 백성들의 부채 탕감을 명령한 것이다. 전후 복구의 일환으로 민심을 회유하기 위한 일종의 對民 위로교서이다. 사-2가 내려진 지 12일 만에 사-3의 교서가 또 나온 것은 신문왕 즉위 직후 발발한 金欽突의 반란 때문이다. 사-2는 반란자의 죄상을 밝히고, 진압에 동원된 군사를 해산시키는 내용이 중심이지만 본 목적은 자신의 즉위를 공식화하고 왕권이 공고함을 과시하려는 것이다. 사-3은 金軍官의 불고지죄를 계기로 하여 한걸음 더 나아가 관료의 절대적인 충성을 요구했다.

사-1과 4가 어떤 정책의 시행을 담당 관부에게 명령하는 것이어서 結句가 "所司奉行" "宜令所司 普告施行"인 데 비해서, 사-2·3의 결구는 "布告四方 令知此意" "布告遠近 使共知之"인 점은 이 교서가 전체 관료 또는 백성을 대상으로 한 포고문의 성격을 띠고 있음을 보여준다.

사-2는 포고문임과 동시에 자신의 즉위를 알리는 즉위교서의 성격을 갖고 있다. 앞서 검토한 라-1이 신대왕 2년에 그 즉위 경위를 밝히고 있으므로 赦免令의 형식을 띤 즉위교서라고 할 수 있다. 삼국 모두 새로운 왕이 즉위하면 始祖廟에 제사하고 사면령을 내리곤 했다. 이때 사면령을 담은 즉위교서가 반포되었으며, 그 실례가 라-1이라 할 수 있다. 사-6은 문성왕이 자신의 즉위를 도운 張保皐를 표창하기 위한 교서이다. 그런데 大赦가 함께 기록되어 있으므로 이 역시 사면령을 포함한 문성왕의 즉위교서일 가능성이 높다.

사-4는 사찰 창건 및 화려한 불사를 금하도록 지시한 교이다. 사-5는 흥덕왕 9년(834)의 사치금지 교서이다. 雜志에 실린 기사인데, 색복·車騎·器用·옥사 조에 내용이 각각 나뉘어 실리고, 색복 조에는 뒤에 고구려, 백제의 복식에 관한 내용이 들어 있어 흥덕왕의 교서가 어디까지 이어지는 알기 어렵게 되어 있다. 이 기사에 앞서 신라 복식제도의 역사를 서술하면서, 법흥왕대 율령에 규정된 복제의 내용, 진덕·문무왕대 중국식 복제로의 변경과 이것이 고려로 계승되었음을 들었다. 따라서 "人有上下 位有尊卑 …… 苟或故犯 固有常刑"은 서론부이고, 진골대등 이하 眞村主, 次村主까지 이어지는 제반 규정이 본론으로서 흥덕왕의 교서에 포함되었다고 추정된다. 이보다 몇 년 앞서 내려진 당 文宗의 詔書 역시 비슷한 취지와 체재를 보인다.[19] 이 조서는 아예 儀制令을 인용하여 계층별 남녀의 복식, 車馬, 가옥의 규정을 들고 있어서[20] 흥덕왕 교서의 골품에 따른 규정도 당시 시행되던 신라 율령의 條文을 제시했다고 보인다. '舊章'이 바로 衣服令을 포함한 신라 율령의 해당 편목을 가리킬 것이다.

이밖에 (手)書, 祭文, 遺詔를 국내용 국왕문서로 들 수 있다.

> 아-1. 王以手書告庾信 "出彊之後 賞罰專之 可也" (『삼국사기』 권42, 열전2 김유신 중)

> 아-2. 大王報書云 "先王貞觀二十二年入朝 面奉太宗文皇帝恩勅 …… 天兵未出 先問元由 緣此
> 　　　來書 敢陳不叛 請摠管審自商量 具狀申奏 雞林州都督·左衛大將軍·開府儀同三司·上柱
> 　　　國·新羅王金法敏白" (위의 책, 권7, 신라본기7 문무왕 11년)

문무왕은 당군에게 군량을 보급하기 위해 출전하는 김유신에게 상벌을 내리는 권한을 허가했다. 아-1은 手書를 통해 이를 통고했다고 한다. 手書는 친필로 쓴 서간이나 문서를 뜻하지만 실제로 문무왕이 이를 썼

---

19) 武田幸男, 1975, 「新羅·興德王代の色服·車騎·器用·屋舍制 – とくに唐制との關聯を中心に」, 『榎一雄博士還曆記念東洋史論叢』, 山川出版社.

20) 『新唐書』卷24, 志14 車服.

는지는 확인할 수 없다. 중국의 경우에도 手詔가 조서, 칙서의 별칭으로 쓰였는데, 황제의 眞筆이라는 의미가 아니고 황제의 깊은 관심을 반영하여 공포된 문서라서 그렇게 불렸다.[21] 『삼국사기』 김유신전은 그 후손인 金長淸이 쓴 「김유신행록」을 기초로 삼아 서술되었으므로 문무왕이 手書를 내렸다는 것은 과장일 수 있다. 그러나 국왕문서 가운데는 개인에게 보내는 書簡과 같은 종류가 있었기 때문에 이러한 과장이 가능했을 것이고, 그것이 (手)書라고 불렸던 듯하다.

아-2를 통해 이를 증명할 수 있다. 주지하듯이, 이는 당의 총관 薛仁貴가 보낸 서신에 대해 문무왕이 보낸 답신이다. 따라서 국내용 국왕문서라고 볼 수 없으나 이를 '報書'라고 표현했으므로 편의상 여기서 다루고자 한다. 書는 설인귀와 같은 외국인에게도 보내졌다.[22] 그러나 국서와 같은 공식 외교문서는 아니었다. 뒷부분에 "請摠管審自商量 具狀申奏"라고 하여 이 서신에서 밝힌 바를 설인귀가 대신 高宗에게 전해줄 것을 요청했다. 신라와 당 사이에 전투가 벌어져 국서를 보낼 수 없는 현실에서 문무왕이 궁여지책으로 書를 보냈음을 시사한다. 말미에 문무왕의 책봉호와 이름을 밝히고 '白'이라고 쓴 것이 서간문의 형식을 보여준다.

앞서 지적했듯이 경문왕이 지증대사에게 보낸 서한의 예가 있다(다-3). 신라 말 경순왕은 侍郞으로 하여금 항복을 청하는 문서를 王建에게 가져가도록 했고, 이것은 '王書', 곧 국왕이 보낸 서신이었다.[23] 이 '書'가 한국 고대 국왕문서의 기원을 보여준다고 여겨지는데, 이에 관해서는 후술한다.

다음은 祭文이다.

자-1. 六日 率文武臣寮 朝謁先祖廟 告曰 "祗承先志 與大唐同擧義兵 問罪於百濟·高句麗 元凶 伏罪 國步泰靜 敢玆控告 神之聽之" (『삼국사기』 권6, 신라본기6 문무왕 8년)

자-2. 遣大臣於祖廟 致祭曰 "王某稽首再拜 謹言太祖大王·真智大王·文興大王·大宗大王·文武 大王之靈 某以虛薄 嗣守崇基 …… 垂裕後昆 永膺多福 謹言" (위의 책, 권8, 신라본기8 신문왕 7년)

자-1의 선조묘는 제사의 대상이 분명하지 않다. 여하튼 문무왕이 신료를 이끌고 왕실의 조상신에게 백제, 고구려 멸망을 아뢰었으므로 그 제문은 국왕문서로 보아야 할 것이다. 승전 보고문의 성격을 겸한 제문이다. 첫머리인 "祗承先志 與大唐同擧義兵"부터 본론의 내용이 바로 나오는 것으로 보아 이것이 원래 冒頭는 아닌 듯하다. 찬자가 모두 부분을 생략하고 실었다고 보인다. 말미에 "神之聽之"라고 했으므로 이 제문을 廟室에서 국왕이 직접 낭송했을 것이다. 고구려본기 동명성왕 조와 「廣開土大王陵碑」를 보면, 동사 '告' '言'에 이끌려 天神에 대한 기원과 호소가 서술되었다.[24] 자-1의 '告曰'도 그러한 형식이지만 구두 왕언으로

---

21) 中村裕一, 2003, 앞의 책, pp.328-329.

22) 문무왕이 소정방에게 서신을 보낸 사례도 있다(『三國史記』卷42, 列傳2 金庾信 中, "大王前遣大監文泉 移書蘇將軍").

23) 『三國史記』卷12, 新羅本紀12 敬順王 9年, "乃使侍郞金封休 賷書請降於太祖 …… 太祖受王書 送大相王鐵等迎之".

그치지 않고, 미리 문서를 작성하여 이것을 소리 내어 읽는 형식이었다는 점이 발전된 측면이다.

자-2의 祖廟는 신문왕의 직계 조상 4位와 태조대왕의 위패를 모신 곳이다. 정사가 불안하고 星變이 나타났으므로 이를 안정시켜 평안을 회복해달라는 취지의 제문이다. 이때 신문왕은 직접 묘당에 거동하지 않고 大臣이 제사를 주관토록 했다. 대신이 제문을 대독했는지 알 수 없으나, 제문은 "王某稽首再拜"라고 시작하여 제사의 주체가 국왕임을 명기했다. 외교용 국왕문서 중 신라가 당으로 보낸 表文은 '臣某'로 시작하여, 이것이 首句였다고 보인다. '신'은 물론 당과의 책봉관계를 전제로 한 용어이다. 위의 '王某'는 제사의 대상이 조상신이지만 지위가 신문왕과 대등한 역대의 국왕이었으므로 '신'이 아니라 '왕'이라고 자칭한 것이다. 제문의 실질적인 내용이 "太祖大王·眞智大王·文興大王·大宗大王·文武大王之靈 …… 垂裕後昆 永膺多福"인데, 이 부분의 앞뒤로 '謹言'을 배치한 것도 조상신에게 사죄하고 복을 기원하는 제문의 특징을 보여준다.

마지막으로 국왕의 遺詔가 있다.

> 차-1. 王不豫 降遺詔曰 "寡人運屬紛紜 時當爭戰 西征北討 克定彊封 伐叛招携 聿寧遐邇 上慰宗
> 祧之遺顧 下報父子之宿寃 …… 律令格式 有不便者 卽便改張 布告遠近 令知此意 主者施
> 行"(『삼국사기』 권11, 신라본기11 문무왕 21년)

> 차-2. 王寢疾彌留 乃下詔曰 "寡人本惟菲薄 無心大寶 難逃推戴 作其卽位 …… 死生有命 顧復
> 何恨 死後依佛制燒火 散骨東海"(위의 책, 권9, 신라본기9 선덕왕 6년)

> 차-3. 王不豫 降遺詔曰 "寡人以眇末之資 處崇高之位 上恐獲罪於天鑑 下慮失望於人心 夙夜兢
> 兢 若涉淵水 …… 顧惟舒弗邯誼靖 先皇之令孫 寡人之叔父 孝友明敏 寬厚仁慈 久處古衡
> 挾贊王政 …… 爾多士 竭力盡忠 送往事居 罔或違禮 布告國內 明知朕懷"(위의 책, 권
> 11, 신라본기11 문성왕 19년)

> 차-4. 王寢疾彌留 謂左右曰 "寡人不幸無男子有女 吾邦故事 雖有善德·眞德二女主 然近於牝雞
> 之晨 不可法也 甥膺廉年雖幼少 有老成之德 卿等立而事之 必不墜祖宗之令緖 則寡人死
> 且不朽矣"(위의 책, 권11, 신라본기11 헌안왕 5년)

앞서 비문에 기록된 국왕문서로서 광개토왕의 '存時敎言'을 언급한 바 있는데, 차-1·2·3은 이를 (遺)詔라고 표기했다. 문무왕은 報德國을 창설하고 安勝을 그 왕으로 책봉하여 신라의 國體를 승격시켰고, 신라 하대에는 귀족연립정권 체제 아래서 국왕을 초월적 지위로 격상시킴으로써 오히려 왕권을 현실 정치에서 배제하는 양상이 나타난다.[25] 국왕의 유언을 '詔'라고 명명한 것은 이러한 사정이 작용한 결과이다. 따라서 광

---

24) 김창석, 2020, 앞의 책, p.110.

개토왕의 유언도 능비가 건립된 장수왕대에는 '교언'이라고 기록되었지만, 永樂 연호를 사용하던 광개토왕 당대에는 遺詔로 작성되었을 가능성이 있다.

그러나 중·하대 신라의 詔書 형식이 중국의 그것을 따랐다고 보이지는 않는다. 당나라의 遺詔와 遺誥는 首句가 남아 전하는 경우 '勅' 또는 '門下'라고 썼다.[26] 차-1·2·3의 수구가 생략되었을 수 있으나, 신라의 국왕문서로서 勅이 현전 자료에 확인되지 않고 門下省이 설치된 바 없으므로 수구가 있었더라도 다른 용어가 쓰였다고 보인다. 그보다는 차-1·2·3의 첫머리가 모두 '寡人'으로 시작한다는 점이 유의된다. 차-4는 구두 왕언인데 역시 '과인'으로 시작하여 다른 유조와 공통된다. 따라서 유조의 경우 '과인'이 수구 역할을 하는 것으로 정형화되어가지 않았을까 한다.

結句는 각기 "布告遠近 令知此意 主者施行" "死後依佛制燒火 散骨東海" "布告國內 明知朕懷"여서 통일되지 않았으나, 차-1과 3는 조서를 중앙과 지방에 포고할 것을 공히 적었다. 차-1의 "主者施行"은 중국 制書의 결구와 일치한다.[27]

IV. '書'의 발생과 전개: 국왕문서의 기원

국내용과 더불어 국왕문서의 또 다른 분야는 외교용 문서들이다. 이 역시 국왕 명의의 문서를 공식 使節이 상대국에 전달하는 것이어서 국왕문서의 일종이라고 보아야 한다. 이 글에서는 지면 관계상 내용에 대한 검토는 다른 기회로 미루고, 외교용 국왕문서의 일람표를 제시하는 것으로 그친다.

표 2. 편찬자료 소재 삼국 및 남북국시기의 외교용 국왕문서

국가	시기	작성자	수신자	내용	典據	비고
고구려	대무신왕 11년(28)		漢 遼東太守	漢軍의 포위를 풀기 위해 請罪	『삼국사기』 고구려본기	貽書
백제	근초고왕 28년(373)		나물이사금	도망한 백성 송환 요청	『삼국사기』 신라본기	移書
신라	나물이사금 18년(373)		근초고왕(?)	백성 송환 거부	『삼국사기』 신라본기	移書에 대한 答
고구려	장수왕 54년(466)		北魏 文明太后	王女 파송 요구에 대한 대응	『삼국사기』 고구려본기	表 上書

---

25) 김창석, 2005, 「통일신라의 천하관과 대일(對日) 인식」, 『역사와 현실』 56, 한국역사연구회, pp.156-158.

26) 中村裕一, 2003, 앞의 책, p.34.

27) 한편 신문왕대에 건립되었다고 추정되는 「文武王陵碑」의 뒷면에 "牧哥其上 狐兎穴其傍 (결락) 燒葬 "이라는 구절이 나온다. 이는 『三國史記』에 실린 문무왕 유조의 구절과 일치하여, 이 비에 유조의 일부가 인용되어 있음을 보여준다.

국가	시기	작성자	수신자	내용	典據	비고
백제	개로왕 18년(472)		北魏 獻文帝	고구려 정벌 요청	『삼국사기』 백제 본기	表
백제	무녕왕 5년(505)		日 武烈天皇	'進調'	『日本書紀』 武烈 天皇 7年	別表
백제	무녕왕 21년(521)		梁 武帝	'更爲强國' 과시	『삼국사기』 백제 본기	表
백제	성왕 22년(544)		日 欽明天皇	임나 재건	『日本書紀』 欽明 天皇 5年	表
백제	성왕 30년(552)		日 欽明天皇	불교 전래	『日本書紀』 欽明 天皇 13年	別表
백제	성왕 31년(553)		日 欽明天皇	삼국 및 임나의 대립	『日本書紀』 欽明 天皇 14年	表
백제	위덕왕 원년(554)		日 欽明天皇	원병 요청 (百濟王臣明 及在 安羅諸倭臣等 任 那諸國旱岐等奏 … 故遣單使馳船 奏聞)	『日本書紀』 欽明 天皇 15年	表 別奏 又奏
고구려	영양왕 9년(598)		隋 文帝	사죄	『삼국사기』 고구 려본기	表
新羅· 任那	진평왕 22년(600)		日 推古天皇	양국 간 평화 맹 세	『日本書紀』 推古 天皇 8年	表
백제	무왕 42년(641)		唐 太宗	국왕의 訃告	『삼국사기』 백제 본기	表
신라	진덕왕 4년(650)	진덕왕	唐 高宗	황제의 덕 찬양	『삼국사기』 신라 본기	五言太平頌
신라	진덕왕 5년(651)		唐 高宗	백제의 침략 호소	『삼국사기』 백제 본기	奏言 실제는 表(?)
신라	무열왕 2년(655)		唐 高宗	고구려, 백제, 말 갈의 침략 호소	『삼국사기』 백제 본기	表
신라	문무왕 11년(671)	强首(?)	摠管 薛仁貴	설인귀의 힐난에 대한 해명 (請摠 管審自商量 具狀 申奏 雞林州都督· 左衛大將軍·開府 儀同三司·上柱 國·新羅王金法敏 白)	『삼국사기』 신라 본기	報書

국가	시기	작성자	수신자	내용	典據	비고
신라	문무왕 12년(672)		唐 高宗	신라-당 전쟁에 대한 사죄(臣某死罪謹言 … 謹遣原川等 拜表謝罪 伏聽勅旨 某頓首頓首 死罪死罪)	『삼국사기』 신라본기 『동문선』 권39, 表箋	表 (新羅上唐高宗皇帝陳情表)
신라	문무왕 20년(680)		보덕국왕 안승	왕족 여성을 下嫁	『삼국사기』 신라본기	敎
발해	미상		唐 皇帝	賀正	『松漠紀聞』 卷下	表 (渤海賀正表)
신라	성덕왕 22년(723)		唐 玄宗	方物 헌상	『삼국사기』 신라본기	表
발해	무왕 10년(728)		日 聖武天皇	국교 제의 (武藝啓)	『續日本紀』 神龜5年	王書
신라	성덕왕 32년(733)		唐 玄宗	사례	『삼국사기』 신라본기	表
신라	성덕왕 35년(736)		唐 玄宗	패강 이남의 땅 할양에 대한 감사	『삼국사기』 신라본기	表
발해	문왕 3년(739)		日 聖武天皇	표착한 일본 사절 송환 (欽茂啓)	『續日本紀』 天平11年	王啓
발해	강왕 원년(795)		日 桓武天皇	국왕 서거 통보 (… 謹狀力封啓 … 大嵩璘頓首)	『日本逸史』 卷5, 『渤海國志長編』	啓 (康王致日本桓武天皇告國喪書)
발해	강왕 원년(795)		日 桓武天皇	신왕 즉위 통보 (荒迷不次)	『日本逸史』 卷5, 『渤海國志長編』	別啓 (康王致日本桓武天皇報嗣位書)
발해	강왕 2년(796)		日 桓武天皇	사례 (嵩璘啓)	『日本後紀』 延曆15年	王啓
발해	강왕 4년(798)		日 桓武天皇	사례 (嵩璘啓 … 土無奇異 自知羞惡)	『日本逸史』 卷7, 『渤海國志長編』	啓
발해	강왕 5년(799)		日 桓武天皇	교빙 주기 6년에 대한 감사 (嵩璘啓)	『日本後紀』 延曆18年	王啓

국가	시기	작성자	수신자	내용	典據	비고
발해	정왕 2년(810)		日 嵯峨天皇	일본 皇家의 조문 및 신왕 즉위 통보	『日本後紀』弘仁 元年	王啓
발해	선왕 2년(819)		日 嵯峨天皇	해난 구조 및 송환 감사 (仁秀啓 … 雲海路 遙 未期拜展 謹奉 啓)	『日本逸史』卷29, 『渤海國志長編』	啓
발해	선왕 4년(821)		日 嵯峨天皇	교빙 (仁秀啓 … 謹奉 啓)	『日本逸史』卷27, 『渤海國志長編』	啓
발해	대이진 13년(842)		日 仁明天皇	정기 사행 海難으로 인한황금 분실 설명 (渤海國王大彝震 啓 … 謹遣政堂省 左允賀福延奉啓. 遣賀福延輸申誠志 伏望體悉)	『續日本後紀』承 和 9年	啓狀 別狀
발해	대이진 20년(849)		日 仁明天皇	교빙 (彝震啓 … 謹差永寧縣丞王文 矩奉啓 不宣 謹啓)	『續日本後紀』 嘉 祥 2年	王啓
발해	대건황 2년(859)		日 清和天皇	정기 교빙 (虔晃啓 … 謹差 政堂省左允烏孝慎 令謹貴國者 准狀 牒上)	『日本三代實錄』 貞觀 元年	王啓
발해	경왕 3년(872)		日 清和天皇	정기 교빙 (玄錫啓 … 謹差政 堂省左允楊成規 令赴貴國 尋修前 好)	『日本三代實錄』 貞觀 14年	啓
발해	경왕 8년(877)		日 陽成天皇	표착한 견당사 송환에 대한 감사 (玄錫啓 … 謹差政 堂省孔目官楊中遠 令謝深恩 幷請嘉 客 … 謹奉啓起居 不宣謹啓)	『日本三代實錄』 元慶 元年	王啓

국가	시기	작성자	수신자	내용	典據	비고
신라	진성왕 11년(897)	최치원	唐 昭宗	賀正	『동문선』 권31, 表箋	表 (新羅賀正表)[28]
신라	진성왕 11년(897)	최치원	唐 昭宗	양위 보고(臣某言)	『동문선』 권43, 表箋 『삼국사기』 신라 본기	表奏 (讓位表)
신라	진성왕 11년(897)	최치원	唐 昭宗	숙위학생의 수학 요청	『동문선』 권47, 狀	狀 (遣宿衛學生首領等入朝狀)
신라	진성왕대	최치원	唐 昭宗	숙위학생의 귀환 요청	『동문선』 권47, 狀	狀 (奏請宿衛學生還蕃狀)
신라	진성왕대	최치원	唐 昭宗	칙서에 대한 감사	『동문선』 권33, 表箋	表 (謝賜詔書兩函表)
신라	진성왕대	최치원	唐 昭宗	발해를 신라의 하위에 둔 것을 감사	『동문선』 권33, 表箋	表 (謝不許北國居上表)
신라	진성왕대	최치원	唐 昭宗	황제의 안부 문의	『동문선』 권39, 表箋	表 (起居表)
신라	진성왕대	최치원	唐 昭宗	빈공과 선발에 대한 감사	『동문선』 권47, 狀	狀 (新羅王與唐江西高大夫湘狀)
신라	효공왕대	최치원	唐 昭宗	왕위 승계에 관한 설명	『동문선』 권33, 表箋 효공왕대	表 (謝嗣位表)
신라	효공왕대	최치원	唐 昭宗	조·부의 추증에 대한 감사	『동문선』 권33, 表箋	表 (謝恩表. 『삼국사기』 신라본기의 謝追贈表) 納旌節表 는 동문선에 안 보임.

---

28) 이하 崔致遠 作의 對唐 表, 狀에 관해서는 권덕영, 2006, 「羅唐交涉史에서의 朝貢과 冊封」, 『한국 고대국가와 중국왕조의 조공·책봉관계』, 고구려연구재단, pp.260-261의 〈표 5〉를 참조했다.

이 가운데 '書'를 통해서 앞서 제기한 국왕문서의 기원 문제를 검토해보고자 한다. 편찬사료에서 書는 국내용뿐 아니라 외교용으로도 사용된 것으로 나온다. 〈표 2〉의 첫머리에 나오는 '貽書' '移書'를 주목해보자.

카-1. 貽書曰 "寡人愚昧 獲罪於上國 致令將軍 帥百萬之軍 暴露弊境 無以將厚意 輒用薄物 致供
於左右" (『삼국사기』 권14, 고구려본기2 대무신왕 11년)

카-2. 百濟王移書曰 "兩國和好 約爲兄弟 今大王納我逃民 甚乖和親之意 非所望於大王也 請還
之" (위의 책, 권3, 신라본기3 나물니사금 18년)

카-1은 대무신왕이 고구려를 침공한 後漢의 요동태수에게 사죄하는 내용의 서이다. 앞서 언급한 바 문무왕이 소정방 혹은 설인귀에게 보낸 국왕 명의의 서한과 같은 성격이라고 보인다. 카-2는 백제의 禿山城主가 城民을 이끌고 신라로 달아나자 근초고왕이 송환을 요청한 서이다. 이에 이어지는 奈勿의 구두 답변을 보면, "民者無常心 故思則來 斁則去 固其所也 大王不患民之不安 而責寡人 何其甚乎"라고 했다. 유교적 對民觀이 반영되어 있어 원래의 문장을 그대로 옮겼다고 하긴 어렵다. 그러나 신라 측의 자료인데 나물왕을 '寡人'이라 하고, 이에 비해 근초고왕을 '我' '大王'이라고 표현한 점은 이 기사에 백제가 보낸 書와 나물니사금 발언의 원상이 부분적으로 보존되어 있음을 시사한다.

문제는 이 '書'의 성격과 기능이다. 『삼국사기』에서 書는 초기 기사부터 신라 말까지 확인된다. 가장 이른 시기의 것이 바로 위의 대무신왕 11년 조이고, 백제는 위의 근초고왕대, 신라는 지마니사금 14년 조가[29] 가장 빠른 기사이다. 그 紀年에 대해서는 검토가 필요하지만 이들이 삼국 공히 敎, 表와 같은 국왕문서보다 앞서 보인다는 사실이 주목된다.

외교문서로서의 '書'는 이미 古朝鮮 시기부터 확인된다. 즉 우거왕이 漢에 대한 입조를 거부하고 주변 小國들이 천자에게 '上書'하는 것조차 막았다고 한다.[30] 이때 '서'가 어떤 형태와 내용을 가졌을지 짐작하기 어렵지만, 소국의 首長이 한나라로 보내는 외교용 문서였다고 보인다. 이러한 전통이 삼국 초기의 '서'로 이어진 것이다. 그렇다면 삼국에서 국왕문서의 원류를 '書'에서 찾을 수 있다고 생각된다.

앞서 검토한 사례 외에 다음의 예가 확인된다.

百濟王子使佐平覺伽 移書於唐將軍 哀乞退兵 (『삼국사기』 권5, 신라본기5 무열왕 7년)

春秋聞其言 喩其意 移書於王曰 二嶺本大國地分 臣歸國 請吾王還之 謂予不信 有如曒日 王迺悅
焉 (위의 책, 권41 열전1 김유신 상)

29) 『三國史記』 卷1, 新羅本紀1 祇摩尼師今 14年, "秋七月 又襲大嶺柵 過於泥河 王移書百濟請救 百濟遣五將軍助之 賊聞而退".
30) 『史記』 卷115, 朝鮮列傳55, "傳子至孫右渠 所誘漢亡人滋多 又未嘗入見 眞番旁衆國欲上書見天子 又擁閼不通".

遂與壯士仇近等十五人 詣平壤 見蘇將軍曰 庾信等領兵致資粮 已達近境 定方喜 以書謝之 (위의 책, 동권, 김유신 중)

　　距唐營三萬餘步 而不能前 欲移書而難其人 (위의 책, 권47, 열전7 열기)

　　故十二月日 寄書太祖曰 …… 三年正月 太祖答曰 …… (위의 책, 권50, 열전10 견훤)

　　각각 백제의 왕자가 당나라 장수에게, 김춘추가 고구려 보장왕에게, 蘇定方이 김유신 혹은 문무왕에게, 김유신이 소정방에게 보낸 書이고, 마지막은 견훤과 왕건 사이에 오고간 것이다. 견훤과 왕건의 경우 시점이 927년과 928년이어서 후백제와 고려의 국왕 신분으로 보낸 것이다. 그러나 나머지는 모두 국왕문서가 아니라 왕자, 고위 귀족, 장수가 보냈다. 소정방처럼 외국 장수가 신라 측에 보낸 것도 書였는데, 671년에 薛仁貴가 문무왕에게 마찬가지로 서를 보냈다고 한다.

　　따라서 『삼국사기』의 '서'가 특정한 문서가 아니라 서신, 문서의 범칭으로 쓰였을 가능성이 있다. 그러나 시기적으로 敎, 表보다 앞서 書가 나타나고, 이때 서는 국왕이 사용했다는 것이 중요하다. 그리고 遼東郡, 주변국에 보내져 대외적으로 사용되었다. 敎·令制는 2세기 중엽에 고구려에서 성립되어[31] 다른 나라로 확산되었는데, 이러한 중국식 문서 형식이 도입되기 전의 국왕문서가 書였다고 보인다. 편찬문헌에 막연하게 '서'라고만 되어 있어 그 실제 명칭, 서식을 알 수 없으나, 그 문서의 실체는 분명히 있었고 敎가 도입되기 전에 문서화된 왕언으로서 사용되었다.

　　'書'는 교와 같이 정형화된 것은 아니지만 答薛仁貴書처럼 말미에 발신자를 밝히는 정도의 관행화된 서식을 점차 갖추어갔을 것이다. 국왕의 裁可 문제도 현재로서는 알 수 있는 자료가 없으나 국왕의 이름으로 시행되었으므로 어떤 형태로든 결재하는 절차가 이뤄졌다고 보인다. 초기에는 국왕이 문자를 아는 手下의 인물에게 서신의 작성을 명하고, 이를 확인한 후 淨書하여 시행하는 단순한 방식을 상정할 수 있다.

　　흥미로운 점은 현전하는 자료를 통해서 볼 때 '서'가 국왕의 외교용 문서로부터 출발했다는 사실이다. 漢字를 이용해서 문서를 작성할 수밖에 없었고, 외교교섭의 주요 상대가 中原 왕조와 그 郡縣이었던 상황을 고려하면 외교용의 書가 사료에 먼저 출현하는 것은 자료의 누락 때문이 아니라 당시의 현실이 반영된 현상이라고 여겨진다. 이에 비해 삼국 초기의 국내용 왕언은 口頭 명령을 중심으로 이뤄졌을 것이다. 그 후 書 형태의 국왕문서가 가진 행정상의 효율성이 인식되면서 어느 시기엔가 국내용으로도 사용되게 되었다. 그 시점은 자료상으로 확인되지 않는데, 중국으로부터 敎 문서가 도입되어 정착된 시기보다 앞섰으리라 생각된다.

　　다른 한편으로 '書'의 사용은 신료급으로 확대되었다. 7세기 이후 왕자, 고급 귀족, 장수 등이 그 주체로 등장하는 것은 이 때문이다. 그리고 중국 왕조에 대해서 외교용 국왕문서로 새로이 表가 사용되면서, 삼국

---

31) 김창석, 2020, 앞의 책, pp.121-124.

과 같은 대등한 국가 사이 또는 중국의 고위 관료·장수와 삼국의 국왕 사이에는 書를 주고받게 되었다고 보인다. 〈표 2〉에서 발해가 무왕 10년 일본에 첫 사절을 보내 국교 수립을 제의했을 때 일본 측에서 그 국서를 '王書'라고 지칭했는데, 양국의 대등 관계를 반영한 것이라고 여겨진다. 왕서의 首句가 "武藝啓"이다. 啓가 중국 왕조의 책봉을 받은 나라의 국왕끼리 교환하는 외교문서 양식이라는[32] 점도 이를 뒷받침한다.

　教, 表를 중심으로 국왕문서가 개편되었으나 그 뒤 書는 소멸하지 않고 국왕이 신료나 승려에게 보내는 서한, 삼국간과 같이 대등한 국가 사이의 외교문서, 신료급 사이의 서신을 가리키는 것으로 기능이 확대·분화하여 지속된 것이다.

V. 맺음말

　한국 고대 국왕문서 중 국내용으로 사용된 것으로는 令, 命, 書, 教, 祭文, 遺詔가 확인된다. 그 용도를 보면, 令은 사면, 인재 천거에, 命은 진대법 실시, 국가 제사시설의 건립과 수리에 사용된 예가 있다. 그러나 '명'은 독자적인 형식을 갖춘 문서였는지 분명하지 않다. 書는 초기에 대외용 문서였다가 점차 국왕의 서한과 신료의 문서로 사용되었다. 教는 국가의 주요 정책이나 기본질서와 관련된 조치를 발포할 때 사용되었고, 위로교서, 즉위교서도 확인된다. 祭文과 遺詔는 신라 중대 이후의 것이 확인된다.

　教 문서가 고구려를 통해 한국 고대국가로 수용되기 전에 이미 '書'라고 불린 국왕문서가 있었다고 보인다. 서는 古朝鮮, 三韓 시기부터 확인되며, 대외교섭용 문서였다가 점차 국내 정무용으로 기능이 확대되었다. 2세기 중엽 教, 令 문서가 국왕문서로서 제도화되자 書는 그보다 하위의 서신 혹은 대등국 사이의 외교문서로 용도가 달라졌다. 제사용 왕언과 국왕의 유언은 삼국 초기부터 보이지만 이때는 口頭로 이뤄진 듯하며, 어느 시기부터인가 문서화가 이뤄져 신라 중대 이후 祭文과 遺詔의 사례가 남아 있다. 下代의 국왕문서로는 이밖에 사치금지 교서, 승려에게 보낸 서신 등이 보인다.

　한국 고대의 국왕문서는 동시기의 금석문과 후대의 편찬사료에 화석처럼 굳어져 남아 있다. 그러나 다른 자료 속에 섞이거나 숨겨져 있어 그간 연구가 부진했다. 이 글은 이러한 여건에 처해있는 국왕문서를 유물 발굴하듯이 분리하여 추출하는 데 일차적 목적을 두었다. 그러나 관련 자료를 미처 다 찾아내지 못했을 수 있고, 후대의 문헌이 안고 있는 사료의 윤색이나 축약과 같은 근본적인 제약 때문에 국왕문서의 원상을 제대로 제시할 수 없는 한계를 안고 있다. 앞으로 수정, 보완할 것을 약속하며, 이 글이 심화된 후속 연구를 촉발하는 데 기여하기를 바란다.

투고일: 2021.10.18	심사개시일: 2021.11.17	심사완료일: 2021.12.01

---

32) 青木和夫 外, 1990, 『續日本紀 二』, 岩波書店, p.188.

『三國史記』『三國遺事』
『史記』『新唐書』『大唐六典』

「집안 고구려비」「광개토왕릉비」「충주 고구려비」「포항 중성리비」「포항 냉수리비」
「울진 봉평비」「단양 적성비」「남산 신성비」「장흥 보림사 보조선사탑비」
「보령 성주사 낭혜화상탑비」「문경 봉암사 지증대사탑비」「창원 봉림사지 진경대사탑비」

국사편찬위원회 한국사데이터베이스(http://db.history.go.kr/item/level.do?itemId=gskh)

김창석, 2020, 『왕권과 법 – 한국 고대 법제의 성립과 변천』, 지식산업사.
中村裕一, 2003, 『隋唐王言の研究』, 汲古書院.
靑木和夫 外, 1990, 『續日本紀 二』, 岩波書店.

권덕영, 2006, 「羅唐交涉史에서의 朝貢과 冊封」, 『한국 고대국가와 중국왕조의 조공·책봉관계』, 고구려연
　　구재단.
김창석, 2005, 「통일신라의 천하관과 대일(對日) 인식」, 『역사와 현실』 56, 한국역사연구회.
金昌錫, 2014, 「5세기 이전 고구려의 王命體系와 집안고구려비의 '敎'·'令'」, 『韓國古代史研究』 75, 한국고대
　　사학회.
梁正錫, 1999, 「新羅 公式令의 王命文書樣式 考察」, 『韓國古代史研究』 15, 한국고대사학회.
여호규, 2020, 「충주고구려비의 단락구성과 건립시기」, 『韓國古代史研究』 98, 한국고대사학회.
최연식, 1991, 「고려시대 국왕문서의 종류와 기능」, 『國史館論叢』 87, 국사편찬위원회.
팜 레 후이, 2017, 「베트남의 10세기 이전 石碑에 대하여 – 새롭게 발견된 陶璜廟碑를 중심으로」, 『木簡과
　　文字』 18, 한국목간학회.

武田幸男, 1975, 「新羅·興德王代の色服·車騎·器用·屋舍制 – とくに唐制との關聯を中心に」, 『榎一雄博士
　　還曆記念東洋史論叢』, 山川出版社.
飯倉晴武, 1978, 「公式樣文書(1) 天皇文書」, 『日本古文書學講座2 古代篇Ⅰ』, 雄山閣.
中村裕一, 1991, 「敎 – 少林寺武德八年(六二五)秦王'敎'を中心に」, 『唐代官文書研究』, 中文出版社.

〈Abstract〉

A Basic Review of Ancient Korean Royal Documents
: Examples and origin of domestic ones

Changseok Kim

The primary goal of this article is to present the concepts and categories of royal documents and to extract data that meet the standards from existing materials.

Among the ancient documents of the king of Korea, Ordinances 令, Orders 命, Letters 書, Instructions 敎, Ritual documents 祭文, Will documents 遺詔 were used for domestic use.

Before the system of Instructions 敎 was accepted through *Koguryeo*, there was a king document called "Letters 書". "*Seo*" has been confirmed since *Old Choseo*n and *Three Han*'s period, which were documents for foreign negotiations. But gradually expanded to domestic political affairs. In the middle of the 2nd century, when the Instructions 敎 and Ordinances 令 were institutionalized as royal document, the "Letters 書" were changed in use as lower letters or diplomatic documents between the equal countries.

The king's Ritual documents(祭文) and Will documents(遺詔) appear from the beginning of the Three Kingdoms, but at this time, it seems to have been made up of words. At some point, documentation took place.

▶ Key words: *Koguryeo*, *Baekje*, *Silla*, Royal documents, Ordinances(令), Orders(命), Letters(書), Instructions(敎), Ritual documents(祭文), Will documents(遺詔)

慶山 所月里 文書 木簡의 성격[*]

- 村落 畓田 基礎 文書 -

이용현^{**}

〈국문초록〉

경산 소월리 목간은 甘末谷 등 谷地를 포함하여 적어도 15개 지역 단위 사회의 마을 분포, 畓과 田의 소출량과 함께 특수 목적 토지를 포함한 기본문서다. 이들 지역은 아마도 村 규모 지역이었을 것으로 추정된다. 문서는 〈마을+畓田의 지목+結負수〉의 기록을 기본으로 하고 있으며, 말미에 특수 지목 〈畓中 몇 結〉 등을 부가하였다. 대상 지역은 현재의 소월지를 중심으로 한 주변이었을 것으로 보이는데, 畓과 田 가운데 畓

---

* 이 논문은 2019년 대한민국 교육부와 한국연구재단의 지원을 받아 수행된 연구임(NRF-2019S1A6A3A01055801).

본고는 2021년 4월 27일 경북대학교 인문학술원 주최 〈경산 소월리 목간의 종합적 검토〉 심포지엄(http://inmunmokkan.com/bbs/board.php?bo_table=scholarship2&wr_id=76&page=2)에서 〈경산 소월리 목간의 종합적 검토〉를 발표하였다(http://inmunmokkan.com/bbs/board.php?bo_table=scholarship2&wr_id=83). 논고 3개 분량의 장편이어서 그중 〈2장 문서목간의 성격: 촌락 답전 기초문서〉를 거의 그대로 여기에 싣는다. 위 발표문 중 〈제4장 목간 공반유물의 매납과 유구의 성격〉은 「경산 소월리 유적 출토 人面透刻土器와 목간의 기능」이란 제목으로 경북대학교 인문학술원의 『동서인문』 16(대구, 2021.8)에 활자화하였다. 심포지엄에 발표된 다른 모든 연구자들의 논문도 모두 이 『동서인문』 16에 게재되었다(http://iohs.knu.ac.kr/board/board.php?bo_table=research_rec_04). 활자화의 년월은 『동서인문』 16(대구, 2021.8)보다 4월여 늦지만, 위와 같은 사정에서 그 논고들과 4월 27일 동시에 공표된 것이고, 여기에 게재하는 내용이 당시 발표 내용을 그대로 싣는 것이어서 그들을 각주에 인용하지는 않았다. 본고의 주장은 2021년 4월 27일에 공표한 필자의 독창적 주장임을 특기한다. 불필요한 오해가 없기 바란다. 〈3장 단위행정구역의 위치와 범위〉도 근간예정이다.

** 경북대학교 인문학술원 HK+연구교수

절대 우세 지역이었다. 습서로 추기된 몇 자 역시 단위행정구역(아마도 村) 관리 업무와 관련된 사항들이다. 이 목간은 먼저 해당 단위행정구역(아마도 村) 내 토지 현황을 조사하여 기록하는데 사용되었다. 조사한 기록이 문서로서 역할이 끝난 후, 습서되었다. 이후 수혈구덩이에 매장되었다.

6세기 이후 왕경 경주에서 영천, 경산, 대구에 걸치는 금호강 벨트에 농경 관련 수리사업으로서 堤坊 축조가 국가에 의해 이뤄지고 있었다. 주요산업 농업의 진작 특히 논 즉 畓의 확충에 매진하였다. 경산 소월리 목간은 이 지역 村 단위 사회의 마을 분포, 畓과 田의 소출량과 함께 특수 목적 토지의 존재를 기본으로 해서, 馬와 堤의 관리 모습을 짐작게 해준다. 堤 축조로 인해, 지리 변화는 새로운 마을의 창출과 재편을 가져왔다. 畓과 田의 소출량의 관리와 점검은 국가에 매우 주요사안으로서 철저히 문서화되었다. 농업경영은 지역사회 전체의 공동노동을 전제로 하는 것이었기 지역단위사회의 農耕儀禮 역시 매우 중시되었다. 목간이 출토된 소월리 유적은 谷地로서 해당 村의 儀禮의 중심지였을 가능성이 크다. 아울러 高床建物址群는 소지역 사회에서 낮은 등급의 관아시설도 포함되었을 가능성이 있어 보인다. 官文書가 지역 의례의 場에 활용된 것은, 국가권력이 지역사회의 의례에 까지도 관여하는 단계에 이르렀음을 보여준다.

▶ 핵심어: 慶山 所月里, 목간, 文書, 村落, 村, 畓田, 기초문서, 농업경영, 제사, 국가관리

I. 序言

경산慶山 소월리所月里 목간은 해당지역 논과 밭과 그 소출량을 기록한 신라시대 목간이다. 길이 74.2㎝ 직경 4.3~2.8㎝의 5면 5각의 봉형棒形인 이 목간은 2019년 8월에 화랑문화재연구원이 경북 경산시 와촌면 소월리 1186번지(산 60-1번지) 일원을 발굴하는 과정에서 출토되었다. 목간은 2구역의 그 지름이 1.6m되는 107호 수혈에서 출토되었다. 목간은 같은 수혈에서 출토된 인면장식옹, 시루보다 조금 아래에 있었으며, 싸리나무 다발과 자귀와 함께 나란한 상태에 있었다.[1] 해당목간은 화랑문화재연구원이 수습한 뒤, 국립경주문화재연구소의 협조를 받아 적외선사진 등을 진행하였다. 목간과 관련해서는 화랑문화재연구원 측의 현장설명회를 통해 그 개요가 공개되었고, 이후 화랑연구원의 오승연, 김상현 선생이 왕경연구회(경주), 한국목간학회(경주), 경북대인문학술원(대구)에서 차례로 정보 공개를 하기에 이르렀다. 관련해서 화랑문화재연구원, 국립경주문화재연구소, 한국목간학회가 협력하여 2차례 자문회의를 갖고 목간에 대한 기초적 판독과 이해를 다지게 되었고 목간 실견의 기회도 열렸다. 이같은 과정을 통해 관련 유적과 목간에 대한 자

---

1) 유적 현황은 다음을 참조. 오승연·김상현, 2020, 「투각 인면문 옹형 토기가 출토된 경산 소월리 유적」, 『2019 한국 고고학 저널』, 국립문화재연구소, pp.76-81; 화랑문화재연구원, 2020, 「경산 소월리 유적 사람 얼굴 모양 토기 출토」, 『문화재사랑』 182(2020년1월호), 문화재청, pp.36-37; 전경효, 2020, 「경산 소월리 목간의 기초적 연구」, 『목간과 문자』 24, 한국목간학회, p.360·p.358

료가 정리되었다.[2] 애초 최초 연구 혹 판단은 6세기로 시대를 비정하고 谷, 畓, 堤란 용어를 키워드로서 중시하고 농업생산력 증대를 위해 제방이 축조되었고 그 주변에 논이 자리하였으며, 堤가 조세부과와 연관이 있다고 보았다.[3] 그 후 공개된 자료를 바탕으로 목간을 심층분석한 2편의 논고가 공간되었다. 손환일은 해당목간을 원주형 꼬리표 목간으로 규정하였으며 단위면적 당 농산물 생산량을 조사한 현장조사기록장부인 野帳으로 파악하였다. 고을 단위로 생산 농산물을 결부제 단위로 현장조사하였으며 토지는 곡문미진과 내리에 위치했고, 토지는 田은 上下의 등급으로 구분되었으며, 토지는 畓과 田, 火田으로 구분되었다고 보았다. 국가에서 제방을 제공하고 생산량의 40%를 세금으로 거둔 것으로 파악하였다. 그리고 서체로 볼 때 함안 성산산성목간과 유사하므로 6세기 후반에 비정하였다.[4] 전경효는 목간의 내용을 골자기 단위로 파악한 토지면적으로 보았다. 토지 면적을 기준으로 조세를 징수하는 체계가 6세기에 시행되고 있었다고 했다.[5] 이상이 자료 공개 및 직후 연구초기 연구 성과의 개략이다. 기존연구는 주로 판독에 기본 해석에 중심을 둔 것으로 높이 평가할 만하다. 다만 글자 堤만을 너무 중시한 나머지 목간이 제사의례에 활용되었음을 유기적으로 제대로 주목하여 해석하지는 못하였다.[6] 필자는 선행 논고와 함께 공개자료[7], 그리고 두 차례 실견과 함께 수 차례 발굴 현장 및 그 주변에 대한 답사를 통한 지견을 바탕으로 해서, 해당 목간에 대한 종합적 분석을 더해, 기존 연구의 미진한 점을 보완하고자 한다.

---

2) 오승연·김상현, 2020, 앞의 논문.

3) 최초 목간 공개 자료였던 문화재청 보도자료에서 발굴처는 "목간을 통해 골짜기(곡 谷)를 배경으로 형성된 일정한 집단이 있었으며, 둑(제 堤)이 조세 부과와 연관 있다는 점도 드러났다. 이를 통해 골짜기(谷)와 둑(堤)을 중심으로 한 당시 지방 촌락의 입지, 농업 생산력 증대를 위해 축조한 제방과 그 주변에 자리하고 있는 논의 존재 그리고 그곳을 대상으로 조세를 수취하는 중앙 정부의 지배 양상을 동시에 엿볼 수 있게 되었다."고 정리했다(문화재청 보도자료, 2019.12.19 「경산 소월리 유적에서 토지 관리 연관된 신라 목간 출토: 사람 얼굴 모양 토기 아래서 발견…6세기대 토지 관리 문서로 추정」 https://www.korea.kr/news/pressReleaseView.do?newsId=156365109&call_from=rsslink).
경향신문 기사에서는 ⟨연구자들은 대체로 제사행위를 펼치고 토기와 목간, 싸릿대 등을 매납한 구덩이라는 의견을 제시했다. … 주보돈 교수는 "바로 저수지를 쌓아 마련한 전답을 토대로 세금을 걷기 위한 기초자료를 얻기위해 목간에 기록했을 것"이라고 해석했다. 주교수는 또한 "목간이 쓰레기 더미가 아니라 제사 구덩이에서 사람 모양 토기 및 시루 등과 함께 출토된 점도 착안거리"라면서 "제사를 지내면서 왜 세금할당량을 기록한 문서(목간)를 매납했는지 연구해볼 필요가 있다"고 덧붙였다.⟩고 정리했다(이기환, 2020.1.16.「"1500년전 마을별 세금할당량" 경산 소월리 출토 목간의 정체」 경향신문 2020년1월16일자 (http://news.khan.co.kr/kh_news/khan_art_view.html?art_id=2020011609 05001). 그러나 정작 후속 연구에서 이러한 착안점이 아직은 활성화되지 못했다.

4) 손환일, 2020, 「경산소월리목간의 내용과 서체」, 『한국고대사탐구』 34, 한국고대사탐구학회, p.582.

5) 전경효, 2020, 앞의 논문, p.586

6) 기존 연구에서 제사 관련 연구는 손환일에 의해 이뤄졌다. 地神에게 稅吏의 酷政의 수탈을 고한 것이라고 파악하였으며 "神位"까지 읽어내었다(손환일, 2020, 앞의 논문). 토착신의 일환이라 할 수 있는 地神을 주목한 것은 탁견이다. 다만 공반유물의 해석과 구체적인 해설에는 이론이 있을 수 있다. 상세한 언급은 Ⅲ에서 하기로 한다.

7) 언론보도, 또 왕경연구회, 현장설명회, 한국목간학회, 한국고고학저널 등에서 발굴처인 화랑문화재연구소 측이 학계에 발표공개한 자료, 경주연구소에서 열린 자문회의(제2차)에서 얻은 정보 등.

II. 畓田 地目 省略의 書法

해당 목간은 중국의 목간 분류에 따르면 觚(고), 즉 막대 모양 여러 면 목간[棒形多面木簡]이다. 목간에 대한 필자의 판독은 〈판독문〉과 같다. 대체로 5면에 글자가 있는 5면 목간이다. 목간 위 쪽에서 내려다 볼 때, 시계바늘 방향에 따라, 또 문서처럼 5면을 펼쳤을 때, 우측에서 좌측 방향으로, 임의의 면을 A면으로 삼고, A, B, C, D, E면으로 명명되었다. 관련하여 필자의 판독문은 [자료 1]과 같다. 이를 토대로 본론을 진행하기로 한다. 5면 중 어느 면이 제1면인지는 판독미상 글자나 면이 있어 확단하기 어려운데, A면 혹 E면일 가능성이 있어 보이고, 이 가운데 A면이 제1면일 가능성이 가장 커보인다. 이러한 판단의 근거는 후술한다. A, B, C면은 모두 〈마을 이름+田畓지목+결부수〉의 기록이 나열된 것이고, E면은 이들과 는 좀 달리 마을 이름이 없다. 먼저 A, B, C면 부분을 상세 검토하기로 한다.

[A면]:

　　　　　　…　　　　　　卅負　-A1
甘末谷　　畓　　七結,
堤上　　　　　　一結,
仇弥谷　　　　　三結,
堤下　　　　　　　卅負」

… 畓 40負.　　甘末谷은 畓 7結, 堤上은 1결, 仇弥谷은 3결, 堤下는 40負.

堤上 이하 田畓지목이 없는 것은 생략된 것으로 보이고 그것은 위와 같기 때문이었을 것이다. 그러한 以下 同 省略의 사례는 6세기 신라 비문에 보인다. 인물이 열거될 때 앞 사람과 소속부가 같을 때 이어 나오는 사람의 소속부명은 생략된다.[8] 그 점에서 연이어 지목이 표시되지 않은 堤上,仇弥谷,堤下는 모두 그 위에 나오는 甘末谷과 같이 지목이 모두 畓이 된다고 봐서 좋을 듯하다. 이같은 서식으로 볼 때, 해당 목간은 6세기 중앙 문서 서식에 입각한 관문서의 서법을 지녔다고 볼 수 있다.

[B면]:「 …
乃刀□　　　畓　　　卅負
谷門弥珎　　上田　三半

---

8) "…沙喙部而粘智太阿干支, 吉先智阿干支, 一毒夫智一吉干支, 喙勿力智一吉干支, 慎宍智居伐干支,…"(봉평비, 524년): 吉先智,一毒夫智는 부명 표기가 없지만, 앞의 沙喙部를 생략한 것이고, 慎宍智도 부명이 없지만 앞의 喙과 같아 생략한 것이다. "匠尺阿良村末丁次干, 奴舍村次▨▨礼干"(남산신성비 제1비, 592년): 직역 匠尺 역시 두 번째부터는 생략되었다. 이러한 생략서법은 501년 中成里碑에서 592년 南山新城碑까지 변함없다.

下只□□　　下田　　　七負
內利　　　田　　　　七負
仇利谷　　次巳　　　五負 (五負四□)

… 乃刀□□는 畓이 40부, 谷門弥珎은 上田이 三半, 下只□□는 下田이 7負, 內利는 田
이 7負, 仇利谷은 次巳이 5負[5負 4□].

　생략의 서식은 위와 다를 때는 적용되지 않았다. B면에서 토지항목은 5개 마을 모두 빠짐없이 기재되어
있다. 위에 오는 마을과 같은 경우가 하나도 없기 때문이다. 이러한 서식에 주의 하면 乃刀□은 畓이기 때문
에 그 앞의 마을은 읽을 수는 없지만, 畓이 아닌 것은 확실하게 된다. 따라서 田 항목 중 어느 것이 됨을 예
측할 수 있다. 토지 항목이 田 종류인 마을이 谷門弥珎에서 仇利谷까지 4개 마을이 연달아 기록되었다. 다
음은 [C면]이다.

　　　　[C면]:「上只尸谷　　畓　　巳結,
　　　　　　赴文大　　　　五吉⁹⁾(=結)□負 」
　　　　上只尸谷는 畓이 7結, 赴文大는 5결 □負.

　赴文大의 지목은 생략되었지만 위 上只尸谷과 같은 畓임에 틀림없다. □는 卄,삼십,사십 계열의 글자이나
희미해서 특정해두지는 않는다. 결부수는 上只尸谷이 7結, 赴文大가 五吉(=結)□負여서, 많은 것부터 내림
차로 기록했다. 이상의 A-C면은 (1)〈마을+전답의 토지 지목+결부수〉의 서식으로 기록하였는데, (2)전답의
지목은 위와 같을 경우 생략하였고, (3)일정 단위의 그룹은 토지의 결부수의 내림차 순으로 정리한 경향을
보인다. 생략서법은 신라 중고기 비문에 보이는 전형적 서법이다. 이 목간의 연대를 판단하는 데 주요 기준
중 하나가 될 수 있다.

---

9) 판독과 관련해서 손환일 선생은 五吉을 숲로 보셨다. 吉 위를 八 혹 人으로 인식하신 듯 하다. 그런데 그 부분에 2획 이상의 획
　이 있고 五에 가까운 것으로 판단했다. 吉은 확연한데, 그 왼쪽에 삐침이 있다. 삐침이 吉과 유관한 자획으로 인정되면 結에 다
　름 아니다. 이 목간 안에 結자 중에는 糸를 ㅣ와 같이 쓴 것이 있다. 무관하다고 할 경우, 자리위치로 보아 吉만으로도 結를 대
　신했다고 판단된다.

[자료 1. 목간 판독문]¹⁰⁾ → [자료 1. 목간 판독문][10]

이하 A면-B면-C면-D면-E면-A면은 위에서 내려볼 때 시계바늘이 도는 방향

펼쳐놓고 보면, 오른쪽에서 왼쪽으로 진행, A면이 1면으로 생각됨

A면:「 〔　〕□□□□□□□□卌負　甘末谷畓七結　堤上一結　仇弥谷三結 堤下卌負」

　　　　　　　　　　艸　　　　　　　　　　　　　　　　　　　　　　　　　五負

B면:「〔　〕　□□□□乃刀□畓卌負　谷門弥珎上田三半　下只□□下田七負　內利田七負　仇利谷次巳¹¹⁾　　□」

　　　　　　　　　　　　　　　　　　　　　　　　　　　　　　　　　　　　　四□

C면:「上只尸谷畓七結 赴文大五吉□負 」

D면:「　　　　　　　　　　　　　　　　　　　　　　　　□□ *柱柱邱阝*」

E면:「畓中 三結卌負□ 得□□□□□卌負　　　　　　　　　　*□堤 堤堤 心心匹□*」

74.2㎝×4.3~2.8㎝

"*□□ 柱柱邱阝*"과 "*□堤 堤堤 心心匹□*"는 追記

III. "三半"의 結負 單位

"三半"이란 표기도 흥미롭다. 앞 뒤를 보건대, 三結과 半이거나 三負와 半일 것이다.¹²⁾ 三負半이면 3부 50

---

10) 손환일 판독문 A면:「 … (八月) … 卌負 甘末谷畓七(結) 堤上一結 仇弥谷三結 堤下卌負」 B면:「 … 八月十日 乃刀(谷)畓卌負 谷門弥珎上田三半 下只(尸谷)下田七負 內利田一負 仇利谷火田五負□□□□」C면:「(上)只尸谷畓二結 赴文大舍 定」 D면:「 … (神位) 斯」 E면:「畓十三結卌負 得月□五結卌負 … 堤堤堤 心心匹匹」(손환일, 2020, 앞의 논문). 전경효 판독문 A면: ⊂⊃卌負 甘末谷畓七(?)□堤上一結 仇弥谷三結 堤下卌負. B면: ⊂⊃□□□□乃刀□畓卌負谷門弥珎上田三半 下只□□下田七負內利田□負 仇利谷次□ 五負□□□. C면: 下只尸谷畓二結北□□□負. D면: ⊂⊃柱 柱□. E면: 畓十三結卌負 得□□□三結卌負 □堤 堤堤 四四 四四(전경효, 2020, 앞의 논문). 전경효 판독은 1, 2차 자문회의에서 이뤄진 공동판독문을 바탕으로 정리된 것이다. 필자는 2차 판독자문회의에 참석하여 판독을 내는 데 일조하였다. 단 반나절이라는 짧은 시간에 판독을 해야하는 핸디캡이 있었다. 그 후 전경효 선생으로부터 정밀하게 새로 촬영한 적외선 사진을 제공받아 시간을 두고 재판독하여, 이전 공동판독을 수정보완하여 이 판독문을 제시한다. 전경효 선생, 경주문화재연구소, 한국목간학회에 감사드린다.

11) 包 계열의 巳다.

속이다. 그런데 이 복간 문서 전체에서는 결과 부까지만 기록했고 束까지는 기록되지 않았으므로, 이 부분만 예외 혹 특출난 것이 된다. 아울러 소출량을 내림차순으로 기록한 것도 아니게 된다. 또 목간 내 田의 총량은 62부 6속이 되어 채 1결이 되지 않게 된다. 三結半이면 3결50부가 된다. 田이 많은 량부터 내림차순으로 정리된 것이 되며, 목간 내 田의 총량은 4결여가 된다.

> [B면]: 「 …   -3
> 乃刀□   畓   卅負   -4
> 谷門弥珎   上田   三半   -5
> 下只□□   下田   七負
> 內利   田   七負
> 仇利谷   次巳   五負/四□ □

三半의 결부 단위를 위와 같을 경우 그 아래에서 생략할 수 있다고 본다면, 바로 위에 40負가 나오기 때문에 바로 아래 三半도 負가 되어야 한다. 그런데 문제는 그 아래는 생략하지 않았다는 점이다. 이어 七負,

戊寅年　六月中　佐官貸食記				제1단
固淳夢	三石			제2단
止夫	三石	上 四石		
佃目之	二石	(上 二石)	未 一石	
佃麻那	二石			제3단
比至	二石	上 一石	未 二石	
習利	一石五斗	上 一石	未 一(石二斗)	[이상 앞면]
素麻	一石五斗	上 一石五斗	未 七斗半	제1단
今沽	一石三斗	上 一石	未 一石甲	
佃首行	一石三斗半	上 一石	未 一石甲	제2단
刀〃邑佐	三石 与			
幷	十九石			제3단
得	十一石			[이상 뒷면]
		( ) 추정판독 〈백제 쌍북리 좌관대식기 목간, 618년〉		

---

12) 손환일은 3.5부로 보았다(손환일, 2020, 앞의 논문, p.594).

七負,五負라 기재하였다. 아울러, 토지지목과 달리 結負 단위와 관련해서 이 목간에서는 이 三半 부분을 제외하고는 생략한 예가 없다. 생각해보면, 결부수의 기록이 이 목간 문서에서 가장 중요한 부분이었기 때문에 생략해서는 안되었을 것이고, 정확히 분명히 기록했을 것이다. 그러한 면에서 三半이란 단순한 생략이 아니라 정해진 문구였던 게 아닐까. 이 점은 후술한다. 일단 수치에서 半을 사용한 예는 이웃 백제는 물론, 중국과 일본에도 보인다. 먼저 백제는 618년에 작성된 왕경의 목간 문서에 보인다.

　　백제 좌관대식기 목간은 618년에 작성된 것으로, 백제의 왕도인 부여 쌍북리에서 출토된 국가의 문서다. 일정량의 곡식을 개인들에게 대여해주고 일정기간 후 이식을 포함한 원곡을 상환케 한 것인데, "무인년 즉 618년 6월"이란 중간 시점에서 상환 상황을 중간 결산 혹 점검한 장부다. 〈개인이름+대여한 곡식양+상환된 곡식양+미상환 곡식양〉의 서식으로 기록했다. 대여기관의 창고 관리와 勘檢의 입장에서 필수적 정보가 시각적으로 잘 정리기록되어 있다. 대여한 사람, 창고에서 나간 곡식의 양, 창고로 다시 들어온 양, 창고에서 더 받아야할 양의 순이다. 문서는 양면으로 완결되어 있고 각면 3단, 각 단 3행의 구성이다. 대여기관에서 국영 곡식 창고를 운영할 때, 창고 곡식의 출입 상황을 계산할 때, 미상환자와 미상환 액수를 관리함에 최적의 장부다. 그와 짝하는 것이 문서 가장 끝에 위치한 총합이다. 대여한 곡식량과 상환받은 액수의 총량이란 대차대조액이 명기되었다.[13] 貸食記란 食을 貸해준 것에 대한 기록,문서란 의미일 것이다. 食은 石斗로 표기되고 있어서 稻와 같은 곡식이었을 것으로 여겨진다. 별달리 곡물의 내용을 기재하지 않은 것도 독특하다. 이와 관련하여 통일신라 자료에 "食 몇 石"이란 표기들이 보인다. 경주 황남동 376번지 목간, 창녕 인양사비, 불국사 석가탑 중수기 문서 등이다. 삼국시대 신라에서 이러한 표기는 아직 확인된 적이 없으므로, 백제 문서 문화의 신라 전파로 인식할 수 있다. 이 대식기 목간에서 "七斗半" "一石三斗半"과 같이 "半"이란 용법이 보인다. 이것은 각각 앞서 나온 단위의 반이란 의미다. 즉 "七斗半"이란 "七斗와 半斗(0.5斗)" 즉 7.5斗다. 半 즉 1/2 이외 1/4을 뜻하는 甲도 보인다. 半은 또 지방 목간인 나주 복암리 5호 목간에도 보인다.

　　麥田一形半

　　形은 백제 특유의 면적단위고 一形半이란 1.5形이다. 이와 같이 백제목간에서는 量詞를 생략하지 않았으므로 혼동의 여지없게 정확하게 기록하였는데, 신라는 그와 좀 달라 보인다. 수치 半은 일찍이 중국에서 사용되었으며 그 용례는 일본 고대 목간에도 보인다.

---

13) 관련 논고는 많은 편인데, 관련해 국내 최초의 논고였던 아래를 인용해 둔다. 국립부여박물관, 2008, 『(학술대회 발표문집)좌관대식기의 세계』: 鈴木靖民, 三上喜孝, 서길수, 손환일, 이용현의 논고 5편이 실려 있다. 위 기술은 기존 연구를 포괄한 위에서의 필자 견해다. 연구를 정리한 논고로는 정동준, 2009, 「佐官貸食記 목간의 제도사적 의미」, 『목간과 문자』 4, 한국목간학회.

○□□□〔各七일까〕副╲·□条各四副╲·「十四条／三条各五副／十一条各三𠀝辟副‖」

(平城宮東院地区　奈良県奈良市法華寺町 목간: 木研4-12頁-1(12)(城15-9上(18)))

辛卯年十二月一日記宜都宜椋人□稲千三百五十三𠀝記◇

(滋賀県野洲市西河原　西河原宮ノ内遺跡 목간: 木研33-154頁-2(2)(木研29-66頁-(3)))

양사가 붙어 있거나 없어도 익히 알 수 있는 경우다. 특히 西河原宮ノ内 목간은 稲 즉 곡식과 관련하여 사용하였다. 결론적으로 주변 여러 자료를 검토해도 "三𠀝"의 數量詞 즉 결부 단위를 확정하기는 용이하지 않다. 생략형이라고 한다면, 앞의 것이 負이므로 三負𠀝으로 간주되어야 한다. 그런데 三𠀝 그 다음의 七負 이후는 단위를 생략되지 않았다. 동일 단위라면 일견 후속되는 수치들도 그와 같이 단위가 생략되어야 할 것 같은데, 그렇지 않다. 이 점은 중고기 비문에서 소속部 생략의 서법과 다르다. 중고기 비석의 인명 표기에서 〈소속부+이름+관등〉에서 소속부는 앞과 같을 때 생략을 하지만, 관등이 생략되는 법은 없다. 소월리 목간에서 토지지목의 기재는 비석의 소속부와 경향이 같고, 소월리 목간의 결부수는 비석의 관등 부분과 경향이 같은 인상이다. 소월리 문서에서 사실 官에서 가장 중요한 부분은 결부수가 아니었나 싶다. 이 부분에 대한 불확실한 기재는 용납되지 않았을 것이다. 이 보다 단계가 더 높은 문서였다고 보이는 신라촌락문서에서도 畓田부분에서 結負束까지 빠짐없이 기록하였고, 단위의 생략은 없다. 고로 이러한 관점에서 "三𠀝"이란 결부를 기재하지 않아도 관리들 사이에서, 문서행정상 결정된 문구, 단어라 보는 것이 자연스럽지 않을까 한다. 이에 三𠀝 자체로 결부를 기록하지 않아도 일정대상을 나타내는 것으로 기정되어 있었다고 가정하고자 한다. 이에 다음과 같은 이유로 三結𠀝일 가능성이 三負𠀝일 가능성보다 크다고 판단한다. 三負𠀝일 경우는 3부 50속이 되는데, 이 목간 전체에서 結과 負까지만 기록되었고 그 하위 단위인 束까지는 파악되지 않았다. 그 점이 이 소월리 목간과 신라촌락문서의 차이라고 본다. 이에 三𠀝을 三結𠀝 즉 3결 50부로 보고자 한다. 그것이 결부수의 내림차 순 정리 원칙과도 부합된다.

IV. 밭[田·㘒]의 土地 等級

앞서 B면에 토지 지목은 上田 - 下田 - 田 - 次㘒가 보인다. 위와 같은 순서로 기재되어 있고, 畓과는 달리 모두 예외없이 畓으로 표기되고 있다. 결부제에서는 당연한 것으로 보인다. 다만, 田의 경우 위와 같은 4종이 무엇을 나타내는가.

일단 결부제結負制라는 것이 토지의 등급까지 감안하여 그것을 전제로 한 소출량所出量을 나타낸 것이어서 결부로 표시했을 경우, 토지의 등급을 표시할 필요가 없다. 요컨대 몇 결 몇 부라고 하는 것 자체가 토지의 등급이나 경우에 따라 풍흉 등도 전제로 한 것일 것이기 때문이다. 실제 촌락문서에서는 畓에서는 其村官謨畓, 內視令畓, 烟受有畓, 村主位畓, 田에서는 其村官謨田, 烟受有田과 麻田이 있었다. 其村의 官의 비용을 도모하는 畓이나 田, 內視令의 畓, 烟이 할당받아 갖고 있는 畓이나 田, 村主 직위에 할당되는 畓, 麻를 심은 田이란 뜻으로 보이므로, 이들은 용도나 목적, 재배 작물의 구분이지, 토지의 등급을 나타내지는 않는다. 한편 창녕비에 보이는 白田 역시 등급표시와는 무관하다. 그렇다면 소월리 목간의 上田 - 下田 역시 그렇게 볼 수 있을 것인가. 혹여 上下가 등급이 아니라 토지의 위치를 나타낼 수도 있다. 그 점을 검토해보자. 이 경우 전田의 위치 즉 위쪽에 있는 밭, 아래쪽 밭, 그 다음 밭과 같은 것을 상정해볼 수 있다. 해당 부분을 다시 보면 아래와 같다.

谷門弥珎/田/三半, 下只□□/下田/七負, 內利/田/七負, 仇利谷/次巴/五負 …

그런데 문제는 그 경우라면, 谷門弥珎의 下田도, 下只□□의 上田도 함께 같이 나와주어야 한다. [A면]에서는 堤上과 함께 堤下가 등장하는 것처럼 그렇게 되어야 한다. 보이지 않는 점에서 상하가 위치를 가리킬 것이라는 가정은 근거가 박약해진다. 달리 上, 下, 次가 田에 관칭되는 것이 아니고 앞의 마을 이름 끝에 붙는다고 볼 가능성을 생각해볼 수도 있다.

谷門弥珎上/田/三半, 下只□□下/田/七負, 內利/田/七負, 利谷次/巴/五負 …

이에 위와 같이 상정할 수 있는데, 이것 또한 매끄럽지 않다. 목간에 모두 11개의 마을 혹 땅 이름이 나오는데, 판단의 대상이 되는 밑줄친 부분을 제외하고, 곡谷은 모두 4번 보이는데, 곡谷이 지명 마지막에 올 때 곡차谷次와 같이 붙는 경우는 보이지 않는다. 그냥 "~곡"으로 완결되고 있어서 구리곡仇利谷이 아니라 구리곡차仇利谷次로 보는 것을 선뜻 택하기 어렵다. 무엇보다고 그렇게 된다면 谷門弥珎上에서 토지지목 田이 나오고, 그 이하는 반복이 되므로, 下只□□下와 內利 다음의 田은 생략되어야 한다. 그러나 생략되지 않았다. 결국 田의 용도나 목적에 따른 종류일 가능성보다는, 上下는 토지의 비옥이나 생산성을 나타내는 등급일 가능성이 매우 높게 된다. 그렇다면, 上田 - 下田 - 田 간의 서열은 어떤 것이고, 次巴는 무엇인가이다. 우선 次巴는 그 위치가 마을 이름 뒤, 결부수의 앞이어서 田畓지목이 올 자리다. 巴란 판독에 큰 문제가 없을 경우, 그 음 "파"가 田의 훈 "밭"과 연결된다. 이에 巴를 田의 音借로 보아두고자 한다. 이 가설에 의하면 次巴는 次田과 동의어가 되는 셈이다. "밭"이란 단어는 6세기까지 거슬러 올라가게 된다. 가설로서 제시해두고자 한다. 지금까지 삼국시대 금석문 등 1차자료에서 田畓과 관련해서는 水田, 白田, 田, 畓 등 모두 漢字만 전해올 뿐이었다. 『鷄林類事』에 "田曰田"이라 해서 漢字를 많이 쓰긴 한 모양이다. "밭"이라는 단어가 확인되는 것은 15세기 자료인 『釋譜詳節』부터다. 15세기 우리말 "밭"의 "ㅂ"보다 巴의 "ㅍ"가 激音"ph"와 친연성이 커보이고, 巴는 밭phat를 표기한 것이 아닐까 싶다. 일본에서는 밭을 畠, 畑란 한자를 쓰고, hata, hatake로 읽는다. 畓이 水田의 合字인 것처럼, 畠은 白田의 合字다. 白田은 창녕 진흥왕 척경비에 보인다. "白田·畓"이 보이므로 白田은 畓에 대응하는 밭으로 쓰였음이 분명하고 이는 일본에서의 畠와 같다. 아마도 일본어의 hata는 우리말의 '밭'과 同原類音語였을 가능성이 짙어 보인다. 한편 巴는 신라 문자자료에서 인명 혹 지명에 보이는 音借자로 쓰였는데, 그것 역시 田의 음차자설의 증거가 된다. 巴 관련 신라의 용례는 아래와 같다.

異知巳下干支(울진봉평비,528)

□乃巳, 巳兮支(인명), 巳珎分城, 巳珎分村(지명)(성산산성 목간, 6세기 말=592년 전후)

只珎巳(인명: 영천청제비 병진명 536 혹 596)

巳珎婁下干支(인명: 단양 적성비 560. 561. 혹 545-a)

巳川村(지명 :정창원 좌파리가반문서, 통일신라)

新台巳, 今毛巳(인명?: 익산 미륵사지 목간, 통일신라)

知乃巳里娘(인명: 상주 복룡동 납석제 유물, 신라 말)

따라서 그러한 연유로, 田의 지목으로서 上田, 下田, 次畠(=次田)과 田을 설정하는 것, 또 그것이 모종의 등급을 나타내는 것으로 보아 둔다. 上田,下田,田,次田이 등급을 나타낸다면, 4자 간 등급서열은 몇 가지 조합의 상정이 가능할 것이다. 가장 확실하게 말할 수 있는 것은 (1) [上田 〉下田] 즉 上田이 下田보다 우위인 것, (2) 田이나 次田은 上田보다 아래일 것, (3) 上田이 등급이 가장 높을 것, 이다. 이를 전제로 하면 몇 가지 조합을 구성할 수 있다.

上田 〉次田 〉田 〉下田

혹은　　　上田 〉田 〉次田 〉下田

이외 다른 조합도 더 있을 수 있다. 그런데 이들 밭[田]유형의 기록은 다음과 같은 순서다.

谷門弥珎	上田	三半	3결반=3결 50부
下只□□	下田	七負	7부
內利	田	七負	7부
仇利谷	次畠	五負□□□	5부

적어도 下田이 田이나 次畠보다 위가 아니라면, 위는 밭의 등급 순으로 기재된 것은 아니고, 결부수의 다과 순으로 기재된 것이다. 田이 下田보다 상위라면, 같은 소출이 7負로 같은 下田인 下只□□는 田인 內利보다는 면적이 더 넓은 것이 된다. 아무튼 畓과 달리 田은 결부제를 시행하고 있었음에도 불구하고 몇 개의 등급으로 나누어 관리하고 있었다. 田은 여전히 그 토지 등급도 官에서 관리 파악하고 있어야 했던 것이다. 이는 결부제 시행이 미숙한 과도기의 양상이거나, 촌락문서에서는 결부수만이 기록되었지만, 그 하부단위의 현장에서는 실제 토지의 등급도 조사기록되고 있었던 것으로 해석할 수 있다. 경산 소월리 목간은 같은 삼국시기 백제 촌락문서 목간에 비견할 수 있다. 상호 비교를 통해 그 특성을 확인해볼 수 있다.

大祀◎村 □弥貴山, (a) 丁一, 中口□, □小口四, 備丁一, (b)牛一

(c) 湀水田 二形, 得七十二石, 在月三十日者

畠 一形, 得六十二石.

得 耕 麥田 一形牛.[14]

羅州 伏岩里 5호 목간, 촌락문서, 7세기 전반[15]

　　大祀村의 □弥貴山(지역 혹 사람)에서의 丁등 인구와 가축 현황(a.b)과 水田과 田(畠)의 면적과 수확량(c) 기록 문서다. 경산 소월리 문서의 A,B,C면은 나주 복암리 목간의 (c)에 비견된다고 할 수 있다. 백제에서는 면적 形과 수확량 石을 함께 기록하고 있어서 후대 면적 중심의 頃畝制류였던 반면, 신라에서는 수확량을 반영한 結負制였음을 기록하고 있다. 신라의 경우 신라촌락문서 등 종래는 통일신라 자료만 확인되었던 바, 새롭게 삼국시대 6세기 자료에 의해 서도 확인된 것이다. 백제에서는 水田,畠이란 지목표기인데 반해 신라에서는 畓, 田이다. 창녕비에서는 白田,畓이란 용어를 쓰고 있어서, 양국 상호 간에 合字표기를 선택한 것이 백제는 畠, 신라는 畓으로 서로 다름을 알 수 있다. 복암리 목간에서는 湀水田[16], 麥田과 같이 수리시설 여부와 경작작물 등 그 경작상황을 부기한 데 반해, 소월리 목간은 田의 등급을 명기한 것이 특징적이다.

V. "畓中 三結卌負"의 實體

　　이어 E면에 대해 살펴보고 "畓中 三結卌負"의 실체에 다가가고자 한다.

　　　[E면]: 畓中 三結卌負△　得□ □□□□□□賔

　　[A면]-[C면]에서 보이는 각 畓의 도합은 14結 67負인데, [E면]에는 "畓中三結卌負"로 3결 남짓이다. 고로 적어도 이 대목은 나열된 마을 전체 畓의 도합 총수는 아닌 셈이라는 점을 앞서 확인하였다. 한편 이를 中으로 읽지 않고 十으로 읽어, 13결로 인식하기도 한다.[17] 그런데 가로획이 2중 즉 2획으로 되어 있다. 이 점

---

14) (前面)　　　　　　　　　丁一 中口□
　　　　大祀◎村 □弥貴山　□小口四
　　　　　　　　　　　備丁一 牛一
　　(裏面)　　　湀水田二形得七十二石 在月三十日者
　　　　　　◎　畠一形得六十二石
　　　　　　得耕麥田一形牛　　18.5×2.7×0.6(㎝): 羅州伏岩里 5호목간, 촌락문서, 7세기 전반

15) 이용현, 2013, 「나주 복암리 목간 연구 현황과 전망」, 『목간과 문자』 10, 한국목간학회에서 판독문을 수정보완.

16) 湀水田은 泉에서 발원하여 바로 흘러내리는 물의 水田으로 풀이하기도 한다(노용필, 2012, 「백제의 稻作」, 『韓國稻作文化研究』, 한국연구원, p.24).

을 근거로 十보다는 中에 가깝다고 판단하고자 한다. 아울러 中자와 三자 사이에는 간격이 두어졌는데 유의미한 것일 수 있다. 한편 이 부분은 A~C면의 서식 즉 〈마을+전답+결부수〉와 달리 〈마을〉이 보이지 않는다. 목간 첫머리 제일 위에 畓이 쓰여 있어서, 그 위에 다른 글자가 있었을 가능성은 전무하다. 이어 그 자체로 종결되지 않고 글자가 하나 더 오는 것(△), 또 이어 得 등의 문장이 이어지는 것 역시 앞서 A~C면의 서식과는 이질적이다. △는 희미하여 확단할 수 없어 판독안에는 □로 처리했다. 오른쪽은 거의 ㅣㅣ 혹 刂이 보인다. 오른쪽은 획이 가로 세로로 착종하는데 상당히 문질러져서 확연한 획을 잡기 어렵다. 割, 削을 생각해볼 수 있지 않나 한다. 刂가 들어가는 자는 잘라낸다는 뜻이다. 畓중에 3결 40부를 "刂"해서 즉 별도로 나눠두었다는 것으로 볼 수 있지 않을까 한다. 그와 관련하여 중고기 비석 영천청제비 병진명의 유사글자에 주목할 필요가 있다.

> 另色谷大塢. 弘六十一得, 鄧九十二得, 澤廣卅二得, 高八得, 上三得,
>
> 作人 七千人, ▲二囿八十方.　　　　　(영천 청제비, 536년)
>
> 별색곡 큰 둑, 넓이 61보를 얻었고, 길이 92보를 얻었다. 못 넓이 32보를 얻었고, 높이는 8
>
> 보를 얻었고, 위는 3보를 얻었다. 작업한 이 7천인, 이를 나누어 280방을 만들었다.

▲자 역시 오른쪽이 刂다. 필자는 이에 대해 剴라는 의견을 제시한 바 있으며[18], 制가 유력해 보이기도 하다. 이에 관해서는 剴刮[19]등 여러 안이 있고, 刜, 剗 등도 후보가 될 여지가 있다. 어느 쪽이든 刂 즉 잘라 나누어 만든 것이 된다. 작업인 7천인을 280방을 잘라 만들었다, 재편성했다는 뜻이 된다. 그 점에서 소월리 목간 E면의 "△"와 영천청제비 병진명의 "▲"은 유사한 용법이 아닌가 한다. 한편 "得"과 관련해서 앞서 살펴본 백제의 좌관대식기는 합산할 때 총량을 나타냈다. 得十一石(부여 쌍북리 280-5 목간),이외 出背者得捉得安城 (나주 복암리 목간) 一无所有不得仕也(부여 구아리 목간) 등 모두 "얻다" "할 수 있다"로 일반적 용법의 범주다. 한편 신라자료에서는 "얻다" "할 수 있다"는 일반적 용법과 고유명사로 쓰이고 있다.

1. 얻다, 할 수 있다.: 天大罪得(임신서기석, 552년[20]) 得財,得之,得此財(포항 냉수리비, 503년)得見谷,得造(천전리서석 원명, 을사년명, 525년) 祥蘭宗得行(제천 점말동굴, 신라)
2. 고유명사: 喙/末得智/□尺干(창녕 진흥왕 순수비)悉得斯智/大舍帝智(천전리서석 원명, 을사년명, 525년)珎得所利村 也得失利一伐(대구 무술오작비, 578년)
3. 불분명:×□□論洹□□得□[21](경산 임당 고비, 6세기)

---

17) 손환일, 2020, 앞의 논문; 전경효, 2020, 앞의 논문.

18) 이용현, 2017, 「영천청제비 병진명」『新羅文字資料 I』 국립경주박물관, p.167.

19) 剴, 剗 등 여러 견해 판독 소개는 『新羅文字資料 I』 국립경주박물관, pp.169-170 참조.

20) 이용현, 2017, 「국립경주박물관 소장 壬申誓記石의 연대」, 『신라문물연구』9, 국립경주박물관; 崔光植, 1992, 「壬申誓記石」, 『(譯註) 韓國古代金石文 II』, 韓國古代社會研究所 編, 駕洛國史蹟開發研究院.

이에 소월리 목간의 得 역시 위와 같은 범주에서 생각할 수 있다. 고유명사면 지명이거나, 혹은 무엇을 획득했다, 확보했다는 내용이 될 것이다.

中이라는 것은 상중하의 중, 또 어디 가운데란 의미가 있다. "-에"의 의미로 쓰이기도 했다. 상중하에 관해서는 통일신라시대에는 仲이 쓰이는 경향이 있다. 고려 "畓中"이라함은 "답 가운데" 혹 "답에/답에서"가 될 것이다. 즉 "畓에서 三結卌負를 할당해 확보하였다" 혹은 "畓에서 三結卌負를 할당해 ~ 확보하였다"가 될 것이다. 결과적으로 畓 가운데 三結卌負가 별치된 것이 된다. 이처럼 별도로 책정된 이 토지와 관련해서는 관련해서 참조할 수 있는 당대 유일 사례인 신라촌락문서의 사례를 갖고 고려할 필요가 있다. 촌락문서에 보이는 畓과 田의 현황은 다음과 같다.

【A촌: 當縣 沙害漸村】

合畓百二結二負四束以其村官謨畓四結內視令畓四結烟受有畓九十四結二負四束以村主位畓十九結七十負

合田六十二結十負五束並烟受有之：合麻田一結九負

畓 총량 102결 2부 4속, 그중 官謨 즉 官이 도모하는 혹 官을 위해 도모하는 것이 4결, 內視令의 것이 4결, 烟受有 즉 烟에게 할당하여 갖고 있는 것이 94결 2부 4속, 연수유 중 村主位 즉 촌주 직을 위한 것이 19결 70부.: 田 총량 62결 10부 5속, 모두 연수유: 麻田 총량 1결 9부.

【B촌: 當縣 薩下知村】

合畓六十三結六十四負九束 以其村官謨畓三結六十六負七束烟受有畓五十九結九十八負二束

合田百十九結五負八束並烟受有之：合麻田一結□負

畓 총량 63결 64부 9속, 그중 관모가 3결 66부 7속, 연수유가 59결 98부 2속: 田 총량 109결 5부 8속, 모두 연수유: 麻田 총량 1결 □부.

【C촌: 결명 촌】

合畓七十一結六十七負 以其村官謨畓三結 烟受畓六十八結六十七負

合田五十八結七負一束並烟受有之： 合麻田一結□負

畓 총량 71결 67부, 그중 관모가 3결, 연수유가 68결 67부: 田 총량 58결 7부 1속, 모두 연수유: 麻田 총량 1결 □부.

【D촌: 西原京 □□□村】

合畓卄九結十九負 以其村官謨畓三結卄負 烟受有畓卄五結九十九負

合田七十七結十九負 以其村官謨田一結 烟受有田七十六結十九負：合麻田一結八負

畓 총량 29결 19부, 그중 관모가 3결 20부, 연수유가 25결 99부: 田 총량 77결 19부, 그중 관모가 1결, 연수유가 76결 19부: 麻田 총량 1결 8부.

---

21) 이전 판독안(이용현, 2017, 「경산 임당 고비」, 『新羅文字資料Ⅰ』, 국립경주박물관, p.135)을 다음과 같이 수정한다. : × □□論洹□□得□×」喙部□□□斯彼己□□□与吉×」壹借□□令□一尺[ ]耳」

4개촌을 보면, 연수유 田畓이 기본이고, 거기에 촌의 관모, 내시령, 촌주위 등이 설정되어 있다. 烟受有란 烟이 할당받아 갖고 있는 것이고, 其村官謨란 村의 官을 圖謀하는 것이므로 촌의 관서경비 할당으로 보인다. 內視令과 村主位는 각각 내시령과 촌주 직위자에게 할당된 것으로 보인다. 이에 목간에서 "畓中 三結卌負"는 목간 내에서 언급된 마을의 畓 가운데서 설정된 것이라고 파악할 수 있고 이것은 앞서 목간에서 언급된 각 마을의 結負수와는 결이 다른 특수한 것으로 보인다. 이에 목간의 "畓中 三結卌負" 부분은, 촌락문서에서는 일반 백성 경작자일 烟과 관련된 烟受有畓을 제외한 나머지 3개 지목 즉 官謨畓, 內視令畓, 村主位畓과 같은 특수목적용의 것과 유관할 것으로 추정해두고자 한다.

한편, 지목 중 좀 더 좁혀야 한다면, 3건의 지목 가운데 官謨畓 쪽이 확률이 높아 보인다. 그러한 정황적 판단의 근거는 아래와 같다. 촌락문서에 보이는 4개 촌의 畓에는 공히 其村官謨가 설정되어 있다. 반면 內視令과 村主位는 A촌에만 보인다. 田의 경우는, 특별히 각 촌 마다 麻田을 1결 남짓 설정해두었다. 1결 정도로 한정되어 있는 것으로 보아, 마을 전체의 田 가운데 일정 비율이라기 보다는, 마을 단위로 1결 남짓의 필수 책정이었을 것으로 보인다. 또 官謨田은 4개 촌 가운데 1개 촌 즉 D촌, 서원경 모촌에만 설정되어 있고 설정 結수도 딱 1결이다. 이로 보아 官謨田은 麻田과 마찬가지로 설정 結수의 범주가 규정된 것이며, 모든 마을이 아니라 특정 마을에만 할당된 것으로 보인다. 이에 반해 官謨畓은 4개 촌 모두 예외없이 설정되어 있으며, 그 수치는 3결에서 4결이다. 이것은 官謨畓은 官謨田과 마찬가지로 각각 村의 畓과 田의 전체 수량 가운데서 일정 비율로 균질적으로 설정된 것이 아니고, 村별로 기본 結수가 할당된 것이 된다. 재차 강조해 두자면 촌락문서를 기준으로 보면 관모답은 촌별로 3결~4결이다. 문서에서 "畓中 三結卌負"은 3결 40부로 딱 3결~4결의 범주에 속한다. 즉 특정 村에 선별적 선택적으로 설정되지 않고 필수적으로 설정된 것 같은 점, 또 설정 결수가 3결~4결의 범주인 점을 근거로 목간의 "畓中 三結卌負"은 촌락문서의 특수지목 가운데서도 필수적으로 촌마다 설정되어 있는 官謨畓계열일 가능성이 높지 않을까도 생각된다. 또 마을 공통 목적 혹 특수용처의 토지도 생각해볼 수 있다. 촌락문서에서 田畓의 기재는 촌 마다 예외없이 畓을 우선시하고 있다. 국가의 파악 방식에서 田畓이 田보다 우위에 있었음을 드러내준다.[22] 이와 같은 관점에서 보면, 해당 소월리 목간은 모村을 단위로 한 문서 혹 몇 개 문서 중 일부로 생각할 수 있다. 환언하면 목간에 기록된 지역명은 한 村 안의 것들로 추정된다.

VI. 追記 "堤·柱·心·匹"의 解釋

앞서 A~E면에 보이는 일련의 畓과 田의 결부 기록들을 살펴보았다. 이들과 이질적인 기록이 D면과 E면에 보인다. 追記로 여겨지는 것들이다. 이들은 목간은 아래쪽에 몰려 기재되었고, 같은 자를 반복적으로 썼

---

22) 관련하여 畓농민들의 촌락 생활 자체, 국가의 관리와 파악 면에서 모두 畓 우선의 경영이 이뤄지고 있었고, 논농사가 중시되고 있었음을 웅변한다는 노용필의 주장에 공감한다(노용필, 2009, 「統一新羅의 논농사」, 『진단학보』 107, 진단학회, p.89).

다. 반복 학습한 것일 수도, 주문을 반복한 것일 수도 있다.

      [D면]   □□ 柱柱 邸阝 」
      [E면]:「(전략)   □堤 堤堤 心心匹□ 」

먼저 첫 번째 堤에 대해서다. 堤는 계곡의 물을 가두어두는 저수시설을 일컫는다. 우리말로는 '둑', '뚝'이라고 한다.[23) 堤는 저수된 물인 池와 조합을 이룬다.[24) 신라 국가의 발전과 함께, 전근대 사회가 다 그렇듯 농업은 주요산업이었고, 그 성패를 좌우하는 중요한 환경 중 하나가 농업용수의 확보와 관리였고 堤는 그 중 하나였다.[25) 堤와 관련해서는 금석문에 永川 菁堤가 있다. 영천청제비 건립 단계를 기록한 丙辰銘(536년)에서는 大塢로 지칭하고 있고 중수되는 貞元銘(790년)에 이르러서야 堤("菁堤")로 불리게 된다. 문헌자료의 堤는 아래와 같다.

    1. 429년, 新築矢堤, 岸長二千一百七十步.(『삼국사기』 신라본기 눌지마립간 13년)
    2. 531년, 命有司修理堤防 (『삼국사기』 신라본기 법흥왕 18년 3월)
    3. 790년, 增築碧骨堤, 徵全州等七州人興役.(『삼국사기』 신라본기 원성왕 6년 1월)
    4. 810년, 王親祀神宮 發使修葺國內隄防 (『삼국사기』 신라본기 헌덕왕 2년 2월)
    5. 894년, 第五十二孝恭王 金氏, 名嶢. 父憲康王. 母又資王后. 丁巳立. 理十五年. 火葬師子寺北,
        骨藏于仇知堤東山脇.(『삼국유사』 왕력)
    6. 133년, 下令, "農者政本, 食惟民天. 諸州郡修完堤坊, 廣闢田野." (『삼국사기』 신라본기 일성
        이사금 17년 3월)
    7. 長堤郡, 本髙句麗主夫吐郡, 景德王改名. 今樹州. 領縣四.(『삼국사기』 잡지 지리 신라)
    8. 奈隄郡, 本髙句麗奈吐郡, 景德王改名. 今堤州. 領縣二. (『삼국사기』 잡지 지리 신라)

일찍이 429년부터 대규모 제방의 축조가 이뤄지고 있다(1). 6세기는 물론 8~9세기에 걸쳐서도 제방의 수리, 증축은 계속되고 있다(2, 3, 4). 堤는 왕경 주변은 물론(5) 지역에 산재했던 것으로 보인다. 堤의 수축 목적은 『삼국사기』 사료 6에 잘 요약되어 있다. 요컨대 제방은 농업 진흥책에 있어 경작지 확충을 위한 전제 조건이었고, 농업은 국가 정치의 근간이요 하늘 같은 백성의 식량문제를 해결하는 데 중요했다. 거기에

---

23) 관련용어로 지금도 사용되는 것이 '둑방길', '뚝방촌'등이다. 후술한 『三國史記』 地理志에서도 堤의 음은 吐土, 즉 둑이었던 것으로 보인다. 후술 『三國史記』 地理志 7·8자료 참조.

24) 영천 청제의 경우도 菁堤와 靑池라 일컫는다. 벼루 용어 중에 硯池와 硯堤는 여기서 응용된 것이다.

25) 『太宗實錄』 卷30, 太宗 15년(1415) 8월 1일, "全羅道都觀察使朴習啓曰: "城郭所以固封守, 禦外侮; 堤防所以貯水澤, 通灌漑, 實備患, 救旱之良策, 皆不可廢. 然興土功, 用民力, 須先審事勢之緩急而時措之, 然後事易成而民無怨矣."

국가가 수리사업을 중시해야할 소이가 있었다. 5세기 신라의 유력자 堤上의 이름에도 堤자가 쓰였다.[26] 앞서 영천청제비에서 언급한 바와 같이 堤외에 塢도 보인다. 지금까지의 연구에서 양자의 정의는 엄밀하다고 볼 수 있는지는 잘 알 수 없다. 노용필의 지적과 같이 塢 자체의 뜻은 아마도 '사면이 높고 중앙이 낮아 우묵 들어간 곳'을 지칭하는 것[27]으로 차용되었을 가능성이 높아 보인다. 아울러 영천청제비 정원명에서 "洑와 堤"라고 표기하고 있는데, 이것이 洑와 堤는 서로 구분되는 것이었는지도 알기 어렵다.[28] 세부적으로는 堤는 둑이고, 塢는 洑 수준의 것이라고 구분하는 견해도 있다.[29] 혹은 塢는 하천의 주변에 흙을 쌓아 만든 둑이라고 한다. 그런데 실제 양자 간 차이를 명확히 입증할 수 있을 만한 근거자료는 문헌에도 실물 유적을 통해서도 찾기 어렵다. 대구 무술오작비에는 塢의 넓이, 길이, 높이의 수치가 남아있을 뿐, 그 실물 유적을 가늠할 수 없다. 비석이 발견된 대안동 주변 일대는 완전히 개발되어 원래 지형을 예단하기 어렵고, 塢가 있던 위치를 찾는 것 자체가 곤란한 상황이다.[30] 한편 영천청제비는 저수시설에 대해 大塢라 지칭하고 있는데, 비석 건립처와 저수시설의 위치를 모두 알 수 있는 중요한 자료다. 6세기에 이어 9세기에 중수가 되고, 다시 조선시대에도 중수되어 현재까지 사용되고 있기 때문이다. 고로 일부 변형이 있다 하더라도 저수시설의 위치는 현재의 그곳에 틀림없을 것이다.[31] 현존하는 저수시설 즉 靑池는 주변이 산지로 둘러싸인 골짜기를 둑으로 막은 것이다. 그러므로 앞서의 규정 즉 塢란 하천 주변에 둑을 쌓아 막은 洑라는 주장은 영천 청제의 경우에는 맞지 않는다. 한편 후술하며 상세히 밝히겠지만, 경산 소월리의 堤 역시 골짜기의 아래쪽을 둑을 쌓아 막은 것으로 추정되어서 영천 청제의 塢와 별반 다르지 않다. 즉 경산 소월리의 堤와 영천 청제의 塢가 같은 기능과 구조를 한 것, 즉 골짜기를 막은 저수시설로 같다는 점에서, 신라 당대에 양자

---

26) 자료에 따라서는 성이 朴 혹 金으로 나타나기도 하는데, 제상은 毛麻利叱智(『日本書紀』9권 神功皇后 5년(205년) 봄 3월조)로 표기되기도 한다. 堤上과 毛麻利叱智의 대응 관계를 고려하면, 堤=毛, 上=麻利가 된다. 堤의 훈은 "둑"이고 毛의 훈은 "털"이어서 서로 통하고, 上은 위를 가리키는데 麻利의 음은 "마리"로 "머리"와 통한다. 그렇게 보면 堤上은 "둑머리"가 되는 셈이고 일본서기에서 그것을 전고하고 있는 셈이다. 그렇다면 堤上이란 이름은 둑 즉 제방을 관리하는 이의 범칭에서 유래한 것이다. 제방이 지역 수장이자 국가 요인의 이름으로 불리우는 것에서도 堤가 당시 사회적, 정치적으로 중요했음을 말해준다.

27) 노용필, 2008, 앞의 논문, p.7

28) "洑와 堤가 손상되었으므로 수리한다"는 내용인데, (1)"洑와 堤"가 청제만을 가리키는 것인지, (2)"洑堤" 자체가 청제를 가리키는 것인지, (3)혹은 청제의 堤와 주변의 다른 洑를 포괄해 일컫는지 불분명하다. (1)의 경우는 청제 안에 제와 보가 공존하는 경우, (2)는 a 堤에 洑가 관칭된 경우 혹은 한 단어로 洑堤처럼 복합적으로 쓰인 경우, b 洑의 堤(보의 둑)으로 보는 경우가 된다. (2)b는 이기백(p.283), 이우태, 1985, 「영천 청제비를 통해 본 청제의 축조와 修治」, 『邊太燮博士華甲紀念史學論叢』, 삼영사, p.116에서의 해석이다. (3)과 관련해서는 청제만이 堤이고, 청제 아래 주변이 크고 작은 洑들이 있었다는 견해다(노중국, 2014, 「한국고대 수리시설의 역사성과 의미」, 『신라문화』 45, 동국대 신라문화연구소). 엄밀하게 洑와 堤의 용법이 구분되고 있었다면 (3)의 용법이어야 한다. 그런데 그 점은 불확실하다. 아울러 삼국시대는 물론 통일신라를 포함하여 洑와 堤의 용례는 적고, 『삼국사기』에는 堤뿐이고, 금석문에서도 洑와 堤, 塢의 용례가 적고 서로 교차하지 않아 구분해서 썼는지 불분명하다.

29) 李春寧, 1956, 『李朝農業技術史硏究』, 한국연구원, p.15-16; 노용필, 2008, 앞의 논문, p.10. 이춘녕 이후 모든 연구자들이 같은 주장을 하고 있다.

30) 하일식, 2019, 「한국 고대 금석문의 발견지와 건립지」, 『한국고대사연구』 93, 한국고대사학회, p.64 및 p.103.

31) 경상도속찬지리지와 중립비의 비교를 통해 조선시대 240여년간 청제의 관개면적은 거의 변화가 없었으므로, 고려시대나 토일신라시대의 관개면적 역시 1454년의 관개 면적과 비슷하거나 약간 적었을 것이라고 추정되고 있다(노중국, 2014, 앞의 논문, p.134). 이 역시 현재의 수리시설과 신라 때 수리시설의 그것이 크게 다르지 않았을 것임의 방증으로 삼을 수 있다.

에 대해 기능에 대해 뚜렷한 구분 아래 사용된 것이라고 확언하기 어렵다. 한편 『삼국사기』에는 塢가 전혀 보이지 않고 堤와 隄로 표기되고 있을 뿐이다. 塢와 堤가 엄밀히 구분되지 않고 혼용되었을 가능성이 더 커 보이지 않을까, 혹은 그것은 적어도 기능이나 구조, 대소의 구분으로서 사용된 것은 아닐 것이라고 판단해 두고자 한다.

앞서 목간 A면에서 "堤上 (畓) 一結", "堤下 (畓) 卅負"로 해서 마을이름으로 堤가 두 곳 보인다. 堤上, 堤下 라는 지칭은 堤를 중심으로 그 위, 아래라는 것이므로, 堤를 전제로 한다. 목간에 보이는 다른 마을 이름과 달리 이 2개의 마을 이름은 堤의 존재를 전제로 하는 것이고 그 주변을 일컫는 것이다. 즉 堤의 축조를 계기 로 농지의 재편이 이뤄졌으며, 새롭게 생성된 토지에 대해 세금부과가 빠짐없이 책정되어 시행되고 있었음 을 말해준다. 그리고 堤의 축조를 계기로 조성된 농지는 畓 위주였음을 시사하는 것이 아닐까 한다. 아울러 堤 주변 즉 이를 활용해서 농사를 지을 수 있는 堤의 용수가 흘러 내려가는 인근의 농지에서 생산성이 향상 되었을 것임은 물론이다.

경산 소월지와 영천 청제는 모두 골짜기 충적붕적층에 자리잡고 있다. 해당 저수시설들의 혜택을 받았 을 것으로 보이는 그 아래의 토층은 홍적층이 대부분이고 일부 충적층이 있다. 역시 소월지와 청제 주변 토 층 환경이 공히 같고, 이들은 논 적성등급으로 1 혹 2에 해당하는 최상등급이다.[32]

다음 匹에 대해서다. 匹는 말[馬] 혹은 布帛을 세는 단위다. 몇 개의 용례만을 들어둔다.

帛五千匹 (『晉書』帝紀 凡十卷 卷二 世宗景帝 太祖文帝 紀第二 世宗景帝 司馬師)

馬一匹 (『晉書』帝紀 凡十卷 卷三 世祖武帝 司馬炎 紀第三 泰始四年)

賜孝悌, 高年, 鰥寡, 力田者帛, 人三匹. (『晉書』帝紀 凡十卷 卷四 孝惠帝 司馬衷 紀第四 永平元年)

有戎馬一匹, 牛三頭 (『漢書』志 凡十卷 卷二十三 刑法志第三 法)

신라촌락문서에 기재 사항 가운데 소와 함께 말이 있었던 점이 상기된다. 그 수와 증감은 중요 관리 대 상이었다. 촌락문서에서는 아래와 같은 순서로 수치들을 꼼꼼히 파악하였다.

見內山榧地/見內地 周몇步 -合孔烟몇 - 合人몇 - 合馬몇 - 合牛몇 - 合畓몇 - 合田몇 - 合麻 田몇 - 合栢子木몇 - 合秋子木몇 - 3년간 증가치

땅 크기, 인정의 수에 이어 세 번째로 기록된 것이 말의 숫자다. 관련 기록을 다음과 같다.

---

32) 농촌진흥청 토양정보시스템 〈토양환경지도: 흙토람〉에 의거.
http://soil.rda.go.kr/geoweb/soilmain.do

A촌	合馬卄五	以古有卄二 三年間中加馬三.	乙未年 … 合无去因白馬二 並死之
B촌	合馬十八	以古有馬十六三年間中加馬二,	
C촌	合馬八	以古有四 三年間中加四.	合无去因白馬四 以賣如白三 死白一
D촌	合馬十	並古之.	甲午年壹月… 合无去因白馬三 以賣如白一 死白馬一 廻烟馬一

(작은 글자는 분주처럼 2행으로 쓰여진 부분이다)

조사기록 해당연도를 기준으로 그 전부터 있었던 말의 수, 최근 3년간 증가한 말의 수와 그 총합, 매매하거나 죽은 것을 포함하여 없어진 말의 수까지 상세히 그 현황과 변동을 체크하고 있다.[33] 단 촌락문서에서는 匹이란 數量詞를 붙이지는 않았는데, 문서에서는 말뿐만 아니라 人丁, 소, 백자목과 추자목 등에도 수량사를 붙이지는 않았다. 수량사를 쓴 것은 땅뿐으로 步, 結負束이다. 경산 소월리 목간의 匹은 다분히 말의 수량과 유관한 글자로, 목간 기록자 역시 촌락문서 기록자와 같이 말의 수량 기록에 대한 의식을 갖고 있었다고 할 수 있다.

다음에 柱와 心이다. 柱는 기둥으로 건축물이나 다양한 구조물을 만들 때 사용되는 기재다. 그 유형도 규모면에서 큰 것에서 작은 것에 이르기까지 다종다양하다. 신라 금석문에서 柱는 石柱, 木柱에 모두 쓰이고 있다. 금석문에서는 柱와 관련해 다음과 같은 사례들이 있다.

植長生標*柱* (長興 寶林寺 普照禪師塔碑, 884년)
皇龍寺刹*柱*本記 立刹*柱* (皇龍寺刹柱本記, 872년)

한편 삼국유사에는 內帝釋宮의 일명으로 天柱寺란 이름을 전한다.[34] 天柱는 중국 고래 9산 중 하나로 동남의 대표 산 이름이고,[35] 天柱寺는 거기서 유래했을 것이다. 용례가 적은 탓에, 중국에서의 용례 중 몇 개의 샘플을 토대로 보면서 윤곽을 잡아보기로 한다. 보통 건물의 들보와 짝을 이루는 기둥을 의미했다(『晉書』列傳 第四十七 陸曄, 弟玩, "瀉置柱梁之間"). 동사로 쓰여서는 서포트한다, 버티게 한다는 의미로도 쓰였다(『後漢書』肅宗孝章帝 劉炟 紀第三 元和元年, "命司空自將徙支柱橋梁."). 기둥에도 여러 가지가 있어, 문에 세우는 기둥(『大正新脩大藏經』密教部一 蘇悉地羯囉經三卷 卷下 被偷成物却徵法品, "立柱為門"), 교량의 기둥(『史記』卷六十九, 蘇秦列傳第九, "尾生, 與女子期於梁下, 女子不來, 水至不去, 抱柱而死."), 수레 위에 세워진 기둥(『三國志』卷三十, 蜀書五 諸葛亮傳, "吏乃於車上立柱維礫之.") 등 다양했다. 이로 미뤄 볼 때, 어느 쪽의 것인가로 특정하기 어렵지만, 어느 쪽이 되더라도 건축물 적어도 구조물을 전제로 한다. 柱가 堤와 관련된

---

33) 박명호에 따르면 신라촌락문서에서 馬는 內視令에 의해 관리되었다(박명호, 1999, 「신라촌락문서에 보이는 內視令의 성격」, 『사학잡지』 58·59, 한국사학회, p.370).

34) 『三國遺事』紀異 天賜玉帶

35) 『史記』列傳 太史公自序 第七十, "吳越春秋云 禹案黃帝中經九山, 東南天柱."

것이라면 제방 공사 과정에 사용된 나무기둥 관련일 것이다. 목간이 출토된 수혈 주변에는 고상가옥으로 보이는 굴립주 건물이 즐비하다. 이들과 관계있다면, 건물 구성에 활용된 木柱들 관련이 된다. 위에서 열거한 통일신라의 용례가 사찰 건조물인 것을 감안하면 사찰 건축물과 연계지을 수도 있다. 위의 고찰을 통해 柱의 실체에는 여러 가능성과 변수가 존재하지만, 그 어느 것이라 해도 그 柱는 관인이 눈여겨 보고 기록하는 범주 내의 것이었다.

이처럼 습서된 몇 개의 단어는 비록 연습이라 하더라도 특별한 의미가 있었다. 영천청제비, 무술오작비에서 보듯 堤 혹 塢은 국가 관리대상이었고, 그 점이 목간에서도 다르지 않다. 이렇듯 습서된 堤,匹이 국가 관리 대상의 범주임에 미뤄볼 때, 습서된 다른 글자들 즉 柱, 心과 邱阝 역시 관리가 체크해야 할 주요 사안이요, 국가의 관리대상이었다고 해야 할 것이다. 心은 마음 즉 사상적 용어로 사용되었을 가능성도 있다. 아래 예가 그것이다.

> 巡狩管境 訪採民心. (마운령 진흥왕 순수비, 568년)
> 只是巡狩菅▨, ▨▨民心. (북한산 진흥왕 순수비, 568년)
> 人普▨山▨心▨. (창녕 진흥왕 척경비, 561년)
> 大龍王中白主民渙次心阿多尹去亦在. (경주 전인용사지 목간, 통일신라)

한편 心은 고유명사를 표기하는 음차자로도 사용되었다. 다음 예가 그것이다.

> 牟心智(울진 봉평비, 524년) 只心智 (포항 냉수리비, 503년) 心麥夫智(창녕 진흥왕 척경비, 561년)

관리의 기록, 국가의 관심사 범주에서 설명하자면, 국왕이 정치의 근본임을 표방한 民心같은 것은, 행정 일선의 관리들에게도 중요한 문제였던 것이 된다. 또 중앙정부의 관련자의 이름이라면 당연히 중시되었을 것이다. 다음에 물리적 용어로 사용되었을 가능성도 있다. 에를 들어 柱와 조합하면, 柱心 혹 心柱이 되어서 좀더 구체화된 규모있는 건축물의 일부가 된다. 그리고 그 가운데는 塔心柱와 같이 불교 사원 건축물과 연계된다. 목간 출토지 근방 서쪽 직선 2㎞ 거리에 굴불사가 있으며, 서북쪽 직선 8㎞ 거리에 선본사가 있다.[36]

---

36) 목간 발견지로부터 직선상 동쪽 3㎞ 지점 인근 무학산 자락(경산시 와촌면 강학리 8, 굴불사길 205)에 불굴사가 있다. 석굴 속에 부처님을 모셨다고 해서 붙여진 이름이다. 길로 돌아가면 약 5㎞ 도보로 1시간 10분 거리다. 불굴사 경내에는 삼층석탑(강학리 산 55-9)과 석조입불상(강학리 5)이 있다. 690년(신문왕 10)에 원효에 의해 창건되었다고 전할 뿐 사원과 관련된 자세한 내력은 전하지 않는다. 그 후 1723년, 다시 1860년, 1939년에 중창되었다고 한다. 원효굴이라 불리는 석굴 안에서 신라의 청동불상이 발견되었으며, 현재 경주박물관에 보관되어 있다. 삼층석탑(보물 429호)은 통일신라 9세기의 것이며, 석등 역시 통일신라시대의 것이다. 석굴 속 약수는 장군수라고도 하는데, 김유신이 이 물을 마시면서 이 석굴에서 삼국통일의 염원을 기도

마지막으로 邱阝에 관해서다. 邱는 丘와 통용이어서 언덕, 구릉을 생각해볼 수 있다. 阝는 邱의 오른쪽을 반복한 것일 수도 있고, 자체도 언덕이란 뜻이다. 목간 출토유적 근방에는 언덕이 산재한다. 신라촌락문서에는 "見內山榿地"와 "見內地", "掘加利阿³⁷⁾木杖谷地"에서 보듯 촌의 땅, 지형은 관리의 "見內" 즉 돌아보는 대상이었다. 문서에는 村 내 땅들이 山榿地 즉 나무로 뒤덮인 산지인지, 혹은 地 즉 그렇지 않은 일반적 땅인지,³⁸⁾ 또는 木杖谷地 즉 나무가 빽빽한 골짜기 땅인지 구분하여 기록하였다. 경주 숭복사비(896)에는 "益丘壟餘 式百結"이 보인다. 丘는 언덕이고, 壟는 언덕 혹은 밭이랑을 가리키며, 때로는 큰 언덕을 가리키기도 한다.³⁹⁾ 따라서 益丘壟은 益 구릉, 益 언덕, 益 언덕빼기 밭으로 풀이될 수 있는 셈이다.⁴⁰⁾ 담양 개선사지 석등기(868 혹 891)에는 "渚畓四結", "奧畓十結"이 보이는데 渚畓이니 奧畓이니 모두 畓의 입지나 위치를 가리킨다. 이로 미뤄볼 때, 즉 관의 토지 관리와 관련하여 지형의 특성이라 할 邱阝를 기록한 것도 이해될 수 있다.

VII. 結言

이상의 분석을 통해서 목간의 내용과 기재에 대해 다음과 같은 사실을 확인할 수 있었다.

1. 문서에 기재된 대상은 甘末谷 등 谷地를 포함하여 적어도 15개 지역이며, 이들은 일정 單位行政區域 범주 내였을 것으로 보인다. 그리고 그것은 畓田의 結負 合으로 추산하여, 촌락문서의 村과 비교해보면, 村 규모 지역이었을 것으로 보인다.
2. 慶山 所月里 주변 일정 단위행정구역(아마도 村域)의 畓과 田의 結負수를 조사한 문서목간이다. 문서는 〈마을+畓田의 지목+結負수〉의 기록을 기본으로 하고 있으며, 말미에 특수 지목 〈畓中 몇 結〉 등을 부가하였다.
3. 지역 이름에 堤가 들어가는 것으로 보아 단위행정구역(아마도 村) 안에는 堤가 설치되어 있었다. 堤는

하였다고 한다. 우기 때 불상의 얼굴에 땀이나고, 큰비 오기 전에 불상의 온몸이 흠뻑 젖는다고 전한다. 와촌면 강학길 35 에는 선본사가 있다. 491년(소지왕 13) 極達이 창건하였다고 전한다. 1641년이 중수된 적이 있다. 갓바위 부처라고도 불리는 관봉석조여래좌상(보물 431호)과 석등대석 등이 있다. 여래좌상은 원광의 제자 義玄이 돌아가신 어머니를 위하여 638년(선덕여왕 7)에 조성하였다고 한다. 이곳은 소월리 유적에서 직선거리 8.3㎞로 도보 2시간여 거리며, 길을 따라 우회거리로 약 10㎞, 도보 2시간 반 거리다(이상 유적 〈경산시_문화관광_문화유적(https://www.gbgs.go.kr/open_content/tour/page.do?mnu_uid=2435&tree_uid=127)〉 관련 참조).

37) 何는 阿일 가능성도 있다.
38) 山榿地는 나무로 덮인 산지, 산에 나무로 덮인 땅으로 해석되고 있다(윤선태, 2020, 「한국 고대 목간 및 금석문에 보이는 고유한자의 양상과 구성 원리」, 『동양학』 80, 단국대 동양학연구원, p.8).
39) 『說文解字』, 壟, "丘壠也"; 『楚辞·東方朔·七諫沉江』注, "小曰丘, 大曰壟".
40) 이우성은 "야산"으로 풀이했다(이우성, 1995, 『신라사산비명 校譯』, 창비).

현재의 소월지 자리가 유력하다.

4. 대상 지역은 畓과 田 가운데 畓 절대 우세 지역이었다.

5. 습서로 추기된 몇 자 역시 단위행정구역(아마도 村) 관리 업무와 관련된 사항들이다.

6. 이 목간은 먼저 해당 단위행정구역(아마도 村) 내 토지 현황을 조사하여 기록하는데 사용되었다. 조사한 기록이 문서로서 역할이 끝난 후, 습서되었다. 이후 수혈구덩이에 매장되었다.

6세기 이후 왕경 경주에서 영천, 경산, 대구에 걸치는 금호강 벨트에 농경 관련 수리사업으로서 堤坊 축조가 국가에 의해 이뤄지고 있었다. 주요산업 농업의 진작 특히 논 즉 畓의 확충에 매진하였다. 경산 소월리 목간은 이 지역 村 단위 사회의 마을 분포, 畓과 田의 소출량과 함께 특수 목적 토지의 존재를 기본으로 해서, 馬와 堤의 관리 모습을 짐작케 해준다. 堤 축조로 인해, 지리 변화는 새로운 마을의 창출과 재편을 가져왔다. 畓과 田의 소출량의 관리와 점검은 국가에 매우 주요사안으로서 철저히 문서화되었다. 농업경영은 지역사회 전체의 공동노동을 전제로 하는 것이었기 지역단위사회의 農耕儀禮 역시 매우 중시되었다. 목간이 출토된 소월리 유적은 谷地로서 해당 村의 儀禮의 중심지였을 가능성이 크다. 아울러 高床建物址群는 소지역 사회에서 낮은 등급의 관아시설도 포함되었을 가능성이 있어 보인다. 官文書가 지역 의례의 場에 활용된 것은, 국가권력이 지역사회의 의례에까지도 관여하는 단계에 이르렀음을 보여준다.

투고일: 2021.10.31   심사개시일: 2021.11.17   심사완료일: 2021.11.30

참고문헌

1. 도서

국립부여박물관, 2008, 『(학술대회 발표문집)좌관대식기의 세계』.

이우성, 1995, 『신라사산비명 校譯』, 창비.

李春寧, 1956, 『李朝農業技術史硏究』, 한국연구원.

국립경주박물관, 2017, 『新羅文字資料Ⅰ』.

2. 논문

노용필, 2009, 「統一新羅의 논농사」, 『진단학보』 107, 진단학회.

노용필, 2012, 「백제의 稻作」, 『韓國稻作文化硏究』, 한국연구원.

노중국, 2014, 「한국고대 수리시설의 역사성과 의미」, 『신라문화』 45, 동국대학교 신라문화연구소.

박명호, 1999, 「신라촌락문서에 보이는 內視令의 성격」, 『사학잡지』 58·59, 한국사학회.

손환일, 2020, 「경산소월리목간의 내용과 서체」, 『한국고대사탐구』 34, 한국고대사탐구학회.

오승연·김상현, 2020, 「투각 인면문 옹형 토기가 출토된 경산 소월리 유적」, 『2019 한국 고고학 저널』, 국립문화재연구소.

윤선태, 2020, 「한국 고대 목간 및 금석문에 보이는 고유한자의 양상과 구성 원리」, 『동양학』 80, 단국대 동양학연구원.

이용현, 2013, 「나주 복암리 목간 연구 현황과 전망」, 『목간과 문자』 10, 한국목간학회.

이용현, 2017, 「경산 임당 고비」, 『新羅文字資料Ⅰ』, 국립경주박물관.

이용현, 2017. 「국립경주박물관 소장 壬申誓記石의 연대」, 『신라문물연구』 9, 국립경주박물관.

이우태, 1985, 「영천 청제비를 통해 본 청제의 축조와 修治」, 『蠻太燮博士華甲紀念史學論叢』, 삼영사.

전경효, 2020, 「경산 소월리 목간의 기초적 연구」, 『목간과 문자』 24, 한국목간학회.

정동준, 2009, 「佐官貸食記 목간의 제도사적 의미」, 『목간과 문자』 4, 한국목간학회.

崔光植, 1992, 「壬申誓記石」, 『(譯註) 韓國古代金石文Ⅱ』, 韓國古代社會硏究所 編, 駕洛國史蹟開發硏究院.

하일식, 2019, 「한국 고대 금석문의 발견지와 건립지」, 『한국고대사연구』 93, 한국고대사학회.

화랑문화재연구원, 2020, 「경산 소월리 유적 사람 얼굴 모양 토기 출토」, 『문화재사랑』 182(2020년 1월호), 문화재청.

3. 웹 자료

경산시_문화관광_문화유적: (https://www.gbgs.go.kr/open_content/tour/page.do?mnu_uid=2435&tree_uid=127)

농촌진흥청 토양정보시스템 〈토양환경지도: 흙토람〉(http://soil.rda.go.kr/geoweb/soilmain.do)

〈Abstract〉

The characteristics of wooden tabalet excavated in *Sowol-ri*, *Gyeongsan*
: Basic documents on rice paddies and fields in villages

Lee, Yonghyeun

The wooden tabalet excavated in *Sowol-ri*, *Gyeongsan*, is a basic foundation document including special purpose land along with the amount of production from rice paddy and field of villages in at least 15 local communities, including *Gammagog* valley and valley land. It is estimated that these regions were probably on *Chon*村 village scale. The document is based on the records of 〈Name of village+rice paddies or fields+harvest quantity〉, and were added special names 〈harvest amount in fields〉 at the end. The target area seems to have been the surrounding area centered on the current *Sowolji*. The field is dominant among rice paddies and fields in that area. Several letters practiced by officer are written at the end of the wooen tablet document. The letters were related to the management of the area. Tablet was originally recored land yield and discarded and written ptactice letters after the storage period is over.

After that tablet was recycled and buried in a pit as a item of farming ritul for land god. Since the 6th century, the construction of embankment has been carried out by the state on the *Geumhogang* River belt spanning *Yeongcheon*, *Gyeongsan*, and *Daegu* in royal palace *Gyeongju*. The state had to work on projects to secure water for agriculture. The state reclaimed mountain and valley land and increased rice paddies. The distribution and status of villages in the local community, the amount of rice paddies and fields, and the management of horses and embankment were recorded in wooden tablet.

Geographic changes were made due to the construction of the embankment, and the existing village was reorganized and a new village was created. The yield of rice paddies and fields was a major inspection of the state, and it was strictly recorded in documents. Since agricultural management presupposed joint labor throughout the community, agricultural rituals in local communities were very important. The site excavated wooden tablet was a place with many valleys and was the center of the ritual of the village. This elevated building site was probably a low−grade government office facility and warehouse facility in a small community. The State documents are used in local ritual ceremonies shows that state power has reached a stage where even local rituals are involved.

▶ Key words: *Gyeongsan Sowol ri*, *Gammagog* valley, characteristics of wooden tabalet, yield of rice paddies and field, agricultural rituals in local communities, state power, reorganization and creation of local community, reclaim mountain and valley land, construction of the embankment, increasing rice paddies.

2018년 출토 경주 월성 해자 삼면목간에 대한 기초적 검토[*]

전경효[**]

Ⅰ. 머리말
Ⅱ. 목간의 형태와 판독
Ⅲ. 목간의 내용
Ⅳ. 맺음말

〈국문초록〉

2018년에 출토된 경주 월성 해자 삼면목간은 곡물과 관련된 사건을 보고한 문서 목간이다. 전체 3개의 면이며, 길이는 약 37㎝, 너비 약 2.8~6㎝, 두께 약 2~3㎝이다. 모든 면에 글자가 존재하며, A면에 23자, B면에 22자, C면에 23자가 있다.

대략적인 내용은 A면에 보고자와 의례적인 표현, B면에 보고 대상이 되는 사건의 내용, C면에 목간 전달자, 사건 제보자, 목간 내용 작성 담당자로 구성되었다. 이를 구체적으로 보면 보고 시점은 6세기 후반~7세기 전반 무렵 어느 해 정월 17일이었으며, 보고자는 지방 어느 촌에 있던 幢主였다. 그는 제보자의 말을 바탕으로 목간의 내용을 보고하였는데, 실제로 문서를 작성 또는 기안한 사람과 목간을 전달한 사람도 제보자와 함께 목간에 등장한다. 이 밖에 목간의 형태는 문서의 내용을 염두에 두고 고른 것으로 추정된다. 따라서 삼면목간은 문서의 작성 과정과 전달 등 문서 행정의 일면이 드러나는 유물이라 할 수 있다.

▶ 핵심어: 경주 월성 해자, 삼면목간, 보고문, 문서 행정

* 국립경주문화재연구소의 경주 월성종합학술연구(NRICH-2105-B04F-1)의 지원으로 수행되었다.
** 국립경주문화재연구소 주무관

I. 머리말

경주 월성 해자는 신라의 궁성을 둘러싸고 있는 유적이다. 이곳은 1980년대부터 지금까지 구역별로 조사되었는데, 크게 1~5호 해자, 나 구역 해자, 라 구역 해자 등으로 나눌 수 있다. 그 가운데 이번에 소개하는 목간이 출토된 1호 해자는 1985년부터 1986년까지 조사되었다. 당시 조사를 통해 해자의 규모, 축조 방법, 변화 양상 등을 밝혀냈으며, 2015년부터 2021년까지 내부에 대한 정밀 보완 발굴조사가 진행되었다.

특히 1980년대 발굴조사 과정에서 다수의 목간이 출토되었는데, 목간 또는 목간으로 추정되는 130점 중 104점이 보고서를 통해 소개되었다.[1] 그리고 2016년과 2017년에 걸쳐서 출토된 목간은 2017년 5월에 진행된 현장 공개 행사와[2] 한국목간학회 창립 10주년을 맞아 국립경주문화재연구소와 학회가 공동으로 개최한 학술대회에서 발표되었다.[3] 이들 목간을 통해 6세기 중반~7세기 전반 무렵 신라의 문서 수발, 조세 수취, 물품 관리 등 왕궁 주변에서 벌어졌던 행정업무의 양상을 짐작할 수 있었다.

이 글에서는 앞서 언급한 목간 이외에 새롭게 출토된 목간을 소개하려 한다.[4] 새로운 목간은 출토 이후 3차례의 자문회의를 거쳐 지난 2019년 4월 2일에 언론에 기본적인 판독문과 관련 내용이 공개되었으며[5] 전시 도록에 사진과 판독문이 실리기도 했다.[6] 또한 학술행사에서 발표된[7] 내용을 토대로 하면서 다른 월성해자 문서 목간을 검토한 다음 구술이라는 행위가 漢字를 사용하게 되면서 겪는 변화를 話者와 書者의 관점에서 살펴보거나[8] 작성 서식을 일본 출토 문서 목간과 비교해 본 연구도 나왔다.[9] 이 밖에 再拜의 용법을 논의하는 과정에서 이 목간의 내용을 일부 다룬 연구도 있었다.[10] 이처럼 목간 출토 이후 관련 연구 성과가 이미 제출되었지만 목간의 출토 상황과 목간의 형태 그리고 전체 및 세부 사진 등 구체적인 정보는 제공되지 않았다. 이에 새로 출토된 목간에 대한 기초적인 정보를 제공하기 위해 본 논고가 마련되었다.[11] 이

---

1) 國立慶州文化財研究所, 2006, 『月城 垓子 發掘調査報告書 II - 고찰 -』.

2) 국립경주문화재연구소, 2017, 『천년의 궁성, 월성』, 현장설명회 자료집.

3) 국립경주문화재연구소·한국목간학회, 2017, 『동아시아 고대 도성의 축조의례와 월성해자 목간』, 한국목간학회 창립 10주년 기념 국제학술대회 자료집. 학술대회에 발표된 논고는 『木簡과 文字』 20호에 게재되었다.

4) 현재 부여된 유물번호는 WS-M1-2018-05-임006이며, 향후 보고서 발간 시 변동될 수 있다.

5) 경주 월성에서 최고(最古) '의례용 배 모양 목제품 출토(2019.4.2. 문화재청 보도자료).

6) 국립경주문화재연구소, 2019, 『한성에서 만나는 신라 월성』.

7) 전경효, 2021, 「경주 월성 해자 출토 삼면목간 소개」, 『木簡을 통해 본 고대 동아시아의 물자유통과 관리』, 경북대학교 인문학술원 HK+사업단 2제회 국제학술대회 자료집.

8) 이경섭, 2021, 「신라 문서목간의 話者와 書者」, 『新羅史學報』 51, 신라사학회.

9) 하시모토 시게루, 2021, 「新羅 文書木簡의 기초적 검토 - 신출토 월성해자 목간을 중심으로」, 『嶺南學』 77, 경북대학교 영남문화연구원.

10) 李泳鎬, 2019, 「月城垓子 2號 木簡에 보이는 尊稱語 '足下'에 대하여」, 『嶺南學』 71, 경북대학교 영남문화연구원.

11) 이 글보다 선행한 연구가 있으므로 사안에 따라서 해당 내용을 반영하여 보완하는 것이 맞지만, 그럴 경우 선행 연구에서 지적한 사항이 바뀌게 되므로 혼란을 일으킬 가능성이 있다. 따라서 이 글에서는 사료 인용 등 사실 관계가 틀린 경우를 제외한 나머지 사항에 대한 수정은 최소화하였다.

에 출토 상황과 세 차례 진행한 자문회의 내용 그리고 필자가 추가로 분석한 내용을 더하여 이 글을 서술하였다.

II. 목간의 형태와 판독

이번에 소개할 목간은 2018년 5월 28일(월)에 수습되었다. 출토 위치는 경주 월성 1-2호 해자(사진 1 왼쪽 구역), 다460S0 구역이며, 출토 지점 해발 고도는 40.83m이다. 출토 층위는 V-3층으로 흑갈색 粘質土이며, 흔히 뻘 층이라 불리는 곳이다. 월성 해자의 토층은 가장 위쪽인 표토층인 I층부터 기반층인 VI층까지 전체 6개의 층으로 구분된다. 그 가운데 II~IV층은 7세기 후반에 조성된 석축해자 내부 퇴적층이고, V층은 대체로 6세기 중반~7세기 전반에 조성된 수혈해자 내부 퇴적층이다. V층을 다시 나누면 3개의 세부 층으로 구분되는데, V-3층은 가장 아래쪽에 위치하며 점성이 매우 강하다는 특징을 지닌다. 이 층에서는 유기물 형태의 목재가 출토되기도 한다. 즉 목간은 다460S0 트렌치의 가장 아래층에서 출토되었다고 할 수 있다.[12]

사진 1. 목간 출토 지점(붉은 색 화살표)

---

12) 트렌치 별로 퇴적된 토층의 두께가 달라서, 다른 목간의 경우 V-1, V-2층에서도 출토된다. 그리고 해발고도 기준으로 보면 丙午年 목간은 37.81m, 白遣 목간은 39.55m 등 2016년~2017년에 공개된 7점 가운데 5점은 지금 소개하는 삼면목간보다 출토지점 해발 고도가 낮다.

사진 2. 목간 출토 직후 상황

목간의 제원은 길이 약 37㎝, 너비 약 2.8~6㎝, 두께 약 2~3㎝이다. 그 단면은 삼각형에 가까우며 3개의 면에 모두 묵서가 존재한다. 전체 형태는 위쪽이 넓고 아래쪽으로 갈수록 좁아지며, 중간 부분에는 파손된 흔적이 있다. 또한 목간은 완형이 아니라 3부분으로 분리되어 있고 윗부분이 파손되었다. 이에 원래 목간의 길이는 지금 상태보다 더 길었을 것으로 추정된다. 이 밖에 목간의 표면에는

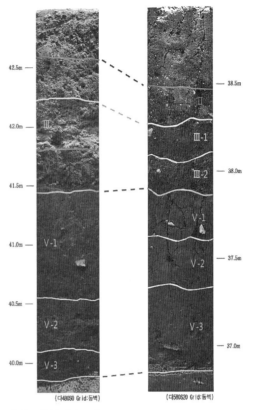

사진 3. 월성 해자 토층도

나뭇결이 존재하고, 표면이 고르지 못한 곳에도 먹의 흔적이 보이는 것으로 보아 표면은 가공하지 않았다는 점을 알 수 있다.

목간의 대한 분석은 수습 직후 사진 촬영, 세척, 제원 측정 등이 이루어졌으며, 판독을 위해 두 차례의 자문회의가 개최되었다. 1차 자문회의는 2018년 8월 10일(금)에 열렸는데 A면에는 22자, B면에는 22자, C면에는 23~24개자의 글자가 있다는 점이 밝혀졌다.[13] 그리고 이듬해 2월 12일(화)에 열린 2차 자문회의에서는 A면 24자, B면 22자, C면 24자의 글자를 판독하거나 글자가 있는 것으로 추정했다.[14] 그리고 3월 22일(금)에 열린 3차 자문회의에서는 A면 24자, B면 21자, C면 22자의 글자를 판독했으며, 이것이 4월 2일(화)에 개최된 경주 월성 조사 성과 기자 간담회에서 공개되었다.

아래의 내용은 자문회의 결과를 토대로 이후 필자가 추가로 보완한 사항을 정리한 것이다. 먼저 부분 적외선 사진과 글자별 적외선 사진을 제시한다.[15] 사실 이 목간의 묵서는 대부분 뚜렷하게 남아 있어 글자 판

---

13) 당시 도움을 주신 분들은 주보돈(경북대학교), 이수훈(부산대학교), 하일식(연세대학교), 김재홍(국민대학교), 윤선태(동국대학교) 교수님이었다.

14) 당시 도움을 주신 분들은 주보돈(경북대학교), 이수훈(부산대학교), 윤선태(동국대학교) 교수님이었다.

독이 어렵지 않다. 다만 존재했다고 여겨지는 글자 수나 띄어쓰기 등의 부분은 보완할 여지가 있으므로 그 부분을 중심으로 서술할 예정이다.

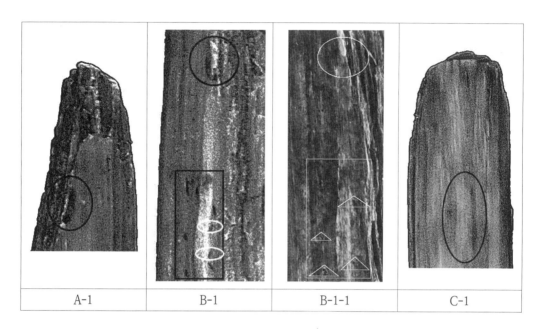

| A-1 | B-1 | B-1-1 | C-1 |

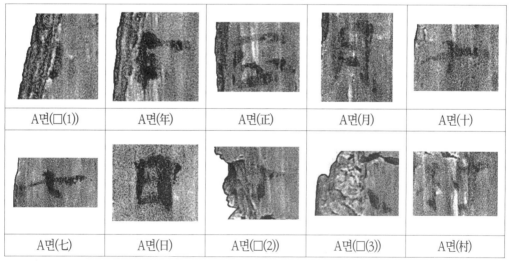

| A면(□(1)) | A면(年) | A면(正) | A면(月) | A면(十) |
| A면(七) | A면(日) | A면(□(2)) | A면(□(3)) | A면(村) |

---

15) 글자 옆 괄호 안의 숫자는 해당 면에서 같은 글자가 나오는 순서를 표시한 것이다. 다만 목간 적외선 사진과 컬러 사진에서 목간 형태는 다르게 보인다. 이는 목간이 3부분으로 분리되어 있다는 점, 이로 인해 글자를 판독할 수 있는 최적의 각도에서 적외선 사진을 촬영했다는 점, 이 사진을 보정한 후 이어 붙였다는 점 때문에 나타난 현상이다. 목간의 정확한 형태는 논고 말미에 있는 컬러 사진을 참조하기 바란다.

A면(在)	A면(幢)	A면(主)	A면(再)	A면(拜)
A면(□(4))	A면(淚)	A면(廩)	A면(典)	A면(□(5))
A면(岑)	A면(□(6))	A면(□(7))	B면(□(1))	B면(喙 추정)
B면(部)	B면(弗)	B면(德 추정)	B면(智)	B면(小舍)
B면(易)	B면(稻)	B면(參(1))	B면(石(1))	B면(粟)
B면(壹)	B면(石(2))	B면(稗)	B면(參(2))	B면(石(3))

B면(大豆)	B면(捌)	B면(石(4))	C면(□(1))	C면(金)
C면(川)	C면(一伐)	C면(上)	C면(內)	C면(之)
C면(所)	C면(白)	C면(人)	C면(登)	13. C면(彼)
C면(礼)	C면(智(1))	C면(一尺(1))	C면(文)	C면(尺)
C면(智(2))	C면(重)	C면(一尺(2))		

사진 A-1은 A면의 제일 윗부분이다. 바로 아래쪽에는 年으로 판독되는 글자가 있으므로 이 부분은 간지로 추정된다. 두 차례에 걸친 자문회의에서 이 부분에 두 글자가 있는 것으로 판독했다. 그런데 획의 흔적이 확실한 것은 검은색 원으로 표시한 부분이다. 물론 간지가 두 글자였다는 점은 확실하지만 이 목간에서는 판독되는 것은 간지의 두 번째 글자 일부 획이다. 따라서 이 부분은 알 수 없는 하나의 글자만 표시(□)해

야 한다.

사진 B-1은 B면의 윗부분이다. 아래쪽에는 部가 등장하는데, 검은색 사각형 안의 글자는 部名으로 추정된다. 다만 획의 일부만 남아 있어서 정확한 글자를 판독하기 어렵지만 하나의 글자로 추정된다는 점, 윗부분의 형태가 喙과 유사하다는 점 등으로 인해 喙으로 추정된다. 물론 이러한 점은 기존 판독 자문회의에서도 지적되었다. 여기서는 새로운 점 두 가지를 덧붙이고자 한다. 먼저 사진 B-1 위쪽 검은색 원 안에 글자의 일부 획이 보이므로 글자의 존재를 인정할 수 있다. 다른 한 가지는 사진 B-1의 검은색 사각형 안에 4개의 점이 나란히 있는 것처럼 보인다는 점이다. 이로 인해 획으로 보일 수 있지만 이것은 사진 B-1-1의 흰색 삼각형을 보면 목간 표면에 있는 구멍 또는 흠집이다. 오히려 획은 사진 B-1의 흰색 원 안에 있는 것으로 추정된다. 그러므로 사진 B-1과 B-1-1의 판독을 종합하면 喙으로 추정되는 글자 위에는 알 수 없는 글자하나(□)와 공백이 있어야 한다.

사진 C-1은 C면의 제일 윗부분으로 아래쪽에는 金이 이어진다. 기존의 자문회의 과정에서 글자의 존재 가능성을 제기하기도 했지만,[16] 2차 판독과 최종 판독문에는 이 내용이 빠졌다. 하지만 사진 C-1의 검은색 원 안에는 획의 흔적으로 추정되는 부분이 보이므로, 한 글자가 있었다고 볼 수 있다. 이에 이 부분은 판독할 없는 글자(□)로 표시했다.

지금까지 살펴본 내용을 바탕으로 판독문을 제시하면 다음과 같다.[17]

〈삼면 목간 판독문〉

A면	□[18]年正月十七日□□村在幢主再拜□[19]淚廩[20]典□[21]岺□□
B면	□ 喙[22]部弗德智小舍[23]昜[24]稻參石粟壹石稗參石大豆[25]捌石
C면	□ 金川一伐[26]上內之 所白人 登彼礼智一尺 文尺智重一尺

16) 1차 자문회의 당시 하일식 교수님이 별도로 제출한 판독문에는 알 수 없는 한 글자(□)가 표시되었다.

17) 판독에 대한 다른 의견은 이경섭 2021, 앞의 논문, p.116과 하시모토 시게루, 2021, 앞의 논문, p.194 참조.

18) 일부 획 존재.

19) 부호인 점(·) 또는 글자의 일부 획

20) 또는 稟

21) 入 또는 太(大)

22) 오른쪽 부분 파손.

23) 小舍는 合字.

24) 또는 陽, 한편 昜에 대한 판독은 하일식 교수님이 제공한 청주 쌍청리 유적 출토 명문기와 자료를 참고한 것이다.

25) 大豆는 合字.

26) 一伐은 合字.

III. 목간의 내용

목간 내용은 대략 지방관이 중앙에 특정 사건을 보고한 문서 목간으로 추정된다. 이러한 점은 각 면에 대한 내용 분석을 통해 살펴보겠다.

A면부터 살펴보면, '□年正月十七日'은 구체적인 연월일을 알 수 없지만 문서 작성 시점으로 여겨진다. 이에 A면이 문서가 시작되는 면이라 할 수 있다. 다만 간지가 있었던 부분이 파손되어 두 번째 글자의 일부 획만 남아 있기 때문에 문서 작성 시점은 알 수 없다.

'□□村在幢主'는 목간의 내용을 보고한 당사자로 여겨진다. 여기서 살펴볼 것은 幢主라는 표현이 목간에 등장한다는 점과 그것이 村과 연관 있다는 점이다. 먼저 幢主는 中幢幢主[27], 金山幢主[28], 軍師幢主[29] 등 문헌 기록에 군사 지휘관, 지방관 그리고 무관직의 하나로 등장한다. 또한 550년을 전후한 무렵에 세워진 것으로 추정되는 단양신라적성비에는 鄒文村幢主와 勿思伐城幢主가 나오며, 561년에 세워진 창녕신라진흥왕척경비에는 大等与軍主幢主道使与外村主라 하여 州를 관할하는 軍主와 城이나 村에 파견된 道使 사이에 위치하였다. 이와 같이 문헌이나 금석문에서만 볼 수 있었던 幢主가 목간에서는 최초로 나왔다는 점은 이번 목간이 가지는 특징 가운데 하나이다.

특히 목간의 '□□村在幢主'라는 표현은 단양신라적성비의 사례와 유사하다는 점에서 주목된다. 이는 목간이 출토된 토층의 형성 시점(연대)과 다른 월성 해자 목간의 제작 시기가 6세기 중후반을 전후한 신라 중고기라는 점을 방증하는 근거가 될 수 있다. 즉, 문헌과 금석문의 내용을 토대로 한다면 幢主는 郡에 파견된 지방관에서 분화·발전하여 軍官으로 변화했다.[30] 목간에 등장하는 幢主는 □□村에 있으면서 다수의 城이나 村으로 구성된 郡을 관할하던 지방관이었다.[31]

한편 A면 幢主 이하의 내용은 본문인 B면을 서술하기 위한 序頭라고 할 수 있다. 비슷한 내용은 경남 함안 성산산성에서 출토된 가야5598 목간에서도 볼 수 있는데, 그 A면에는 '三月中 眞乃滅村主 憹怖白'이라 하여 B면의 내용을 전개하기 전에 쓴 표현이 나온다. 비록 표현 방식은 다르지만, 월성 해자 삼면 목간의 '再拜'나 '涙', 성산산성 목간의 '憹怖白'은 본격적인 내용을 서술하기 전에 쓴 의례적인 표현으로 추정된다.[32] 이러한 의례적인 표현의 존재는 문서를 작성할 때 이용된 의례적인 문구가 여러 개 있었을 가능성을

---

27) 『三國史記』 卷41, 列傳1 金庾信 上.

28) 『三國史記』 卷47, 列傳7 奚論.

29) 『三國史記』 卷40, 雜志9 武官.

30) 朱甫暾, 1976, 「新羅 中古의 地方統治組織에 대하여」, 『韓國史研究』 23, 한국사연구회; 朱甫暾, 1998, 『신라 지방통치체제의 정비과정과 촌락』, 신서원, pp.363-376.

31) 다만 幢主의 이름이나 관등이 등장하지 않는 이유를 밝히는 것은 향후의 과제이기도 하다.

32) 再拜의 사례는 월성해자 2호 목간에서도 볼 수 있다. 기존 보고서나 연구에서는 해당 글자를 대부분 万拜로 보았으나 중국의 공식 문서 상용구나 출토 간독의 사례를 통해 再拜로 읽어야 한다는 새로운 견해(김병준, 2018, 「월성 해자 2호 목간 다시 읽기 – 중국 출토 고대 행정 문서 자료와의 비교」, 『木簡과 文字』 20, 한국목간학회, pp.159-161)가 나왔다. 이에 새로운 연구 성과를 참고하여 再拜로 수정한다.

보여준다.

A면에서 또 주목할 것은 '廩(또는 稟)典'이다. 『삼국사기』 직관지에는 廩典이 경덕왕이 天祿司로 고쳤으나 후에 옛 이름대로 하였다는 내용이 전한다.[33] 그런데 廩과 廩에는 곳집, 稟에는 祿米라는 뜻이 있고 B면에는 稻와 粟 등의 곡물이 등장한다는 점을 통해 '廩(또는 稟)典'은 재정 관련 관청을 가리킨다고 여겨진다.[34]

이와 관련하여 신라에서 국가의 공적인 재정 업무를 맡은 관청으로 稟主가 있었다.[35] 稟主와 廩(또는 稟)典의 관계는 알 수 없지만 전자가 집사부의 前身으로 중앙행정관청을 서술한 『삼국사기』 직관지 상에 그 직제와 변화과정이 자세하게 기록되었다는 점[36], 후자의 경우 직관지 중에 內省 산하 관청인 廩典이 경덕왕대 명칭 변화와 소속 관원이 짤막하게 기록되었다는 점에서 廩(또는 稟)典은 稟主와 달리 왕실의 재정 업무를 맡았던 것으로 추정된다.

그렇다면 지방의 幢主가 곡물과 연관된 사건을 稟主가 아닌 廩(또는 稟)典에게 보고한 이유가 무엇일까? 신라가 영역 확대를 통해 복속지역으로부터 새로운 토지와 노동력을 확보하면서 중앙 귀족들은 각종 특권을 가지고 자신들의 사적 기반을 확대했으며, 국왕은 왕실 소유지를 확보했다는 연구가 있다.[37] 이러한 연구를 토대로 한다면 후술할 B면에 서술된 사건은 지방에 소재한 왕실 소유지에서 일어났기 때문에 그곳을 관할하던 幢主가 보고한 것으로 볼 수 있다.[38]

B면은 목간의 핵심적인 내용을 서술한 부분으로 추정된다. 즉 곡물과 연관된 모종의 사건이 벌어졌는데, 그 주체는 '墺部弗德智小舍'였고[39] 구체적인 행위는 稻, 粟, 稗, 大豆 각각 몇 석씩 昜했다는 것이다.[40]

먼저 주목할 점은 小舍라는 관등 표기법이다. 小舍는 울진봉평신라비(524년 건립)에는 小舍帝智, 영천청

---

33) 『三國史記』 卷39, 雜志8 職官 中. 당초 학술행사 발표문에는 廩(또는 稟)典의 실체를 알 수 없었다고 하였다. 그런데 강원대학교 김창석 교수님이 토론 과정에서 지적해 주셔서 내용을 보완하였다.

34) 廩이라는 명칭과 후일 개칭된 天祿司란 명칭 및 일반 관리들의 녹봉은 左(右)司祿館이 담당하였다는 사실로 미루어 내정관의 녹봉 혹은 사록미의 보관과 지급을 담당한 곳으로 추정하거나(정구복 외, 2012, 『개정증보 역주 삼국사기 4 주석편(하)』, 한국학중앙연구원, p.534) 제사에 바치는 犧牲을 담당한 관청으로 보는 견해도 있다(三池賢一, 1971, 「新羅內廷官制考(上)」, 『朝鮮學報』 61, 朝鮮學會, p.38).

35) 李基白, 1974, 『新羅政治社會史研究』, 一潮閣, pp.141-142.

36) 이러한 변화과정과 각종 기록 그리고 6세기 금석문을 통해 국가재정에 대한 왕권의 영향력이 점차 강화되는 모습을 살펴본 연구도 있다(李京燮, 2001, 「신라 上代의 稟主와 內省 - 國家 및 王室의 財政構造 變遷을 중심으로 -」, 『韓國古代史研究』 22, 한국고대사학회, pp.201-205).

37) 金昌錫, 1991, 「통일신라기 田莊에 관한 연구」, 『韓國史論』 25, 서울대학교, pp.48-49.

38) 사건의 당사자인 弗德智小舍는 왕실 소유지를 관리하거나 그곳에서 생산된 곡물과 연관된 업무를 수행하기 위해 파견된 사람일 가능성도 있다. 한편 곡물 수납 담당자로 보는 연구도 있다(이경섭, 2021, 앞의 논문, p.118).

39) A면 후반부를 '稟典太□'이라 판독하고 이를 B면에 등장하는 墺部弗德智小舍의 관직으로 보는 견해도 있다. 즉, B면의 주어는 A면 후반부에서 시작된다는 것이다(하시모토 시게루, 2021, 앞의 논문, p.197).

40) 昜의 구체적인 의미는 알 수 없다. 昜의 사전적인 의미는 '거짓으로 꾸미다', '드러내다', '선명하다', '편안하다', '경시하다', '다스리다', '간략하게 하다' 등 긍정이나 부정 그리고 중립적인 의미 등 다양하다. 한편 이경섭은 『삼국사기』 검군 열전과 경주 황남동 376번지 출토 목간을 토대로 창고의 곡물 출납과 보관과 연관된 내용으로 보았다(이경섭, 2021, 앞의 논문, p.118).

제비 병진명(536년 기록)에는 小舍第, 마운령진흥왕순수비와 황초령진흥왕순수비(이상 568년 건립), 경주 남산신성비 제2비(591년 건립)에는 小舍로 등장한다. 이로 보아 536년~568년 사이에 小舍 표기법이 변화되었음을 알 수 있다. 따라서 이 목간의 제작 시점은 536년 이후로 추정된다.

또한 목간에는 稻, 粟, 稗, 大豆가 등장한다. 이들 곡물 가운데 稗는 기록이나 시대에 따라 五穀에 속할 때도 있고 그렇지 않을 때도 있지만 나머지 곡물은 五穀에 속한다. 『삼국사기』나 『삼국유사』에는 稻(또는 租)과 粟은 조세나 군량미 그리고 포상 물품 가운데 하나로 등장하며, 粟은 조세를 제외한 나머지 용도로 사용된다. 그리고 菽(또는 大豆)는 서리의 피해를 입은 작물로 나온다. 실제 신라 왕경 내 밭 유적을 조사한 결과 쌀 6점, 콩 1점, 두류 1점 등이 발견되기도 했다.[41] 稗는 등장하지 않지만 성산산성 목간에는 물품명 목간 114점 가운데 稗가 등장하는 목간이 96점(약 84%), 보리(麥)가 등장하는 목간이 12점(약 10%), 쌀이 등장하는 목간이 5점(약 4%)을 차지한다.[42] 이러한 측면에서 목간에 등장하는 곡물은 당시 이용도가 가장 높았던 곡물로 추정된다. 한 가지 주목되는 점은 기재 순서가 五穀에 속하는 곡물의 순서와 대략 일치한다는 것이다.[43] 이러한 측면에서 B면에 등장하는 곡물의 순서는 바로 당시 곡물의 이용도나 중요도에 따른 배열로 여겨진다.

이 밖에 갖은자의 사용도 눈의 띤다. 674년에 조성된 것으로 여겨지는 안압지에서 출토된 목간이 현재로서는 가장 확실한 사용 사례였다. 이 목간의 작성 연대가 대략 7세기 말~8세기로 추정된다는 점에서 통일 이후 갖은자가 사용되었다고 보았다. 특히 捌의 경우, 1391년 또는 1392년에 작성된 화령부 호적에 등장한다는 점에서 고려시대의 갖은자 사용은 입증되었다. 그런데 이번에 새롭게 출토된 목간은 捌을 비롯한 갖은자의 사용 시점을 늦어도 7세기 전반, 빠르면 6세기 후반까지 올려다볼 수 있는 계기를 만들었다는 점에서 현재로서는 가장 이른 시기의 갖은자 사용 사례로 볼 수 있다.[44]

한편 C면에는 목간의 내용과 연관된 3명의 인물이 등장한다. 첫 번째 인물은 알 수 없는 글자와 공백 다음에 인명과 구체적인 행동(上內之)을 표현했다. 그런데 두 번째와 세 번째 인물의 경우 그 표현 방식은 '역할+인명+관등(외위)'이며, 이러한 방식은 첫 번째 인물과 다르다. 또한 두 번째 인물을 표현한 所白人 앞에 공백이 있으므로 첫 번째 인물과 구분된다. 이러한 측면에서 첫 번째 인물과 두 번째 그리고 세 번째 인물은 그 성격이 다르다.

첫 번째 인물의 경우, 그가 '올린다(上內之)'라고 한 대상은 확실하지 않다. 비록 C면 위쪽에 다른 내용이 더 있었을 가능성도 있지만 그것은 올린 대상을 가리키기보다 첫 번째 인물과 별개의 것으로 여겨진다. 물론 연관된 내용이라 하더라도 단순히 올렸다라고 하여 구체적인 대상이 드러나지 않는다는 점을 주목할 필요가 있다. 그 대상이 분명하지 않아도 알 수 있다는 의미는 그것을 누구나 알 수 있다는 뜻도 지닌다. 이에

---

41) 財團法人 聖林文化財硏究院, 2006, 『慶州 金丈里 遺蹟』, p.111.

42) 최장미·양석진·문정희·조석민·박현정, 2017, 「함안 성산산성 출토 목간의 개요」, 『韓國의 古代 木簡 II』, p.27.

43) 五穀의 종류는 시대나 기록에 따라 다르지만 우리나라에서는 대체로 쌀, 보리, 조, 콩, 기장으로 이해한다.

44) 자문위원 가운데 한 분인 윤선태 교수님이 지적한 내용이다.

'올린다'라는 동사의 목적어는 목간으로 볼 수 있다.[45] 즉 올린 대상은 목간이었지만, 그것을 생략한 것으로 여겨진다. 그렇다면 金川一伐은 목간을 전달한 사람이 된다.

두 번째 인물의 이름은 所白人과 공백을 두고 떨어져 있다. 所白人은 말한 사람이라는 의미로 추정되는데, 아마도 B면에 있는 내용을 가리킬 것이다. 이와 관련하여 두 가지 정도 언급하고자 한다.

먼저, 所白人과 그 위아래의 공백에 대한 해석이다. 이러한 공백이 단순히 내용을 구분한다고 볼 수도 있지만, 뒤에 등장하는 文尺은 人名과 붙여 썼다는 점에서 일관성이 떨어진다. 특히 所白人은 C면의 다른 글자에 비해 획이 두껍다. 이러한 측면에서 所白人 위아래의 공백은 단순한 띄어쓰기가 아니라 그것을 강조하기 위한 장치로 여겨진다.

이러한 점은 所白人의 의미와 그것을 표현한 방식을 통해서 드러난다. 목간의 내용으로 보아 所白의 대상이 되는 것은 B면의 내용이다. 즉 A면에는 목간 내용의 보고자라고 할 수 있는 幢主와 의례적인 표현이 등장하고, C면에는 목간 내용과 연관된 인물들이 기재되어 있다는 점에서 그렇게 추론할 수 있다. 이러한 측면에서 목간 B면의 내용은 口頭로 전달한 내용을 문자화한 것으로 볼 수 있다. 즉 B면에 등장하는 弗德智 小舍에 대한 서술은 登仮礼智一尺의 말을 근거로 한 것이다. 이는 기존의 연구에서 지적된 구두의 문자화라는 일부 문서 목간 작성 방식과 같은 맥락이다. 다만 所白人 위아래의 공백과 나아가 話者를 구체적으로 밝혔다는 점이 사람이 등장했다는 점이 주목된다. 비록 所白의 대상은 B면에 그치지만[46] 일부 내용에 대한 話者를 밝혔다는 점은 다른 목간에서 드러나지 않는 특징이기 때문이다.

그렇다면 話者를 밝힌 이유는 무엇일까? 목간 내용의 보고자는 幢主이며, 이는 첫머리에 등장하므로 다시 話者를 언급할 필요가 없다. 또한 所白人의 존재는 반드시 필요한 것도 아니다. 이를 구체적으로 밝혔다는 점은 그것을 드러내야했던 이유가 있었음을 의미한다. 그 이유는 추측할 수밖에 없지만 보고 내용에 대한 신빙성을 강조하고자 했거나 신빙성 여부에 따른 책임 소재를 명확히 하고자 했던 것으로 볼 수 있다. 하지만 목간의 내용을 보고한 사람은 幢主이므로 그 자신도 보고 내용의 신빙성이 의심된다면 책임 문제에서 자유로울 수 없다. 이에 신빙성을 강조하기 위한 의도에서 所白人 위아래에 공백을 두면서 話者를 밝혔다고 여겨진다.

마지막 세 번째 인물은 文尺+人名+外位로 표현되었다. 목간에 文尺이 등장하는 것은 幢主와 마찬가지로 최초의 사례이다. 널리 알려졌듯이 文尺은 書尺, 書寫人, 文作人 등으로 표현되면서, 6세기 금석문 가운데 巡行이나 拓境 그리고 축성 관련 내용에 등장하는 職名이다. 文尺은 기록이나 문서 작성을 담당한 지방민이었으므로 이들의 존재를 통해 당시 지방 촌락사회에서도 문서 행정이 이루어졌음을 알 수 있다.[47] 이에 목

---

45) 학술대회 발표토론에서 김창석 교수님의 의견과 하시모토 시게루, 이경섭의 논문은 上內之의 대상을 곡물로 보았다.

46) 물론 성산산성 출토 가야5598 목간과 월성 해자 출토 2호 목간에서 書者와 話者를 분석한 연구를 참조한다면(이경섭, 2020, 「성산산성 목간과 신라사 연구」, 『韓國古代史硏究』 97, 한국고대사학회, pp.197-199; 이경섭, 2021, 앞의 논문, pp.118) 이 목간의 話者를 所白人인 登仮礼智一尺으로 볼 여지도 있다. 하지만 登仮礼智一尺이 所白한 것은 B면에 한정되며 전체 내용의 話者는 □□村在幢主로 보아야 한다.

47) 李銖勳, 1995, 「新羅 中古期 村落支配 硏究」, 부산대학교 사학과 박사학위논문, pp.233-239.

간의 文尺은 그 내용을 작성한 담당자, 즉 문서 기안자라고 할 수 있다.

한편, 지금까지 살펴본 목간의 내용을 각 면별로 정리하면 A면은 보고자, B면은 보고 내용, C면은 목간 내용 및 작성 관련자 등으로 볼 수 있다.[48] 목간의 형태가 완형은 아니지만 내용은 뚜렷하게 구분된다. 목간의 형태가 삼면이라는 점을 주목한다면 이는 의도적인 선택이 작용한 결과로 볼 수 있다. 즉, 문서 내용이 정해지고, 그 내용을 구분할 수 있는 형태의 나무를 고르고 가공한 것으로 추정된다. 그렇다면 삼면목간은 내용을 작성할 재료 선택, 문서 작성, 문서 전달 등 문서 행정의 일면을 엿볼 수 있는 유물이라 할 수 있다.

IV. 맺음말

지금까지 경주 월성 해자에서 출토된 삼면목간을 간단하게 살펴보았다. 이 목간은 곡물과 관련된 특정 사건을 보고한 문서 목간이다. 보고 시점은 6세기 후반~7세기 전반 무렵 어느 해 정월 17일이었으며, 보고 자는 지방 어느 촌에 있었던 幢主였다. 그는 登彼礼智一尺의 말을 바탕으로 목간의 내용을 보고하였는데, 실제로 문서를 작성(또는 기안)한 사람은 智重一尺이었다. 이 목간을 중앙 관부에 전달한 것은 金川一伐이 었다. 이와 더불어 목간의 형태는 문서의 내용을 염두에 두고 고른 것으로 추정된다. 따라서 삼면목간은 문서의 작성과정과 전달 등 문서 행정의 일면이 드러나는 유물이다.

투고일: 2021.10.27   심사개시일: 2021.11.17   심사완료일: 2021.12.05

---

48) 하시모토 시게루는 이러한 구분에 동의하지 않고 내용이 이어지는 것으로 보았다(하시모토 시게루, 2021, 앞의 논문, pp.197~198).

참고문헌

國立慶州文化財研究所, 2006, 『月城 垓子 發掘調査報告書 Ⅱ - 고찰 -』.

국립경주문화재연구소, 2017, 『천년의 궁성, 월성』, 현장설명회 자료집.

국립경주문화재연구소·한국목간학회, 2017, 『동아시아 고대 도성의 축조의례와 월성해자 목간』.

국립경주문화재연구소, 2019, 『한성에서 만나는 신라 월성』.

財團法人 聖林文化財研究院, 2006, 『慶州 金丈里 遺蹟』.

경주 월성에서 최고(最古) '의례용 배 모양 목제품 출토(2019.4.2. 문화재청 보도자료).

李基白, 1974, 『新羅政治社會史研究』, 一潮閣.

朱甫暾, 1998, 『신라 지방통치체제의 정비과정과 촌락』, 신서원.

김병준, 2018, 「월성 해자 2호 목간 다시 읽기 - 중국 출토 고대 행정 문서 자료와의 비교」, 『목간과 문자』 20, 한국목간학회.

金昌錫, 1991, 「통일신라기 田莊에 관한 연구」, 『韓國史論』 25, 서울대학교.

李京燮, 2001, 「신라 上代의 稟主와 內省 - 國家 및 王室의 財政構造 變遷을 중심으로 -」, 『韓國古代史研究』 22, 한국고대사학회.

이경섭, 2020, 「성산산성 목간과 신라사 연구」, 『韓國古代史研究』 97, 한국고대사학회.

이경섭, 2021, 「신라 문서목간의 話者와 書者」, 『新羅史學報』 51, 신라사학보.

李泳鎬, 2019, 「月城垓子 2號 木簡에 보이는 尊稱語 '足下'에 대하여」, 『嶺南學』 71, 경북대학교 영남문화연구원.

전경효, 2021, 「경주 월성 해자 출토 삼면목간 소개」, 『木簡을 통해 본 고대 동아시아의 물자유통과 관리』, 경북대학교 인문학술원 HK+사업단 2제회 국제학술대회 자료집.

최장미·양석진·문정희·조석민·박현정, 2017, 「함안 성산산성 출토 목간의 개요」, 『韓國의 古代 木簡Ⅱ』.

하시모토 시게루, 2021, 「新羅 文書木簡의 기초적 검토 - 신출토 월성해자 목간을 중심으로」, 『嶺南學』 77, 경북대학교 영남문화연구원.

三池賢一, 1971, 「新羅內廷官制考(上)」, 『朝鮮學報』 61, 朝鮮學會.

〈Abstract〉

A Basic Review of the Three−sides Wooden slip of the Gyeongju Wolseong Moat, Excavated in 2018

Jeon, kyunghyo

The three−sides wooden slip in the Wolseong moat, excavated in 2018, is a document that reports incidents related to grain. It has three sides, and is about 37㎝ long, about 2.8−6㎝ wide, and about 2∼3㎝ thick. There are letters on all sides, 23 characters on the A side, 22characters on the B side, and 23 characters on the C side.

The outline contents consisted of reporter and ritual expression on side A, the content of the event to be reported on side B, and the person in charge of preparing the contents of the list on side C. Looking at this specifically, The reporting time was on the 17th of the first month of the year around the late 6th century to the early 7th century, and the reporter was a lord in a local village. He reported the contents of the tree based on the informant's words, and the person who actually wrote or drafted the document and the person who delivered the document also appear in the log together with the informant. In addition, it is presumed that the shape of the tree was chosen with the content of the document in mind. Therefore, it can be said that the three−sided tree is a relic that reveals one aspect of document administration, such as the process of writing and delivering documents.

▶ Key words: Gyeongju Wolseong Moat, The three-sides wooden slip, report, Document administration

〈A면〉　　　　　〈B면〉　　　　　〈C면〉

삼면 목간 사진

<A면>   <B면>   <C면>

삼면 목간 적외선 사진

휘보

학술대회, 자료교환

학술대회, 자료교환

1. 학술대회

1) 제15회 국제학술대회

- 일시: 2021년 11월 5일(금요일)~6일(토요일)
- 장소: 중앙대학교 서울캠퍼스 310관 901호 / ZOOM 온라인
- 주최: 중앙대·한국외대 HK⁺〈접경인문학〉연구단(RCCZ), 한국목간학회(KSSWD)
- 주관: 한국목간학회
- 후원: 교육부, 한국연구재단

《11월 5일-1일차》
□ 개회식 12:00~13:10 - 사회 : 이병호
　개회사 및 환영사

□ 발표 13:10~17:00 - 사회 : 이병호(공주교육대)/윤선태(동국대)
　제1주제: 접경지역의 문자전달 : 헌강왕 12년의 '木書 15字'를 중심으로 - 李成市(일본, 와세다대)
　제2주제: 角筆 資料로 본 古代 東아시아의 文字文化 - 권인한(성균관대)
　제3주제: 신강출토 카로슈티 문서에 보이는 승려의 세속생활연구 - 李博(중국, 陝西中醫藥大)
　제4주제: 베트남 한자 쯔놈의 연구와 학습자료 - La Minh Hang(베트남, 漢喃研究所)

《11월 6일-2일차》
□ 등록 10:00~10:10

□ 발표 10:10~17:00- 사회 : 정승혜(수원여자대)/최연식(동국대)

　제1주제: 多賀城碑에 새겨진 '격동의 북동아시아' - 平川南(일본, 人間文化硏究機構)

　제2주제: 접경으로서의 충주 지역과 신판독안에 기반한 충주고구려비 내용 검토 - 이재환(중앙대)

　제3주제: 국립중앙박물관 소장 투루판 출토 唐文書가 부착된 시신깔개(尸席)의 복원
　　　　　- 권영우(국립중앙박물관)

　제4주제: 동아시아 세계에 있어서 베트남 목간의 연구서설(1) : 월경하는 封緘木簡·木夾·夾板
　　　　　- Pham Le Huy(베트남국가대학)

□ 종합토론 17:00~19:00- 좌장 : 김병준(서울대)

□ 폐회사 19:00~19:05

2. 자료교환

日本木簡學會와의 資料交換

　* 韓國木簡學會 『木簡과 文字』 26호 일본 발송

부록

학회 회칙, 간행예규, 연구윤리규정

학회 회칙

제 1 장 총칙

제 1 조 (명칭)　본회는 한국목간학회(韓國木簡學會, The Korean Society for the Study of Wooden Documents)라 한다.

제 2 조 (목적)　본회는 목간을 비롯한 금석문, 고문서 등 문자자료와 기타 문자유물을 중심으로 한 연구 및 학술조사를 통하여 한국의 목간학 발전에 이바지함을 목적으로 한다.

제 3 조 (사업)　본회는 목적에 부합하는 다음의 사업을 한다.
1. 연구발표회
2. 학보 및 기타 간행물 발간
3. 유적·유물의 답사 및 조사 연구
4. 국내외 여러 학회들과의 공동 학술연구 및 교류
5. 기타 위의 각 사항의 사업을 수행하기 위해 필요한 사업

제 4 조 (회원의 구분과 자격)
① 본회의 회원은 본회의 목적에 동의하여 회비를 납부하는 개인 또는 기관으로서 연구회원, 일반회원 및 학생회원으로 구분하며, 따로 명예회원, 특별회원을 둘 수 있다.
② 연구회원은 평의원 2인 이상의 추천을 받아 평의원회에서 심의, 인준한다.
③ 일반회원은 연구회원과 학생회원이 아닌 사람과 기관 및 단체로 한다.
④ 학생회원은 대학생과 대학원생으로 한다.
⑤ 명예회원은 본회의 발전에 크게 기여한 회원 또는 개인 중에서 운영위원회에서 추천하여 평의원회에서 인준을 받은 사람으로 한다.
⑥ 특별회원은 본회의 활동과 운영에 크게 기여한 개인 또는 기관 중에서 운영위원회에서 추천하여 평의원회에서 인준을 받은 사람으로 한다.

제 5 조 (회원징계)   회원으로서 본회의 명예를 손상시키거나 회칙을 준수하지 않았을 경우 평의원회의 심의와 총회의 의결에 따라 자격정지, 제명 등의 징계를 할 수 있다.

제 2 장 조직 및 기능

제 6 조 (조직)   본회는 총회·평의원회·운영위원회·편집위원회를 두며, 필요한 경우 별도의 위원회를 구성할 수 있다.

제 7 조 (총회)
① 총회는 정기총회와 임시총회로 나누며, 정기총회는 2년에 1회 정기적으로 개최하고 임시총회는 필요한 때에 소집할 수 있다.
② 총회는 회장이나 평의원회의 의결로 소집한다.
③ 총회는 평의원회에서 심의한 학회의 회칙, 운영예규의 개정 및 사업과 재정 등에 관한 보고를 받고 이를 의결한다.
④ 총회는 평의원회에서 추천한 회장, 평의원, 감사를 인준한다. 단 회장의 인준이 거부되었을 때는 평의원회에서 재추천하도록 결정하거나 총회에서 직접 선출한다.

제 8 조 (평의원회)
① 평의원은 연구회원 중 평의원회의 추천을 받아 총회에서 인준한 자로 한다.
② 평의원회는 회장을 포함한 평의원으로 구성한다.
③ 평의원회는 회장 또는 평의원 4분의 1 이상의 요구로써 소집한다.
④ 평의원회는 아래의 사항을 추천, 심의, 의결한다.
    1. 회장, 평의원, 감사, 편집위원의 추천
    2. 회칙개정안, 운영예규의 심의
    3. 학회의 재정과 사업수행의 심의
    4. 연구회원, 명예회원, 특별회원의 인준
    5. 회원의 자격정지, 제명 등의 징계를 심의

제 9 조 (운영위원회)
① 운영위원회는 회장과 회장이 지명하는 부회장, 총무·연구·편집·섭외이사 등 20명 내외로 구성하고, 실무를 담당할 간사를 둔다.
② 운영위원회는 평의원회에서 심의·의결한 사항을 집행하며, 학회의 제반 운영업무를 담당한다.
③ 부회장은 회장을 도와 학회의 업무를 총괄 지원하며, 회장 유고시에는 회장의 권한을 대행한다.

④ 총무이사는 학회의 통상 업무를 담당, 집행한다.

⑤ 연구이사는 연구발표회 및 각종 학술대회의 기획을 전담한다.

⑥ 편집이사는 편집위원을 겸하며, 학보 및 기타 간행물의 출간을 전담한다.

⑦ 섭외이사는 학술조사를 위해 자료소장기관과의 섭외업무를 전담한다.

제 10 조 (편집위원회)　편집위원회는 학보 발간 및 기타 간행물의 출간에 관한 제반사항을 담당하며, 그 구성은 따로 본회의 운영예규에 정한다.

제 11 조 (기타 위원회)　기타 위원회의 구성과 활동은 회장이 결정하며, 그 내용을 평의원회에 보고한다.

제 12 조 (임원)

① 회장은 본회를 대표하고 총회와 각급회의를 주재하며, 임기는 2년으로 한다.

② 평의원은 제 8 조의 사항을 담임하며, 임기는 종신으로 한다.

③ 감사는 평의원회에 출석하고, 본회의 업무 및 재정을 감사하여 총회에 보고하며, 그 임기는 2년으로 한다.

④ 임원의 임기는 1월 1일부터 시작한다.

⑤ 임원이 유고로 업무를 수행할 수 없게 된 때에는 평의원회에서 보궐 임원을 선출하고 다음 총회에서 인준을 받으며, 그 임기는 전임자의 잔여임기가 1년 미만인 경우는 잔여임기에 규정임기 2년을 더한 기간으로 하고, 잔여임기가 1년 이상인 경우는 잔여기간으로 한다.

제 13 조 (의결)

① 총회에서의 인준과 의결은 출석 회원의 과반수로 한다.

② 평의원회는 평의원 4분의 1 이상의 출석으로 성립하며, 의결은 출석한 평의원 과반수의 찬성으로 한다.

제 3 장　출판물의 발간

제 14 조 (출판물)

① 본회는 매년 6월 30일과 12월 31일에 학보를 발간하고, 그 명칭은 "목간과 문자"(한문 "木簡과 文字", 영문 "Wooden documents and Inscriptions Studies")로 한다.

② 본회는 학보 이외에 본회의 목적에 부합하는 출판물을 발간할 수 있다.

③ 본회가 발간하는 학보를 포함한 모든 출판물의 저작권은 본 학회에 속한다.

제 15 조 (학보 게재 논문 등의 선정과 심사)

　① 학보에는 회원의 논문 및 본회의 목적에 부합하는 주제의 글을 게재함을 원칙으로 한다.

　② 논문 등 학보 게재물은 편집위원회에서 선정한다.

　③ 논문 등 학보 게재물의 선정 기준과 절차는 따로 본회의 운영예규에 정한다.

제 4 장 재정

제 16 조 (재원)　　본회의 재원은 회비 및 기타 수입으로 한다.

제 17 조 (회계연도)　　본회의 회계연도 기준일은 1월 1일로 한다.

제 5 장 기타

제 18 조 (운영예규)　　본 회칙에 명시하지 않은 운영에 필요한 사항은 따로 운영예규에 정한다.

제 19 조 (기타사항)　　본 회칙에 규정되지 않은 사항은 일반관례에 따른다

부칙

1. 본 회칙은 2007년 1월 9일부터 시행한다.
2. 본 회칙은 2009년 1월 9일부터 시행한다.
3. 본 회칙은 2012년 1월 18일부터 시행한다.
4. 본 회칙은 2015년 10월 31일부터 시행한다.

편집위원회에 관한 규정

제 1 장 총칙

제 1 조 (명칭)   본 규정은 '편집위원회에 관한 규정'이라 한다.

제 2 조 (목적)   본 규정은 한국목간학회 편집위원회의 조직 및 편집 활동 전반에 관한 세부 사항을 규정하는 것을 목적으로 한다.

제 2 장 조직 및 권한

제 3 조 (구성)   편집위원회는 회칙에 따라 구성한다.

제 4 조 (편집위원의 임명)   편집위원은 세부 전공 분야 및 연구 업적을 감안하여 평의원회에서 추천하며, 회장이 임명한다.

제 5 조 (편집위원장의 선출)   편집위원장은 편집위원 전원의 무기명 비밀투표 방식으로 편집위원 중에서 선출한다.

제 6 조 (편집위원장의 권한)   편집위원장은 편집회의의 의장이 되며, 학회지의 편집 및 출판 활동 전반에 대하여 권한을 갖는다.

제 7 조 (편집위원의 자격)   편집위원은 다음과 같은 조건을 갖춘자로 한다.
  1. 박사학위를 소지한 자.
  2. 대학의 전임교수로서 5년 이상의 경력을 갖추었거나, 이와 동등한 연구 경력을 갖춘자.
  3. 역사학·고고학·보존과학·국어학 또는 이와 관련된 분야에서 연구 업적이 뛰어나고 학계의 명망과 인격을 두루 갖춘자.

4. 다른 학회의 임원이나 편집위원으로 과다하게 중복되지 않은 자.

제 8 조 (편집위원의 임기)   편집위원의 임기는 2년으로 하되, 연임할 수 있다.

제 9 조 (편집자문위원)   학회지 및 기타 간행물의 편집 및 출판 활동과 관련하여 필요시 국내외의 편집자문위원을 둘 수 있다.

제 10 조 (편집간사)   학회지를 비롯한 제반 출판 활동 업무를 원활히 하기 위하여 편집간사 약간 명을 둘 수 있다.

제 3 장 임무와 활동

제 11 조 (편집위원회의 임무와 활동)   편집위원회의 임무와 활동 내용은 다음과 같다.
1. 학회지의 간행과 관련된 제반 업무.
2. 학술 단행본의 발행과 관련된 제반 업무.
3. 기타 편집 및 발행과 관련된 제반 활동.

제 12 조 (편집간사의 임무)   편집간사는 편집위원회의 업무와 활동을 보조하며, 편집과 관련된 회계의 실무를 담당한다.

제 13 조 (학회지의 발간일)   학회지는 1년에 2회 발행하며, 그 발행일자는 6월 30일과 12월 31일로 한다.

제 4 장 편집회의

제 14 조 (편집회의의 소집)   편집회의는 편집위원장이 수시로 소집하되, 필요한 경우에는 3인 이상의 편집위원이 발의하여 회장의 동의를 얻어 편집회의를 소집할 수 있다. 또한 심사위원의 추천 및 선정 등에 필요한 경우에는 전자우편을 통한 의견 수렴으로 편집회의를 대신할 수 있다.

제 15 조 (편집회의의 성립)   편집회의는 편집위원장을 포함한 편집위원 과반수의 출석으로 성립된다.

제 16 조 (편집회의의 의결)   편집회의의 제반 안건은 출석 위원 과반수의 찬성으로 의결하되, 찬반 동수인 경우에는 편집위원장이 결정한다.

제 17 조 (편집회의의 의장)   편집위원장은 편집회의의 의장이 된다. 편집위원장이 참석하지 아니한 경우에는 편집위원 중의 연장자가 의장이 된다.

제 18 조 (편집회의의 활동)   편집회의는 학회지의 발행, 논문의 심사 및 편집, 기타 제반 출판과 관련된 사항에 대하여 논의하고 결정한다.

부칙
제1조 이 규정은 운영위원회의 의결을 거쳐 2007년 11월 24일부터 시행한다.
제2조 이 규정은 운영위원회의 의결을 거쳐 2009년 1월 9일부터 시행한다.
제3조 이 규정은 운영위원회의 의결을 거쳐 2012년 1월 18일부터 시행한다.

학회지 논문의 투고와 심사에 관한 규정

제 1 장 총칙

제 1 조 (명칭)   본 규정은 '학회지 논문의 투고와 심사에 관한 규정'이라 한다.

제 2 조 (목적)   본 규정은 한국목간학회의 학회지인 『목간과 문자』에 수록할 논문의 투고와 심사에 관한 절차를 정하고 관련 업무를 명시함에 목적을 둔다.

제 2 장 원고의 투고

제 3 조 (투고 자격)   논문의 투고 자격은 회칙에 따르되, 당해 연도 회비를 납부한 자에 한한다.

제 4 조 (투고의 조건)   본 학회에서 발표한 논문에 한하여 투고하는 것을 원칙으로 한다.

제 5 조 (원고의 분량)   원고의 분량은 학회지에 인쇄된 것을 기준으로 각종의 자료를 포함하여 20면 내외로 하되, 자료의 영인을 붙이는 경우에는 면수 계산에서 제외한다.

제 6 조 (원고의 작성 방식)   원고의 작성 방식과 요령 등에 관하여는 별도의 내규를 정하여 시행한다.

제 7 조 (원고의 언어)   원고는 한국어로 작성함을 원칙으로 하되, 외국어로 작성된 원고의 게재 여부는 편집회의에서 정한다.

제 8 조 (제목과 필자명)   논문 제목과 필자명은 영문으로 附記하여야 한다.

제 9 조 (국문초록과 핵심어)   논문을 투고할 때에는 국문과 외국어로 된 초록과 핵심어를 덧붙여야 한다. 요약문과 핵심어의 작성 요령은 다음과 같다.

1. 국문초록은 논문의 내용과 논지를 잘 간추려 작성하되, 외국어 요약문은 영어, 중국어, 일어 중의 하나로 작성한다.
2. 국문초록의 분량은 200자 원고지 5매 내외로 한다.
3. 핵심어는 논문의 주제 및 내용을 대표할 만한 단어를 뽑아서 요약문 뒤에 행을 바꾸어 제시한다.

제 10 조 (논문의 주제 및 내용 조건)   논문의 주제 및 내용은 다음에 부합하여야 한다.
1. 국내외의 출토 문자 자료에 대한 연구 논문
2. 국내외의 출토 문자 자료에 대한 소개 또는 보고 논문
3. 국내외의 출토 문자 자료에 대한 역주 또는 서평 논문

제 11 조 (논문의 제출처)   심사용 논문은 온라인투고시스템을 이용한다.

제 3 장 원고의 심사

제 1 절 : 심사자

제 12 조 (심사자의 자격)   심사자는 논문의 주제 및 내용과 관련된 분야에서 박사학위를 소지한 자를 원칙으로 하되, 본 학회의 회원 가입 여부에 구애받지 아니한다.

제 13 조 (심사자의 수)   심사자는 논문 한 편당 2인 이상 5인 이내로 한다.

제 14 조 (심사 의뢰)   편집위원장은 편집회의에서 추천·의결한 바에 따라 심사자를 선정하여 심사를 의뢰하도록 한다. 편집회의에서의 심사자 추천은 2배수로 하고, 편집회의의 의결을 거쳐 선정한다.

제 15 조 (심사자에 대한 이의)   편집위원장은 심사자 위촉 사항에 대하여 대외비로 회장에게 보고하며, 회장은 편집위원장에게 이의를 제기할 수 있다. 심사자 위촉에 대한 이의에 대하여는 편집회의를 거쳐 편집위원장이 심사자를 변경할 수 있다. 다만, 편집회의 결과 원래의 위촉자가 재선정되었을 경우 편집위원장은 회장에게 그 사실을 구두로 통지하며, 통지된 사항에 대하여 회장은 이의를 제기할 수 없다.

제 2 절 : 익명성과 비밀 유지

제 16 조 (익명성과 비밀 유지 조건)   심사용 원고는 반드시 익명으로 하며, 심사에 관한 제반 사항은 편집위원장 책임하에 반드시 대외비로 하여야 한다.

제 17 조 (익명성과 비밀 유지 조건의 위배에 대한 조치)   위 제16조의 조건을 위배함으로 인해 심사자에게 중대한 피해를 입혔을 경우에는 편집위원 3인 이상의 발의로써 편집위원장의 동의 없이도 편집회의를 소집할 수 있으며, 다음 각 호에 따라 위배한 자에 따라 사안별로 조치한다. 또한 해당 심사자에게는 편집위원장 명의로 지체없이 사과문을 심사자에게 등기 우송하여야 한다. 편집위원장 명의를 사용하지 못할 경우에는 편집위원 전원이 연명하여 사과문을 등기 우송하여야 한다. 익명성과 비밀 유지 조건에 대한 위배 사실이 학회의 명예를 손상한 경우에는 편집위원 3인의 발의만으로써도 해당 편집위원장 및 편집위원에 대한 징계를 회장에게 요청할 수 있으며, 이 경우 그 처리 결과를 학회지에 공지하여야 한다.

1. 편집위원장이 위배한 경우에는 편집위원장을 교체한다.
2. 편집위원이 위배한 경우에는 편집위원직을 박탈한다.
3. 임원을 겸한 편집위원의 경우에는 회장에게 교체하도록 요청한다.
4. 편집간사 또는 편집보조가 위배한 경우에는 편집위원장이 당사자를 해임한다.

제 18 조 (편집위원의 논문에 대한 심사)   편집위원이 투고한 논문을 심사할 때에는 해당 편집위원을 궐석시킨 후에 심사자를 선정하여야 하며, 회장에게도 심사자의 신원을 밝히지 않는 것을 원칙으로 한다.

제 3 절 : 심사 절차

제 19 조 (논문심사서의 구성 요건)   논문심사서에는 '심사 소견', 그리고 '수정 및 지적사항'을 적는 난이 포함되어야 한다.

제 20 조 (심사 소견과 영역별 평가)   심사자는 심사 논문에 대하여 영역별 평가를 감안하여 종합판정을 한다. 심사 소견에는 영역별 평가와 종합판정에 대한 근거 및 의견을 총괄적으로 기술함을 원칙으로 한다.

제 21 조 (수정 및 지적사항)   '수정 및 지적사항'란에는 심사용 논문의 면수 및 수정 내용 등을 구체적으로 지시하여야 한다.

제 22 조 (심사 결과의 전달)   편집간사는 편집위원장의 지시를 받아 투고자에게 심사자의 논문심사서와 심사용 논문을 전자우편 또는 일반우편으로 전달하되, 심사자의 신원이 드러나지 않도록 각별히 유의하여야 한다. 논문 심사서 중 심사자의 인적 사항은 편집회의에서도 공개하지 않는다.

제 23 조 (수정된 원고의 접수)   투고자는 논문심사서를 수령한 후 소정 기일 내에 원고를 수정하여 편집위원장에게 송부하여야 한다. 기한을 넘겨 접수된 수정 원고는 학회지의 다음 호에 접수된 투고 논문과

동일한 심사 절차를 밟되, 논문심사료는 부과하지 않는다.

제 4 절 : 심사의 기준과 게재 여부 결정

제 24 조 (심사 결과의 종류)   심사 결과는 '종합판정'과 '영역별 평가'로 나누어 시행한다.

제 25 조 (종합판정과 등급)   종합판정은 ①揭載 可, ②小幅 修正後 揭載, ③大幅 修正後 再依賴, ④揭載 不可 중의 하나로 한다.

제 26 조 (영역별 평가)   영역별 평가 기준은 다음과 같다.
  1. 학계에의 기여도
  2. 연구 내용 및 방법론의 참신성
  3. 논지 전개의 타당성
  4. 논문 구성의 완결성
  5. 문장 표현의 정확성

제 27 조 (게재 여부의 결정 기준)   심사용 논문의 학회지 게재 여부는 심사자의 종합판정에 의거하여 이들을 합산하여 시행한다. 게재 여부의 결정은 최종 수정된 원고를 대상으로 한다.

제 28 조 (게재 여부 결정의 조건)   게재 여부 결정의 조건은 다음과 같다.
  1. 심사자의 2분의 1 이상이 위 제25조의 '①게재 가'로 판정한 경우에는 게재한다.
  2. 심사자의 2분의 1 이상이 위 제25조의 '③게재 불가'로 판정한 경우에는 게재를 불허한다.

제 29 조 (게재 여부에 대한 논의)   위 제28조의 경우가 아닌 논문에 대하여는 편집회의의 토의를 거친 후에 게재 여부를 확정하되, 이 때에는 영역별 평가를 참조한다.

제 30 조 (논문 게재 여부의 통보)   편집위원장은 논문 게재 여부에 대한 최종 확정 결과를 투고자에게 통보하여야 한다.

제 5 절 : 이의 신청

제 31 조 (이의 신청)   투고자는 심사와 논문 게재 여부에 대하여 이의를 신청할 수 있다. 이 때에는 200자 원고지 5매 내외의 이의신청서를 작성하여 심사 결과 통보일 15일 이내에 편집위원장에게 송부하

여야 하며, 편집위원장은 이의 신청 접수일로부터 15일 이내에 이에 대한 처리 절차를 완료하여야 한다.

제 32 조 (이의 신청의 처리)　이의 신청을 한 투고자의 논문에 대해서는 편집회의에서 토의를 거쳐 이의 신청의 수락 여부를 의결한다. 수락한 이의 신청에 대한 조치 방법은 편집회의에서 결정한다.

제 4 장　게재 논문의 사후 심사 및 조치

제 1 절 : 게재 논문의 사후 심사

제 33 조 (사후 심사)　학회지에 게재된 논문에 대하여는 사후 심사를 할 수 있다.

제 34 조 (사후 심사 요건)　사후 심사는 편집위원회의 자체 판단 또는 접수된 사후심사요청서의 검토 결과, 대상 논문이 그 논문이 수록된 본 학회지 발행일자 이전의 간행물 또는 타인의 저작권에 귀속시킬 만한 연구 내용을 현저한 정도로 표절 또는 중복 게재한 것으로 의심되는 경우에 한한다.

제 35 조 (사후심사요청서의 접수)　게재 논문의 표절 또는 중복 게재와 관련하여 사후 심사를 요청하는 사후심사요청서를 편집위원장 또는 편집위원회에 접수할 수 있다. 이 경우 사후심사요청서는 밀봉하고 겉봉에 '사후심사요청'임을 명기하되, 발신자의 신원을 겉봉에 노출시키지 않음을 원칙으로 한다.

제 36 조 (사후심사요청서의 개봉)　사후심사요청서는 편집위원장 또는 편집위원장이 위촉한 편집위원이 개봉한다.

제 37 조 (사후심사요청서의 요건)　사후심사요청서는 표절 또는 중복 게재로 의심되는 내용을 구체적으로 밝혀야 한다.

제 2 절 : 사후 심사의 절차와 방법

제 38 조 (사후 심사를 위한 편집위원회 소집)　게재 논문의 표절 또는 중복 게재에 관한 사실 여부를 심의하고 사후 심사자의 선정을 비롯한 제반 사항을 의결하기 위해 편집위원장은 편집위원회를 소집할 수 있다.

제 39 조 (질의서의 우송)　편집위원회의 심의 결과 표절이나 중복 게재의 개연성이 있다고 판단된 논문에 대해서는 그 진위 여부에 대해 편집위원장 명의로 해당 논문의 필자에게 질의서를 우송한다.

제 40 조 (답변서의 제출)   위 제39조의 질의서에 대해 해당 논문 필자는 질의서 수령 후 30일 이내 편집위원장 또는 편집위원회에 답변서를 제출하여야 한다. 이 기한 내에 답변서가 없을 경우엔 질의서의 내용을 인정한 것으로 판단한다.

제 3 절 : 사후 심사 결과의 조치

제 41 조 (사후 심사 확정을 위한 편집위원회 소집)   편집위원장은 답변서를 접수한 날 또는 마감 기한으로부터 15일 이내에 사후 심사 결과를 확정하기 위한 편집위원회를 소집한다.

제 42 조 (심사 결과의 통보)   편집위원장은 편집위원회에서 확정한 사후 심사 결과를 7일 이내에 사후 심사를 요청한 이 및 관련 당사자에게 통보하여야 한다.

제 43 조 (표절 및 중복 게재에 대한 조치)   편집위원회에서 표절 또는 중복 게재로 확정된 경우에는 회장에게 지체 없이 보고하고, 회장은 운영위원회를 소집하여 다음 각 호와 같은 조치를 집행할 수 있다.
    1. 차호 학회지에 그 사실 관계 및 조치 사항들을 기록한다.
    2. 학회지 전자판에서 해당 논문을 삭제하고, 학회논문임을 취소한다.
    3. 해당 논문 필자에 대하여 제명 조치하고, 향후 5년간 재입회할 수 없도록 한다.
    4. 관련 사실을 한국연구재단에 보고한다.

제 4 절 : 제보자의 보호

제 44 조 (제보자의 보호)   표절 및 중복 게재에 관한 이의 및 논의를 제기하거나 사후 심사를 요청한 사람에 대해서는 신원을 절대적으로 밝히지 않고 익명성을 보장하여야 한다.

제 45 조 (제보자 보호 규정의 위배에 대한 조치)   위 제44조의 규정을 위배한 이에 대한 조치는 위 제17조에 준하여 시행한다.

부칙
제1조(시행일자) 본 규정은 2007년 11월 24일부터 시행한다.
제2조(시행일자) 본 규정은 2009년 1월 9일부터 시행한다.
제3조(시행일자) 본 규정은 2015년 10월 31일부터 시행한다.
제4조(시행일자) 본 규정은 2018년 1월 12일부터 시행한다.

학회지 논문의 투고와 원고 작성 요령에 관한 내규

제 1 조 (목적)　이 내규는 본 한국목간학회의 회칙 및 관련 규정에 따라 학회지에 게재하는 논문의 투고와 원고 작성 요령에 대하여 명시하는 것을 목적으로 한다.

제 2 조 (논문의 종류)　학회지에 게재되는 논문은 심사 논문과 기획 논문으로 나뉜다. 심사 논문은 본 학회의 학회지 논문의 투고와 심사에 관한 규정에 따른 심사 절차를 거쳐 게재된 논문을 가리키며, 기획 논문은 편집위원회에서 기획하여 특정의 연구자에게 집필을 위촉한 논문을 가리킨다.

제 3 조 (기획 논문의 집필자)　기획 논문의 집필자는 본 학회의 회원 여부에 구애받지 아니한다.

제 4 조 (기획 논문의 심사)　기획 논문에 대하여도 심사 논문과 동일한 절차의 심사를 시행하는 것을 원칙으로 하되, 편집위원회의 의결을 거쳐 심사를 면제할 수 있다.

제 5 조 (투고 기한)　논문의 투고 기한은 매년 4월 말과 10월 말로 한다.

제 6 조 (수록호)　4월 말까지 투고된 논문은 심사 과정을 거쳐 같은 해의 6월 30일에 발행하는 학회지에 수록하며, 10월 말까지 투고된 논문은 같은 해의 12월 31일에 간행하는 학회지에 수록하는 것을 원칙으로 한다.

제 7 조 (수록 예정일자의 변경 통보)　위 제6조의 예정 기일을 넘겨 논문의 심사 및 게재가 이루어질 경우 편집위원장은 투고자에게 그 사실을 통보해 주어야 한다.

제 8 조 (게재료)　논문 게재의 확정시에는 일반 논문 10만원, 연구비 수혜 논문 30만원의 게재료를 납부하여야 한다.

제 9 조 (초과 게재료)　학회지에 게재하는 논문의 분량이 인쇄본을 기준으로 20면을 넘을 경우에는 1

면 당 2만원의 초과 게재료를 부과할 수 있다.

제 10 조 (원고료)　학회지에 게재되는 논문에 대하여는 소정의 원고료를 필자에게 지불할 수 있다. 원고료에 관한 사항은 운영위원회에서 결정한다.

제 11 조 (익명성 유지 조건)　심사용 논문에서는 졸고 및 졸저 등 투고자의 신원을 드러내는 표현을 쓸 수 없다.

제 12 조 (컴퓨터 작성)　논문의 원고는 컴퓨터로 작성함을 원칙으로 하며, 문장편집기 프로그램은 「한글」을 사용할 것을 권장한다.

제 13 조 (제출물)　원고 제출시에는 온라인투고시스템을 이용하며, 연구윤리규정과 저작권 이양동의서에 동의하여야 한다.

제 14 조 (투고자의 성명 삭제)　편집간사는 심사자에게 심사용 논문을 송부할 때 반드시 투고자의 성명과 기타 투고자의 신원을 알 수 있는 표현 등을 삭제하여야 한다.

제 15 조 (출토 문자 자료의 표기 범례 등 기타)　출토 문자 자료의 표기 범례를 비롯하여 위에서 정하지 않은 학회지 논문의 투고와 원고 작성 요령 및 용어 사용 등에 관한 사항들은 일반적인 관행에 따르거나 편집위원회에서 결정한다.

부칙
제1조(시행일자) 이 내규는 2007년 11월 24일부터 시행한다.
제2조(시행일자) 이 내규는 2009년 1월 9일부터 시행한다.
제3조(시행일자) 이 내규는 2012년 1월 18일부터 시행한다.
제4조(시행일자) 이 내규는 2015년 10월 31일부터 시행한다.
제5조(시행일자) 이 내규는 2018년 1월 12일부터 시행한다.

韓國木簡學會 研究倫理 規定

제 1 장 총칙

제 1 조 (명칭)　이 규정은 '한국목간학회 연구윤리 규정'이라 한다.

제 2 조 (목적)　이 규정은 한국목간학회 회칙 및 편집위원회 규정에 따른 연구윤리 등에 관한 세부사항을 규정하는 것을 목적으로 한다.

제 2 장 저자가 지켜야 할 연구윤리

제 3 조 (표절 금지)　저자는 자신이 행하지 않은 연구나 주장의 일부분을 자신의 연구 결과이거나 주장인 것처럼 논문이나 저술에 제시하지 않는다.

제 4 조 (업적 인정)

1. 저자는 자신이 실제로 행하거나 공헌한 연구에 대해서만 저자로서의 책임을 지며, 또한 업적으로 인정받는다.

2. 논문이나 기타 출판 업적의 저자나 역자가 여러 명일 때 그 순서는 상대적 지위에 관계없이 연구에 기여한 정도에 따라 정확하게 반영하여야 한다. 단순히 어떤 직책에 있다고 해서 저자가 되거나 제1저자로서의 업적을 인정받는 것은 정당화될 수 없다. 반면, 연구나 저술(번역)에 기여했음에도 공동저자(역자)나 공동연구자로 기록되지 않는 것 또한 정당화될 수 없다. 연구나 저술(번역)에 대한 작은 기여는 각주, 서문, 사의 등에서 적절하게 고마움을 표시한다.

제 5 조 (중복 게재 금지)　저자는 이전에 출판된 자신의 연구물(게재 예정이거나 심사 중인 연구물 포함)을 새로운 연구물인 것처럼 투고하지 말아야 한다.

제 6 조 (인용 및 참고 표시)

1. 공개된 학술 자료를 인용할 경우에는 정확하게 기술하도록 노력해야 하고, 상식에 속하는 자료가

아닌 한 반드시 그 출처를 명확히 밝혀야 한다. 논문이나 연구계획서의 평가 시 또는 개인적인 접촉을 통해서 얻은 자료의 경우에는 그 정보를 제공한 연구자의 동의를 받은 후에만 인용할 수 있다.

2. 다른 사람의 글을 인용하거나 아이디어를 차용(참고)할 경우에는 반드시 註[각주(후주)]를 통해 인용 여부 및 참고 여부를 밝혀야 하며, 이러한 표기를 통해 어떤 부분이 선행연구의 결과이고 어떤 부분이 본인의 독창적인 생각·주장·해석인지를 독자가 알 수 있도록 해야 한다.

제 7 조 (논문의 수정)　저자는 논문의 평가 과정에서 제시된 편집위원과 심사위원의 의견을 가능한 한 수용하여 논문에 반영되도록 노력하여야 하고, 이들의 의견에 동의하지 않을 경우에는 그 근거와 이유를 상세하게 적어서 편집위원(회)에게 알려야 한다.

제 3 장 편집위원이 지켜야 할 연구윤리

제 8 조 (책임 범위)　편집위원은 투고된 논문의 게재 여부를 결정하는 모든 책임을 진다.

제 9 조 (논문에 대한 태도)　편집위원은 학술지 게재를 위해 투고된 논문을 저자의 성별, 나이, 소속 기관은 물론이고 어떤 선입견이나 사적인 친분과도 무관하게 오로지 논문의 질적 수준과 투고 규정에 근거하여 공평하게 취급하여야 한다.

제 10 조 (심사 의뢰)　편집위원은 투고된 논문의 평가를 해당 분야의 전문적 지식과 공정한 판단 능력을 지닌 심사위원에게 의뢰해야 한다. 심사 의뢰 시에는 저자와 지나치게 친분이 있거나 지나치게 적대적인 심사위원을 피함으로써 가능한 한 객관적인 평가가 이루어질 수 있도록 노력한다. 단, 같은 논문에 대한 평가가 심사위원 간에 현저하게 차이가 날 경우에는 해당 분야 제3의 전문가에게 자문을 받을 수 있다.

제 11 조 (비밀 유지)　편집위원은 투고된 논문의 게재가 결정될 때까지는 심사자 이외의 사람에게 저자에 대한 사항이나 논문의 내용을 공개하면 안 된다.

제 4 장 심사위원이 지켜야 할 연구윤리

제 12조 (성실 심사)　심사위원은 학술지의 편집위원(회)이 의뢰하는 논문을 심사규정이 정한 기간 내에 성실하게 평가하고 평가 결과를 편집위원(회)에게 통보해 주어야 한다. 만약 자신이 논문의 내용을 평가하기에 적임자가 아니라고 판단될 경우에는 편집위원(회)에게 지체 없이 그 사실을 통보한다.

제 13 조 (공정 심사)　심사위원은 논문을 개인적인 학술적 신념이나 저자와의 사적인 친분 관계를 떠

나 객관적 기준에 의해 공정하게 평가하여야 한다. 충분한 근거를 명시하지 않은 채 논문을 탈락시키거나, 심사자 본인의 관점이나 해석과 상충된다는 이유로 논문을 탈락시켜서는 안 되며, 심사 대상 논문을 제대로 읽지 않은 채 평가해서도 안 된다.

제 14 조 (평가근거의 명시) 심사위원은 전문 지식인으로서의 저자의 인격과 독립성을 존중하여야 한다. 평가 의견서에는 논문에 대한 자신의 판단을 밝히되, 보완이 필요하다고 생각되는 부분에 대해서는 그 이유도 함께 상세하게 설명해야 한다.

제 15 조 (비밀 유지) 심사위원은 심사 대상 논문에 대한 비밀을 지켜야 한다. 논문 평가를 위해 특별히 조언을 구하는 경우가 아니라면 논문을 다른 사람에게 보여주거나 논문 내용을 놓고 다른 사람과 논의하는 것도 바람직하지 않다. 또한 논문이 게재된 학술지가 출판되기 전에 저자의 동의 없이 논문의 내용을 인용해서는 안 된다.

제 5 장 윤리규정 시행 지침

제 16 조 (윤리규정 서약) 한국목간학회의 신규 회원은 본 윤리규정을 준수하기로 서약해야 한다. 기존 회원은 윤리규정의 발효 시 윤리규정을 준수하기로 서약한 것으로 간주한다.

제 17 조 (윤리규정 위반 보고) 회원은 다른 회원이 윤리규정을 위반한 것을 인지할 경우 그 회원으로 하여금 윤리규정을 환기시킴으로써 문제를 바로잡도록 노력해야 한다. 그러나 문제가 바로잡히지 않거나 명백한 윤리규정 위반 사례가 드러날 경우에는 학회 윤리위원회에 보고할 수 있다. 윤리위원회는 윤리규정 위반 문제를 학회에 보고한 회원의 신원을 외부에 공개해서는 안 된다.

제 18 조 (윤리위원회 구성) 윤리위원회는 회원 5인 이상으로 구성되며, 위원은 평의원회의 추천을 받아 회장이 임명한다.

제 19 조 (윤리위원회의 권한) 윤리위원회는 윤리규정 위반으로 보고된 사안에 대하여 제보자, 피조사자, 증인, 참고인 및 증거자료 등을 통하여 폭넓게 조사를 실시한 후, 윤리규정 위반이 사실로 판정된 경우에는 회장에게 적절한 제재조치를 건의할 수 있다.
단, 사안이 학회지 게재 논문의 표절 또는 중복 게재와 관련된 경우에는 '학회지 논문의 투고와 심사에 관한 규정'에 따라 편집위원회에 조사를 의뢰하고 사후 조치를 취한다.

제 20 조 (윤리위원회의 조사 및 심의) 윤리규정 위반으로 보고된 회원은 윤리위원회에서 행하는 조

사에 협조해야 한다. 이 조사에 협조하지 않는 것은 그 자체로 윤리규정 위반이 된다.

제 21 조 (소명 기회의 보장)   윤리규정 위반으로 보고된 회원에게는 충분한 소명 기회를 주어야 한다.

제 22 조 (조사 대상자에 대한 비밀 보호)   윤리규정 위반에 대해 학회의 최종적인 징계 결정이 내려질 때까지 윤리위원은 해당 회원의 신원을 외부에 공개해서는 안 된다.

제 23 조 (징계의 절차 및 내용)   윤리위원회의 징계 건의가 있을 경우, 회장은 이사회를 소집하여 징계 여부 및 징계 내용을 최종적으로 결정한다. 윤리규정을 위반했다고 판정된 회원에 대해서는 경고, 회원자 격정지 내지 박탈 등의 징계를 할 수 있으며, 이 조처를 다른 기관이나 개인에게 알릴 수 있다.

제 6 장 보칙

제 24 조 (규정의 개정)
1. 편집위원장 또는 편집위원 3인 이상이 규정의 개정을 發議할 수 있다.
2. 재적 편집위원 3분의 2 이상의 찬성으로 개정하며, 총회의 인준을 얻어야 효력이 발생한다.

제 25 조 (보칙)   이 규정에 정해지지 않은 사항은 학회의 관례에 따른다.

부칙
제1조(시행일자) 이 규정은 2007년 11월 24일부터 시행한다.

Wooden Documents and Inscriptions Studies No. 27.   December. 2021

[Contents]

The Korean Society for the Study of Wooden Documents

木蘭과 文字 연구 26

엮은이 | 한국목간학회
펴낸이 | 최병식
펴낸날 | 2022년 2월 3일
펴낸곳 | 주류성출판사
　　　　서울시 서초구 강남대로 435
　　　　전화 | 02-3481-1024 / 전송 | 02-3482-0656
　　　　www.juluesung.co.kr
　　　　e-mail | juluesung@daum.net

책　값 | 20,000원
ISBN　978-89-6246-462-7　94910
세트　　978-89-6246-006-3　94910

＊ 이 책은 「木簡과 文字」 27호의 판매용 출판본입니다.